첫걸음
기초통계

이기종 · 나종민 공저

학지사

머리말

그동안 통계를 가르치면서 학생들에게 많이 들어 왔던 이야기는, 수업시간에는 무슨 이야기인지 알겠는데, 수업 이후에 혼자 복습을 하려면 쉽지 않아서 강의내용을 수업시간의 진도 순서에 맞춘 책이 있으면 좋겠다는 것이었다. 이런 이야기를 들으면서 좋은 생각이라고 여기면서도 차일피일 집필을 미루었던 이유는 책을 쓸 만큼 제대로 아는 것이 많지 않은데다 책상에 궁둥이를 붙이고 앉을 여유를 가지지 못했기 때문이었다.

그러던 중, 가끔 함께 논문도 쓰며 이런저런 이야기를 나누던 나종민 선생님으로 인해 이런 상황에 변화가 생겼다. 나종민 선생님 또한 학생들에게 그런 이야기를 종종 듣는다고 하여 서로 의기투합해 기어이 함께 책을 내기로 하였고, 그 결과물이 바로 이 책이다. 이기종이 초벌을 쓰고 나종민이 살을 붙여 책을 만들기는 했지만, 독자의 눈으로 보면 부족한 부분이 많을 것이다. 이 부분에 대해 강호제현의 질정을 바란다.

이 책은 통계 기초를 다루었지만, 통계와 관련된 많은 주제를 전부 다룰 수도 없고 또 그럴 필요도 없다는 생각에서 출발하여 대학에서 진행하는 한 학기 정도의 초급 통계 강의를 염두에 두고 썼다. 글자 그대로 백지상태에서 출발하는 독자에게 이 책이 도움이 될 수 있겠으나, 그렇지 않은 독자에게도 서가 장식용으로 쓰임새가 있는 책이다. 서가에 통계 서적이 두어 권 꽂혀 있으면 서가 주인의 품격이 달라지지 않을까 싶다.

이 책을 준비하면서 가장 많이 신경을 썼던 부분은 사실과 다른 이야기로 인해 독자를 호도할 개연성에 관한 것이었다. 이런 위험을 피하기 위해 저자들이 몇 번씩 확인을 했지만 그럼에도 저자들의 역량 부족으로 오류가 있을 수 있다. 혹시 독자가 이런 부분을 발견한다면 필자나 출판사에 알려 주길 바란다. 즉시 시정을 할 요량이다.

저자의 이메일 주소는 저자 소개를 참고하길 바란다. 마지막으로, 이 책이 나오기까지 도움을 주신 학지사 관계자분들을 포함하여 모든 분께 감사드리고, 책의 이해도를 높이기 위해 귀중한 조언을 준 대학원생 정윤화에게도 감사를 드린다. 덧붙여, 정독을 해도 이해가 되지 않는 부분이 있다면 그것 또한 저자의 글솜씨가 부족하기 때문이다. 이해가 되지 않는 부분에 대해서 이메일로 연락을 주시면 언제든지 자세하게 설명을 해 드릴 생각이니, 주저치 말고 연락을 주시길 바란다.

2019년 3월 북한산 기슭에서

이기종 · 나종민

차례

제2장 빈도분포와 그래프 _ 45

제3장 상관분석과 회귀분석 _ 85

제5장 통계검증력 및 효과크기 _ 159

제6장 t-검증 _ 175

제1장

통계의 기본적 개념

이 장에서는 통계의 기초개념에 대해 살펴본다. 기초개념이란 용어에는 많은 것들이 포함될 수 있으나, 여기에서는 초급 통계에서 제대로 이해를 해야만 하는, 그래서 나중의 통계 공부에 도움이 되는 개념을 살펴보고자 한다.

1. 연구주제

연구를 실행하는 근본적인 이유는 연구문제를 체계화된 구조 안에서 접근하여 보다 타당하고 신뢰할 수 있는 해결책을 제시하는 데 있다. 하지만 이제 막 통계를 배우는 학습자에게 가장 중요한 것은 스스로 연구하고 싶은 분야와 연구주제가 무엇인지를 먼저 찾는 것이다. 물론 연구를 시작하는 데 있어 연구주제와 연구문제의 선정은 자유로울 수 있지만, 선정된 연구주제 및 문제를 실행 · 진행하는 과정 속에서 발생할 수 있는 여러 문제점으로 인해 연구가 방해를 받을 수 있다는 것도 역시 고려해야 한다.

예를 들어, 한 연구자가 공립 · 사립 학교 학생들의 학업성취수준을 비교하는 연구를 한다면 학생들의 학업수준에 대한 다양한 정의로 인해 연구가 방해받을 수 있다. 또 다른 예를 들면, 한 연구자가 대학 졸업 후 대학생들의 취업률을 통해 교육의 효과성을 비교하는 연구를 한다면 취업률에 대한 정의를 어떻게 할 것인지에 대한 문제뿐만 아니라 대학 내 전공에 따라 취업률이 다르게 나타날 수 있다는 것을 인식해야 한다. 이렇듯 연구를 수행하는 과정에서 나타날 수 있는 문제점들을 충분히 고려하지 못하면 연구결과에 대한 전반적 지지와 일반화에 어려움이 생긴다.

일반적으로 연구주제의 선정은 이론적 토대 또는 선행연구를 통해 이루어진다. 하지만 연구주제의 선정에 도움을 주는 이론적 토대가 항상 옳다고 믿고 그대로 받아들이기보다는 현재 어떠한 의미로 받아들여지는지 생각해 볼 필요성이 있다. 또한 하나의 연구주제에 대해 수많은 선행연구가 하나의 같은 결과가 아닌 다양한 결과를 보여 줄 수 있다는 것도 알아야 한다. 즉, 같은 연구주제라도 연구가 이루어진 사회적 환경 또는 연구 자체의 고유한 특성에 따라 연구결과가 다양하게 나타날 수 있다. 또한 연구자는 연구자 스스로의 경험과 접목하여 새로운 연구주제를 선정할 수도 있다.

연구 질문은 연구주제를 보다 구체적으로 조직화한 것으로 연구자가 실험 또는 설문조사를 통해 알아보고자 하는 것이다. 예를 들면, '초등학교 3학년 학생들의 영어 성적은 방과 후 영어 프로그램을 통해 향상될 수 있는가?' '학생들의 학업성적과 과제 제출일을 지키는 것은 상관관계가 있는가?' '공립 · 사립 유치원에 재학 중인 원생들의 자아존중감은 차이가 있는가?' '대학에서 실시하는 직업 연계 프로그램은 학생들의 취업률을 향상시킬 수 있는가?' '대학에서 학점은 공부시간과 학교와 집 사이의 통학 시간과 관계가 있는가?' 등을 들 수 있다.

연구주제 선정 후 연구 질문을 구체화시켰으면 마지막으로 연구 질문을 해결하기 위한 연구가설을 세워야 한다. 연구가설은 연구문제에 대한 연구자 자신이 연구주제에 대한 새로운 해결책을 말로 표현한 것이라고 생각할 수 있다. 연구가설을 세우는 데 있어, ① 연구에서 의미하는 연구대상이 누구인지 명확히 밝히고, ② 연구에 포함된 변수들 간의 관계(차이, 영향 등)을 기술해야 하며, ③ 연구가설을 기술하는 데 포함된 변수들을 독립변수와 종속변수로 명확히 기술해야 한다. 〈표 1-1〉은 연구가설을 기술할 때 주의해야 할 사항들을 보여 주고 있다.

〈표 1-1〉 **연구가설 설정 시 중요한 3가지 요소**

- 모집단(전체집단)을 명확히 정의해야 한다.
- 연구에 이용되는 변수(variable)들 사이에 예상되는 관계를 진술해야 한다.
- 연구가설에는 종속변수(dependent variable)와 독립변수 또는 설명변수(independent or explanatory variable)의 기능적 정의를 제공해야 한다.

모집단, 변수, 가설 같은 용어는 이어지는 장들에서 자세히 다루고 있다. 또한 연구가설을 설정하는 데에는 〈표 1-1〉에서 언급된 것만을 고려해야 되는 것도 아니다. 여기서 언급된 연구가설은 혹시 어디서 들어 보았을 수도 있는 영가설(어떤 책에는 귀무가설)과 대안가설(어떤 책에는 대립가설)을 모두 아우르는 개념으로 볼 수 있다.

2. 기술통계 및 추리통계

1) 기술통계

기술통계(descriptive statistics)란 수집한 자료들을 체계적으로 정리 · 표현 · 요약 · 해석하는 등 다양하게 수집된 자료의 특성을 나타내는 것이다. 묘사하고 서술한다는 'descriptive'란 단어가 뜻하는 것처럼, 기술통계는 연구자가 연구를 위해 수집한 자료를 나름대로 조직하고 요약하여 의미를 부여한 것을 말한다. 여기서 유의할 것은 연구자는 그 연구대상이 갖는 특성 전체에 관심을 갖는 것이 아니라, 관심을 갖는 어느 특성들에만 초점을 둔다는 것이다.

예를 들어, 연구대상인 학생에게서 지능, 학업성취도, 정신건강과 같은 심리적 특성과 키, 몸무게와 같은 신체적 특성에 관한 자료를 수집했다고 할 때, 수집된 모든 특성을 기술하는 것이 아니라 그 가운데 학업성취도가 관심대상이라면 학업성취도만을 기술하는 것이며, 지능과 학업성취도의 관계에 관심이 있다면 학업성취도뿐 아니라 지능도 같이 기술하는 것이다.

따라서 기술통계는 연구자가 연구하고자 하는 특성의 묘사가 목적이고 이를 달성하기 위해 특성을 알아보기 쉽게 조직하고 요약하는 것이라고 할 수 있다. 앞서 언급했듯이, 특성은 연구자가 연구하고자 하는 대상이 되므로 무엇이 되었든지 그 특성은 연구자가 정하는 것이다. 앞서 언급한 기술통계의 보기는 〈예시 1-1〉을 통해 설명할 수 있다.

〈예시 1-1〉 식당 인기 메뉴

어느 식당 주인이 메뉴의 인기도를 조사하고자 했다. 오전 시간 동안 떡볶이, 참치김밥, 쫄면, 돈가스의 주문 횟수를 세어 보았는데, 각각 2회, 3회, 6회, 5회였다.

〈예시 1-1〉의 경우는 바를 정(正) 자 등을 써서 숫자를 세는 경우에 해당한다. 연구자인 식당 주인이 '메뉴의 인기도'를 연구주제로 삼아, 인기도에 동일하게 1점씩 배당하여 해당 음식마다의 인기도를 탐구한 것이다. 여기서 관심 있는 특성은 식당에서 판매되는 메뉴의 인기도이며 그것(메뉴의 인기도)이 주문 횟수로 기술된 것이다. 기술통계의 또 다른 보기는 〈예시 1-2〉를 통해 설명할 수 있다.

<예시 1-2> 제품 선호도

모 회사 영업사원이 대학생을 대상으로 A사 제품과 S사 제품의 선호도를 알아보고자 했다. 설문 결과, ○○대학교 학생 100명 중 36명이 S사보다 A사 제품을 선호한다고 답하였다. 이 결과를 수치와 비율을 사용하여 각각 그래프에 표현하였다.

〈예시 1-2〉는 제품에 대한 대학생들의 선호도를 살펴보는 것이다. 〈예시 1-2〉는 제품에 대한 대학생들의 선호도에 동일하게 1점씩 배당하고 선택하게끔 한 것으로, 해당 제품에 대한 특성(선호도)을 탐구한 것이다. 단순히 수치를 기술한 〈예시 1-1〉과는 조금 다르게, 〈예시 1-2〉는 전체집단에서 A사 제품을 선호하는 사람이 차지하는 비율을 이용해 전체와 부분의 관계를 나타내는 방식으로 자료를 묘사하였다.

메뉴의 인기도를 조사한 〈예시 1-1〉과 제품에 대한 대학생들의 선호도를 조사한 〈예시 1-2〉는 1점씩 부여한 자료를 그 대상으로 하였다. 만일 〈예시 1-1〉에서, 메뉴의 인기도를 조사하는 식당 주인이 손님에게 좋아하는 음식에 대해 1부터 5점까지 매기도록 제시했다면 조금 이야기가 달라진다. 또한 〈예시 1-2〉에서 선호도를 1부터 5점까지 매기도록 제시했더라도 마찬가지다. 따라서 〈예시 1-1〉과 〈예시 1-2〉에서 언급된 메뉴의 인기도와 제품에 대한 대학생들의 선호도를 1점에서 5점까지 매기도록 했다면, 이들 특성에 대해 평균 등 여러 가지 다른 묘사를 할 수도 있으며, 다양한 연구가 가능해진다.

2) 추리통계

추리(추론)통계(inferential statistics)는 표집통계(sampling statistics)라고도 불린다. 사실 통계연구에서 가장 이상적이고 좋은 것은 연구하고자 하는 대상 모두를 세어보고 그 결과를 기록하는 것이지만, 급변하는 현대 사회에서 고정된 수치란 있을 수 없으며 있더라도 아주 극히 작은 확률로 한시적으로만 그럴 것이다. 사회과학이란 그런 점을 감안하여 연구해야 하는 영역이다. 몇 천 개의 사례가 전부인 모집단이라면 직접 조사하고 자료를 정리해 볼 수도 있지만, 몇 만, 몇 억, 몇 조의 사례가 있는 모집단은 그 전부를 조사하기엔 무리가 있다.

그래서 연구자는 모집단(전체집단)에서 모집단(전체집단)과 비슷한 집단을 임의로 뽑은 뒤 연구를 진행한다. 이때 뽑힌 집단을 표본이라고 하면, 이들 표본이 가지고 있는 평균, 표준편차와 같은 정보를 통계치라고 한다. 따라서 추리(추론)통계는 '표본의 통계치(평균, 표준편차 등)와 표본추출에 관한 우연성을 고려해 모집단이 어떠할 것'이라고 추론하는 방법이라고 할 수 있다.

추리통계는 모집단 전체를 대상으로 연구를 진행하는 것보다는 훨씬 경제적이며 비교적 짧은 시간이 소요된다. 하지만 결국 전체집단을 대상으로 한 연구가 아니기 때문에 모집단 전체를 정확하게 대변한다고는 볼 수 없다. 표본을 뽑을 때에는 항상 우연성이 끼어들기 때문이다. 그럼에도 불구하고 연구자 입장에서는 가장 바람직한 결과, 즉 현실에 가장 근접한 유추를 자신의 연구결과로 내고 싶어 한다. 현실과 동떨어진 연구결과는 몇 개가 있어도 무용지물이기 때문이다. 그렇다면 현실에 가장 근접한 유추를 위해서는 모집단을 잘 '대표'하는 표본을 뽑는 것이 관건이 된다. 표본의 대표성과 우연성을 잘 고려해서 모집단의 상태를 유추해 낼 필요가 있다는 것이다.

3. 모집단과 표본

표본의 대표성을 만들어 내는 방법에 대해 더 깊게 들어가기 전, 모집단과 표본에 대해 살펴볼 필요성이 있다. 연구하고자 하는 모든 대상이 모집단이며, 그 모집단을 대변하는 대상의 모임은 표본, 그 표본을 뽑는 것을 표본추출이라고 한다.

1) 모집단

모집단(population)은 전수 또는 전집(universe)이라고도 하며, 한자로 쓰면 '母集團'으로 그대로 우리말로 옮기면 어미집단 정도가 될 것이다. 그러니까 모집단은 표본을 뽑아내는 바탕이 되는 집단이다. 즉, 연구에서 나온 결과를 일반화하고 싶은 집단 전체를 모집단이라고 볼 수 있다. 모집단은 연구자의 정의에 의해 성립되는 집단이다. 예를 들어, '서울시민 중 성북구민'에 대한 연구를 하고자 한다면 '성북구민'이 모집단이 되는 것처럼 구체적이고 명료한 기준이 필요하다. 애매모호한 표현으로 모집단을 정의해서는 안 된다.

모집단은 연구자가 연구목적에 맞도록 정의하는 것인 만큼, 여러 수준이 가능하다. 예를 들어, 앞서 연구자가 '서울시민 가운데 성북구민'을 대상으로 했을 때는 '성북구민'이 모집단이었지만, 연구자가 연구의 범위를 넓혀 '서울시민'을 연구의 대상으로 했을 때는 '서울시민'이 모집단이 된다.

2) 표본

통계의 목적은 표본(sample)을 분석해서 얻은 특징(통계치의 결과)들을 통해 얼마나 모집단(전체집단)의 특징을 잘 보여 줄 수 있는지를 일반화하는 과정에 있다고 할 수 있다. 하지만 표본의 분석을 통해 얻은 통계치는 항상 오차를 가지고 있기 때문에, 표본 분석을 통해 얻은 결과만을 가지고 모집단(전체집단)의 특징을 밝혀내고 결과를 일반화시키는 데에는 어려움이 있을 수밖에 없다. 따라서 표본에서 나온 통계치를 가지고 모집단(전체집단)의 특징을 밝히기 위해서는 예측을 할 수밖에 없는데, 이러한 예측과정을 추론(estimation)이라고 한다.

표본에서 나온 값을 그냥 통계, 통계치, 통계량 또는 통계값이라고 부르는데, 여기서는 호환적으로 사용한다. 딱히 어떤 용어로 한정하지 않는 것은 한자로 '値(치)'나 '量(양)'은 우리말로 그냥 값이기 때문이다. 마찬가지로 모집단에서도 모집단의 값이 있는데, 그냥 모수, 모수치, 모수량, 모수값 등으로 부르며 호환적으로 사용된다.

모집단(전체집단)과 표본과의 관계는 [그림 1-1]이 잘 보여 주고 있다. [그림 1-1]은 모집단(전체집단)에서 표본을 선택하고, 선택된 표본에서 얻은 통계결과를 통해 모집단(전체집단)에 대한 일반화 과정을 보여 주고 있다. 모집단(전체집단)에서 모집단(전체집단)을 잘 대표할 뿐 아니라 연구에 필요한 대상(사례)을 뽑아내는 과정을 표본추출(sampling)이라고 한다. 또한 이러한 표본추출을 통해 형성된 대상을 표본이라고 한다. 표본에 관련된 정보는 통계치(평균, t-검증 등)를 통해 알아볼 수 있다.

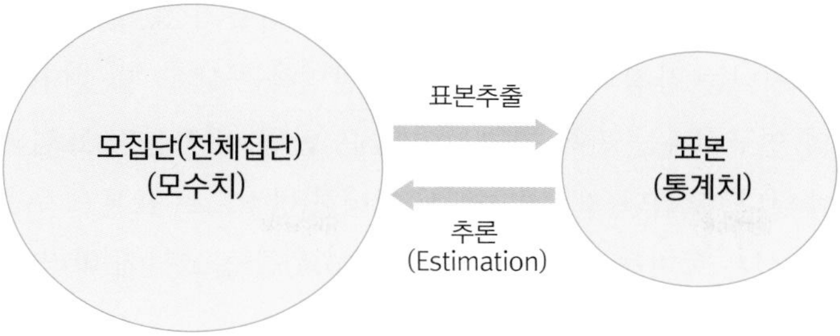

[그림 1-1] 모집단과 표본과의 관계

표본의 중요성

표본은 모집단에서 추출된 모집단의 부분이다. 즉, 전체 연구대상으로부터 추출된 일부 연구대상의 모임이 표본인 것이다. 따라서 표본은 모집단을 잘 대표할 수 있는 대표성을 가져야 하며, 적정한 표본크기를 가져야 그 타당성도 가질 수 있다.

[그림 1-1]에서 짐작할 수 있듯이, 표본에서 나온 값이 통계치이며 모집단에서 이에 대응되는 값이 모수치이다. 예를 들어, 표본에서 평균을 구했다면 모집단에서도 평균이 있을 것이며, 표본에서 나온 평균을 통계(치, 양)라고 부르고 모집단에서의 평균을 모수(치, 양)이라고 부르는 것이다. 물론 같은 평균이라고 해도 표본에서 평균을 나타내는 기호와 모집단에서 평균을 나타내는 기호는 서로 다르다. 이렇게 기호를 구분해 사용하는 것은, 평균이라고 했을 때 이 평균이 모집단의 것인지 표본의 것인지를 구분해 혼동을 피하기 위해서이다.

예를 들어, 한 연구자는 시험에 앞서 대학생들에게 부여되는 과제가 영어성적에 영향을 미치는지 알아보고자 하였다. 이에 이 연구자는 TOEIC 수업을 수강하는 대학생들을 대상으로, 중간고사 이전에 과제를 부여한 집단과 부여하지 않은 집단으로 나누고 두 집단의 중간고사 성적 차이를 알아보았다. 이러한 연구를 수행하는 데 있어 모든 대학교의 TOEIC 수업을 수강하고 있는 모든 학생을 연구에 참여시키는 것은 불가능에 가깝다. 이런 환경 속에서 연구를 진행하는 데 최선의 방법은 대학에 개설된 TOEIC 수업을 수강하는 학생들을 잘 대표할 수 있는 표본을 사용하는 것이다.

모집단(전체집단)에서 표본을 추출하는 방법은 크게 '확률적 표집'과 '비확률적 표집' 2가지로 나눌 수 있다. 모집단(전체집단)에서 표본을 어떻게 추출하는지 자세히 다룰 필요성이 있으나, 여기서는 확률적 표집과 비확률적 표집에 속한 방법들을 나열하고 그들이 지니는 장점과 단점을 간단히 설명하는 데 그칠 것이다. 일반적으로 확률적 표집의 연구결과는 반복 가능성이 높은 반면, 비확률적 표집의 연구결과는 반복 가능성이 낮다. 모집단(전체집단)에서 어떠한 방식으로 표본을 추출하는지 자세한 방법을 알고 싶은 독자는 성태제와 시기자(2014)를 참고하기 바란다.

(1) 확률적 표집

모집단(전체집단)에서 표본을 추출할 때 표본이 모집단(전체집단)을 잘 대표할 수 있는지가 아주 중요하다. 확률적 표집은 모집단(전체집단)에 속한 대상들이 표집으로 선택될 확률이 동등하다는 데서 출발한다. 확률적 표집방법으로는 크게, ① 단순무선표집, ② 체계적 표집, ③ 층화표집, ④ 군집표집, ⑤ 층화군집표집으로 나눌 수 있다.

① 단순무선표집

단순무선표집(Simple Random Sampling: SRS)은 확률적 표집에서 가장 기본적인 추출방법으로서 모집단에 속한 구성원들에게 임의의 숫자를 부여한 후 무작위로 선택하는 방법으로 크게 2가지 특징이 있다. 첫째, 모집단에 속한 모든 대상이 표본으로 추출될 가능성이 동일하다. 예를 들어, 만일 모든 조건이 같고 숫자 1부터 100까지를 부여한 후 그중 10개를 뽑을 때, 어떤 기준을 두지 않고 '무작위(random)'로 표본을 추출한다면 충분한 — 혹은 충분하지는 않지만 그에 맞먹는 — 대표성을 가질 수 있을 것이다. 기본적으로 이러한 형태를 무작위 표본(random sample)이라고 하며, 랜덤으로 뽑은 표본이라는 뜻에서 랜덤표본이라고도 부른다. 둘째, 이미 표본으로 선택된 대상은 다른 대상을 선택하는 데 있어 영향을 미치지 않는다.

단순무선표집은 다시 복원 추출과 비복원 추출로 나눌 수 있다. 복원 추출은 모집단의 크기에 비해 표본의 크기가 클 때 사용하는 방법으로, 표본으로 선택된 대상을 다시 표본에 집어넣어 추출하는 방법이다. 그렇기 때문에 처음 추출된 대상이 표본으로 다시 추출될 가능성이 있다. 반면, 비복원 추출은 한번 추출된 대상자는 모집단으로 되돌리지 않는 방법이다.

여기서 하나 분명히 할 점은, 엄밀히 말하면 비복원 추출은 무작위 표본은 아니라는 것이다. 왜냐하면 어떤 대상이 뽑혀 나올 확률이 매번 달라지기 때문이다. 예를 들어 앞서 언급한 예에서, 100개 가운데 10개를 뽑을 때 비복원 추출을 하면 첫 번째가 뽑혀 나올 확률은 $\frac{1}{100}$ 이지만, 두 번째가 뽑혀 나올 확률은 $\frac{1}{99}$, …, 마지막 열 번째는 $\frac{1}{90}$ 이 되어 뽑혀 나올 확률이 동등하지 않게 된다. 그럼에도 비복원 추출을 사용하는 것은 모집단이 충분히 클 때 동일한 대상이 표본으로 뽑혀 나오는 것을 방지해 표본의 대표성을 높이기 위한 것이다.

보통 무선표집은 난수표를 이용해 추출한다. 표본추출의 순서는, 첫째, 각각의 표본대상에 고유번호를 부여한다. 둘째, 난수표를 이용하여 추출될 표본의 번호를 확정한다. 셋째, 그 번호에 해당되는 표본대상을 뽑아 표본을 만든다. 〈표 1-2〉는 난수표이다. 난수는 random number를 우리말로 옮긴 것으로서 random은 '무작위' '되는 대로'라는 뜻도 있지만, 여기서는 '뽑힐 확률이 동등한'이라는 뜻으로 쓰인 것이다. 물론 난수표는 〈표 1-2〉에 제시된 것 외에도 훨씬 더 다양하고 많다.

〈표 1-2〉에 제시된 난수표를 사용하기 위해서는 표본대상마다 고유번호를 붙이고 펜을 던지든, 눈을 감고 손가락으로 숫자를 선택하든 다양한 방법을 사용하여 무작위로 선택되게끔 추출하면 된다. 100명의 모집단에서 10명의 표본을 뽑는 경우를 예로 들어 보자. 먼저, 모집단 100명에게 각각 1부터 100까지 고유번호를 부여한다. 다음으로 눈을 감고 연필로 난수표의 어디를 찍는다. 이때 첫 행에서 5번째 열의 86에 연필이 닿았다면 86번이 뽑히는 것이다. 그리고 그 아래로 계속 나머지 9명에 해당되는 번호인 62, 66, …, 44가 추출되어 10명 표본이 구성되는 것이다. 물론 중간에 동일한 번호가 있으면 건너뛴다. 또는 매번 눈을 감고 난수표의 아무 곳이나 찍어 10명을 구성해도 된다.

〈표 1-2〉 난수표

03. 47. 43. 73. 86.	36. 96. 47. 36. 61.	46. 98. 63. 71. 62.	33. 26. 16. 80. 40
97. 74. 24. 67. 62.	42. 81. 14. 57. 20.	42. 53. 32. 37. 32.	27. 07. 36. 07. 51
16. 76. 62. 27. 66.	56. 50. 26. 71. 07.	32. 90. 79. 78. 53.	13. 55. 38. 58. 59
12. 56. 85. 99. 26.	96. 96. 68. 27. 31.	05. 03. 72. 93. 15.	57. 12. 10. 14. 21
55. 59. 56. 35. 64.	38. 54. 82. 46. 22.	31. 62. 43. 09. 90.	06. 18. 44. 32. 53
16. 22. 77. 94. 39.	49. 54. 43. 54. 82.	17. 37. 93. 23. 78.	87. 35. 20. 96. 43
84. 42. 17. 53. 31.	57. 24. 55. 06. 88.	77. 04. 74. 47. 67.	21. 76. 33. 50. 25
63. 01. 63. 78. 59.	16. 95. 55. 67. 19.	98. 10. 50. 71. 75.	12. 86. 73. 58. 70
33. 21. 12. 34. 29.	38. 64. 56. 07. 82.	52. 42. 07. 44. 38.	15. 51. 00. 13. 42
57. 60. 86. 32. 44.	09. 47. 27. 96. 54.	49. 17. 46. 09. 62.	90. 50. 84. 77. 27
18. 18. 07. 92. 46.	44. 17. 16. 58. 90.	79. 83. 86. 19. 62.	06. 76. 50. 03. 10
26. 26. 38. 97. 75.	84. 16. 07. 44. 99.	83. 11. 46. 32. 14.	20. 14. 85. 88. 45
23. 42. 40. 64. 74.	82. 97. 77. 77. 81.	07. 45. 32. 14. 08.	32. 98. 94. 97. 72
52. 36. 28. 19. 95.	50. 92. 26. 11. 97.	00. 56. 76. 31. 38.	80. 22. 02. 53. 55
37. 85. 94. 35. 12.	83. 39. 50. 08. 30.	42. 34. 07. 96. 88.	54. 42. 06. 87. 98

〈표 1-2〉에 제시된 난수표를 이용하는 방법은 각각의 번호표를 한 상자에 몰아두고 매번 한 장씩 뽑아내어 10장을 뽑는 것과 같다. 매회마다의 표본추출 확률은, 뽑힌 표를 다시 상자에 집어넣는 '(확률)복원'을 하지 않는다면, 앞서 언급한 $\frac{1}{N} \Rightarrow \frac{1}{N-1} \Rightarrow \frac{1}{N-2} \cdots$ 라는 식으로 커진다. 매번 표본으로 뽑혀 나올 확률이 동일해야 하므로 복원은 매회 해야 한다. 하지만 모집단의 규모가 아주 크고 표본이 크지 않다면(추출할 때마다의 확률이 0에 아주 가까운 경우) 표본추출 시 복원을 하지 않기도 한다.

단순무선표집은 표집이 간단하고, 모집단의 층화(특징)에서 발생하는 오차가 없으며 표집오차를 계산하는 데 용이하다. 하지만 단순무선표집이 이루어지기 위해서는 많은 비용이 소요되며 관리도 용이하지 않다. 일반적으로 모집단의 규모가 크기 때문에 뽑혀 나올 확률을 매번 유지하면서 한 명씩 표본대상을 추출하는 것은 간단한 일은 아니다. 예를 들어, 서울시민이 모집단이고 그중에서 표본 100명을 뽑는다면, 모집단 크기만도 1,000만 명이 넘어 그 중에서 매번 뽑힐 확률을 동일하게 유지하면서 표본 100명을 뽑는 것은 말처럼 쉬운 일만은 아니다. 따라서 모집단에 관한 제대로 된 정보 없이 표본을 무작위로 추출한다면 어떤 특징들에 의해 표집오차가 발생할 확률이 높다.

② 체계적 표집

체계적 표집(systematic sampling)은 모집단에 있는 대상자들에게 일련의 숫자를 부여한 다음 일정한 간격을 두고 대상자를 선택하는 방식이다. 즉, 무작위로 하나의 대상을 선택하고 그다음부터 K번째 대상을 표본으로 선택하는 것이다. 물론 K를 얼마로 정할 것인가는 연구자의 재량이며, 만약 K를 7로 했다면 매 7번째 대상이 표본으로 뽑히게 된다.

체계적 표집은 비교적 표집이 쉽고 대상자들이 무작위로 나열되어 있을 때 효과적이라는 장점이 있다. 반면, 대상자들이 무작위로 나열되어 있지 않을 경우 특정 집단에 속한 대상자들이 상대적으로 많이 추출되어 모집단을 제대로 대표할 수 없는 문제점이 있다. 또한 표본을 추출하는 과정에서 K번째 표본을 계속해서 표집하기 때문에 표본이 독립적이지 않은 단점이 있다.

③ 층화표집

층화표집(stratified sampling)은 계층표집이라고도 한다. 층화표집에서는 모집단에서 대상자를 표본으로 선택할 때, ① 대상자들을 같은 특징(층화)으로 분류하고, ② 분류된 특징 안에 있는 대상자들에게 표본으로 선택될 확률을 동등하게 부여한 후 선택하는 단순무선표집을 실시하는 것이다. 이때 대상자들은 반드시 하나의 층으로 분류되어야 한다.

[그림 1-2]에 제시된 층화표집은, ① 대상자들을 색깔(나이, 성별, 지역)로 나누고, ② 색깔 안에 속한 대상자들을 다시 단순무선표집하는 과정을 보여 주고 있다. 층화표집은 다시, ① 비율표집, ② 비비율표집으로 나눌 수 있다. 비율표집은 층화의 크기를 고려하여 일정비율 대상자를 표본으로 선택하는 방법이며, 비비율표집은 크기가 다른 층화에서 동일한 비율 또는 차등적인 비율로 대상자를 선정하는 방법이다.

층화표집을 하는 데 있어 모집단의 대상자들이 층화가 잘 이루어졌고 그 안에서 대상자들이 단순무선표집이 되었다면, 표본의 표준편차가 작아져 결국 모집단을 추정하는 추정치의 오차가 작아진다. 즉, 각 층화에서 나타난 추정치의 오차가 작다면 결국 모집단을 잘 나타낼 수 있다는 장점을 지니고 있다. 반면, 표본틀(표집틀)이 정리되어 있지 않으면 많은 시간이 소요된다는 단점이 있다. 표본틀이란 모집단에 관한 정보를 말하는 것으로, 예컨대 모집단은 성별, 지역, 연령, 종교 등의 많은 층이 있으며, 이처럼 모집단에 관한 정보를 표본틀이라고 한다. 또한 모집단에서 층화를 분류하는 정보가 확실하지 않다면 대상자들을 선택하는 데 있어 오류가 발생할 수 있다.

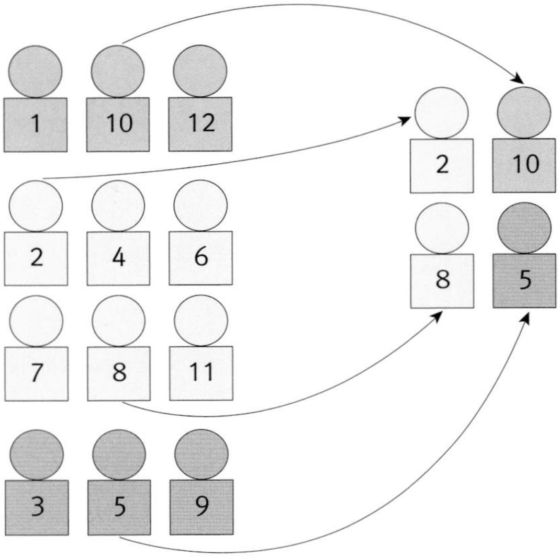

[그림 1-2] 층화표집

④ 군집표집

군집표집(cluster sampling)은 cluster라는 뜻처럼 모집단을 여러 개의 덩어리, 군집(군락, 집락)으로 만들고 많은 덩어리 가운데서 무작위로 덩어리를 추출해 그 덩어리 내의 모든 대상자를 표본으로 선택하는 방식이다. 예를 들어, 서울시내 중학생의 몸무게를 추정한다고 할 때 대상학생을 표집하기가 쉽지 않다. 그러므로 서울시내 각 중학교를 덩어리로 설정하고 필요한 만큼의 덩어리를 단순무선표집으로 추출한 다음, 추출된 덩어리의 학생들을 모두 표집으로 선택하는 것이다.

군집표집으로 모집단에서 표본 대상자를 선택할 때에는 다음의 절차를 따른다. ① 모집단을 작은 덩어리(군집)로 분류한다. ② 분류된 군집에 임의로 일련번호를 매긴다. ③ 단순무선표집으로 필요한 개수의 군집을 추출한다. ④ 선택된 군집의 모든 대상자를 선택한다. [그림 1-3]은 군집표집에 의해 선택되는 과정을 자세히 보여 주고 있다.

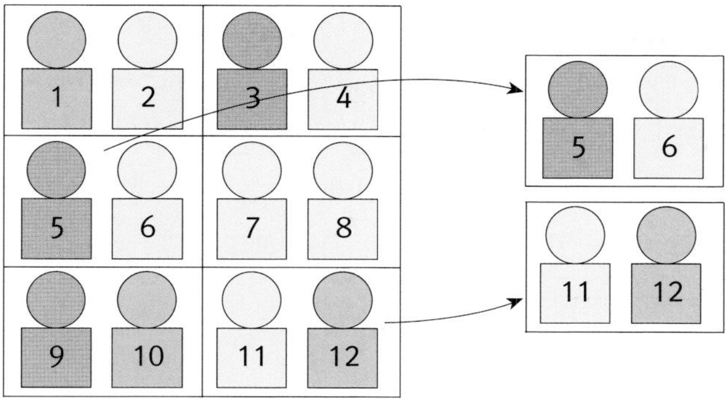

[그림 1-3] 군집표집

군집표본의 장점은 쉽게 표본을 만들 수 있어 시간과 경비를 줄일 수 있다는 것이다. 또한 모집단에 대한 사전지식(흔히 말하는 표본틀)이 없을 때에도 사용 가능하며, 표집오차를 계산하기도 쉽다. 반면, 덩어리의 크기가 크고 덩어리 개수가 많지 않으면 이런 덩어리를 대상으로 단순무선표집을 하게 되므로 표집오차가 커지게 되는 단점이 있다. 이럴 경우 덩어리의 크기를 더 작게 만들어 덩어리의 개수를 늘리는 방식으로 대표성을 확보해야 한다. 덩어리 크기가 크고 개수가 작으면 그렇지 않은 경우에 비해 대표성은 낮아지게 된다.

⑤ 층화군집표집

층화군집표집(stratified cluster sampling)은 층화표집과 군집표집의 특징을 함께 고려하여 표본을 선택할 때 다음의 절차를 따른다. ① 대상자들을 같은 특징(층화)으로 분류한다. ② 분류된 층화 속에 있는 대상자들을 다시 여러 집단(군집)으로 분류한다. ③ 단순무선표집을 통해 집단(군집)을 선정한다. ③ 이후 선택된 집단(군집) 안의 모든 대상자를 선택하는 방식이다.

층화군집표집의 장점은 선택된 표본이 모집단을 잘 대표할 수 있는 확률이 높다는 것이다. 반면, 층화군집표집의 단점은 연구자가 모집단의 속성을 잘 알아야 하고 층화의 정보가 정확하지 않으면 표집오차가 크게 발생하며, 표집에 드는 시간과 경비가 많이 들고 표집과정이 다소 복잡하다는 것이다.

(2) 비확률적 표집

비확률적 표집은 모집단에서 대상자들이 표본으로 추출될 확률이 동일하지 않고,

모집단이 명료하게 정의되지 않거나 모집단에 대한 정보가 없는 경우 사용된다. 비확률적 표본은 연구자의 주관적 판단으로 표본을 선정하는 방법이기 때문에 사용이 쉽고 시간과 비용이 적게 든다. 하지만 비확률적 표집은 엄밀하지 못해 선택된 표본의 대표성이 걸림돌이 되어 연구결과를 일반화하는 데는 분명한 한계가 있다. 비확률적 표집으로, ① 편의표집, ② 할당표집, ③ 목적표집, ④ 눈덩이표집 등이 있다.

① 편의표집

편의표집(convenience sampling)은 임의표집, 우발적 표집으로도 불리며, 표본을 선정함에 있어 연구자의 주관적 판단으로 특정한 표집 기준을 두지 않고 모집단에서 대상자를 추출하는 방법이다. 표본모집의 편의성이 강조된 방법으로서 이 방법이 아니고는 표본을 구성하기 어려운 경우에 주로 사용된다. 예를 들어, 병원에서 희귀병 치료제를 실험하려고 할 때 희귀병을 가진 환자가 지원하지 않는 한 연구를 수행할 도리가 없을 때가 있다. 이런 경우 형편이 되는대로 지원자를 모집해 연구를 수행하게 되는데, 이러한 것이 편의표집이다. 편의표집은 대개 초기 연구단계에서 연구의 아이디어 수집, 탐색연구 등 탐색적 조사 목적으로 많이 사용된다.

편의표집의 장점으로는 비용과 시간의 절약을 들 수 있다. 하지만 대부분 연구자가 자신의 편의에 따라 대상자를 선정하는 경우(표본의 임의성)가 많아, 선정된 표본이 모집단을 잘 대표하는지에 대한 대표성 확보와 표본오차 측정의 문제점을 지니고 있다. 따라서 연구결과에 많은 편견이 개입될 소지가 높아지게 되고, 따라서 연구결과의 일반화에 문제점이 발생할 수 있다.

② 할당표집

할당표집(quota sampling)은 연구자가 모집단을 임의의 일정한 범주로 나눈 다음, 이들 범주에서 표본을 임의로 추출하는 방법이다. 연구자가 선택하고자 하는 표본의 집단별 분포를 미리 알고, 그에 맞추어 각 집단 내에서 할당된 수만큼 표본을 임의로 추출하는 방법이다. 층화표집의 비확률적 표집에 해당되는 것이 할당표집이다. 할당표집의 장점은 같은 크기의 무작위 표집보다 적은 비용으로 표본을 추출할 수 있어 빠른 시간에 연구결과가 필요할 때 사용하기 편리하다. 하지만 할당표집의 단점으로는 모집단에 대해 알려져 있지 않은 변수로 범주를 나눌 수 없다는 것이다. 뿐만 아니라 모든 변수를 할당비율에 맞춰 표본으로 뽑는다는 것은 불가능하다.

할당표집과 층화표집과의 차이

할당표집이 표본을 추출하는 과정에서 표본을 범주로 나눈다는 점에서 층화표집과 유사하지만, 표본추출이 임의로 이루어진다는 점에서 근본적 차이가 있다. 즉, 층화표집은 같은 층화 내 속한 대상자들을 무작위로 선택하는 반면, 할당표집은 연구자의 연구목적에 맞게 인위적으로 대상자들을 선택하는 방식이다. 할당표집을 이용해 선택된 대상자들로 구성된 표본이 모집단을 잘 대표하는지에 문제가 발생할 수 있다. 따라서 할당표집은 무작위성이 보장되지 않으므로 연구결과의 일반화에 어려움이 따른다.

③ 목적표집

목적표집(purposive sampling)은 유의표집으로도 불리며, 연구자의 의도적 판단에 의해 '전형적이라고 생각되는' 표본을 선택하는 방법이다. 즉, 연구자의 판단 또는 연구목적에 따라 표본을 선정하는 방법이다. 목적표집은 비용이 적게 들며, 특정 관심 사안을 의도적으로 선택해서 심층적으로 접근할 수 있다. 따라서 편의표집과 할당표집보다 연구목적에 맞는 대상자들을 고려할 수 있어 사례연구와 같은 질적 조사방법에 유용하다. 하지만 목적표집은 표본의 대표성을 확인하기 힘들며, 모집단에 대한 상당한 사전지식이 필요하다는 단점이 있다.

어떤 경우에는 무선표집이 연구의 목적에 부합되지 않을 수 있다. 어떤 희귀병 치료제의 효과를 연구하는 경우 그 희귀병 환자가 연구대상이 되어야만 한다. 이럴 때 다른 표집방법은 소용이 없어 목적표집이 사용된다.

④ 눈덩이표집

눈덩이표집(snowball sampling)은 눈덩이라는 이름처럼, 표본을 선택할 때 먼저 특정 대상자를 선택하고 그 대상자로부터 다른 대상자를 소개받는 방식을 반복하여 표본을 크게 만드는 방식이다. 즉, 최초의 소수 표본을 임의적 혹은 편의적으로 선택하고, 이를 매개로 표본을 확대해 가는 방법이다. 마치 눈덩이를 굴릴 때 처음에는 주먹만 하다가 굴려 가면서 점점 부피가 커지는 것과 같은 이치로 표본을 선정하는 것이 눈덩이표집이다. 눈덩이표집은 사회적으로 민감한 주제(예: 성 소수자나 약물중독 같은)처럼 연구대상을 찾기 어려울 때 적합하며, 탐색적 조사에 사용될 수 있다. 하지만 연구자가 표본의 추출을 통제할 수 없으므로 표본이 편향될 가능성이 높고, 따라서 연구결과의 일반화 역시 어렵다.

앞서 설명한 확률적·비확률적 표집 간의 차이는 〈표 1-3〉에 요약되어 있다. 모집단에서 무작위로 추출된 표본에 대해서 연구자들은 표본이 모집단을 잘 대표한다고 믿는 경향이 있지만, 실제적으로는 어떤 표본이 모집단을 대표하는지는 알 수 없다. 따라서 실제로 양적 연구를 많이 사용하는 실험·조사 연구에서는 현실적으로 연구에 참여할 수 있는 표본을 이용하는 편의표집을 많이 사용하는 경향이 많다. 이러한 접근방법은 결국 표본에서 얻은 결과를 모집단으로 일반화시키는 것이 어렵다는 것을 시사한다.

표본과 관련해 마지막으로 언급할 것은 표본은 어디까지나 모집단의 일부이기 때문에 표본이 모집단을 잘 대표한다고 해도 뽑혀 나오는 표본은 모두 다르다는 것이다. 표본크기를 동일하게 하고 무작위로 표본을 추출해도 뽑혀 나오는 표본은 그때마다 다르다. 어쩌다 동일한 사람이 A라는 표본에도 뽑혀 나오고 B라는 표본에도 뽑혀 나올 수는 있지만, 표본의 다른 구성원들이 모두 A 표본에도 B 표본에도 같이 뽑혀 나올 확률은 0이라고 보면 된다. 표본이 모집단을 잘 대표한다고 해도 표본구성원이 달라지는 것을 표본변산(sampling variation, 표본변동)이라고 한다. 표본변산을 줄이려면 표본크기를 크게 하는 것이지만, 제반문제를 고려하면 표본크기를 크게 하는 것은 쉬운 일이 아니다. 아주 극단적이지만, 모집단 전체를 사용하면 표본변산 문제는 발생하지 않는다.

〈표 1-3〉 **확률적·비확률적 표집 차이**

기준	확률적 표집	비확률적 표집
연구대상이 표본으로 추출될 확률	동등함 알려져 있음	동등하지 않음 알려져 있지 않음
표집방법	무작위	임의적
모수 추정 가능성	가능	불가능
오차 측정 가능성	가능	불가능
시간과 비용	많이 소요	상대적으로 적게 소요
모집단의 성격과 규모	명확히 정의	불명확 또는 정의 불가능
종류	단순무선표집, 체계적 표집, 층화표집, 군집표집, 층화군집표집	편의표집, 할당표집, 목적표집, 눈덩이표집

4. 변수 · 측정 · 척도

1) 변수

혹시 고등학교 시절 과학 교과서의 첫 페이지에 무엇이 적혀 있었는지 기억하는가? 아마 과학실험의 변인에 대한 이야기가 있었을 것이다. 종속변인, 독립변인 등 구태여 뜻을 하나하나 설명할 필요는 없겠지만(과학 시간이 아니니), 여기에서 설명하고자 하는 변수와 변인은 같은 말이라는 점을 짚고 넘어가고자 한다. 즉, 'variable'이란 단어를 어떤 사람은 변수라고, 또 어떤 사람은 변인이라고 번역한다.

통계에서의 변수(variable, 변인)란, 연구자가 관심을 갖는 특성이 적어도 2개 이상의 서로 다른 값을 갖는 것을 말한다. 예를 들어, 연구자가 관심을 갖는 특성으로 '좋아하는 음식'이 있다고 하자. 표본의 어떤 사람은 자장면, 또 어떤 사람은 냉면 등으로 이렇게 '좋아하는 음식'이 서로 다르다고 하면, 이 '좋아하는 음식'은 변수이다. 왜냐하면 '좋아하는 음식'이 적어도 2가지 이상의 다른 값이 관찰되었기 때문이다. 그러나 이번에는 '좋아하는 음식'으로 모두 냉면을 말했다면 이 경우 '좋아하는 음식'은 더 이상 변수가 아니다. 연구자가 관심을 갖는 특성이 변수가 아니면 그 특성은 무엇이라고 불러야 하는가? 만약 모든 관찰값이 이 경우에서처럼 냉면이라고 하면, 이 '좋아하는 음식'은 상수(constant)라고 한다. 이제 변수가 무엇인지 충분히 이해가 되었는가? 그렇다면 딱 한 사람만 짜장면이라고 답하고 다른 모든 사람은 냉면이라고 답했다면, 이 '좋아하는 음식'은 이 경우 무엇이라고 불러야 하나? 변수? 상수? 그렇다, 변수다.

자, 그러면 '사람 손바닥 넓이'는 어떨까? 손바닥 넓이를 명료하게 정의하고 표본에 있는 사람의 손바닥 넓이를 잿다면 아마도 그 손바닥 넓이는 모두 다를 것이다. 따라서 연구자가 관심을 갖는 특성인 '사람 손바닥 넓이'는 변수가 될 것이다. 만약 그럴 가능성은 전혀 없지만, 공교롭게도 모든 사람의 손바닥 넓이가 서로 같다면 '사람 손바닥 넓이'는 상수가 된다. 물론 실제에서 모든 사람의 손바닥 넓이가 같은 경우는 복제 인간 아니고서는 발생하지 않을 것이며, 그냥 변수와 상수를 설명하기 위한 예를 든 것일 뿐이다.

이번에는 앞에서 예로든 좋아하는 음식과 사람 손바닥 넓이를 다른 각도에서 들여다보자. 좋아하는 음식은 하나, 둘, 셋, … 이런 식으로 세어서 나온 자료인 반면, 사람 손바닥 넓이는 53cm^2, 55cm^2, 61cm^2, … 이렇게 측정되어서 나온다. 좋아하는 음식처럼 세어서 나온 자료를 계수자료(enumeration data), 사람 손바닥 넓이처럼 측정되어서 나온 자료를 측정자료(metric data)라고 구분하기도 한다.

변수의 또 다른 구분으로 연속변수(continuous variable)와 비연속변수(noncontinuous variable)가 있다. '좋아하는 음식'과 '사람 손바닥 넓이'라는 변수 예시에서 좋아하는 음식은 비연속변수라고 부르며, 사람 손바닥 넓이는 연속변수라고 한다. 그러니까 쉽게 이해하면, 계수자료는 비연속자료이며 측정자료는 연속변수이다. 비연속변수는 이산변수(discrete variable)라고도 한다. discrete라는 말처럼 그 특성이 분리된 변수가 이산변수이며, 연속변수는 특성이 분리되지 않고 연속성을 띄는 변수이다. 그러니까 연속변수는 특성이 연속성(continuum, continuity)을 가지며, 어떤 특정한 관찰값, 예컨대 어떤 사람의 손바닥 넓이 61cm^{2}는 0부터 ∞까지 연속되는 특성 위 어딘가에 위치한 값인데 그 위치가 61cm^{2}인 것이다. 또 다른 사람 손바닥 넓이 53cm^{2}는 연속성 위 53cm^{2}에 위치해 53cm^{2}이라는 관찰값을 갖게 된 것이다. 이런 의미로 측정자료에서 측정이라는 말을 사용한 것이다. 그러나 세는 것도 넓게 보면 측정의 일환이므로, 측정자료에서 측정이라는 말은 그냥 '연속성을 띄는'이라는 정도로 받아들이면 된다.

이산변수와 상수

- 이산변수(discrete variable): 연구자가 관심을 갖는 특성이 떨어진, 별개의, 분리된 변수를 의미한다.
- 상수(constant): 연구자가 관심을 갖는 특성이 단 한 가지 값만 가지는 것을 의미한다.

2) 측정

연속변수에 대해 다루든지 비연속변수에 대해 다루든지, '변수'는 연구자가 관심을 갖는 특성이다. 그리고 이 특성은 어떤 형태로든 관찰되어야 한다. 관찰되지 못한다면 연구주제가 될 수 없고, 따라서 통계처리도 불가능하다. 사람을 만나면 자연스레 키, 말투, 눈색깔, 인종 등 여러 변수에 대해 관찰을 하게 된다.

측정(measurement)은 넓은 의미로 분류된 관찰이다. 즉, 특성이 관찰되고 이것이 어떤 형태로든 분류되었으면 그 특성은 측정된 것이다. 예를 들어, '좋아하는 음식'이 자장면, 짬뽕, 냉면, … 이렇게 관찰되어 분류되었으면, '좋아하는 음식'은 측정된 것이다. 물론 '좋아하는 음식'이 모두 냉면이라고 해도 관찰되어 분류된 것이다. 이 경우 관찰되어 분류된 것이 냉면이라는 이름을 갖는 음식 하나뿐이라 상수가 되지만 연구자가 관심을 갖는 특성 그 자체는 측정된 것이다.

좁은 의미의 측정은 분류된 관찰에 숫자가 할당(부여)된 것을 말한다. 즉, '좋아하는 음식'이 자장면, 짬뽕, 냉면, … 이렇게 관찰되어 분류되었다면, 자장면에 1, 짬뽕에 2, 냉면에 3, … 이와 같이 숫자가 할당된 것을 측정이라고 한다.

일반적으로 측정이라고 말할 때 지칭하는 것은 좁은 의미의 측정이다. 그러니까 분류된 관찰에 숫자가 할당된 것이 흔히 말하는 측정인 것이다. 숫자를 할당하는 것은 측정된 결과가 숫자 이외의 문자나 그림으로 되어 있다면 통계처리가 쉽지 않기 때문이다. 그래서 측정이라는 단어를 들으면 머릿속에 먼저 떠오르는 이미지가 숫자인 것이다. 지금까지 비연속변수로 예를 들었지만, 물론 $53cm^2$, $55cm^2$, $61cm^2$, … 이렇게 관찰된 '사람 손바닥 넓이'도 측정된 것이다.

지금까지에서 알 수 있듯이, 측정결과가 단위(unit, 대체로 사회과학에서의 unit은 사람이지만)마다 다르며, 그 관찰된 특성은 변수이다. 따라서 측정은 어떤 정해진 규칙에 따라 숫자를 할당하는 일을 수반하게 된다. 키라면 머리끝에서 발끝까지의 거리에 몇 센티미터라고 숫자를 할당하고, 시험성적이라면 정답의 개수에 숫자를 할당하는 식으로 정해진 규칙에 따라 숫자를 할당한다.

3) 척도

연구대상에게서 자료를 측정하려면 그것이 어떤 형태이든 측정을 가능하게 해 주는 수단이 있어야 한다. 이 측정수단을 척도(scale)라고 한다. 어떤 사람은 'scale'을 '자'라고 부르는 사람도 있는데, 척도의 '척'이 '자'라는 뜻이므로 자로 측정된 정도라는 뜻인 척도와 비슷한 말이다. 이 척도에는 명명척도, 서열척도, 동간척도, 비율척도가 있다.

(1) 명명척도

이름을 붙인다는 뜻의 명명(命名)이 의미하는 것처럼, 명명척도(nominal scale)는 연구자가 관심을 갖는 특성에 이름을 주어 측정하는 척도이다. 라틴어로 nom이 이름이라는 뜻이고 이것의 형용사가 nominal인데, 이런 이유로 명명척도라고 번역된 것이다. 연구자가 관심을 갖는 특성이 '성별'이라면, 홍길동 같은 특성을 갖는 사람은 '남성', 성춘향 같은 특성을 갖는 사람은 '여성'이라고 이름을 붙여 측정하는 척도가 명명척도이다. 그러니까 이름에 의해 분류되는 척도가 명명척도이다. 앞서 예로 들었던 '좋아하는 음식'도 명명척도로 측정된 것이다. 특성이 삶은 면에 볶은 춘장이 부어진 것을 자장면이라고 이름 붙여 측정한 것이며, 삶은 면에 해물과 고추가 들어간 것을 짬뽕이라고 이름 붙여 측정한 것이다. 그렇다면 떡볶이는 어떤 특성을 그렇게 이름 붙여 측정한 것일까? 아마도 손가락 굵기의 삶은 가래떡에 고춧가루가 버무려진 것이지 싶다.

명명척도에서 사용된 숫자는 관찰된 특성을 지칭하는 것일 뿐이지 크기를 갖지 못한다. 예컨대, 남성에게 숫자 1을, 여성에게 숫자 2를 할당했다고 해서 2가 1보다 크다라는 뜻은 아니다. 여기서 사용된 숫자는 문패 같은 것으로 그 무엇을 가리키는 것이다.

이때 원래 특성이 홍길동 같으면 남성, 성춘향 같으면 여성이라고 이름을 붙였지만, 이것을 필요하다면 홍길동 같은 특성을 화성, 성춘향 같은 특성을 금성이라고 다른 이름을 붙여도 특성은 달라지는 것이 없다. 이렇게 필요에 따라 원래 측정된 것을 다른 형태로 바꿀 수 있는데, 이 경우처럼 바꾸는 것을 동형변환(isomorphic transformation)이라고 한다(〈표 1-4〉 참조). 그리스 말에서 iso는 '같은'이라는 뜻이고 morph는 '꼴'이라는 뜻이다. 그러니까 같은 꼴로 바꾸는 것이 동형변환이다. 따라서 원래 남성은 1로, 여성은 2로 분류된 것을 필요에 따라 남성에게 0, 여성에게 1을 부여해도 관찰된 특성은 달라지지 않는다. 물론 이때 사용되는 숫자는 반드시 0이나 1 또는 2일 필요는 없으며, 구분하기 좋은 숫자를 사용하면 된다. 필요할 때 바꾸는 것이지 필요성이 없음에도 목적 없이 바꾸는 것은 전혀 아니다.

〈표 1-4〉 성별의 동형변환

사람	A(변환 전)		B(변환 후)	
	성별	A	성별	B
홍길동	남	1	화성	0
성춘향	여	2	금성	1
홍부	남	1	화성	0
놀부	남	1	화성	0
심청	여	2	금성	1
:	:	:	:	:

(2) 서열척도

서열척도(ordinal scale)는 어떤 특성이 정도나 양에 의해 내림차순 또는 오름차순으로 배열되었을 때 순서를 매겨 측정하는 것이다. 라틴어로 ordin은 '순서'라는 뜻이고 이것의 형용사가 ordinal이다. 이런 뜻에서 서열척도라는 이름으로 번역된 것이다. 그러니까 서열척도는 순위, 순서, 등수를 매겨 측정하는 척도라고 보면 된다. 어떤 학급에서 키 순서대로 1번, 2번, 3번, … 이와 같이 키 순서대로 번호를 매겼다면 서열척도로 측정한 것이다.

서열척도에서는 배열된 상태에서 홍길동보다 성춘향이 더 높다면 그 순서에 초점을 두는 것이지, 순서 간의 간격이 달라지더라도 '순서대로'라는 조건만 맞는다면 별 문제가 없다. 서열척도에서는 1등과 2등의 차이(간격)와, 99등과 100등의 차이는 같을 수도 있고 같지 않을 수도 있다. 1등과 2등 간의 차이는 종잇장 하나 차이이지만 99등과 100등 간의 차이는 매우 클 수도 있다. 또한 반대의 경우도 마찬가지다. 어쨌거나, 떨어진 간격이 어떨지라도 '순서대로'라는 조건만 맞으면 되는 것이 서열척도이다.

이때 서열척도로 측정된 것도 명명척도에서처럼 필요에 따라 측정된 결과를 바꿀 수도 있다. 서열척도에서 중요한 것은 순서이다. 따라서 바뀌기 전후의 순서가 그대로 유지된다면 필요에 따라 바꾸는 것이 가능하다. 즉, 원래 측정된 결과의 순서가 바뀐 후에도 그대로 유지된다면 바꾸는 것이 가능하다는 말이다. 이렇게 순서가 바뀌지 않은 채 처음 A를 나중 B로 바꾸는 것을 단조변환(monotonic transformation)이라고 한다. mono는 '하나'라는 뜻이고 tone은 '음색'이라는 뜻인데, 하나의 음색, 그래서 변환되기 전후의 음색이 하나라는 의미의 단조(單調)라고 옮긴 것이다.

[그림 1-4]는 다양한 단조변환을 보여 주고 있다. 단조변환은 x축이 원래 측정된 결과이고 y축이 변환된 결과라면, 비록 x축 간격이 변환된 y축에서의 간격과 다르더라도 x축에서의 순서는 안 바뀌고 y축에서도 그대로 유지된 채 변환된 것이다. [그림 1-4]의 위쪽 그림은 단조변환의 그래프를 보여 주고 있는데, 증가하는 것은 계속 증가하고 있고 감소하는 것은 계속 감소하고 있어 두 경우 모두 단조를 보여 주고 있다. 이때 엄격한 단조(strictly monotonic)와 아닌 것의 차이라면, 엄격한 단조의 경우 중간에 수평이 없이 철저하게 증가 또는 감소한다. 그러나 [그림 1-4]의 아래쪽 그림은 '엄격하지 않은' 그냥 단조 그래프이다. 중간에 수평으로 흐르지만 증가하는 흐름은 계속 유지되는 단조 그래프이다. 만약 중간에 하강세가 있다가 다시 증가하면 하나의 음색이 아니어서 단조가 아닌 이조변환(bitonic) 그래프가 된다. 이때 'b1'는 2개라는 뜻이고 tonic은 음색을 의미한다. 따라서 bitonic은 2개의 경향성을 의미한다.

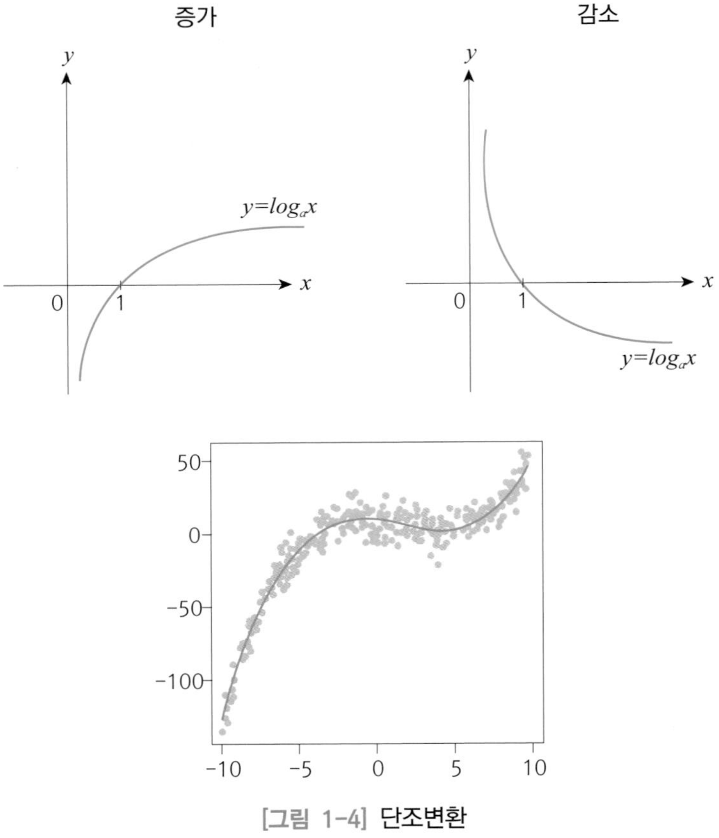

[그림 1-4] 단조변환

(3) 동간척도

동간은 다시 말해 간격(interval)이 '같다(同)'는 의미이다. 동간척도(interval scale)는 간격이 같다는 말처럼 1등과 2등 간의 차이(간격)와 99등과 100등 간의 차이가 같은 척도이다. 온도가 전형적인 동간척도로 측정된 것이다. 온도계에서 0도와 5도 간의 간격은 5이고 이것은 7도와 12도 간의 간격과 같다. 마찬가지로 1등과 2등 간의 간격 1이 99등과 100등의 간격과 같으면, 이 특성은 동간척도로 측정된 것이다. 동간척도는 등간척도라고도 한다. 이 두 용어는 호환적으로 사용된다.

그러나 몸무게 20kg은 10kg의 두 배만큼 무겁지만, 온도에 관해서는 20도가 10도의 두 배만큼 덥다고 말할 수는 없다. 몸무게에서의 0은 무게가 아무것도 없는 상태, 즉 0kg을 말하지만, 온도에 대해서는 0도가 온도가 없는 상태를 가리키는 것이 아니다. 온도에서의 0도는 물이 어는 점을 0도라고 사회적으로 약속된 바를 뜻한다. 그러니까 동간척도에서의 0은 아무것도 없는 상태를 가리키는 것이 아니라 임의로 정해진 0이다. 동간척도에서의 0은 절대영(absolute zero point)이 아니며 사회적으로 약속된 임의적 0이다.

이때 동간척도로 측정된 것은 앞에서처럼 필요하다면 변환할 수도 있다. 동간척도의 특징인 간격이 동일하게 유지된다면 처음 측정된 A를 다른 형태 B로 바꿀 수 있는데, 이것을 선형변환(linear transformation)이라고 한다. linear(직선의)가 line의 형용사이므로 선형변환은 직선변환이라고도 할 수 있으며, 직선이 1차식이므로 1차 변환이라고도 한다.

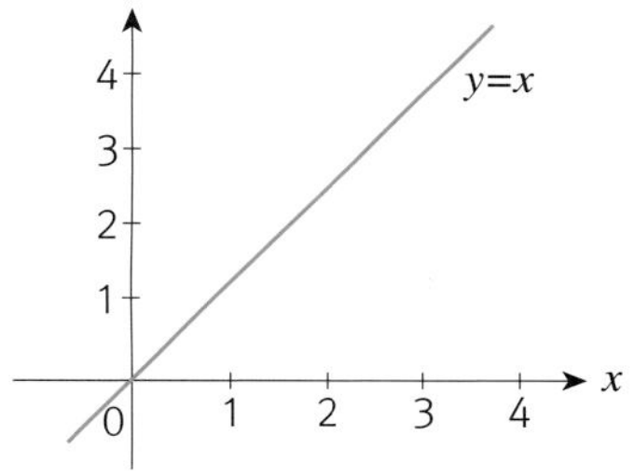

[그림 1-5] 선형변화

[그림 1-5]는 원래 측정된 결과인 x축에서의 간격이 변환된 y축에서의 간격과 같이 선형변환된 현상을 보여 주고 있다. 예를 들어, x축에 서로 다른 점에 두 관찰값이

있다고 한다면, 그리고 이것이 선형변환이 된 후에 그 결과인 y축에서도 두 관찰값이 찍히고 그 간격은 x축에서와 동일하다. 이것이 바로 선형변환이다.

(4) 비율척도

어떤 특성이 관찰되었을 때 결과를 비율로 나타낼 수 있으면 그 특성은 비율척도(ratio scale)로 측정된 것이다. 측정치를 비율로 나타내려면 사용된 척도에서의 0이 글자 그대로 아무것도 없는 상태를 가리키는 것이어야 한다. 비율척도에서의 0은 절대영(absolute zero point)이다. 따라서 몸무게 20kg은 10kg의 두 배만큼 무겁다고 비율로 나타낼 수 있다.

비율척도와 동간척도는 속성이 모두 같고 0의 의미만 차이가 있다. 비율척도에서의 0은 정말 없는 그 자체를 이야기하는 것이며, 동간척도에서의 0은 사회적 합의에 따라 임의로 정해진 것을 말하는 것이다. 0에 대한 개념만 다르다는 점에서 동간척도와 비율척도는 비슷하다고 볼 수 있다. 물론 비율척도 또한 필요하다면 처음 측정된 것을 선형변환할 수도 있다.

지금까지 살펴본 모든 변환은 변환 후에 겉으로 나타낸 것만 달라지는 것이지 그 내용은 원래 측정된 그대로 변하지 않은 채로 남아 있다.

척도들 간의 관계

명명척도는 N(nominal), 서열척도는 O(ordinal), 동간척도는 I(interval), 비율척도는 R(ratio)로 표기할 수 있으며, 척도 간의 관계는 N∈O∈I∈R로 나타낼 수 있다. 즉, 비율척도는 동간척도의 모든 속성을 갖고 있으며, 동간척도는 서열척도의 모든 속성을 갖고 있으며, 서열척도는 명명척도의 모든 속성을 갖고 있다. 이 관계대로 해당 척도는 다른 척도의 모든 속성을 갖는다.

5. 모수치와 통계치

앞서 표본을 설명하면서 잠깐 언급했듯이, 전체집단은 모집단으로 부르고 모집단에서 추출된 집단을 표본이라 부른다. 따라서 모집단과 표본은 각각 서로의 정보를 가지는데, 모집단에 관한 것은 모수치(parameter)라 하고 표본에 관한 것은 통계치(statistics)라고 한다. 모집단과 표본에 대한 특징을 나타내는 통계적 용어(평균, 분산, 표준편차)는 같으나 나타내는 표기하는 방식이 다르다. 즉, 표본에 관한 통계치는 평균(mean), 분산(variance), 표준편차(standard deviation) 등을 이용하여 나타내고, 모집단에 관한 모수치는 평균(μ), 분산(σ^2), 표준편차(σ)를 통해 나타낸다.

[그림 1-6]에서 보여 주는 것과 같이 모집단의 모수치를 나타내는 데는 그리스 문자를 이용하여 표기를 하고, 표본의 통계치를 표기하는 데는 로마자를 이용해서 표기하는 것이 일반적이다. 예를 들어, μ(mu, 뮤)는 모집단의 평균을 의미하고, σ^2(sigma square, 시그마 제곱)은 모집단의 분산(population variance), σ(sigma, 시그마)는 모집단의 표준편차(population standard deviation)를 의미한다. 반면, 표본을 기술하는 데 사용되는 통계치에서 $\overline{X}$는 표본의 평균을 나타내고, s^2는 표본의 분산을, s는 표본의 표준편차를 나타내는 데 사용한다.

[그림 1-6]은 모수치와 통계치의 관계를 잘 나타내 주고 있다. 통계치의 평균은 통상 수집된 원자료를 X로 나타내기 때문에 X 위에 막대기를 얹은 $\overline{X}$(X bar, X 바)로 표기한다. 그러나 어떻게 표기가 되건 원자료 형태의 변수를 나타내는 기호 X, Y, … 으로 표기된 것에 $\overline{Y}$ 처럼 막대기가 있으면 그 측정변수의 통계치 평균을 나타낸다. 또한 통계치 분산과 표준편차는 보통 소문자로 표기한다.

[그림 1-6] 모수치와 통계치의 관계

통계를 처음 접하는 학생들은 모집단에서 추출한 표본으로 분석한 결과를 가지고 모집단을 설명하려는 추론과정을 잘 이해해야 한다. 이러한 과정을 잘 이해할 수 있다면 연구자가 연구가설을 기호로 표현할 때, 로마자가 아닌 그리스 문자로 표기해야 한다는 사실과 이유를 이해할 수 있다.

〈표 1-5〉 그리스 문자

대문자	소문자	발음	
		영어	한국어
A	α	alpha	알파
B	β	beta	베타
Γ	γ	gamma	감마
Δ	δ	delta	델타
E	ϵ	epsilon	엡실론
Z	ζ	zeta	제타
H	η	eta	에타
Θ	θ	theta	세타
I	ι	iota	이오타
K	κ	kappa	카파
Λ	λ	lambda	람다
M	μ	mu	뮤
N	ν	nu	누
Ξ	ξ	ksi	크사이
O	o	omicron	오미크론
Π	π	pi	파이
P	ρ	rho	로오
Σ	σ	sigma	시그마
T	τ	tau	타우
Y	υ	upsilon	업실론
Φ	ϕ	phi	파이
X	χ	chi	카이
Ψ	ψ	psi	프사이
Ω	ω	omega	오메가

연습문제 1-1

◆ 다음 글에서 가정하고 있는 연구주제(problem), 연구질문(question), 그리고 연구가설(research hypothesis) 중에서도 영가설이 무엇인지 서술하시오.

1

K 대학의 진로상담자는 대학생들의 발표실력을 향상시키려는 목적으로 2가지 프로그램 중에서 어느 것이 더 효과적인지 비교하려고 한다. 20명의 학생은 자신들의 발표실력을 향상시키기 위해 자발적으로 연구에 참여하였다. 프로그램 A는 하루 한 시간씩 열흘 동안 수업을 진행되었고, 프로그램 B는 하루 다섯 시간씩 이틀에 걸쳐 수업이 이루어졌다. 두 프로그램 중 9명의 학생이 프로그램 A에 참석을 하였고, 11명의 학생이 프로그램 B에 참석하였다. 모든 수업이 끝나고 두 집단에 발표실력에 대한 평가를 실시하였다.

연구주제:

연구질문:

영가설:

2

K 대학의 심리상담자는 TOEIC 시험을 보는 동안 학생들이 느끼는 학습불안이 대학생들의 학습행동에 어떠한 영향을 미치는지 알아보고자 하였다. 선행연구에 따르면 시험 전에 학생들의 학습불안 정도를 완화시키는 데는 가벼운 클래식 음악이 효과적이라고 언급되어 있어 심리상담자는 중간고사를 보기 2주 전 실험이 어떻게 진행되는지 실험에 참여한 학생들에게 자세히 설명하였다. 그리고 중간고사를 보기 전에 학생들에게 가벼운 클래식 음악을 들은 후 시험을 보게 하였고, 이에 대한 자료를 수집했다.

연구주제:

연구질문:

영가설:

3

한 중학교 교사는 어떻게 하면 학생들의 수업 만족도를 높일 수 있을까 하는 질문을 항상 가지고 있었다. 이 교사는 '의사소통'에 대한 상담 프로그램은 교사와 학생들의 의사소통을 향상시켜 궁극적으로 학생들의 수업 만족도를 향상 시킬 수 있다고 믿었다. 이 교사는 의사소통 상담 프로그램을 시작하기 전에 자발적으로 프로그램에 참여한 15명의 학생에게 수업 만족도에 대한 설문 조사를 하였다. 그리고 10주로 계획된 의사소통 상담 프로그램이 끝난 다음 다시 학생들의 수업 만족도에 대한 설문 조사를 하였다.

연구주제:

연구질문:

영가설:

4

대학 영어교육 전문가는 대학 신입생들을 대상으로 자신이 개발한 영어읽기 향상 프로그램에 참여한 학생이 그렇지 않은 학생보다 영어읽기 성적이 더 높은지 아닌지에 관심이 있다. 30명의 학생들이 자발적으로 이 프로그램에 참여를 하였다. 이 연구자는 30명의 참가자 중에 무작위로 15명을 추출하여 자신이 개발한 영어읽기 향상 프로그램에 참여시키고 나머지 15명을 전통적인 교수법으로 진행하는 수업에 참여시켰다. 실험을 실행하기 전에 각각의 집단에 속한 학생들의 읽기 성적을 측정하였고, 10주간 실험이 진행 후 각각의 집단에 속한 30명의 학생의 영어 성적을 측정하였다.

연구주제:

연구질문:

영가설:

5

다음 표는 문제 4에서 언급한 영어 읽기향상 프로그램에 참여한 30명의 학기말 영어 성적이다(주: 문제 4에서 언급한 영어 읽기향상 프로그램과 학기말 영어성적과는 간접적 영향을 있겠지만 직접적 영향이 없다는 점을 고려할 필요성이 있다. 학기말 영어성적은 읽기영역만 포함된 것이 아니라 쓰기, 말하기, 듣기 등 모든 영역이 포함되어 있을 수 있기 때문이다). 프로그램 A는 영어교육 전문가가 개발한 읽기향상 프로그램을 수료한 학생들의 학기말 영어성적이고, 프로그램 B는 전통적인 읽기수업을 수료한 학생들의 학기말 영어성적이다.

〈대학 신입생 영어성적 학점〉

프로그램 A	프로그램 B
3.2	2.9
2.6	3.0
2.8	2.2
2.5	2.7
3.4	2.4
3.0	2.3
2.9	3.4
2.8	2.7
3.3	2.3
3.5	2.7
2.8	2.4
2.4	3.3
2.9	2.2
3.4	2.9
3.0	2.7

a. 각 집단에 대한 학점의 평균을 구하시오.

b. 각 집단에 대한 학점의 분산(variance)과 표준편차(standard deviation)를 구하시오.

제2장

빈도분포와 그래프

1. 빈도분포와 그래프
2. 중심경향
3. 변산도
4. 정규분포와 표준점수

연구자가 관심을 갖는 특성이 측정되었을 때, 가공되지 않은 원자료는 그 상태로 있어서는 어떤 의미도 가질 수 없다. 제1장의 기술통계에서 언급했듯이, 자료는 의미 있는 형태로 조직되고 요약되어야 하는데, 조직화되고 요약된 자료를 한눈에 파악하기 쉽게 만드는 방법은 그림을 사용하는 것이다. 그림 하나가 천 마디 말에 필적한다는 말도 있지 않은가. 이 장에서는 원자료를 그림 또는 그래프를 통해 나타낼 수 있는 방법을 살펴본다.

1. 빈도분포와 그래프

1) 빈도분포와 그림 제시

빈도에 관한 영어단어들을 한 번 떠올려 보면, always, never, rarely, often, sometimes, … 그리고 frequently 등이 있다. frequently와 frequency는 라틴어 frequent에서 온 것인데, 영어로는 crowded라는 뜻이다. 그러니까 무리, 군중, 사람이 많은 등의 뜻이다. 이렇게 생각해 보면 빈도의 의미 파악은 쉬워진다. 빈도는 얼마나 자주 무엇인가가 발생한 횟수이며, 도수라고도 불린다.

그렇다면 빈도분포(frequency distribution, 도수분포)란 무엇인가? A에 몇 차례 발생되었는지, B에 몇 차례 반복되었는지 등 각각에서 발생된 횟수, 즉 빈도는 '퍼져 있는 형태'를 말한다. 각 항목에 빈도가 얼마나 어떻게 퍼져 있는지를 나타낸 것이 빈도분포이다. 빈도분포를 이해하기 전에 우선 가공되지 않은 자료인 〈표 2-1〉를 살펴보자.

〈표 2-1〉 50명의 역사과목 중간시험 점수

84	82	72	70	72
80	62	96	86	68
68	87	89	85	82
87	85	84	88	89
86	86	78	70	81
70	86	88	79	69
79	61	78	75	77
90	86	78	89	81
67	91	82	73	77
80	78	76	86	83

〈표 2-1〉은 가공하지 원자료(raw data)를 기록되는 대로 적어 내린 숫자의 나열이다. 더 구체적으로 말하자면, 50명 학생들의 역사수업 중간시험 점수의 나열이며, 만점은 100점이다. 이러한 가공 전 자료를 이대로 두면 자료에서 어떤 의미를 찾을 수 없을뿐더러, 한눈에 파악하기도 어렵다. 따라서 연구자는 이러한 가공 전 자료를 조직 · 요약하는데, 이런 작업의 가장 기본적인 것이 '빈도분포'이다. 빈도분포는 표로 만들 수도 있고, 그림으로 만들 수도 있다.

그리하여 가공 전 자료 〈표 2-1〉을 바탕으로 작성한 단순빈도분포표(simple frequency distribution)는 〈표 2-2〉와 같다. 단순빈도분포표는 점수를 내림차순 또는 오름차순으로 나열하고 각각의 점수에 해당 빈도를 표기한 것이다. 단순빈도분포에서 유의할 것은 빈도가 0인 점수도 표시하여야 한다. 〈표 2-2〉를 보면, 최고점은 96점, 최하점은 61점이라는 것을 바로 알 수 있으며, 최고 많이 관찰된 점수가 86점인 것도 바로 알 수 있다. 그렇지만 원자료 상태 그대로 있는 〈표 2-1〉에서는 이런 정보를 파악하려면 한참을 들여다보아야 한다. 이렇게 원자료를 나름대로 조직 · 요약한 것이 빈도분포이다.

〈표 2-2〉 〈표 2-1〉을 바탕으로 작성한 단순빈도분포표

점수	빈도	점수	빈도	점수	빈도	점수	빈도
96	1	86	6	76	1	66	0
95	0	85	2	75	1	65	0
94	0	84	2	74	0	64	0
93	0	83	1	73	1	63	0
92	0	82	3	72	2	62	1
91	1	81	2	71	0	61	1
90	1	80	2	70	3		
89	3	79	2	69	1		
88	2	78	4	68	2		
87	2	77	2	61	1		

이제 〈표 2-2〉에 제시된 자료는 최빈치(mode), 중앙치(median), 평균치(mean), 범위(range), 반사분위범위(semi-interquartile range), 표준편차(standard deviation) 등을 파악할 수 있는 기본틀이 되었다고 볼 수 있다. 즉, 자료를 조직하고 목적에 따라 활용할 수 있는 기본틀이 완성된 것이다.

〈표 2-2〉와 같이, 원자료 전체를 전부 나열하고 보여 주는 단순빈도분포가 있는가 하면, 원자료를 묶음 자료로 빈도분포(grouped frequency distribution)로 만들기도 한다(〈표 2-3〉 참조). 점수를 묶어 묶음빈도분포를 만드는 이유는 단순빈도분포가 원자료보다 보기는 편해도 여전히 한눈에 들어오지 않아서이다. 점수를 전부 나열하고 보여 주는 단순빈도분포표를 활용하여 적당한 구간으로 점수를 묶고 해당되는 빈도를 표기한 것이 묶음빈도분포이다. 이럴 때 묶은 점수 구간을 급간(class), 그리고 급간의 크기를 interval width라고 한다.

자료를 묶을 때 급간의 숫자는 정해진 것이 없으나 보통 10개 내외가 적당하며, 20개를 넘기지 않는 것으로 한다. 급간의 개수가 작으면(반대로 급간의 크기가 크면) 자료를 축약할 수는 있으나, 축약한 만큼의 상세함은 떨어질 수 있다. 예를 들어, 아주 극단적이지만 모든 자료를 61~96으로 하나의 급간으로 묶을 수도 있지만, 이런 묶음빈도분포가 자료를 조직하고 요약해 한눈에 파악하려는 빈도분포의 목적에 맞는지는 생각해 볼 일이다. 급간의 크기, 급간 개수 등을 정하는 것은 오롯이 연구자의 재량이다.

〈표 2-3〉 〈표 2-1〉을 바탕으로 작성한 묶음빈도분포표

A: 급간의 크기=3		B: 급간의 크기=5	
점수	빈도	점수	빈도
96~98	1	95~99	1
93~95	0	90~94	2
90~92	2	85~89	15
87~89	7	80~84	10
84~86	10	75~79	10
81~83	6	70~74	6
78~80	8	65~69	4
75~77	4	60~64	2
72~74	3		N=50
69~71	4		
66~68	3		
63~65	0		
60~62	2		
	N=50		

또한 급간의 크기는 범위를 이용하여 적절히 판단해 볼 수 있다. 예를 들어, 〈표 2-2〉의 최고점은 96점이고 최하점이 61점이므로, 최고점과 최하점의 차이인 범위는 35가 된다. 급간의 수는 10개 내외에서 최대 20개로 잡는다고 하였으므로, 35를 각각 10과 20으로 나누자면 3.5와 1.75가 나온다. 따라서 급간의 크기는 1.75에서 3.5 사이로, 적절한 값을 찾아 사용하면 원하는 결과를 가늠해 볼 수 있을 것이다. 이렇게 설정된 급간의 크기는 고정치가 되며, 절대 그 범위의 숫자가 겹치지 않게 만들어야 한다. 예를 들어, 60~62를 묶었는데, 다시 62가 겹치도록 62~64를 묶으면 안 된다는 뜻이다.

앞서 말했듯이, 전체 데이터 중 최고점은 96점이고 최하점은 61점이다. 〈표 2-3〉에서 보여 주듯이, 급간의 크기가 5인 경우에도 3인 경우에도, 상단에서 최고점을 포함할 수 있는 급간을 만들어 두어야 한다. 특히 급간의 크기가 3인 경우, 94~96이 아니라 96~98로 설정한 것은, 급간의 크기 3과 5의 경우 모두에 해당하는 60부터 시작하는 최하단 급간의 범위 설정과 같은 맥락이라 볼 수 있다. 이때, 실제 최솟값은 61이지만, 급간의 값은 급간의 크기 배수가 되어야 하기 때문에 60부터 시작한다.

다시 풀어 설명하자면, 최하단 급간의 범위 설정은 급간 크기의 배수가 되는 점, 급간의 크기를 일정 수만큼 곱한 숫자(예: 3x20 = 60, 5x12 = 60)를 구하고, 구해진 숫자를 급간의 최소점으로 설정함으로부터 시작한다. 내림차순으로 작성하는 것이 통상이지만, 급간을 적어 나가는 순서는 아래로부터 위, 즉 오름차순이다. 다시 〈표 2-3〉을 자세히 살펴보자. 좌측의 급간의 크기가 3인 묶음빈도분포표에는 어떤 급간에는 해당 빈도가 0이라 적혀 있는 부분(93~95, 63~65)이 있다. 빈도가 0이라고 해서 그냥 빼도 된다고 생각하기 쉽지만, 분포는 연속성을 특성으로 가지므로 빼지 않는다.

2) 상대빈도분포 · 누적빈도분포

일단 상대빈도분포와 누적빈도분포에 대해 설명하기 이전에, relative는 '상대적인' '비교상의'라는 뜻을 가지고 있으며, cumulative는 '누적적인' '축적의'라는 뜻을 갖고 있음을 알아 두어야 한다.

(1) 상대빈도분포(relative frequency distribution)

상대빈도분포는 묶음빈도분포에 추가적으로 %(비율)를 표시해 둔 것을 말한다. 이는 연구자가 필요하다고 판단하였을 때에만 제작한다. 예를 들어, 〈표 2-3〉의 A를 바탕으로 만들면 〈표 2-4〉와 같은 형태가 나온다. 이처럼 빈도 비율(proportion frequency) 부분과 백분율(%) 부분만 추가된 것이 상대빈도분포이다. 상대빈도분포는 각 급간의 상대적 크기를 비교하는 데 매우 유용하다. 84~86점이 가장 빈도가 많으며 상대적 비중이 높음을 한눈에 파악할 수 있다. 물론 여기서 f는 빈도를 나타내는 기호이다.

빈도분포표에 제시된 결과를 좀 더 자세히 이해하기 위해서는 정확한계라는 개념을 이해할 필요성이 있다. 어떤 측정치가 갖는 범위가 정확한계이다. 하지만 정확한계는 과거 측정도구의 눈금이 정확하지 않았을 때, 예컨대 키가 180cm이라고 측정되었으면 그 180cm는 179.5~180.5cm에 정확하게 위치해 있을 것이라고 생각에서 비롯된 것이다. 그러나 지금 측정도구가 아무리 정밀하다 해도 어떤 측정된 값은 여전히 정확한계 범위 내에 위치하므로 현재도 여전히 유용한 개념이다. 또한, 정확한계는 연속변수인 경우에만 해당되며, 비연속변수에는 해당되지 않는다.

〈표 2-4〉 〈표 2-3〉의 A를 바탕으로 작성한 상대빈도분포표

점수	빈도(f)	빈도 비율	백분율(%)
96~98	1	.02	2
93~95	0	.00	0
90~92	2	.04	4
87~89	7	.14	14
84~86	10	.20	20
81~83	6	.12	12
78~80	8	.16	16
75~77	4	.08	8
72~74	3	.06	6
69~71	4	.08	8
66~68	3	.06	6
63~65	0	.00	0
60~62	2	.04	4

예를 들어, 홍길동의 키가 180cm라고 측정되었다면 이 측정치의 정확한계는 179.5~180.5cm이다. 이때 179.5cm를 정확하한계(exact lower limit)라고 하며, 180.5cm를 정확상한계(exact upper limit)라고 한다. 그러므로 〈표 2-3〉의 A에서 최상단 급간의 정확한계는 95.5~98.5이며, 그 급간의 중간점(mid point)은 97.5이다.

(2) **누적빈도분포**(cumulative frequency distribution)

누적빈도분포는 누가빈도분포라고 부르기도 한다. 누적빈도분포는 어떤 특정한 급간 아래 또는 위로 얼마나 많은 빈도가 분포하고 있는지를 쉽게 파악하기 위한 것이다. 누적빈도 cumulative frequency의 약자는 'cum f' 또는 'cf'로 나타내기도 한다. 누적빈도분포는 빈도를 누적하여 보여 주는 것이다. 〈표 2-5〉는 〈표 2-3〉의 A를 바탕으로 최하단 급간의 빈도가 출발이 되어 바로 위 급간의 빈도를 더하고, 이를 다시 위 급간의 빈도와 누적해 더하는 것으로, 최상단의 누적빈도는 언제나 표본크기와 같아야 한다.

〈표 2-5〉 〈표 2-3〉의 A를 바탕으로 작성한 누적빈도분포표

(N=50)

점수	빈도(f)	누적빈도
96~98	1	50
93~95	0	49
90~92	2	49
87~89	7	47
84~86	10	40
81~83	6	30
78~80	8	24
75~77	4	16
72~74	3	12
69~71	4	9
66~68	3	5
63~65	0	2
60~62	2	2

〈표 2-5〉에 제시된 사례처럼 단순히 빈도의 수를 계속 더해 내려가는 누적빈도분포에 누적백분율 개념을 더 첨가하면, 누적백분율빈도분포(cumulative percentage frequency distribution)가 된다. 특히 누적백분율빈도분포는 오자이브(ogive)를 만들 때에 쓰이는 빈도분포표이기도 하다. 오자이브는 '둥근 아치'라는 뜻으로 누적백분율빈도분포를 그래프로 나타낸 것이다.

〈표 2-5〉를 이용해 누적백분율빈도분포표를 구하기 앞서 〈표 2-5〉에 제시된 급간 60~62를 두고 상한계와 하한계를 구해 보자. 이때 상한계는 62.5가 되고, 하한계는 59.5가 된다. 숫자가 끝나는 자리 아래 소수점에서 반값을 올리고 내려 주면 된다. 이 경우에는 1의 자리이므로, 0.5씩 올리고 내려 준 것이다. 이렇게 각각의 범위마다의 정확상한계와 정확하한계까지 구했으면 누적백분율빈도분포를 작성할 준비가 끝난 것이다. 〈표 2-6〉에 제시된 누적백분율빈도분포표는에는 급간 옆에 정확한계들을 적어 주고, 추가될 때마다의 누적백분율도 해당치 비율만큼을 더해 적어 준다. 〈표 2-6〉은 지금까지의 표와 달리 내림차순으로 되어 있음을 알 수 있다. 누적백분율빈도분포표를 올림차순 또는 내림차순으로 선택하여 만드는 것은 연구자가 정하기 나름이다.

〈표 2-6〉 〈표 2-3〉의 A를 바탕으로 작성한 누적백분율빈도분포표

점수	정확한계	빈도	누적 빈도	누적백분율(%)
60~62	59.5~62.5	2	2	4
63~65	62.5~65.5	0	2	4
66~68	65.5~68.5	3	5	10
69~71	68.5~71.5	4	9	18
72~74	71.5~74.5	3	12	24
75~77	74.5~77.5	4	16	32
78~80	77.5~80.5	8	24	48
81~83	80.5~83.5	6	30	60
84~86	83.5~86.5	10	40	80
87~89	86.5~89.5	7	47	94
90~92	89.5~92.5	2	49	98
93~95	92.5~95.5	0	49	98
96~98	95.5~98.5	1	50	100

(3) 히스토그램, 꺾은선그래프, 오자이브

여기서 다루는 것은 '자료의 그림화(pictorial representation)'라고 할 수 있다. 연구자의 의도에 따라 수집되는 자료, 고려할 변수가 각기 다르듯이, 자료를 어떻게 묶고 구성하느냐에 따라 다양한 형태의 그림이 생긴다.

여기서는 히스토그램, 절선도표라고도 하는 꺾은선그래프, 누적백분율빈도분포를 활용해 작성하는 아치형 그래프인 오자이브, 마지막으로 막대그래프를 살펴보고자 한다. 히스토그램, 꺾은선그래프와 오자이브는 '연속변수'에 해당하는 그래프들이고, 막대그래프는 비연속변수에 해당한다.

① 히스토그램

세포 조직할 때 '조직'이라는 뜻의 그리스어 histo에 gram이 붙은 합성어가 히스토그램이다. 즉, 세포조직처럼 막대가 서 있는 그래프라는 것을 의미한다고 볼 수 있다. 또한 히스토그램(histogram)은 기둥처럼 서 있는 그래프라는 뜻의 절주도표라고도 한다. 히스토그램은 연속변수일 경우에만 그릴 수 있다. 하지만 연속변수를 그림으로 그릴 때는 다음의 공통 요건들이 충족되어야 한다.

〈표 2-7〉 **연속변수 그램을 위한 조건**

- 원점이 0으로 명시되어 있어야 한다.
- *X*축 전체를 나타낼 수 없을 때, —//— 또는 —^v— 등의 기호로 *X*축에 축약해서 표시를 한다.
- 정확한계 표시를 한다.
- *X*축, *Y*축에 해당하는 '이름'을 명명하고, 그림 하단에 그림 이름 명명한다.

〈표 2-3〉의 B(급간의 크기=5, 급간의 개수=8개)에 제시된 자료는 히스토그램을 이용해 다음과 같이 그릴 수 있다. 일단 *X*축에는 점수, *Y*축에는 빈도라고 이름을 명명한다. 첫 급간의 시작은 60이고 정확하한계는 59.5이므로 그곳을 시작점으로 지정한다. 마지막 급간의 끝은 99이고 정확상한계는 99.5이므로 그곳을 종결점으로 지정한다. 시작점 이전의 0~59.5의 점수 범위를 일일이 적어 낼 수 없으므로, —//—나 —^v— 의 축약 표시를 *X*축에 그려 둔다. 다음으로 각각의 정확상하한계들을 *X*축에 표시한다. 정확한계는 59.5~64.5, 64.5~69.5, 69.5~74.5, 74.5~79.5, 79.5~84.5, 84.5~89.5, 89.5~94.5, 94.5~99.5 등 모두 여덟 개의 점수 범위가 나올 것이다.

맨 아래 60~64 급간에 해당하는 빈도는 2이므로, 그래프에서 *X*축의 59.5와 64.5로부터 수직으로 올라와 2에서 멈춘다. 멈춘 끝의 선을 이어 막대를 하나 그려 준다. 65~69 급간에 해당하는 빈도는 4이므로, 그래프에서 *X*축의 64.5와 69.5로부터 수직으로 올라와 4에서 멈춘다. 이렇게 멈춘 끝의 선을 이어 막대를 하나 더 그려 주는 작업을 반복하면 히스토그램이 완성된다([그림 2-1] 참조).

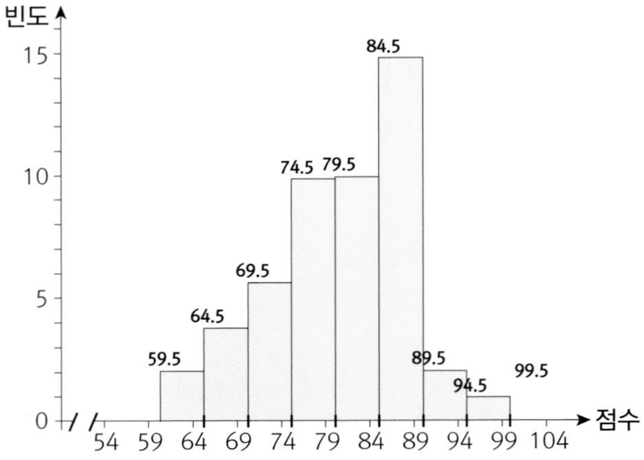

[그림 2-1] 역사과목 중간시험 히스토그램

② 꺾은선그래프

꺾은선그래프(polygon)도 히스토그램과 마찬가지로 연속변수일 경우에만 활용되며, 〈표 2-7〉에 제시된 공통 요건들이 충족되어야 한다. 보통은 히스토그램을 작성한 후 그 위에 그리기 때문에 그리기 자체는 쉬운 편이다. 맨 좌측의 그래프 시작점은 급간 55~59에 둔다. 최솟값인 61이 포함된 첫 번째 급간은 60~64인데, 이 급간의 아래에 급간 55~59를 하나 더 설정하는 것이 이상하지 않은가? 이렇게 가장 좌측에 시작점을 두는 것은 0의 값이 첫 번째 급간 60~64 아래 밖에 있다고 보기 때문이다. 그래프의 종결점도 마찬가지 이유로, 마지막 급간인 95~99를 넘어선 밖인 100~104에 두게 된다.

만일 히스토그램에 이어 꺾은선그래프까지 작성할 것을 사전에 생각하고 있다면, X축에 적어 두는 급간의 범위를 한 범위씩 '바깥'으로 확장하여 적어 두는 것이 좋다. 이렇게 되면, 나중에 X축의 요소를 추가적으로 삽입하겠다고 고생하여 수정하지 않아도 되기 때문이다. 즉, 시작점은 급간 55~59의 정확한 중앙에, 종결점은 급간 100~104의 정확한 중앙에 있게 되며, 나머지 점들도 '히스토그램의 최상단 라인'의 정확한 중앙에 있게 된다. 정확한 중앙이란 정확한계가 포함된 그 급간의 중간점이다. 시작점부터 종결점까지의 모든 점들을 순서에 맞게 선을 그어 내리면, 그것이 꺾은선그래프가 된다([그림 2-2] 참조).

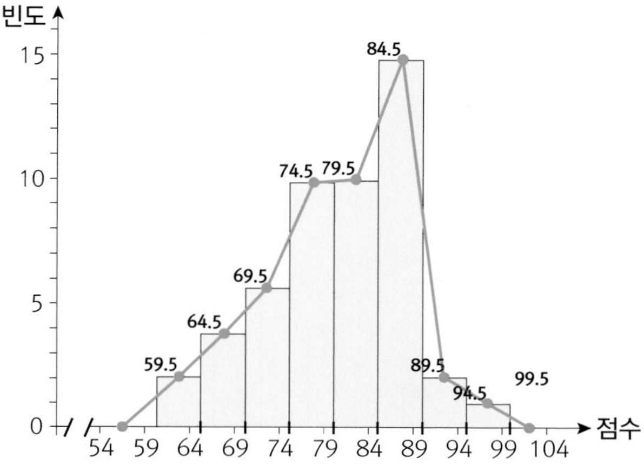

[그림 2-2] 역사과목 중간시험 꺾은선그래프

③ 오자이브

오자이브(ogive)도 앞의 두 그래프와 마찬가지로 연속변수일 경우에만 활용되며 〈표 2-7〉에서 제시된 공통요건들이 충족되어야 한다. 오자이브는 누적백분율빈도가 0에서 100까지 해당되는 모든 급간의 정확상한계에 점을 찍어 이를 연결한 그래프이다. 다시 급간의 크기가 3인 〈표 2-3〉의 A를 활용해 오자이브를 다음과 같이 설명할 수 있다. 오자이브에서는 급간의 *X*축 영역 확장이 최솟값이 포함된 급간 왼쪽 옆에서는 이루어지나, 반면 최댓값이 포함된 급간 오른쪽으로는 확장되지 않는다. 최솟값 61과 최댓값 96을 들어 설명해 보자면, 최솟값 61이 든 급간 60~62 아래로 급간 57~59가 하나 추가되어 확장되지만, 최댓값이 포함된 급간 96~98은 위로 급간이 추가되지 않고 그대로 유지된다.

앞서 오자이브에 간략하게 기술할 때, '누적백분율빈도분포를 활용해 작성하는 아치형 그래프'라 설명했다. 흔히 아치라고 하면 돔이나 종 모양의 그래프를 상상하기 쉽다. 그러나 여기에서의 아치형은 '둥그렇다'는 의미에서의 표현이다. 즉, 누적백분율빈도분포표, 누적에 대한 그래프이기 때문에 엄밀히 따지자면 상승곡선을 그리게 된다([그림 2-3] 참조).

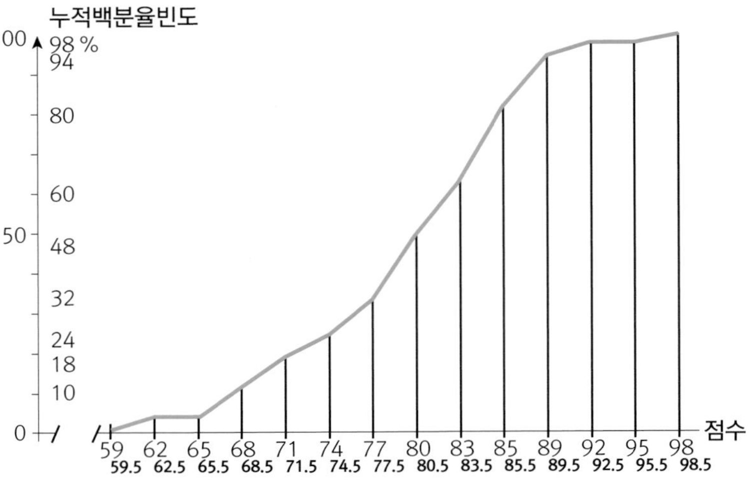

[그림 2-3] 역사과목 중간시험 오자이브

X축은 급간의 범위들을 나열해 적어 두고 가장 좌측에 위치한 급간이 0을 포함하지 않을 경우, 반드시 X축에 축약 표시를 해준다. Y축은 누적백분율빈도를 적는데, 0부터 100까지를 일정한 간격에 따라 적어 둔다. 당연한 얘기지만, X축과 Y축이 만나는 곳은 원점표시를 해 준다.

그렇다면 오자이브의 시작점은 어디에 두어야 할까? 오자이브의 X축 시작점에 대응하는 Y축의 값은 당연히 0이 되겠지만, X축 시작점은 첫 번째 급간 60~62 바깥 아래로 급간 57~59를 하나 더 설정하고 이 급간 57~59의 정확상한계인 59.5에서 출발한다. 이후 급간별로 누적백분율빈도를 더해 나가며 적는데, 급간 60~62에 실제로 해당했던 누적백분율빈도는 X축의 값이 62.5에 해당하는 곳에 적는다. 급간 63~65에 해당하는 누적백분율빈도는 X축의 값이 65.5에 해당하는 곳에 적는다. 즉, 모든 누적백분율빈도는 해당되는 '급간들의 정확상한계'에 기술되는데, 이렇게 올라가며 적다 보면 누적백분율빈도가 100이 되는 시점이 오고, 그 점에서 그래프는 종결된다. 그러니까 마지막 급간의 정확상한계에서 그래프가 끝나는 것이다.

④ 비연속변수 그래프

히스토그램, 꺾은선그래프, 오자이브가 모두 연속변수의 그래프였다면, 이제 설명하고자 하는 그래프는 비연속변수에 관한 그래프이다. 주로 쓰이는 형태는 막대그래프(bar-diagram)와 파이차트(pie-chart)인데, 이것들은 비연속변수 전용이다.

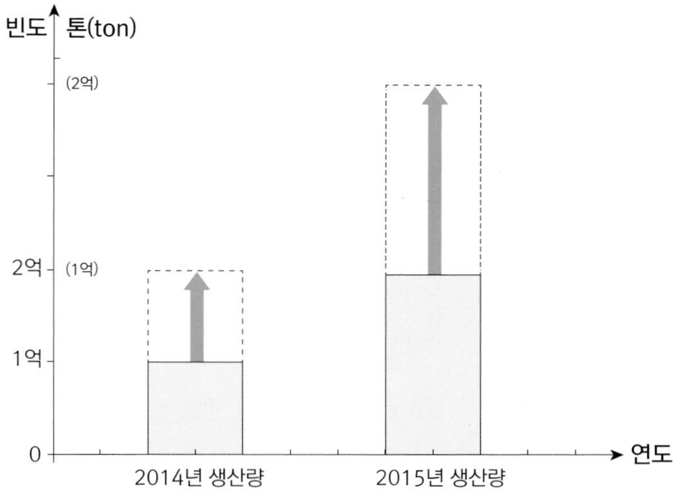

[그림 2-4] 막대그래프 예시(쌀 생산량)

[그림 2-4]는 막대그래프이다. 이런 그래프를 바차트(bar chart)라고도 한다. 막대그래프(bar diagram)나 히스토그램이나 모두 빈도가 막대로 표시되어 구분하기가 쉽지는 않다. 그렇지만 이 바차트는 연속변수를 그림으로 나타내는 히스토그램과는 다른 차이점이 하나 있다. 그 차이는 X축에 있다.

연속변수를 그림으로 나타내는 히스토그램은 값이 나타나는 시작부터 마지막 끝까지 쭉 X축이 연결되어 있다. 그렇지만, 이 막대그래프는 X축 사이에 간격이 있다. X축 사이가 떨어져 있는 것은 그림에 사용된 변수가 비연속이기 때문이다. 그림으로 나타내니까 두 변수의 차이점을 확연히 알 수 있지 않은가?

파이차트(pie chart)는 우리말로 하면 원그림이다. [그림 2-5]처럼 전체 자료가 여러 개의 범주(유목, 카테고리)로 분류되는 경우 각각의 범주를 전체에 대한 비율로 원을 분할한 것이 파이차트이다.

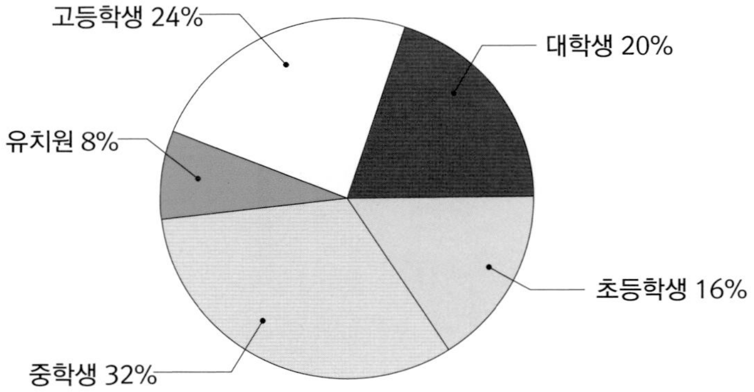

[그림 2-5] pie chart 예시(스키 캠프 참여)

지금까지 언급한 그래프와 관련해 꼭 유념해야 할 것은, 자료를 있는 그대로 얼마나 잘 표현하는 것이 관건인 그래프에서, X축과 Y축의 비율 설정 등 모든 것은 연구자가 결정하므로 똑같은 자료라도 다르게 그려질 수 있다는 점이다. 즉, 연구자가 마음을 먹으면 얼마든지 그림을 통해 결과를 왜곡해서 보여 줄 수 있다는 말이다.

예를 들어, [그림 2-4]에서 2014년 쌀생산량과 2015년 쌀생산량이 각각 1억 톤과 2억 톤이라 가정해 보자. 선명한 선으로 그어 둔 막대그래프가 1억의 범위를 비교적 작게 잡은 그림의 결과이다. 1억 톤이라는 양 자체가, 흐릿한 선으로 그어 둔 막대그래프를 보았을 때 느끼는 것과 달리 비교적 작아 보인다. 연구자가 의도하거나 혹은 의도치 않았음에도 불구하고, 얼마든지 느낌을 유도하고 조작할 수 있다는 얘기이다.

2. 중심경향

중심경향(central tendency)은 수집된 자료를 대표할 수 있는 값이다. 각 전공에서 과대표를 뽑듯이, 자료 대푯값을 뽑는 것이 중심경향이다. central tendency라는 말처럼 자료에서 '중심이 되는 경향'이라는 뜻이며, 또 자료에서 중심이라는 말은 집중적으로 나타난다는 뜻이어서 중심경향은 집중경향이라고도 한다. 중심경향치는 최빈치, 중앙치, 평균치로 주로 나타난다. 수집된 자료에서 중심경향을 파악하는 이유는 수집한 자료의 대푯값을 찾아 자료에서 주로 관찰되는 경향을 파악하고자 함이다.

1) 최빈치

최빈치(mode)는 수집된 자료에서 가장 빈번하게 관찰된 값으로, 즉 가장 많은 빈도를 갖는 값이다. 최빈값이라고도 하며, 'Mo'로 표기된다. 빈도분포표에서 빈도가 가장 높은 점수 값이 그 자료의 최빈치이다. 최빈치는 원자료(raw data)를 가지고 묶은 빈도분포 구성 시 급간의 크기에 따라 값이 달라질 수 있다. 최빈치의 분포 양상이 어떻게 이루어져 있는지 알아보자. 최빈치는 균등분포, 단봉분포 및 이봉분포 형태로 나누어질 수 있다.

(1) 균등분포(uniform distribution)

균등분포는 모든 값이 동일한 빈도를 갖는 분포로 이때 존재하는 최빈치의 개수는 0개이다. 이 균등분포에서는 거꾸로 말하면 모든 값이 최빈치이므로 최빈치는 존재하지 않는 것이다.

(2) 단봉분포(unimodal distribution)

단봉분포는 그래프에서 봉우리가 1개 나타나며 이때 존재하는 최빈치의 개수는 1개이다. 봉우리가 하나인 지점이 최빈치인 것이다. 여기서 uni는 '하나'라는 뜻이고, modal의 mode의 형용사이다. unimodal을 직역하면 최빈치가 하나라는 뜻이며, 그래서 단봉분포라고 번역한 것이다. 단봉분포는 일봉분포라고도 한다.

(3) 양봉분포(bimodal distribution)

양봉분포는 그래프에서 봉우리가 2개 나타나며, 이때 존재하는 최빈치의 개수는 2개이다. 사실 원래 최빈치라는 개념은 자료에서 가장 많이 관측된 값이므로 최빈치는 하나여야 하지만, 이 경우는 예외적으로 2개로 인정한다. 양봉분포는 이봉분포, 쌍봉분포라고도 한다. bi가 '둘'이라는 뜻이니 어떤 말로 번역되어도 의미는 같다.

그렇다면 최빈치는 항상 자료의 대푯값으로 사용할 수 있을까? 만약 표본의 크기가 큰 경우라면 문제가 되지 않는다. 하지만 표본의 크기가 작은 경우, 즉 수집된 자료의 개수가 너무 작다면 신뢰성이 떨어지기 때문에 최빈치를 대푯값으로 사용하기 부적합하다. 표본의 크기가 너무 작은 경우에는 빈도 수 1의 차이로 최빈치가 되기도 하고, 되지 않기도 하는 경우가 발생하기도 한다. 따라서 최빈치가 대푯값이 되려면,

전체에서 가장 많이 관찰되는 표본값을 파악하여 전체의 자료 중 어느 곳에 가장 많은 자료가 분포해 있는지 확인함으로써 자료의 분포 경향성을 파악할 수 있게 해 주어야 한다. 하지만 최빈치와 최빈치가 아닌 값과의 빈도 차이가 작으면 최빈치를 통해 전체의 경향성을 파악하는 것이 부적합하다. 그럼에도 최빈치는 값을 파악하기 쉬워서 사용하기 편리한 이점이 있다. 앞서 언급했듯이, 묶음빈도분포에서 최빈치는 자료를 어떻게 묶느냐에 따라 값이 달라질 수 있다.

2) 중앙치

중앙치(median)는 수집된 자료를 상하 각각 50%로 분할하는 지점의 값이다. 중앙값이라고도 불리며, 'Mdn'으로 표기된다. 한마디로 자료를 그래프로 표현했을 때 자료를 위아래 절반으로 나누는 X축 값이다. 예를 통해 조금 더 자세히 알아보자.

〈예시 2-1〉

1 2 3 4 5

〈예시 2-2〉

1 2 3 4 5 6

〈예시 2-1〉에서 상하를 각각 50% 분할하는 지점을 찾아보면 하에 속하는 값 1, 2, 상에 속하는 값 4, 5로 분할할 수 있는 3이 중앙치가 된다. 〈예시 2-2〉의 경우에는 상하를 각각 50로 분할하는 지점에 값이 비어 있는 것을 확인할 수 있다. 하에 1, 2, 3의 값이 속하게 되고, 상에 4, 5, 6이 속하게 되기 때문이다. 이 경우에는 3.5[(3+5)/2=3.5]가 중앙치가 된다.

원자료나 단순빈도분포표인 경우에는 차분히 세어서 중앙치를 파악하면 되기 때문에 힘들지 않다. 하지만 묶음빈도분포의 경우에는 세어서 중앙치를 파악하기 어려울 수도 있다. 이러한 경우에는 다음과 같은 수식에 값을 대입하여 중앙치를 구할 수 있다.

〈표 2-8〉 중앙치 계산 공식

$$\text{Mdn} = \text{Lp} + [\frac{(0.50)N - Cp}{fp}]\text{Wi}$$

Lp : 사례의 아래 50%를 포함하는 급간의 정확하한계
N: 표본의 크기
Cp: 50%를 포함하는 급간 바로 전까지의 누적빈도
Wi: 급간의 크기
f_p: Mdn을 포함하고 있는 급간의 빈도

예를 들어 〈표 2-3〉의 A로 중앙치를 구하면 값은 얼마일까? 한번 구해 보자. 중앙치는 81이다.

그러면 중앙치는 어떠한 경우에서 유용하게 사용되는가? 바로 분포가 편포(skewed)되어 있는 경우에 중앙치가 대푯값으로 유용하게 사용될 수 있다. skew는 '한쪽으로 치우쳐 있다'는 뜻이다. skew를 분포가 왜곡되어 있다는 의미로 왜도라고 하기도 한다. 편포도는 자료 분포가 좌우대칭이 아니고 어느 한쪽으로 치우쳐 있는 것이다. 치우쳐 있는 모습에 따라 다르게 표현되며, 중앙치와 최빈치의 위치를 기준으로, 정적 편포, 부적 편포 및 편포되지 않음으로 나눌 수 있다.

(1) **정적 편포**(positively skewed)

중앙치가 최빈치보다 오른쪽에 위치해 있을 경우 정적 편포라고 하며, 이러한 정적 편포의 형태의 경우 바닥효과(floor effect)가 있다고 이야기할 수 있다. 예를 들어, 시험문제가 너무 어려워 많은 사람이 바닥 근처에 있는 경우를 바닥효과라고 한다([그림 2-6] 참조).

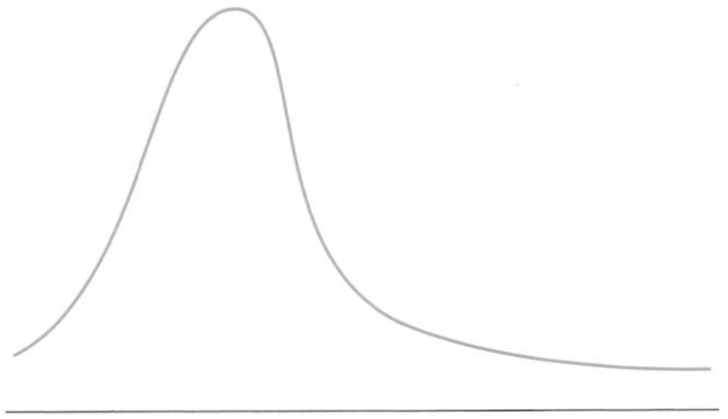

[그림 2-6] 정적 편포

(2) **부적 편포**(negatively skewed)

중앙치가 최빈치보다 왼쪽에 위치해 있을 경우 부적 편포라고 하며, 이러한 부적 분포의 형태의 경우 천정효과(ceiling effect)가 있다고 할 수 있다. 예를 들어, 시험문제가 너무 쉬워 많은 사람이 더 올라갈 데가 없는 천정 부근에 몰려 있는 경우를 천정효과라고 한다([그림 2-7] 참조).

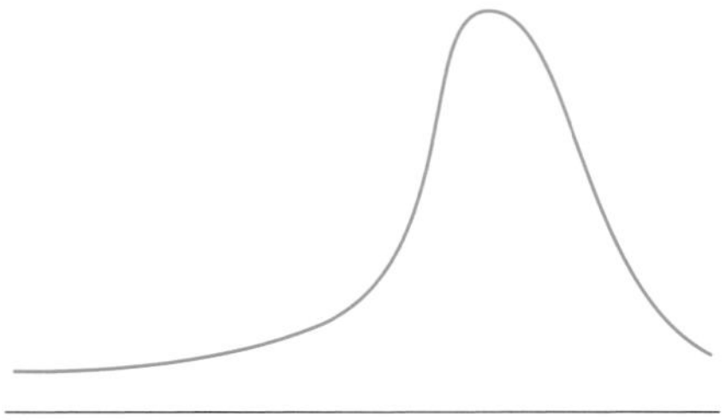

[그림 2-7] **부적 편포**

(3) **편포되지 않음**

편포되지 않았다는 표현은 중앙치와 최빈치가 일치할 경우에 해당한다. 어느 한쪽으로 치우치지 않고 좌우대칭인 경우다([그림 2-8] 참조).

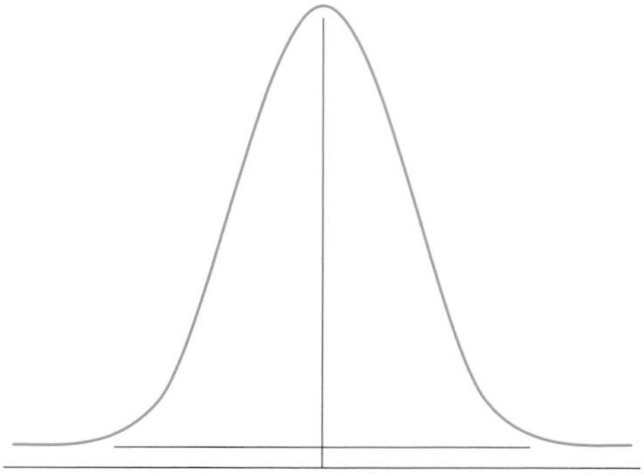

[그림 2-8] **편포되지 않음**

중앙치가 대푯값으로 유용하게 쓰이는 경우에는 정적 편포와 부적 편포 상황에서, 즉 분포가 한쪽으로 치우친 경우이며 치우친 정도가 심할수록 중앙치가 대푯값으로 사용하기 적절해진다.

3) 평균치

"올해 근로자 평균 임금이 얼마인데 내 월급은 너무 작은 거 아냐." 이런 이야기부터 "그 사람, 평균적 사고를 하는 사람이야."에 이르기까지 일상생활에서 평균이라는 단어는 두루두루 사용되고 있다. 물론 이럴 때 평균은 산술평균이다. 평균에는 조화평균이나 기하평균 같은 것이 있으므로 산술평균을 가리키면 산술평균(arithmetic mean)이라고 해야 하지만, 특별히 지칭하지 않는 한 산술평균은 그냥 평균이라고 부른다.

평균에 관한 일화 하나를 살펴보자. 1906년 가을, 서부 잉글랜드에서 해마다 개최되는 소 경연대회에서 프랜시스 골턴[(Francis Galton), 찰스 다윈(Charles Darwin)의 사촌이며 우생학의 창시자]은 소 몸무게를 추정하는 시합에 흥미를 갖게 되었는데, 그는 시합에 참가한 800명의 사람들(푸줏간 주인, 농부, 사무원, 가정주부 등 보통 사람)이 소를 둘러보고 무게가 얼마나 나가는지를 나름대로 예측한 뒤, 대회 입장권에 써서 제출한 것을 모두 모아 평균치를 계산하였다. 이때 평균치가 1,197파운드였는데 실제 소를 잡아 측정해서 나온 무게는 1,198파운드였다. 이 이야기는 『다중의 지혜(wisdom of crowds)』라는 책에 소개된 일화로서 평균이 어떤 것인지를 잘 나타내는 일화이다.

평균은 자료의 모든 사례에 일일이 대응해 분포가 어느 한쪽으로도 치우쳐 있지 않은 무게중심점, 무게균형점이다. 평균은 기호 $\overline{X}$으로 표기되며, 사례 N개의 점수를 모두 합하여 사례 숫자 N으로 나눈 값이다(〈표 2-9〉 참조).

〈표 2-9〉 산술평균 공식 및 예시

$$\overline{X} = \frac{\sum_{i=1}^{N} X_i}{N}$$

〈예시〉

71	72	73	74

예시에 제시된 변수들의 산술평균을 구하면 제시된 변수들, 즉 71, 72, 73, 74를 모두 더하고 변수의 개수인 4로 나누면 된다. 즉, (71+72+73+74)/4로 예시의 산술평균값은 72.5이다.

중앙치와 마찬가지로 묶음빈도분포의 경우에는 평균값을 구하는 방법이 조금 달라진다. 급간의 중간점(mid point)을 찾고 그 급간에 해당하는 빈도 수를 곱한 값들을 모두 더하고 사례 수 N으로 나누어 구한다. 하지만 최댓값과 최솟값이 명확하지 않은 개방형 구간(open-ended interval)의 경우 평균값을 구할 수가 없다. open-ended라는 뜻은, 예컨대 연령분포에서 60세 이상이라는 구간이 있으면 이 구간에는 70세, 80세도 또 그 이상도 포함되는 끝이 열려 있는 구간을 말하며, 이런 경우 구간의 중간점을 설정할 수 없다.

평균치는 분포의 무게중심점이기 때문에, 실제에서 관찰치가 그 점수대에 존재하지 않아도 대푯값으로 구해질 수 있다. 예를 들면, 1, 1, 1, 3, 14가 관찰치일 때 평균치를 구하면 4이다. 그런데 이 평균치 4는 이 5개 사례에서 관찰치가 하나도 없는 점수임에도 대푯값이 되는 맹점이 있다. 이 경우에 보듯이, 평균치는 극단값(outlier)에 민감하게 반응하는 단점이 있다. 그럼에도 평균치를 중심경향으로 많이 사용하는 것은 평균이 분포의 모든 사례에 일일이 대응해 무게중심을 잡기 때문이다. 앞서 소 일화에서 보듯이, 사례 수가 작지 않고 치우쳐 있지 않으면 평균치를 중심경향으로 사용하는 것이 좋다.

3. 변산도

앞서 중심경향에 대해 다루었다. 중심경향을 확인함으로써 자료들을 대표하는 대푯값을 확인할 수 있었다. 하지만 제시된 자료의 분포를 정확하게 파악하려면 중심경향만으로는 정확한 파악이 불가능하다. 예를 들어, A반과 B반의 평균이 같다고 하더라도 A반은 평균값인 중간에 많이 몰려 있는 분포를 이루고 B반은 상 · 중 · 하에 골고루 분포되어 있다고 한다면, 두 반은 평균은 같지만 이질적인 분포이다. 즉, 자료의 정확한 분포를 파악하기 위해서는 흩어져 있는 정도에 대한 정보가 필수적이다. 이를 변산도(variability)라고 한다.

1) 범위

범위(range)는 자료에서 가장 큰 값에서 가장 작은 값까지의 거리이다. 즉, 최댓값에서 최솟값을 뺀 거리가 범위이다. 범위는 'R'로 표현되며, 최댓값에서 최솟값을 빼서 구할 수 있고 정확한계를 고려하여 +1을 하기도 한다. R 값이 클수록 이질적(heterogeneous)이며, 작을수록 동질적(homogeneous)이라고 할 수 있다. 예를 들어, 주어진 자료에서 모든 관찰치가 R에 들어가 있으므로 R이 크다는 이야기는 공부를 아주 잘하는 사람도 있지만 아주 못하는 사람도 있어 성적 차이가 큰 이질적 분포라는 뜻이다. 반면에 R이 작은 자료는 공부를 잘하는 사람도 못하는 사람도 성적 차이가 크지 않은 동질적 분포를 가진다.

범위

R = [최댓값 − 최솟값]+(1)

범위는 개략적으로 분포가 어떤지를 살펴보는 데 유용하나, 안정적이지 않은 단점이 있다. 뽑힌 값에 따라 R값이 계속 바뀌기 때문이다. 또한 범위는 표본 수가 늘어나도 거의 변하지 않는다. 만약 200명 중에서 10명을 선택하는 경우 R이 15라고 하면, 200명 중에서 100명을 선택하는 경우의 R 역시 15나 그와 비슷한 값이 나온다. 이는 새로운 값을 추출하더라도 양극단의 값보다 더 벌어질 가능성은 낮기 때문이다. 자료의 변산도를 파악하는 데 있어서 범위의 사용빈도는 낮은 편이고 주로 사전에 분포의 모습이 어떤가를 파악하는 목적으로 사용한다.

2) 반사분위범위

반사분위범위(semi-interquartile range)의 개념을 확인하기 전에 사분위범위(interquartile range)에 대해서 알아보자. 먼저, 전체 사례(즉, N)를 균등하게 4등분하는 지점의 값을 Q_1, Q_2, Q_3라고 하고 이를 사분위점(quartile point)이라고 한다. 즉, 사분위점은 그래프상에서 X축 낮은 값부터 전체의 25%, 50%, 75%에 해당하는 지점이다. 이를 순서대로 Q_1, Q_2, Q_3라고 하는데, Q_3에서 Q_1까지의 거리가 사분위범위이다. 즉, $Q_3 - Q_1$가 사분위범위이다. 이럴 때 자료가 정상분포라면 Q_1에서 Q_2까지 거리를 Q라고 놓으면, 사분위범위 $Q_3 - Q_1$ 안에는 모두 2개의 Q가 들어간다. 즉, $Q_3 - Q_1 = 2Q$ 인 것이다. 이것을 Q에 대해서 풀면, $Q = \frac{Q_3 - Q_1}{2}$이 된다. 이것이 반사분위범위이며, 'Q'로 나타낸다.

반사분위범위

$$Q = \frac{Q_3 - Q_1}{2}$$

반사분위범위가 가지는 의미는 자료 전체에서 전형적으로 관찰되는 것들이 어느 정도로 분포해 있는지를 파악하는 것으로 중앙 50%의 값들이 어느 정도 폭 안에 분포해 있는가를 통해 자료의 변산도를 파악하는 것이다. 반사분위범위는 사분위범위를 2로 나누어 산출한 것이다. 설명하였듯이, 엄밀히 따지면 사분위범위와 반사분위범위는 다르지만, 많은 책에서 Q를 사분위범위라고 사용하기도 하며, Q를 사분위편차라고 부르기도 한다. 묶음 자료의 경우는 다음의 공식에 따라 Q_1, Q_2, Q_3를 산출하면 된다(〈표 2-10〉 참조). 각각의 범례는 중앙치를 구하는 공식에 나온 것을 응용해 사용하면 되는데, 예컨대 〈표 2-3〉의 A로 사분위범위를 구하면 값은 얼마인가?

〈표 2-10〉 **사분위점**

$$Q_1 = Lp + [\frac{(0.25)N - Cp}{fp}]Wi$$

$$Q_2 = Lp + [\frac{(0.50)N - Cp}{fp}]Wi$$

$$Q_3 = Lp + [\frac{(0.75)N - Cp}{fp}]Wi$$

Lp : 사례의 아래 50%를 포함하는 급간의 정확하한계
N: 표본의 크기
Cp: 50%를 포함하는 급간 바로 전까지의 누적빈도
Wi: 급간의 크기
f_p: Mdn을 포함하고 있는 급간의 빈도

이렇게 해서 구해진 반사분위범위의 값이 큰 경우에는 전형적인 관찰치 폭이 넓다

는 뜻이므로 분포가 이질적임을 시사하며, 반사분위범위 값이 작은 경우에는 자료의 수준이 비슷하다는 것을 의미한다. 반사분위범위는 앞서 설명하였듯이 중앙 50%에만 관심을 갖고 있기 때문에 아주 전형적인 가운데에 위치한 학생들의 점수의 폭이 넓은지 또는 좁은지에만 초점을 두고 있다. 따라서 공부를 아주 잘하는 상위에 위치한 학생들이나 아주 못하는 하위에 위치한 학생들의 점수는 영향을 미치지 않는다. Q는 편포되어 있는 경우에 주로 변산도의 지표로 삼는다.

3) 표준편차

표준편차(standard deviation)에 대해 알아보기 전에 편차의 개념에 대해서 살펴보자. 편차(deviation)는 한 개인의 특정 점수 X_i(관찰치)가 평균에서 떨어진 거리를 의미하며, 소문자 'x_i'로 표시한다. 이제부터 소문자로 표기된 것은 편차점수라고 이해하면 된다. 여기서 아래첨자 i는 individual의 앞 글자 i로 각각의 사람을 뜻한다. 편차를 구하는 방법은 개별 값에서 평균을 빼서 구하며, 편차의 합은 항상 '0'의 값을 가진다. 편차점수에서는 +와 −값이 모두 나타나는데, 이는 0보다 크고 작고의 개념이 아니라 평균에서 떨어진 거리를 나타는 것이다(〈표 2-11〉 참조).

〈표 2-11〉 **표준편차**

$$\sum_{i=1}^{N} x_i = 0$$

〈예시〉

4 7 10

좀 더 이해를 돕기 위해 예시를 들어 설명하도록 하겠다. 〈표 2-11〉에 제시된 값들의 평균은 7이고, 각 개별 값에서 평균을 빼서 구하면 편차는 −3, 0, 3이 된다(4−7=−3, 7−7=0, 10−7=3). 여기서 '−' 부호는 그 편차점수가 평균보다 아래에 위치한다는 뜻이며, '+' 부호는 평균 위에 위치한다는 뜻이다. 또한, −3, 0, +3을 더하면 0이 되듯이 모든 자료에서 편차의 합은 항상 0이 된다. 편차 합이 0이 아니면 어딘가에서 계산이 틀린 것이다.

앞서 설명했듯이 편차는 +, −값이 모두 나오는데, 이 −값을 갖는 편차점수와 +값을 갖는 편차점수를 더하면 상쇄되어 0이 이 나온다. 따라서 −값을 없애 주기 위해 편차를 제곱한 후 그 값들을 모두 더하는 방식을 취하게 된다. 즉, 거리를 제곱하여 면적으로 만든 다음 모두 다 더하는 것이며, 이를 제곱값 혹은 자승합(sum of squares)이라고 한다. 이 제곱값을 표본크기 N으로 나눈 값이 분산(variance) 혹은 변량이라고 하고, 'VAR(X)' 또는 's^2'으로 표시한다. 분산은 제곱값을 N으로 나누어 구하는 방법도 있으며, (제곱의 평균)−(평균의 제곱)으로 구할 수도 있다(〈표 2-12〉 참조).

〈표 2-12〉 **분산 및 표준편차**

분산	표준편차
$\frac{\sum_i^N x_i^2}{N} = \mathrm{VAR(X)}$ $\mathrm{VAR(X)} = \mathrm{E(X^2)} - [\mathrm{E(X)}]^2$	$\sqrt{\frac{\sum_i^N x_i^2}{N}} = \mathrm{s}$

$\mathrm{VAR(X)} = \boldsymbol{E(X^2)} - [\boldsymbol{E(X)}]^2$

$E(X^2)$는 모든 값에 제곱을 한 값에 대한 평균이며 $[E(X)]^2$는 평균을 제곱하는 것이다.

〈표 2-11〉의 예시(4, 7, 10)를 〈표 2-12〉에 언급된 $VAR(X) = E(X^2) - [E(X)]^2$를 이용해 분산을 구하는 절차가 〈표 2-13〉에 자세히 기술되어 있다. ①은 평균값에서 각각의 값을 뺀 값으로 그 합은 0이 된다. ②는 각각의 값을 제곱한 후 더한 값이다. ③은 제곱된 각각의 합을 사례 수(3)로 나눈 값이다. ④는 평균값(7)을 제곱한 값이다. 따라서 VAR(X) = 55−49 = 6이 된다.

〈표 2-13〉 분산과 표준편차와의 관계

		①	②	③	④	VAR(X)
	관측값	$(X_i - \overline{X})$	X^2	$E(X^2)$	$[E(X)]^2$	$= E(X^2) - [E(X)]^2$
	4	4−7=−3	16			
	7	7−7=0	49	$\frac{165}{3}$=55	49	55−49=6
	10	10−7=3	100			
합	21	0	165			
평균($\overline{X}$)	$\left(\frac{21}{3}\right)$=7					

분산에 제곱근을 취한 것이 표준편차이며, 's'로 표기한다. 즉, $\sqrt{VAR(X)}$ 이다. 〈표 2-11〉의 예시를 사용하여 분산과 표준편차를 구해 보면, $[(-3)^2 + (0)^2 + (3)^2]/3 = 6$이므로 분산은 6이 된다. 분산에 제곱근을 취한 것이 표준편차가 되므로 표준편차는 $\sqrt{6}$의 값을 가진다. 분산으로도 자료의 퍼져 있는 정도를 알 수 있지만, 지금까지 R과 Q가 모두 거리이므로 분산에 제곱근을 취해 면적을 거리로 환원한 것이 표준편차이다.

표준편차는 모든 관측치가 그 분포의 무게중심점 평균으로부터 평균적으로 얼마나 떨어져 있는가를 거리로 나타낸 것이라고 할 수 있다. 이를 위하여, ① 평균에서 각각의 관측치를 뺀 값에 제곱을 한 후 $(X_i - \overline{X})^2$, ② 모든 값을 더하고 $\left[\sum_{i=1}^{N}(X_i - \overline{X})^2\right]$, ③ 집단의 사례 수($N$) 또는 표본 집단의 사례 수에서 하나를 뺀 $(N-1)$로 나눈 것이 분산이다. 이러한 분산에 제곱근($\sqrt{\ }$)을 씌우는 것이 표준편차 $\left(\sqrt{\frac{\sum_{i=1}^{N}(X_i - \overline{X})^2}{N-1}}\right)$ 이다(〈표 2-14〉 참조).

〈표 2-14〉 분산과 표준편차와의 관계

		①	②	③
	관측값	$(X_i - \overline{X})$	$(X_i - \overline{X})^2$	
	1	1−5.5= −4.5	20.25	분산: $s^2 = \frac{\sum_{i=1}^{10}(X_i - \overline{X})^2}{N-1} = \frac{82.5}{9} = 9.16$ 표준편차: $s = \sqrt{s^2} = \sqrt{9.16} = 3.02$
	2	2−5.5= −3.5	12.25	
	3	3−5.5= −2.5	6.25	
	4	4−5.5= −1.5	2.25	
	5	5−5.5= −0.5	0.25	
	6	6−5.5= +0.5	0.25	
	7	7−5.5= +1.5	2.25	
	8	8−5.5= +2.5	6.25	
	9	9−5.5= +3.5	12.25	
	10	10−5.5= +4.5	20.25	
합	55	0	82.5	
평균($\overline{X}$)	$\left(\frac{55}{10}\right)$=5.5			

하지만 통계 프로그램을 처음 사용하는 초보자는 산술적 계산을 통해 계산된 분산 또는 표준편차의 값이 SAS(Statistical Analysis System), SPSS(Statistical Package for Social Science) 등과 같은 통계 프로그램을 이용해서 얻은 분산 또는 표준편차의 값과 다를 수 있다는 것을 알아둘 필요가 있다. 그 이유는 통계 프로그램에서는 표본 수를 그대로 사용하는 대신 표본의 수에서 1를 빼고 분산을 계산하기 때문이다. 즉, 통계 프로그램에서는 불편파(unbiased) 추정치를 얻기 위해 N(사례 수) 대신에 $N-1$을 사용한다. 표본의 사례 수가 많을 때는 N 또는 $N-1$ 차이가 거의 나타나지 않지만, 사례 수가 적을 때는 차이가 날 수 있어 사례 수를 많이 이용하는 것이 바람직하다.

분모가 어떤 것이든 표준편차는 평균으로부터 각 관측치 간의 거리(편차)를 구하고, 이 거리를 제곱해 면적으로 만든 후, 각각의 면적을 모두 더한 다음, 표본크기로 나눠 평균면적(분산, s^2)을 만들고, 다시 이 평균면적에 제곱근을 취해 거리(s)로 환원한 것이다. 그래서 앞서 표준편차를 평균거리라고 한 것이다. 그러므로 이 표준편차가 작을수록 분포는 동질적이고 클수록 이질적이다.

앞서 R이나 Q는 분포의 모든 사례에 일일이 대응해서 나온 값은 아니다. 그렇지만

s는 각각의 관찰치가 그 분포의 무게중심점 평균으로부터 떨어진 거리, 즉 편차에 기초한 것이므로 모든 관찰치에 일일이 대응해서 나온 값이다. 이 점이 앞서 R이나 Q와는 다른 점이다. 또한 변산도 지표로 R이나 Q는 거의 사용되지 않으나, s는 언제나 사용된다고 보면 된다. 중심경향 지표로 최빈치나 중앙치는 드물게 사용되지만, 평균은 거의 언제나 사용되는 것과 같은 이치이다.

그리고 표본변산에 휘둘리지 않고 버티는 힘은 $s > Q > R$의 순으로 볼 수 있다. 또한 자료에서 점수 하나가 바뀌면 s는 반드시 바뀌지만, R이나 Q는 그럴 수도 아닐 수도 있다. R은 언제나 극단값에 영향을 받지만, Q는 상대적으로 둔감하고, s는 민감하다고 할 수 있다.

또한 편차를 이용해 변산도를 나타내는 또 다른 방법으로는 평균편차가 있다. 용어가 표준편차가 아니고 평균편차이다. 이것은, ① 각각의 관측치에서 평균을 빼 편차점수를 구하고, ② 이 편차점수 각각에 절댓값을 취한 후, ③ 모든 절댓값을 더하고, ④ 더한 값을 사례 수로 나눠 평균을 구한다. 이렇게 구해진 평균편차를 변산도의 지표로 사용하기도 한다. 그러나 이 평균편차로는 향후 중요한 역할을 하는 분산을 구할 수 없어 널리 쓰이지는 않는다.

4) 변산계수

변산계수(coefficient of variation: cv)는 '서로 다른 표준편차를 바로 비교할 수 있는가?'라는 질문에서 출발한 개념이다. 예를 들어, 측정단위가 다른 경우, 몸무게는 kg으로 관찰되고 키는 cm로 관찰될 때 서로 비교 가능한가? 또한 두 집단 평균치가 서로 판이하게 다른 경우, 예컨대 생후 6개월 영아들의 키 평균은 변산도가 작을 것이고, 20세 대학생들의 키 평균은 변산도가 클 것이다. 변산도가 문제가 되는 것은 변산도는 중심경향치와 연계되었을 때만 의미가 있기 때문이다.

측정단위가 다를 때는 중심경향과 변산도를 알았다고 해도 직접 비교는 불가능하다. 이럴 때 비교 수단으로 고안된 것이 변산계수이다. 변산계수는 s를 $\overline{X}$의 백분율로 변환시키고 이를 비교한다.

변산계수(cv)

$$cv = \frac{s}{\overline{X}} \times 100$$

예를 들어, 타자속도 검사의 $\overline{X} = 10$, $s = 5$이고, 지능검사에서 언어능력 $\overline{X} = 300$, $s = 25$라면, 타자속도의 변산계수는 50, 언어능력의 변산계수는 8.3이다. 따라서 타자속도에서의 변동(변산)이 언어능력에서의 변동보다 크다고 볼 수 있다.

4. 정규분포와 표준점수

빈도분포는 많은 형태가 있는데, 정규분포도 그중의 하나이다. 사람의 키나 몸무게 같은 신체적 특성, 지능이나 수능성적 같은 정신적 특성, 또는 물리학이나 화학 등에서 많은 자연 현상이 정규분포를 따르고 있다. 독일의 수학자 가우스(Gauss)가 정규분포라는 개념을 만들어 낸 이후 많은 발견이 있었는데, 그중의 하나가 인간의 심리적 특성에 관한 프랜시스 골턴(Francis Galton)의 발견이다. 그는 정규분포가 어쩌면 인간지능에도 응용될 수 있겠다는 생각에 영국 육사 샌드허스트(Sandhurst) 입학시험을 분석했는데, 시험성적이 정규분포를 닮은 것을 알게 되었다. 이 발견에 기초해 그는 지능을 14개 구간으로 나누고, 정규분포의 맨 위를 '천재(hereditary genius)'라고 이름 붙이고 맨 아래를 '바보천치(idiots and imbeciles)'라고 이름 붙였다.

인간지능이 정규분포를 닮는다는 것을 알기 이전에도 그랬지만, 사람들은 많은 현상이 종 모양의 가우스 분포를 따르는 것을 알게 되었다. 그래서 이 종 모양의 분포가 나타나야 신의 섭리를 따르는 정상적 상태라고 생각했다. 규정에 맞는 정상적 상태라는 뜻의 정규분포라는 말은 여기에서 생겨난 것이다. 어떤 때는 이 종 모양의 분포를 이루지 않으면 그 현상이 그럴 수밖에 없는 것이어도 규정에 맞지 않는 비정상이라고 생각하기도 했다. 이 절에서는 인간특성 및 자연현상을 이해하는 데 많은 쓰임새가 있는 정규분포와 표준점수에 대해서 살펴보고자 한다.

1) 정규분포

정규분포(normal distribution)는 정상분포라고도 불리며, 종 모양의 분포를 이루고 있다. 정규분포는 다음과 특징이 있다. 첫째, 최빈치(Mo)가 하나인 단봉분포(unimodal distribution)이다. 둘째, 평균치($\overline{X}$)＝중앙치(Mdn)＝최빈치(Mo)이다. 즉, 이 3개는 같은 값을 갖는 동일한 위치에 있다. 셋째, 평균을 중심으로 좌우 대칭을 이룬다. 넷째, 분포의 양쪽 날개(흔히 꼬리라고 하는 각 끝 선)는 X축에 점근적으로 다가가지만 절대 닿지 않는다. [그림 2-9]가 정규분포 모습이다. 얼핏 보면 양쪽 날개가 X축에 닿아 있는 것처럼 보이지만, 절대로 닿지 않고 다가가기만 한다.

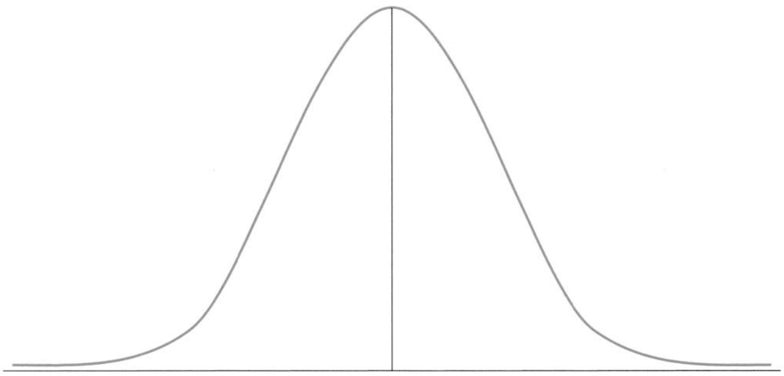

[그림 2-9] 정규분포

2) z 점수

z 점수의 개념은 다음 〈예시 2-3〉를 통해서 살펴본다. 〈예시 2-3〉의 질문에 대하여 어떻게 답을 구할 수 있을까?

〈예시 2-3〉

평균 100점, 표준편차 20, 중간고사를 본 사람은 50명이라고 할 때, 홍길동은 120점을 받았다. 홍길동보다 점수가 높은 사람은 모두 몇 명인가?

지금까지 배운 내용을 바탕으로는 이 질문에 답할 수 없다. 〈예시 2-3〉의 질문과

관련하여 배울 내용이 z점수이다. 앞서 언급했듯이, μ는 모집단에서 나온 평균이고 σ는 모집단에서 나온 표준편차이다. 모집단에 대한 z점수는 다음의 (a)와 같이 구할 수 있다. 그런데 우리는 현실적으로 모집단에 관한 정보가 없으므로 표본통계치로 z를 다음의 (b)와 같이 구할 수 있다.

모집단 표준정규점수(a)	표본에서의 표준정규점수(b)
$z = \frac{X-\mu}{\sigma}$	$z = \frac{X-\overline{X}}{s}$

〈예시 2-3〉에 제시된 50명의 몸무게를 다 수집해서 분포를 그리면 어떤 모양이 되겠는가? 아마 가운데 봉이 하나 있고, 양 끝은 X축에 가까울 가능성이 높다. 하지만 〈예시 2-3〉에 주어진 평균, 표준편차 분포를 그리면 종 모양이 되고, 50명 모두의 z점수 값을 구할 수 있다. 바로 이것이 단위정규분포곡선이다. 즉, 원점수 X를 z점수로 바꾸면 단위정규곡선(unit normal curve)이 되는 것이다.

이 단위정규곡선은 무엇보다도 곡선 면적의 비율과 사례 수의 비율이 같다는 점이 가장 큰 특징이다. 면적은 곡선을 적분하면 알 수 있다. 예를 들어, 1,000명의 성적 분포가 있다고 가정하고 곡선을 적분해서 나온 면적을 1이라고 하면, 총 인원이 1,000명이기 때문에 가운데 선을 기준으로 한쪽은 500명이 될 것이다. 그럼 1:0.5=1,000:500이 된다. 이처럼 곡선과 X축의 면적을 1로 한 것을 단위정규곡선이라고 한다. 즉, 보통 우리가 숫자를 셀 때, 1, 2, 3, …으로 세듯이, 세는 단위가 1이라서 단위정규곡선이라는 이름이 붙은 것이다. 보다 엄밀히 말하면, 1정규곡선이라는 뜻이다.

〈예시 2-3〉에서 홍길동은 120점을 받았기 때문에 제시된 공식에 따라 z점수의 값을 구할 수 있다. z값을 소수점 둘째 자리까지 구하면, 120점일 때 z점수 값은 +1이며, 80점일 때의 z값은 −1점, 100점일 때는 0.00이다. z점수는 항상 앞에 붙는 −값과 +값을 꼭 제시해야 한다. 홍길동 120점을 단위정규분포곡선에 표시하면, [그림 2-10]과 같이 나타낼 수 있다.

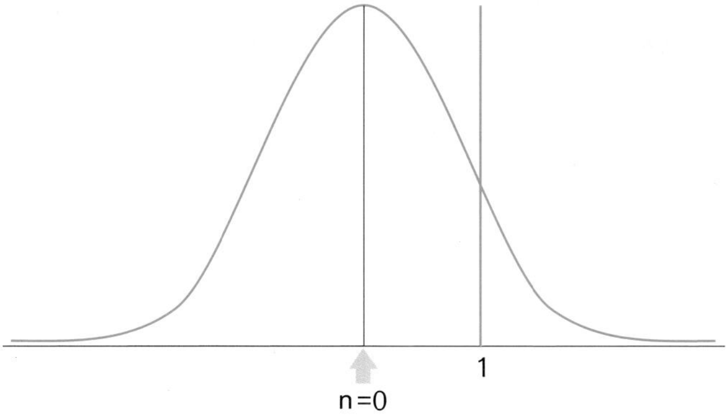

[그림 2-10] 표준정규분포에서 z가 1일 때 위치

3) 표준점수와 면적

원점수 X를 z값은 점수로 바꾸고 빈도분포를 그래프로 나타내면 단위정규곡선이 된다. 그렇지만 원점수가 정규분포에서 아주 심하게 벗어나 있으면 z값은 점수로 바꾸어도 정규분포가 되지는 않으니 이 점을 유념해야 한다. 정규분포를 나타내는 확률밀도함수(probability density function: pdf)는 다음과 같이 나타낼 수 있다.

확률밀도함수

$$f(x) = \frac{1}{\sigma\sqrt{2\pi}} e^{-\frac{(X-\mu)^2}{2\sigma^2}}$$

변수 X가 주어진 어떤 구간 내에 포함될 확률이 확률밀도이며, 이를 함수로 나타낸 것이 확률밀도함수이다. 물론 여기서 변수 X는 속성이 연속적이며 X의 특정한 값(예: 홍길동의 중간고사 성적 120점)은 있을 수 있는 가능한 값에서 random하게 관찰된 값이다. 그러니까 X는 연속변수이며 확률변수(random variable)라는 말인데, 무작위 또는 무선이라는 뜻의 random을 여기서는 확률이라고 옮긴 것이다. 따라서 확률변수 X는 나올 수 있는 값의 범위(중간고사 성적 0점에서 만점인 150점까지)는 알 수 있으나 그중에 어떤 값이 나올 수 있는지는 확률적으로 알 수 있는 변수를 말하며, 이 X가 주어진 어떤 구간 내에 포함될 확률을 확률밀도(probability density)라고 한다.

이 확률밀도를 함수형태로 나타낸 것이 확률밀도함수(pdf)이다.

한마디로, 어떤 관찰(측정) 값이 일어날 수 있는 상대빈도를 가리키는 함수가 확률밀도함수이다. 물론 앞에서처럼 확률변수 X가 대상이면 확률밀도함수는 f(x)로 표기되고, 다른 변수, 예컨대 z라면 f(z)로 표기된다. 이미 알고 있겠지만, f(x)에서 f는 function을 뜻하며, f(x)는 x의 함수라는 것을 의미한다.

이제 이것을 z점수의 함수로 표시하면 다음과 같이 나타낼 수 있다. f(z)를 $-\infty$(무한대)에서 $+\infty$까지 곡선 아래의 면적을 적분해 전체 면적을 1로 한 것이 단위정규곡선이다. $-\infty$에서 $+\infty$까지로 구간을 정한 것은 z점수는 양 끝으로 다가가지만 절대로 바닥에 닿지 않기 때문이다. 그리고 $-\infty$에서 어떤 특정한 z값까지의 면적을 표시해 놓은 것이 [부록 2]의 표준정규분포표이다.

표준정규분포

$$f(z) = \frac{1}{\sqrt{2\pi}} e - \frac{z^2}{2}$$

f(z)에서 $z \approx N(0,1)$이다. 여기서 기호 $\approx$는 '닮는다' '분포를 이룬다'는 뜻이며, N은 정규분포(normal distribution)를 의미하고, 괄호 안은 정규분포의 모수인 평균과 분산을 나타낸다. 즉, $z \approx N(0,1)$을 해석하면, z는 정규분포를 이루는데 평균은 0이고 분산은 1이라는 뜻이다.

다시 앞서 제시한 〈예시 2-3〉로 돌아가면, 홍길동은 50명 중에 몇 등인가? 홍길동의 z점수는 $+1$이었다. 앞서 제시한 함수에 대입해 보면, 이에 해당하는 면적은 .8413이다. $-\infty$에서 $+1$까지의 면적이 .8413인 것이다. 반대 부분에 50명을 곱해 보면 바로 홍길동보다 점수가 높은 사람이 몇 명인지 알 수 있다([그림 2-11] 참조). 답은 약 8명 정도($.1587 \times 50 = 7.936$)이다. 또한 z점수가 $+1$에서 $+\infty$까지가 .1587이므로 .8413+.1578은 곡선 아래 전체 면적 1.00되는 것을 알 수 있다.

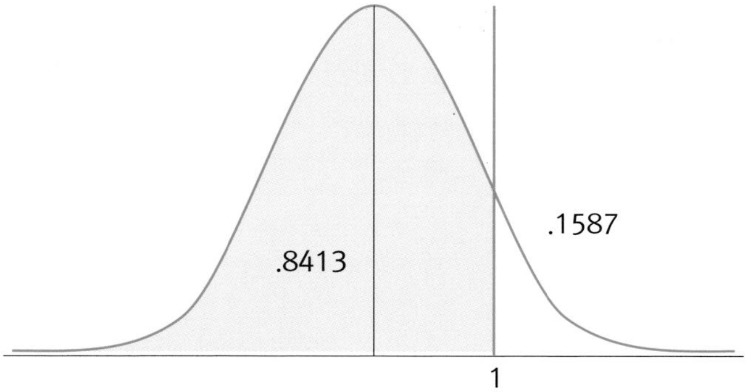

[그림 2-11] 단위정규분포면적

단위정규분포를 보면, z점수는 -1.96에서 $+1.96$ 사이 면적이 .95이고, -2.58에서 $+2.58$ 사이 면적이 .99이다. 그러므로 사례 수로 따지면 각각 95%, 99%가 이 사이에 있다는 뜻이다. 그래서 정규분포를 이루고 있다고 하면, z값이 -4나 $+4$ 정도가 되면 매우 극단적인 값으로 여겨지기 때문에, z분포를 보통 ±3 정도까지만 표현하는 이유가 여기 있다.

z점수와 관련해 하나 덧붙일 것은, 이 z점수를 보면 분자는 $X-\overline{X}$, 즉 편차점수이고, 분모는 그 분포의 표준편차 s이다. 그러므로 z는 어떤 특정한 관찰치 X가 그 분포의 무게중심점 $\overline{X}$로부터 떨어진 거리를, 그 분포의 평균거리인 표준편차 s가 단위가 되어 떨어진 거리 안에 몇 개의 표준편차가 들어갈 수 있는가로 표시된 것이다. 즉, 떨어진 거리(편차)를 평균거리(표준편차)로 나눈 것이다. 이렇게 한 것을 표준화(standardized)라고 한다.

표준점수에는 z점수 외에도 다른 표준점수들이 있다. 이 가운데 가장 많이 쓰이는 표준점수로 T점수가 있다. z점수에는 소수점 자리가 존재하며, +값과 −값도 있어 통계 지식이 없으면 이해하기 힘들기 때문에 보다 편하게 쓰기 위해 만들어진 것이 T점수이다. T는 z에 10을 곱하고 50을 더하여 산출한다.

$$T = z \times 10 + 50$$

이 T도 정규분포를 이루고 있다. z점수에 50을 더했으니 평균이 50점이고 10을 곱했으니 분산은 100인 분포이다. 즉, $T \approx N(50, 100)$이다. 영재 아동 지능 연구에 많은 공헌을 했으며 프랑스에서 알프레드 비네(Alfred Binet)가 만든 지능검사를 스텐퍼드-비네(Stanford-Binet)라는 이름으로 확산시킨 루이스 터먼(Lewis Terman)의 업적을 기리기 위해 'T'라는 이름이 붙었다.

4) 정규분포가 아닌 분포

이 세상 모든 분포가 정규분포는 아니다. 정규분포가 아닌 분포는 평균과 분산만으로는 분포의 모습이 설명되지 않아 더 많은 정보가 필요하다. 만약 제시된 자료가 정규분포가 아닌 경우에는 2가지의 정보가 더 필요하다. 하나는 대칭성에 대한 정보이며, 다른 하나는 봉우리 높이에 대한 정보이다.

(1) 편포도

편포도(skewness)는 평균을 중심으로 좌우가 대칭이냐에 대한 정보인데, 더 정확하게는 대칭성의 결여에 관한 정보이다. 즉, 정상분포의 경우 편포도가 0인데, 이 뜻은 대칭성이 결여된 정도가 0이라는 뜻이다. 따라서 대칭성이 결여된 것이 0이니 정확하게 좌우대칭이라는 의미이다.

만약 부적 편포(negatively skewed)되어 있다고 하면 −값이 나올 것이며, 정적 편포(positively skewed)되어 있다고 하면 +값이 나올 것이다. [그림 2−12]는 부적 편포를, [그림 2−13]은 정적 편포를 나타낸다.

앞서 언급하였듯이 정규분포의 편포도 지수는 0이며, +1에서 −1 정도는 정규분포와 비슷하다고 할 수 있다. 편포도를 왜도라고 하기도 하며, 기호로는 γ_1으로 나타내기도 한다.

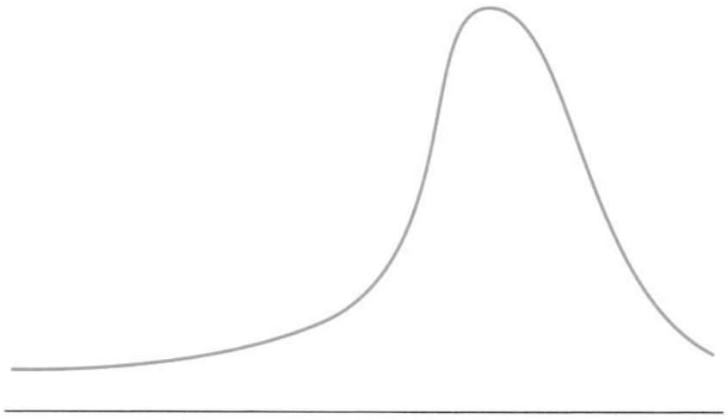

[그림 2-12] 부적 편포

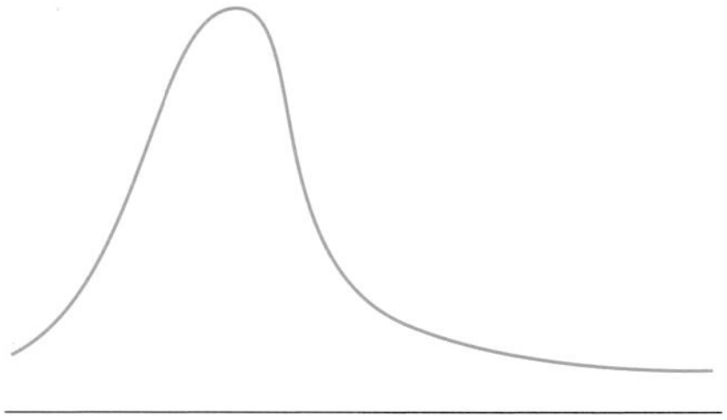

[그림 2-13] 정적 편포

편포도

$$편포도(\gamma_1) = \frac{m_3}{m_2^{\frac{3}{2}}}$$

편포도 지수를 구하는 이 공식에서 m_2는 2차 모멘트, m_3는 3차 모멘트이다. 모멘트 m을 구하는 방식은 다음과 같다. 예를 들어, 1차 모멘트 m_1은 $m_1 = E(X^1)$이다. 확률변수 X의 1승(제곱)에 기댓값을 취한 것이 m_1이다. 여기서 E는 ( ) 괄호 안의 변수에 기댓값을 취한다는 연산자이다. 그러므로 2차 모멘트 m_2은 $m_2 = E(X^2)$이며, 3차 모멘트 m_3은 $m_3 = E(X^3)$이다. 이런 방식으로 n차 모멘트를 구한다. 확률변수 X의 1승에 기댓값을 취한 것이 m_1인데, 이 값은 $\overline{X} = \frac{\sum_{i=1}^{N} X_i}{N}$와 같은 값이다. 자료의 평균값이 m_1인 것이다.

예를 들어, 수집된 자료가 3, 4, 5, 3, 3, 7, 5로 7명의 자료가 있다고 하자. 이 변수 X를 보면, 3이 관찰될 확률은 $\frac{3}{7}$, 4가 관찰될 확률은 $\frac{1}{7}$, 5가 관찰될 확률은 $\frac{2}{7}$, 7이 관찰될 확률은 $\frac{1}{7}$이다. 이때 기댓값은 각각의 관찰치(측정치)가 관찰될(발생할) 확률이 가중치가 되어 그 관찰치에 곱해진 것을 모두 더한 것이다. 즉, $3 \times \frac{3}{7} + 4 \times \frac{1}{7} + 5 \times \frac{2}{7} + 7 \times \frac{1}{7}$이다. 이것이 변수 X의 기댓값이다.

변수 X를 부르면서 랜덤변수, 확률변수라고 불렀는데, 이렇게 지칭하지 않아도 X가 구체적으로 관찰된 각각의 관찰치는 모두 확률적으로 나온 것이다. 그러니까 변수라고 하면 특별히 지칭하지 않는 한 모두 랜덤(확률)변수를 가리키는 말이다. 때에 따라 강조하느라고 어떤 때는 랜덤 또는 확률이라는 표현을 쓴 것이니 혼동할 필요가 없다.

이렇게 정의된 기댓값을 자세히 보면, $E(X) = \frac{30}{7}$이다. 이 값은 우리가 이미 알고 있는 평균 $\overline{X} = \frac{\sum_{i=1}^{N} X_i}{N}$과 같다. 그래서 어떤 변수에 기댓값을 취한다는 것은 그것이 몇 승이건 그 변수의 산술평균이다.

참고로, 변수 X의 분산, VAR(X)은 $m_2 - m_1^2$이다. 즉, X의 2승에 기댓값을 취해 나온 값에서 X의 1승의 기댓값(즉, 평균 $\overline{X}$)를 제곱해 빼면 분산이 되는 것이다. 그 과정은 다음과 같다.

VAR(X)

$$\begin{aligned} \mathrm{VAR(X)} &= \sigma^2(X) = E[(X-\mu)^2] \\ &= E(X^2 - 2\mu X + \mu^2) \\ &= E(X^2) - 2\mu E(X) + \mu^2,\ E(X) = \mu \text{이므로} \\ &= E(X^2) - 2\mu^2 + \mu^2 \\ &= E(X^2) - \mu^2,\ \text{여기서 } E(X^2) = m_2 \text{이고 } \mu = m_1 \text{이므로} \\ &= m_2 - m_1^2 \text{ 또는 } E(X^2) - [E(X)]^2 \end{aligned}$$

실제로 앞의 예시 3, 4, 5, 3, 3, 7, 5라는 자료로 분산은 어떻게 되는 것인지 살펴보아야 한다. 우리가 아는 $\frac{\sum_{i=1}^{N} x_i^2}{N}$으로, 그리고 방금 제시한 방법으로 같은 결과를 얻게 될 것이다.

(2) 첨도

첨도(kurtosis)는 봉우리가 정상분포의 봉우리보다 높은가 또는 낮은가에 대한 정보인데, 더 정확하게는 자료를 그래프로 나타내었을 때 양 끝 꼬리가 두꺼운가(무거운가) 또는 얇은가(가벼운가)에 관한 정보이다. 일반적으로 첨도가 높은 자료는 꼬리가 두꺼우며, 반대로 첨도가 낮은 자료는 꼬리가 얇다.

이를 전체 면적이 1인 z를 예로 들어 다음과 같이 설명할 수 있다. 다른 모든 조건이 동일하다고 할 때, z분포에서 가운데 봉우리가 정규분포보다 올라와 있다면, 전체 면적은 1을 유지해야 하니까 양쪽 꼬리는 정규분포에 비해 하늘로 들려 올라간다. 즉, 양 끝 꼬리가 짧아지고 두꺼워지며 무거워진다. 반대로 봉우리가 정규분포보다 낮다면, 전체 면적은 1로 유지되어야 하니까 양쪽 꼬리가 정규분포에 비해 길어지고 얇아지며 가벼울 수밖에 없다.

이를 다른 관점에서 보면, 양 끝이 두껍다는 것은 자료에 극단값들이 있다는 뜻으로 그래프를 그리면 이 극단값들은 양쪽 꼬리 부근에 위치하기 때문에 분포의 양쪽 꼬리가 두꺼워지므로 무거울 수밖에 없다. 이와는 달리, 얇다는 것은 극단값들이 없다는 뜻이니 양쪽 꼬리에 관찰치가 없어 얇을 수밖에 없고 그러니 가벼울 수밖에 없다.

이때 무엇에 비해 무거운지 가벼운지가 문제가 되는데, 기준이 되는 것은 지수분포(exponential distribution)이다(Bryson, 1974). 지수분포의 그래프에 비교해 꼬리가 바깥쪽으로 나가 있으면 무거운 것이며, 바깥쪽으로 꼬리가 나가 있다는 것은 극단값이 관찰되었다는 것이다. 반대로 꼬리가 안쪽에 있으면 가벼운 것이고, 이 경우 극단값이 관찰되지 않았다는 것을 뜻한다고 볼 수 있다.

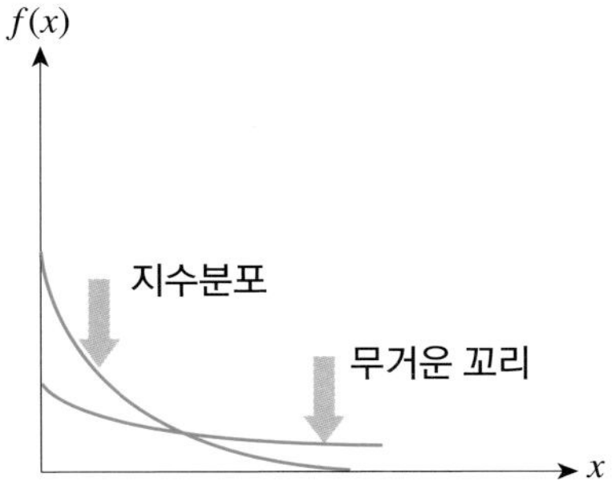

[그림 2-14] 지수분포와 무거운 꼬리

[그림 2-15]에 제시된 분포를 살펴보면 A, B, C 모두 편포되어 있지 않다. 하지만 봉우리가 높고 낮은 것에는 차이가 있다. B를 정규분포라고 본다면, A는 봉우리가 낮은 평첨(platykurtic)이며, B는 중첨(mesokurtic), C는 급첨(leptokurtic)이라고 한다. 그리스어 lepto는 thin 또는 slender라는 뜻이며, kurtic은 convex, bulging이라는 뜻이니 '얇게 볼록한' 또는 '홀쭉하게 튀어나온'의 뜻이다. meso는 '중간'이라는 뜻이니 '중간쯤 볼록하게 나온'이라는 뜻이다. platy는 '넓은' '편평한'이라는 뜻이다. 그래서 지질학에서는 이 단어를 널빤지 같은 상태라는 뜻의 판상이라고 사용하고 있다.

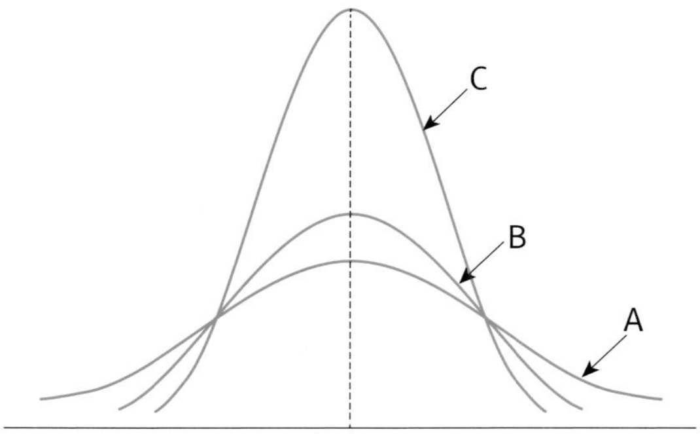

[그림 2-15] 봉우리 높이가 다른 그래프

보통 첨도의 값이 −2에서 +2 사이에 있으면 정규분포에서 크게 벗어나지 않는다고 하지만, 이것 또한 자의적 해석이다. 어떤 연구자는 절댓값 1을 기준으로 하기도 한다. 첨도는 γ_2로 표기하기도 한다. 즉, 정규분포의 봉우리가 중첨이다. 보통의 통계 패키지에서는 3에서 −3을 해 0으로 정규분포를 나타내며, +값은 급첨인 상태를, −값은 평첨인 상태를 나타낸다. 정규분포의 봉우리 높이는 3이며, 봉우리 높이를 구하는 방법은 다음과 같다.

첨도

$$\text{첨도}(\gamma_2) = \frac{m_4}{m_2^{\frac{4}{2}}}$$

제3장

상관분석과 회귀분석

1. 피어슨 적률상관

피어슨 적률상관관계(Pearson product moment correlation)는 제2장에서 소개한 프랜시스 골턴과 밀접한 관계가 있다. 유전에 평소 관심이 많았던 골턴은 부모의 키가 자녀의 키와 어떤 연계가 있지 않을까라는 생각을 했다. 그 궁금증에 관한 결과물이 1886년 영국 인류학 연구소가 발간하는 학술지에 발표되었다. 골턴이 부모와 자녀의 키를 조사한 자료는 〈표 3-1〉과 같다. 이 연구에서 부모는 크지도 작지도 않은 중간 정도의 키를 가진 205명이었으며, 자녀는 모두 928명이었다.

〈표 3-1〉 **부모와 자녀의 키** (키: inch)

부모의 키	자녀의 키														전체 숫자	
	이하	62.2	63.2	64.2	65.2	66.2	67.2	68.2	69.2	70.2	71.2	72.2	73.2	이상	자녀	부모
이상	…	…	…	…	…	…	…	…	…	…	…	1	3	…	4	5
72.5	…	…	…	…	…	…	…	1	2	1	2	7	2	4	19	6
71.5	…	…	…	…	1	3	4	3	5	10	4	9	2	2	43	11
70.5	1	…	1		1	1	3	12	18	14	7	4	3	3	68	22
69.5		…	1	16	4	17	27	20	33	25	20	11	4	5	183	41
68.5	1		7	11	16	25	31	34	48	21	18	4	3	…	219	49
67.5	…	3	5	14	15	36	38	28	38	19	11	4	…	…	211	33
66.5	…	3	3	5	2	17	17	14	13	4	…	…	…	…	78	20
65.5	1	…	9	5	7	11	11	7	7	5	2	1	…	…	66	12
64.5	1	1	4	4	1	5	5	…	2	…	…	…	…	…	23	5
이하	1		2	4	1	2	2	1	1	…	…	…	…	…	14	1
총계	5	7	32	59	48	117	138	120	167	99	64	41	17	14	928	205

〈표 3-1〉의 자료를 자세히 들여다보면 어떤 흐름이 나타나는데, 바로 자료의 가운데 부분이 두툼하다는 것이다. 부모의 키를 X축에 자녀의 키를 Y축에 놓고 (X, Y) 순서쌍대로 좌표평면에 점을 찍어 빈도분포를 표시한 것이 [그림 3-1]이다. 지금까지는 X축 하나만 있는 분포였는데, 이런 것을 일변량 분포(univariate distribution)라고 한다. 반면, [그림 3-1]처럼 변수가 2개 같이 이루는 분포를 이변량 분포(bivariate distribution)라고 한다. 물론 변수가 3개 이상 같이 이루는 분포는 다변량 분포(multivariate distribution)이다. 하지만 엄밀히 말하면 이변량 분포는 다변량 분포에서 변수가 2개 있는 경우다.

[그림 3-1]을 자세히 들여다보면 부모의 키와 자녀의 키가 45도의 각도로 쌓여 있다는 것을 알 수 있다. 골턴은 대각선 중심으로 산봉우리 모양으로 자료가 쌓여 있는데 거기에 직선을 그을 수 있다면 그것이 변수 X와 변수 Y의 상관을 나타내는 것이 아닐까 하는 생각을 했다. 이런 생각 속에서 상관(correlation)이란 용어를 처음 만든 사람이 골턴이다.

그리고 골턴의 생각을 좀 더 체계적으로 수식화한 사람이 칼 피어슨(Karl Pearson)이다. 피어슨은 골턴의 제자로, 그는 오늘날 우리가 접하는 상관계수(coefficient of correlation)라는 용어를 만들고 이를 어떻게 구하는지 공식을 체계화하였으며, 기호를 r로 표기했다. 모집단에서의 상관은 ρ(rho)라고 표기하고, 표본통계치는 r로 표기를 한다.

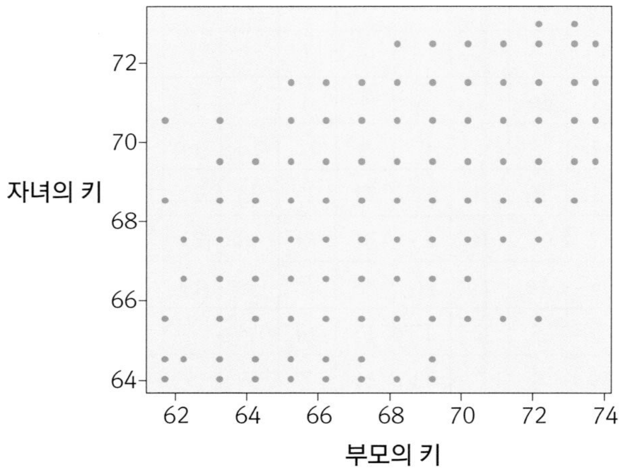

[그림 3-1] 부모와 자녀의 키 산포도

우리 주변에는 부모의 키와 자녀의 키 또는 키와 몸무게처럼 변수 X와 Y가 같이 맞물려 있는 경우가 많다. 예를 들어, '홍길동의 지능지수를 아는 것은 그를 파악하는 데 도움이 되는가?'에 대해 생각해 보자. 홍길동의 지능지수가 155라는 정보가 있다면, 홍길동을 아는 데 도움이 되는가? 도움이 된다면, 어떤 전제 속에서 도움이 되는 것인가? 하지만 지능이 다른 무엇과 연계가 되어 있지 않다면, 그의 지능을 알아봤자 아무 소용이 없다. 즉, 지능이 다른 무엇과 연계가 있다고 할 때에만 지능에 관한 정보가 필요한 것이다. 마찬가지로 골턴도 '부모의 키(X)와 자녀의 키(Y)가 상관을 맺고 있지 않을까?' 하고 접근한 것이다.

[그림 3-1]처럼 X, Y 좌표평면에 찍힌 빈도분포를 산포도 또는 산점도(scatter plot, scatter diagram, scatter gram)라고 한다. 즉, X에 관한 정보, Y에 관한 정보를 (X, Y) 순서쌍에 따라 빈도분포를 그린 것이 산포도이다. [그림 3-1]을 보면 X축과 Y축의 대각선을 중심으로 봉우리가 올라와 있고 밑으로 갈수록 평퍼짐하게 퍼져 있다. 그리고 이것을 보면 X가 증가할 때 Y도 같이 증가하는 관계임을 알 수 있다. 봉우리 높이는 그림이라 식별이 잘 안 될 수도 있지만, 실제로 각 관찰치를 (X, Y) 정보대로 이변량 분포를 만들어 보면 확연히 알 수 있을 것이다.

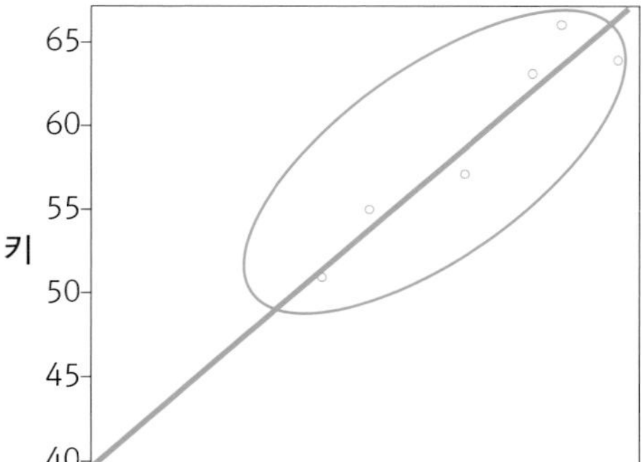

[그림 3-2] 몸무게와 키 산포도

[그림 3-3] 시간과 근력 산포도

50명의 키와 몸무게를 얻어서 산포도를 찍는다면, [그림 3-2]와 같은 모습이 될 것이다. 두 변수 간의 관계에서 직선이 아닌 다른 관계도 있을 수 있다. X축은 시간이고, Y축은 근육의 강도인 근력이라면 어떨까? 엄마 뱃속에서 나왔을 때를 0년으로 해서 100살까지(X축)의 그때그때 근육의 강도(Y축)를 측정해서 산포도를 그렸다면 어떤 모습일까? [그림 3-3]처럼, 청년기에 정점을 찍었다면 양쪽으로 꺾어져 들어가는 U자를 거꾸로 뒤집어 놓은 모양이 될 것이다. 이것도 X와 Y와의 관계가 분명히 있는 것이다. 몸무게와 키의 상관과는 다른 유형의 상관이 있는 것이다.

그러나 여기에서 다루고자 하는 것은 '부모의 키와 자녀의 키와의 상관관계'와 같은 유형이고, 이런 유형의 상관을 피어슨(Pearson) 적률상관관계라고 하며, r로 표기한다. 따라서 특별히 지칭하지 않는 한, 이 장에서 언급하는 상관은 피어슨 상관을 지칭하고, U자를 거꾸로 뒤집어 놓은 것과 같은 상관은 특정한 다른 이름으로 나타낸다. 하지만 어떤 이름으로 부르건, 상관이란 변수X와 변수Y의 연합의 정도를 나타낸다.

[그림 3-2]는 가운데 볼록하게 올라오고 옆으로 갈수록 퍼져 있는 모습이다. 그런데 만약 모든 사람이 선 위에 위치한다면 어떨까? 예를 들어, 50명이 모두 선 위에 위치하는 것이다. 아주 드물지만 있을 수 있는 경우이다. 이런 경우는 관계의 정도가, 즉 연합의 정도가 아주 센 것인가? 아니면 약한 것인가? 이와 같은 경우는 [그림 3-2]의 경우보다 훨씬 강한 상관관계가 있는 것으로, 모든 경우가 선 위에 있다면 상관이 1이 된다([그림 3-4], [그림 3-6] 참조). 한편, [그림 3-5]와 같이 산포도가 축구공 모양처럼 나타났다면, 이런 경우는 연합의 정도가 약한 것일까? 이런 경우는 상관이 0으로 상관이 없음을 나타낸다.

상관은 가장 강한 경우 절대값이 1이고, 상관이 없을 때는 0이다. 즉, 상관은 $0 \leq r \leq 1$의 범위를 가진다. [그림 3-4]와 같이 한쪽이 증가할 때 다른 한쪽도 증가하고 있다면, 정적 상관(positive corelation)이라고 부른다. 하지만 [그림 3-6]처럼 한쪽이 증가할 때 다른 한쪽이 감소하고 있다면, 부적 상관(negative corelation)이라고 부른다. 정적 상관인 경우는 '+'를 붙이고([그림 3-4] 참조), 부적 상관인 경우는 '−'를 붙인다([그림 3-6] 참조). 정적 상관에서는 '+'를 붙이지 않는 경우가 많지만, 부적 상관에서는 반드시 '−'를 표시한다. 그러나 '−'가 앞에 붙었다고 해서 그것이 상관이 0보다 작다는 뜻이 아니다. '+'나 '−'는 관계의 방향이 정비례냐 반비례냐를 구분한 것이다.

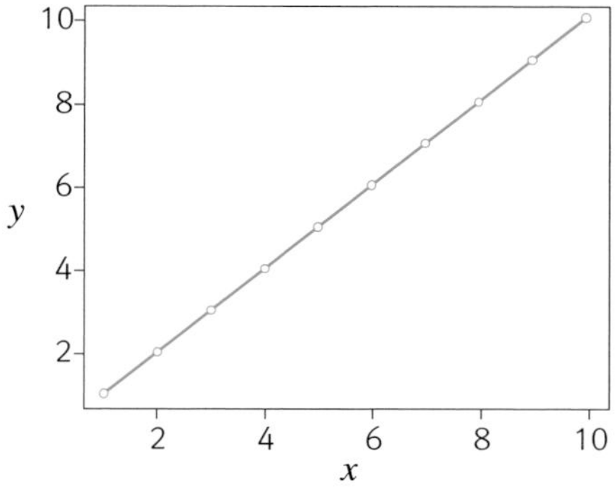

[그림 3-4] 산포도($r=1$)

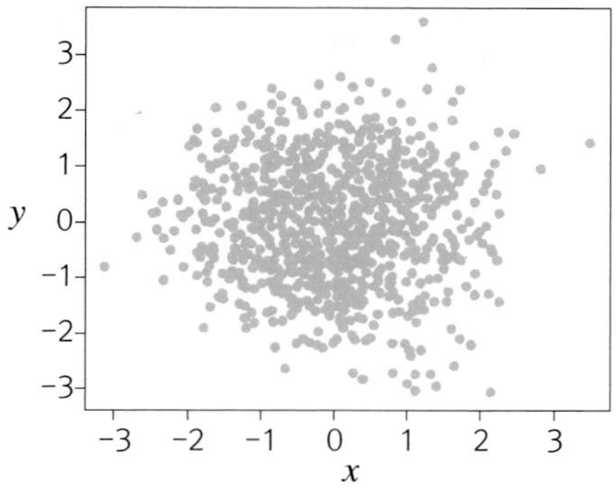

[그림 3-5] 산포도($r=0$)

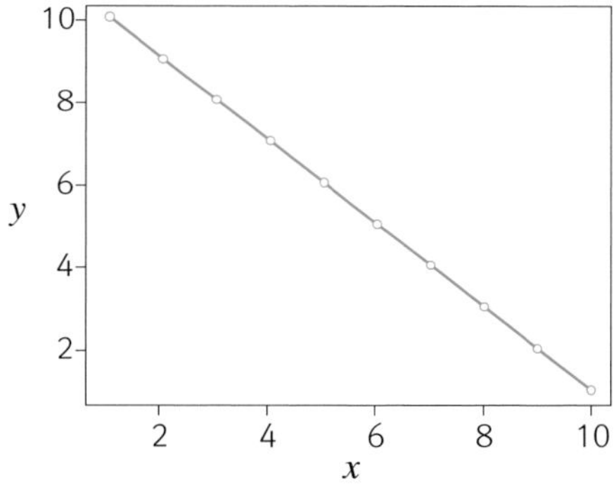

[그림 3-6] 산포도($r=-1$)

〈표 3-2〉는 12명의 키와 신발크기를 측정한 것이다. 12명의 자료를 이용하여 x축을 키, y축을 신발크기로 하여 [그림 3-7]과 같이 산포도를 나타낼 수 있다. [그림 3-7]은 키가 증가할수록 신발크기도 커지고 있으므로, 두 변수 간의 관계는 정적 상관인 것을 보여 주고 있다. [그림 3-7]에 나타난 현상을 눈으로 보아도, 키와 신발크기는 정적 상관인 것은 틀림없으나 상관의 정도를 나타내는 상관계수를 구하면 상관의 정도를 정확히 할 수 있다.

〈표 3-2〉 키와 신발크기

이름	키(cm)	신발(mm)
A	168	265
B	170	270
C	161	240
D	160	240
E	161	235
F	169	265
G	162	220
H	180	290
I	159	240
J	168	265
K	164	250
L	158	220

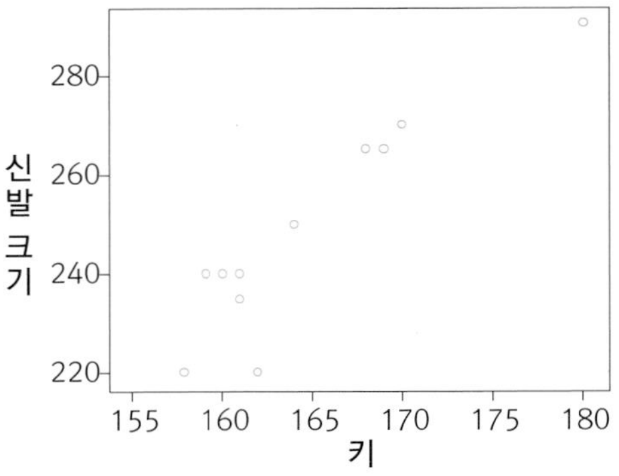

[그림 3-7] 키와 신발크기 산포도

〈표 3-2〉에서, 12명 키의 평균($\overline{X}$)은 165cm이고, 신발크기의 평균($\overline{Y}$)은 250mm이다. 〈표 3-2〉의 첫 번째 사람 A의 X와 Y에 관한 정보는 (168, 265)이다. 이 원점수를 각각 편차점수 x, y로 바꿔 보자(편차점수는 소문자로 표기함). 그러면 $x = 168 - 165$이므로 $+3$이다. $y = 265 - 250$이므로 $+15$이다. A의 (x, y)는 $(+3, +15)$이다. X평균에서 3 정도 오른쪽, Y평균에서 15 정도 위에 위치해(떨어진 거리) 있음을 알 수 있다. 편차점수는 거리이므로 이 (x, y)가 함께 만드는 면적은 3에 15를 곱한 45가 된다.

[그림 3-8]에서처럼, 어떤 관찰치가 각각의 평균 $\overline{X}$, $\overline{Y}$에서 떨어진 거리, 즉 xy가 하나의 사각형을 만든다. 그 면적을 구하려면, x와 y를 곱해 주면 된다. 네 번째 사람 D는 키와 신발크기가 모두 평균보다 아래에 있으나, 둘 다 '−'값이므로 면적은 50이 된다. [그림 3-8]에서는 1사분면과 3사분면에 면적이 생겨서 부호가 모두 '+'가 되었지만, 2사분면과 4사분면에 생기면 서로 다른 부호끼리 곱하기 때문에 면적이 '−'값을 가지게 된다. 곱하는 것은 영어로 product라고 하며, 편차점수 x와 y는 각각의 1차 모멘트에서 떨어진 거리이므로 면적을 '모멘트를 곱했다'는 뜻의 적률(product moment)이라고 한다.

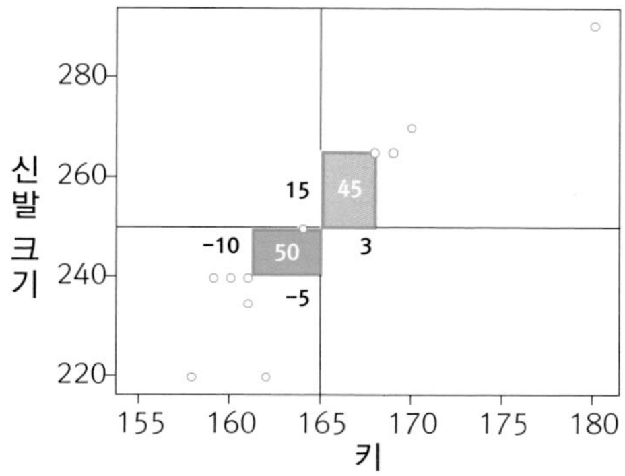

[그림 3-8] A와 D의 면적(적률)

이렇게 12명의 키와 신발크기가 함께 만들어 내는 면적을 모두 다 더한다. 이를 $\sum_{i=1}^{12} x_i y_i$로 나타낼 수 있으며, 이것을 교적합(sum of cross products)이라 부른다. 그런데 이것을 자세히 살펴보면 제곱값(sum of squares)라 부르는 $\sum_{i=1}^{12} x_i x_i$와 비슷하다는 것을 알 수 있다. 2개의 x 중에서 하나가 y로 바뀐 것이다. 제곱값을 N으로 나눈 것을 분산이라고 하는데, 교적합을 N으로 나누면 무엇이라고 하는가? x와 y가 같이 만들어 낸 면적이므로, 공분산(covariance) 또는 공변량이라고 하며, COV(X, Y)라고 쓴다. [그림 3-8]에 제시된 12명의 키와 신발크기의 공분산은 113.33이다.

분산과 공분산 간의 관계

분산을 나타내는 기호는 s^2이고, 모집단인 경우는 σ^2(X)라고 쓴다. 반면, 공분산은 모집단의 경우 σ(X, Y)라고 쓴다. 분산과 공분산을 나타낼 때, 괄호 대신 아래첨자로 내려쓰기도 한다. 한편, 어떤 사람은 분산이나 공분산을 나타내는 데 대문자와 소문자를 구분하지 않고 쓰기도 한다.

공분산은 무엇인가? 변수(X)와 변수(Y)가 같이 만들어 낸 면적을 평균 낸 것이 공분산이다. 공분산에서 주목해야 할 것이 있는데, 예컨대 어떤 사람은 1사분면에 있고, 또 다른 사람은 3사분면에 있다고 해 보자. 이런 경우는 같은 부호를 가져서 상관이 없다. 그런데 만약 2사분면과 4사분면에 있는 사람의 면적은 서로 다른 부호를 가지게 되므로 총합에서는 모두 빠져나가게 된다. 이것은 무엇을 의미하는가? 자료가 모두 1사분면과 3사분면에 있지 않고, 2사분면에도 있고 4사분면에도 있다면 X와 Y의 관계가 약해짐을 의미하게 된다. 반대로 대부분의 자료가 2사분면과 4사분면에 있고, 1사분면과 3사분면에 조금 있다면 역의 관계로 관계가 약해지는 것을 말한다.

1) 계산을 통한 상관관계

산포도를 보고 변수(X)와 변수(Y)의 상관의 크기를 짐작할 수 있지만 정확히 구할 수는 없다. 그래서 상관의 크기를 정확히 구해야 하는데, 〈표 3-3〉과 같이 피어슨이 제안한 방법으로 두 변수들 간의 상관을 나타낼 수 있다.

〈표 3-3〉 상관과 공분산 관계

$$r_{xy} = \frac{\sum_{i=1}^{N} x_i y_i}{N s_x s_y} = \frac{COV(X,Y)}{s_x s_y}$$

$\dfrac{\sum_{i=1}^{N} x_i y_i}{N}$ 은 공분산 COV(X, Y)이다. 피어슨 상관 정의를 유심히 보면, 분자는 면적이고 분모의 s_x와 s_y는 표준편차이기 때문에 거리이다. s_x와 s_y를 곱하면 거리 × 거리가 되므로 면적이 된다. 그래서 피어슨 상관은 면적을 면적으로 나눈 것이 된다. 즉, 상관은 s_x가 s_y와 만들어 낸 면적이 분모, XY가 만들어 낸 면적이 분자이다.

〈표 3-4〉는 12명의 키와 신발크기 간의 상관계수 계산에 필요한 모든 정보를 보여 주고 있다. 먼저, 키를 X, 신발크기를 Y라고 하자. $\sum_{i=1}^{12} X_i = 1{,}980$이고, $\sum_{i=1}^{12} Y_i = 3{,}000$이다. 따라서 키 평균 $\overline{X} = 165$, 신발크기 평균 $\overline{Y} = 250$이다. 각 개인의 편차점수 x, y를 구하고, 서로 곱해 xy를 구한 후 교적합을 구하면, $\sum_{i=1}^{12} xy = 1{,}360$이다. 교적합을 N으로 나눈 것이 공분산 COV(X, Y) = 113.33이다. x^2를 다 더한 제곱값이 $\sum_{i=1}^{12} x^2 = 436$, y^2을 다 더한 제곱값이 $\sum_{i=1}^{12} y^2 = 5{,}000$이다. 이 각각의 제곱을 N으로 나누면, 분산 VAR(X) = 36.33, 분산 VAR(Y) = 416.67이다. 마지막으로, 각각의 분산에 제곱근을 취하면, 키 표준편차 $s_X = 6.027$, 신발크기 표준편차 $s_Y = 20.412$이다.

〈표 3-4〉 키(X)와 신발크기(Y)에 관한 정보

ID	X	Y	$\overline{X}$	$\overline{Y}$	$(X-\overline{X})$	$(Y-\overline{Y})$	$(X-\overline{X})(Y-\overline{Y})$	X^2	Y^2
A	168	265	165	250	3	15	45	9	225
B	170	270	165	250	5	20	100	25	400
C	161	240	165	250	−4	−10	40	16	100
D	160	240	165	250	−5	−10	50	25	100
E	161	235	165	250	−4	−15	60	16	225
F	169	265	165	250	4	15	60	16	225
G	162	220	165	250	−3	−30	90	9	900
H	180	290	165	250	15	40	600	225	1600
I	159	240	165	250	−6	−10	60	36	100
J	168	265	165	250	3	15	45	9	225
K	164	250	165	250	−1	0	0	1	0
L	158	220	165	250	−7	−30	210	49	900
총합	1,980	3,000	1,980	3,000	0	0	1,360	436	5,000

피어슨 상관

$$r_{xy} = \frac{\sum_{i=1}^{N} x_i y_i}{N s_x s_y} = \frac{COV(X, Y)}{s_x s_y} \qquad r_{XY} = \frac{113.33}{6.027 \times 20.412} = .921$$

피어슨 상관은 .92로 +부호를 갖는다. 그러므로 키가 커질 때 신발크기도 같이 커지는 정비례 관계이다. 그렇다면 어떤 경우에만 상관이 1이 되는가? 분모와 분자가 같아야 1이 된다. 분모와 분자가 같으려면 모든 점(측정치)이 1사분면과 3사분면 위에 있어야 하거나, 반대로 모든 점이 2사분면과 4사분면 위에 있어야 한다. 왜냐하면 한 점이라도 다른 곳에 있으면 그만큼 총합에서 빠져나가게 되고, 분모가 만들어 낸 면적보다 작아지기 때문이다. 이러한 현상을 나타낸 것이 피어슨 상관이다.

이 정의에 따라 12명의 키와 신발크기 간의 상관을 구했더니 .92가 나왔는데, 단위가 inch일 때는 .92이지만 cm로 바꾸면 .92보다 상관이 큰 값이 나오진 않을까? 왜냐하면 1인치가 2.54cm이기 때문이다. 상관이 더 커진다면 얼마나 더 크게 나오는가?

정답은 '변화가 없다.'이다. 왜냐하면 똑같이 X와 Y에 2.54배를 하게 되므로, 면적도 똑같은 비율로 증가하고, 따라서 상관에는 아무런 영향도 없게 된다. 이는 다음 수식 B를 통해 알 수 있다. 또한 수식 A에서 수식 B로 변화되는 과정을 자세히 살펴보면 이를 분명히 알 수 있다.

A

$$r_{xy} = \frac{\sum_{i=1}^{N} x_i y_i}{N s_x s_y}$$

B

$$r_{xy} = \frac{\sum_{i=1}^{N} x_i y_i}{\sqrt{(\sum_{i=1}^{N} x_i^2)(\sum_{i=1}^{N} y_i^2)}}$$

일반적으로 상관이 .90 이상이면 상관이 매우 높다고 한다. 그리고 .70~.90이면 높다고 표현한다. 또 .40~.70이면 상관이 있다고 하고, .20~.40에서는 상관이 있으나 낮다고 하며, 0에서 .20이면 상관이 거의 없다고 한다. 그러나 이것은 절대적인 기준은 아니다. 예를 들어, 어떤 개발자가 암 치료제를 만들었다고 가정해 보자. 암 치료제와 암의 크기와의 상관을 계산해 보니 .30 정도 나왔다. 앞서 말한 기준에 따르면 '상관이 있으나 낮다'고 표현할 수 있지만, 두드러진 암 치료제가 없는 상황이라면 상관이 낮다고 무시할 수 없다. 따라서 상관계수를 기계적으로 해석하는 것이 아니라 어떤 상황에서 나온 상관인지 유심히 살펴봐야 한다.

덧붙여, 상관이 높다고 해서 상관관계가 인과관계(causality, causal relationship)를 의미하는 것은 아니다. 상관은 어디까지나 두 변수 X, Y가 어느 정도로 연합되어 있는가에 관한 것이지, '키가 커서 신발 크기도 커졌다.' 또는 '큰 키가 큰 신발 크기에 영향을 미쳤다.'와 같은 인과관계에 관한 진술은 가능하지 않다. 즉, 상관이 높다고 해서 '변수 X가 변수 Y에 영향을 미친다.'라고 해서는 안 된다. 상관에 기초해 이런 이야기가 가능하려면, 그런 인과관계에 관한 강력한 증거가 있어야 한다. 예를 들어, 인권 문제가 발생할 수 있겠지만 잠을 못 자게 하고 그때마다 제시된 자극에 대한 반응시간을 측정하는 실험을 가정해 볼 수 있다. 24시간, 48시간, 72시간 잠을 못 자게 한 각각의 집단에서 반응시간을 측정하면, 잠을 못 잔 시간에 비례해 반응시간이 길어진다. 이렇게 실험을 통한 강력한 증거가 있을 때, 잠을 못 잔 시간과 반응시간의 상관을 구했더니 상관이 높았다면 '잠을 못 잔 시간이 반응시간에 영향을 미쳤다.'라는 인과관계에 관한 진술은 가능하다. 이런 증거가 없으면 상관이 높아도 인과관계에 대한 진술은 할 수 없다.

또 다른 예로 수능을 들 수 있다. 요즘 대입에서는 수능 성적으로 학생을 선발한다. 하지만 수능 성적으로 학생을 선발하는 것이 근거가 있는지 판단해 볼 필요가 있다. 실제로 수능 성적과 1학년 학점을 내면 상관이 거의 0이다. 또한 어떤 경우는 수능 성적과 대학 성적이 부적 관계를 갖기도 한다. 거짓말처럼 들리지만 사실이다. 수능은 전체 고3 학생과 재수생까지가 대상이지만, 대학의 학점은 수능에서 이미 뽑힌 대학 합격자끼리의 경쟁이기 때문이다.

[그림 3-9]와 같이, 수능을 본 전체 학생을 대상으로 학점과 수능과의 상관관계를 살펴본 것이 아니기 때문에, 대학 합격생의 수능 성적과 학점과의 관계는 축구공 모양에 가깝고, 그 결과 상관도 0에 가깝다.

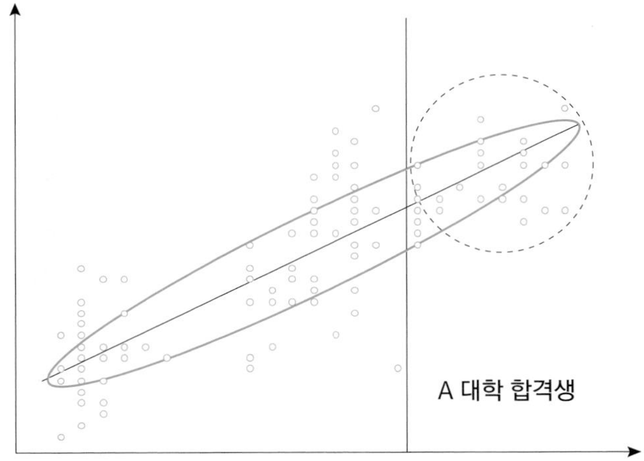

[그림 3-9] 상관에서 범위가 제한될 때 산포도

피어슨 적률상관은 두 변수 간의 상관이 직선이 되는 것을 가정하고 만든 것이다. 앞서 봤던 U자를 뒤집은 모양을 한 자료는 피어슨 상관계수를 적용하면 상관이 없다고 나올 것이다. X와 Y의 산포도가 직선이냐 아니냐, 혹은 범위가 축소되었느냐 전체냐 등이 상관에 아주 큰 영향을 미친다. 그러므로 상관을 내고자 할 때는 가정을 충족하는지 확인해야 한다. 가정을 충족하지도 않는데 억지로 상관을 내면 현상을 왜곡하는 일이 발생한다. 상황마다 적합한 방식으로 상관을 구해야 한다. 피어슨 적률 상관 외에도 상관을 구하는 방법이 있으나, 초급 통계의 범위를 넘어가므로 여기에서는 다루지 않는다.

마지막으로, [그림 3-10]과 같이 변수 X와 Y가 겹치는 경우를 살펴보자. 두 변수가 겹치는 부분은 X 입장에서는 Y로 설명할 수 있고, Y의 입장에서는 X로 설명할 수 있다. X의 전체(구체적으로는 X의 분산)를 1이라고 하고 Y의 전체(구체적으로는 Y의 분산)를 1이라고 했을 때 겹치는 부분은 r_{xy}를 제곱한 값, r_{xy}^2이 된다. 이를 결정계수(coefficient of determination)라고 한다. 이 결정계수는 연합의 강도(정도)쯤으로 보면 된다.

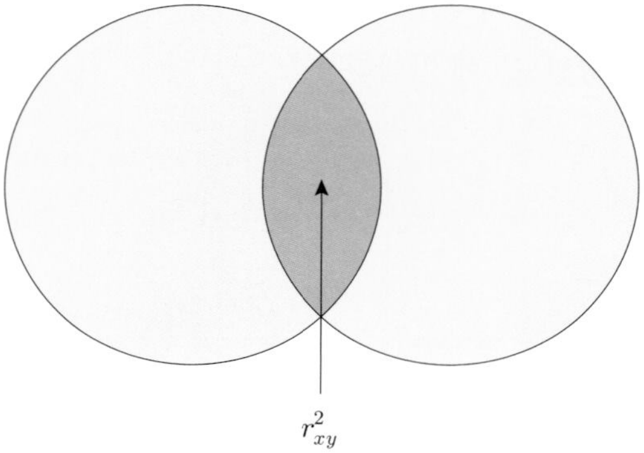

[그림 3-10] 결정계수

예를 들어, 상관이 .90이면 X 입장에서 Y를 설명할 수 있는 것이 .81이고, Y 입장에서 X를 설명할 수 있는 것이 .81이라는 뜻이다. 이는 매우 높은 값이다. 사회과학에서는 변수 X로 변수 Y를 설명할 때 20%만 넘어도 의미 있는 결과가 된다. 이렇게 되려면 상관이 .50에 가까워야 하는데, 사회과학에서 두 변수의 상관이 .50 넘는 경우도 쉽지 않다. 또한 상관이 .70 정도 되어야 설명력이 49%가 되는데, 상관이 .70이 되는 건 정말 쉽지 않은 일이다.

그리고 상관관계를 구하고자 할 때, 주의할 점은 동일한 객체로부터 관찰된 서로 다른 2개의 변수가 필요하다는 것이다. 예를 들어, 키는 사람의 키로, 신발크기는 코끼리의 발 크기로 상관관계를 구하면 숫자는 나올 수 있겠지만, 이는 의미가 없는 결과가 된다.

2) SPSS를 이용한 상관관계

앞서 키와 신발크기의 관계를 나타내는 데 있어 분산과 공분산 등을 이용한 복잡한 계산 방식을 설명하였다. 하지만 현실적으로 인문 · 사회 영역에서 많은 연구자는 자신들이 개발한 프로그램의 효과성을 증명할 때 복잡한 계산을 통한 방식보다는 SPSS와 같은 통계 프로그램을 사용하기 때문에 통계 프로그램을 활용한 피어슨 적률상관분석을 알아 두어야 한다. 〈표 3-5〉은 SPSS를 이용한 피어슨 적률상관분석 절차를 자세히 보여 주고 있다.

〈표 3-5〉 SPSS를 이용한 피어슨 상관관계

1. 연구가설

키와 신발크기 관계에 대한 영가설과 대안가설을 먼저 세운다.

영가설(H_0)	키와 신발크기는 상관이 없다 $\rho = 0$.
대안가설(H_A)	키와 신발크기는 상관이 있다 $\rho \neq 0$.

2. 자료 입력

① 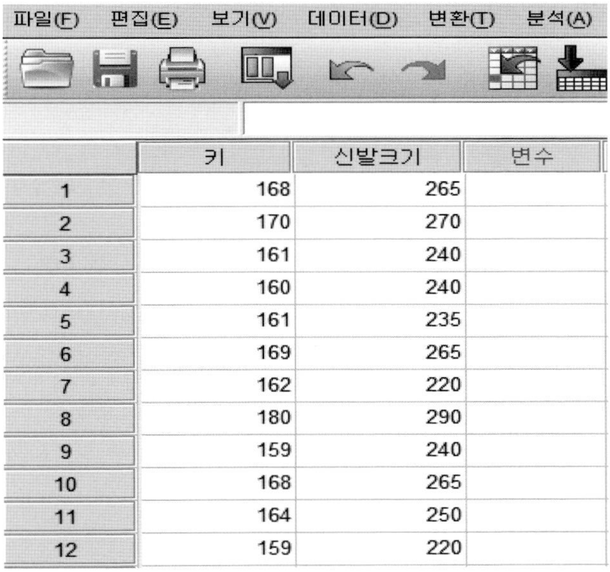

	키	신발크기	변수
1	168	265	
2	170	270	
3	161	240	
4	160	240	
5	161	235	
6	169	265	
7	162	220	
8	180	290	
9	159	240	
10	168	265	
11	164	250	
12	159	220	

키 · 신발크기 결과 입력

3. 자료 분석

①

분석 → 상관분석
→ 이변량 상관계수
→ 클릭

②

키 · 신발크기
→ 변수(V) 이동

③

키 · 신발크기
→ 변수(V) 이동
→ 확인

4. 결과

상관계수

		키	신발크기
키	Pearson 상관계수	1	.915**
	유의확률 (양쪽)		.000
	N	12	12
신발크기	Pearson 상관계수	.915**	1
	유의확률 (양쪽)	.000	
	N	12	12

**. 상관계수는 0.01 수준(양쪽)에서 유의합니다.

키와 신발크기의 관계는 .915로, 이러한 관계는 통계적으로 유의미한 정적 관계인 것으로 나타났다.

〈표 3-5〉에서 보여 주고 있는 결과는 키와 신발크기의 관계가 정적 관계가 있다는 것을 보여 주고 있다. 하지만 단순히 SPSS 결과를 보여 주고 있는 〈표 3-5〉와 같은 방식은 학술지, 연구보고서 및 논문에 기입하기에는 부적절해 다소 정리가 필요하다. 〈표 3-6〉는 키와 신발크기의 관계는 .915이고, 통계적으로 유의미한 정적 관계인 것을 보여 주고 있다.

〈표 3-6〉 키와 신발크기의 상관관계

(N=10)

	키	신발크기
키	1.00	
신발크기	.915**	1.00

$^{**}p < .01$

3) 공분산의 특징

변수 간의 관계를 나타내는 데 있어 공분산은 아주 유용한데, 공분산의 가장 큰 특징을 다음의 3가지로 살펴볼 수 있다.

① COV(c, X) = 0

임의의 상수 c와 어떤 변수 X의 공분산은 0이 된다. 예를 들어, 몸무게는 관찰된 대로 그대로 나와 있는데 키의 데이터 입력이 잘못되어서 모든 사람의 키가 167로 모두 입력이 되었을 때, 상관을 구하면 상관은 0이다. 이때 공분산이 0이기 때문이다. 그렇다면 왜 0일까? 모든 사람의 키가 167이므로 평균이 167이 되고, 따라서 모든 키의 편차는 0이 되므로 면적도 0이 되기 때문이다.

② COV(cX, Y) = cCOV(X, Y)

앞서 예로 든 12명의 키와 신발크기에 대한 자료를 사용하여 공분산을 구했더니 113.33이 나왔다. 그런데 어쩌다 보니 키(X)에 2를 곱하게 됐다. 그러면 공분산은 어떻게 되는가? 원래 계산해서 나온 113.33은 값이 변화하는가? 변했다면 커지는가, 작아지는가? 12명의 자료에 임의의 상수를 곱하면 113.33은 그대로 있는가? 12명의 자료에 2를 곱하여 공분산을 계산하면 226.66이 나온다. 공분산은 어떤 변수 X에 임의의 상수 c를 곱한 것만큼 c배가 되는 것이다.

③ COV(X+Y, Z) = COV(X, Z) + COV(Y, Z)

변수 X 에 변수 Y를 더한 다음 변수 Z와의 공분산을 구하면, 변수 X와 변수 Z의 공분산과, 변수 Y와 변수 Z의 공분산의 합과 같다. 예를 들어, X가 영어성적, Y가 지능지수, Z가 수학점수라면, 이 변수 간의 공분산은 71.25이다.

〈표 3-7〉 COV(X+Y, Z)

X	Y	(X+Y)=T	Z	TZ	E(T)	E(Z)	E(TZ)	E(TZ)−E(T)E(Z)
15	110	125	7	875	131.5	15	2043.75	71.25
15	105	120	10	1200				
18	118	136	15	2040				
20	125	145	28	4060				

〈표 3-8〉 COV(X, Z)

Y	Z	XZ	E(X)	E(Z)	E(TZ)	E(XZ)−E(X)E(Z)
15	7	105	17	15	271.25	16.25
15	10	150				
18	15	270				
20	28	560				

〈표 3-9〉 COV(Y, Z)

Y	Z	YZ	E(Y)	E(Z)	E(YZ)	E(YZ)−E(Y)E(Z)
110	7	770	114.5	15	1772.5	55
105	10	1050				
118	15	1770				
125	28	3500				

지금까지 설명한 공분산 계산 법칙을 이용해 분산을 구할 수 있다. 분산은 VAR(X)는 COV(X, X)이다. 즉, VAR(X) = COV(X, X)로 자기 자신과의 공분산이 분산인 것이다.

2. 회귀분석

사람들은, 변수 X와 변수 Y가 상관이 없다면 모를까, 상관이 있다고 하면 X와 Y 간에 어떤 연결고리 같은 것이 있지 않을까 하는 생각을 하게 된다. 예를 들어, 신발크기와 키의 상관을 구했더니 .915가 나왔다. 그러면 키로 신발크기를 예언해 보고 싶은 생각을 가질 수 있고, 반대로 신발크기로 키를 예언해 보고 싶은 생각도 할 수 있다. 지극히 당연한 생각이지만, 그러려면 X와 Y가 상관이 있어야 한다는 전제가 필요하다. 변수 간에 상관이 없다면, 변수 X(키)로 변수 Y(신발 크키)를 이야기할 수가 없다. 그러므로 일단 전제는 변수 X와 변수 Y가 상관이 있다는 것이고, 상관도 비교적 높은 정도의 상관이 있다는 것을 전제했을 때 할 수 있는 이야기이다. 그래야 키가 큰 사람은 신발크기도 크며, 키가 작은 사람은 신발크기도 작다와 같이 키를 통해서 신발크기를 예언할 수 있다.

이렇듯, 변수 X, Y의 상관을 통해서 X에 기반하여 Y, 또는 Y에 기반하여 X의 값을 예언하는 것이 회귀분석(regression analysis)이다. 프랜시스 골턴(Francis Galton)은 regression이라는 용어를 처음 만든 사람이며, 예컨대 예언된 신발크기가 키로 돌아간다는 의미의 회귀(回歸)라고 번역되었다. 돌아간다고 하니 이해가 잘 안 될 수도 있는데, 예컨대 키에서 신발크기가 예언된 것이니까 '신발크기는 키로 돌아가 보면 알 수 있다.'와 같은 정도의 뜻으로 볼 수 있다.

[그림 3-11]과 같은 산포도에서, 키가 170cm인 사람은 신발크기가 얼마쯤일까?

키가 170cm인 점에서 위로 선을 그으면, 그 선에 해당하는 산포도 범위가 키가 170인 사람이 가질 수 있는 신발크기의 범위가 된다. 그러면 그 범위 중 어디를 읽는 것이 가장 합리적인가? 어떤 것을 읽어서 Y값을 예언하는 것이 합리적인가? 물론 상관이 1에 가까워서 럭비공처럼 폭이 좁으면 좁을수록 예언값이 정확할 것이다. 반대로 폭이 넓으면 어디를 읽어야 할지 난감할 것이다.

자신이 연구자라고 가정하고 Y값을 예언해 보자. 'Y의 예언값으로 범위의 중앙값을 찾는다?' 이것이 아주 틀렸다고 말할 수는 없다. 분명히 합리적인 추측이다. 상관이 1이어서 직선에 모든 사람이 떨어진다고 하면 고민할 필요 없다. 거기에 대응하는 점을 읽으면 되고, 오차도 전혀 없으니까 말이다. 그런데 상관이 1인 경우는 극히 드물다. 즉, 상관이 1이 아닌 경우가 대부분이라고 보면 된다.

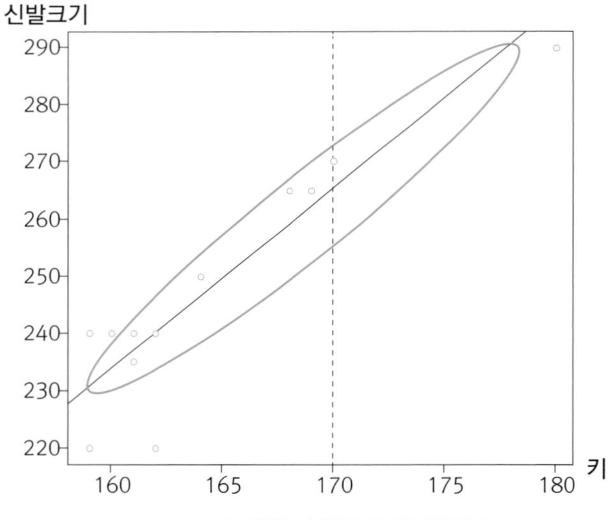

[그림 3-11] 키와 신발크기의 산포도

그래서 산포도가 [그림 3-11]과 같이 나오면 연구자는 분포에 잘 맞는 선을 하나 찾아야 한다. 그것을 the line of best fit이라고 하는데, 우리말로 하면 '잘 들어맞는 선' 정도로 해석할 수 있다. 수집된 자료에 잘 맞는 직선을 찾아야 하는데, 잘 들어맞는다는 것을 어떻게 정의해야 하는가? 이제부터는 실젯값(actual value)을 Y라고 하고 Y'을 예언값(predicted value)라고 하자. 물론 상관이 1이면 Y와 Y'은 같은 값이 된다. 그러나 상관이 1이 아닌 경우에는 Y와 Y'은 값에 차이가 있다. 이것을 오차

(error, 기호로는 e)라고 한다. 그러니까 e = Y − Y' 이다.

최적합(best fit)을 어떻게 정의하느냐에 따라 다르겠지만, 상관이 1인 경우는 e가 0이다. 따라서 e가 최솟값을 갖도록 만들면 되는데, e는 실젯값인 Y가 Y' 위에 있으면 +값을 갖고, 아래 있으면 −값을 갖는다. +와 − 둘 다 있으므로, 그 값을 제곱한다. 여기서 e의 개수는 사람의 수만큼이다. 그것을 다 더한 것이 0에 가까울수록 가장 잘 들어맞는 선이 된다. 즉, $\sum_{i=1}^{N} e_i^2$ = 최솟값, 이 조건을 충족시키는 직선이 가장 잘 들어맞는 선이다.

이와 같은 조건을 만족시키는 선을 하나 그어 보자. 160부터 180까지 모든 점에서 분포의 단면을 잘랐다고 가정해 보자. X축에서 모든 단면을 잘랐다고 생각해 보면, 단면은 어떤 모습인가? 종 모양의 정규분포가 된다. 그래서 X의 모든 단면에서 [그림 3−12]와 같이 종 모양이 생기게 된다. 그러면 문제는 간단해진다. Y에서 Y'을 뺀 오차가 가장 작은 것은 부분은 어디인가? 정규분포의 모습을 하고 있으니까 중앙값이나 평균값, 최빈값은 모두 같은 점, 즉 평균값에 위치한다. 그러면 평균값을 다 연결하면 하나의 직선이 생기게 된다. 이것이 주어진 분포에 가장 잘 들어맞는 선으로 회귀선(regression line) 또는 회귀방정식(regression equation)이라고 부른다.

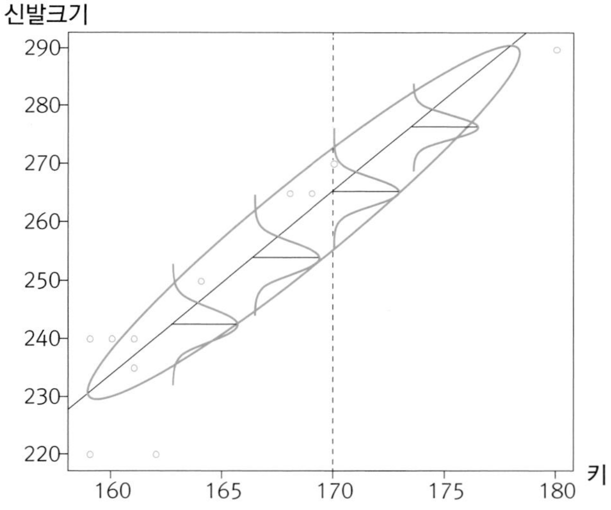

[그림 3−12] 키와 신발크기와의 회귀선

1) 계산을 통한 단순회귀분석

두 변수의 원점수 상태에서의 회귀방정식은 〈표 3-10〉과 같이 나타낼 수 있다. 〈표 3-10〉에 제시된 공식을 자세히 들여다보면, 주어진 자료에서 평균, 표준편차, 상관은 고정된 값(상수)이고 변수는 X뿐이다. 또한 Y=aX+b의 형태로 직선이다. $r_{xy}(\frac{s_y}{s_x})$가 기울기이고 $[-r_{xy}(\frac{s_y}{s_x})\overline{X} + \overline{Y}]$가 절편이다. 키가 175인 사람의 신발크기를 이 공식으로 예언해 보며, 키, 신발크기의 평균, 표준편차, 상관을 구한 다음, 해당되는 곳에 대입하여 계산하면 회귀방정식이 나온다.

〈표 3-10〉 **회귀방정식**

$$Y' = r_{xy}(\frac{s_y}{s_x})X - r_{xy}(\frac{s_y}{s_x})\overline{X} + \overline{Y}$$

Y' = 회귀선에 의해 예언된 값
s_x, s_y = 각각의 표준편차
$\overline{X}$, $\overline{Y}$ = 각각의 평균
r_{xy} = 두 변수의 상관

〈표 3-4〉에 제시된 키와 신발크기의 자료를 이용하면, 키의 평균은 165, 표준편차는 6.027이고, 신발크기의 평균은 250, 표준편차는 20.412인 것을 알 수 있고, 앞서 계산된(상관관계) 키와 신발의 상관은 .915이다. 이 회귀방정식은 기울기는 3.09이고 절편은 −261.31인 직선이다. 이 직선이 키와 신발크기가 같이 만들어 낸 분포에 잘 들어맞는 직선인 것이다. 이 회귀방정식에 X값으로 175를 집어넣으면 신발크기가 예언될 수 있는데, 예언된 신발크기는 279.44가 된다.

$$Y' = .915\left(\frac{20.412}{6.027}\right)X - .915\left(\frac{20.412}{6.027}\right)165 + 250$$
$$Y' = 3.09X - 261.31$$

회귀방정식은 또한 z점수 형태로도 쓸 수 있는데, 회귀방정식을 원점수 대신 표준

점수를 사용하면 상대적 위치를 알 수 있다는 편리성도 있다. z점수를 이용해 회귀방정식을 구하려면, 키가 175인 사람의 표준점수 z값부터 먼저 구해야 한다. 키가 175인 사람의 표준점수(z_x)는 1.659$\left(z = \frac{175-165}{6.027} = 1.659\right)$이고, 이를 표준점수를 이용한 회귀방정식에 대입하면, $z_{y'} = .915 \times 1.659 = 1.517$이 된다.

표준점수를 이용한 회귀방정식

$$z_{y'} = r_{xy} z_x$$

키가 175인 사람의 신발크기를 예언할 때, 원점수 X로 예언된 값은 279.44이며, 표준점수 $z_{y'}$로 예언된 값은 1.517이다. 같은 사람이 한 번은 원점수, 또 한 번은 표준점수로 예언된 것이기 때문에 모두 같은 위치에 있어야 한다. 표준점수 z로부터 원점수 X를 유도해 보면 바로 알 수 있다. 표준점수 $z = \frac{X-\overline{X}}{s}$이기 때문에, $zs = X - \overline{X}$이며, 이를 X에 대해 정리하면 $X = zs + \overline{X}$가 된다. $175 = (1.659 \times 6.027) + 165$이므로 모두 같은 위치에 있음을 알 수 있다.

회귀방정식을 구할 때 원점수나 표준점수 중 편한 것을 사용하면 된다. 하지만 $z_{y'} = r_{xy} z_x$을 고려할 때, r_{xy}가 아주 드문 경우인 1, 자주 나타나는 .50, 가끔 나타나는 0일 때를 고려하여 표준화된 변수(X)와 표준화된 변수(Y)의 관계를 〈표 3-11〉처럼 나타낼 수 있다.

〈표 3-11〉 키와 신발크기와의 상관관계

$r_{xy} = 1.00$		$r_{xy} = .50$		$r_{xy} = .00 = 0$	
$Z_x = 3$	$Z_{y'} = 3$	$Z_x = 3$	$Z_{y'} = 1.5$	$Z_x = 3$	$Z_{y'} = 0$
$Z_x = -3$	$Z_{y'} = -3$	$Z_x = -3$	$Z_{y'} = -1.5$	$Z_x = -3$	$Z_{y'} = 0$
$Z_x = 0$	$Z_{y'} = 0$	$Z_x = 0$	$Z_{y'} = 0$	$Z_x = 0$	$Z_{y'} = 0$

〈표 3-11〉에 나타난 관계는 [그림 3-13]과 같이 나타낼 수 있다. 상관이 1이 아니라면, Z_x가 3으로 최고 부근에 있어도 $Z_{y'}$는 3을 능가하지 못하고, Z_x가 −3으로 최저 부근에 있어도 $Z_{y'}$는 −3 이상이다. 상관이 1이 아니라면 0, 즉 표준점수의 평균

0에 가까워진다. 이를 '평균으로의 회귀' 또는 '통계적 회귀'라고 한다.

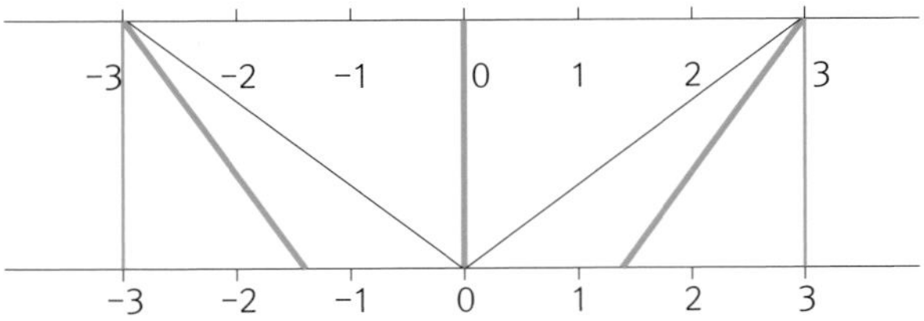

[그림 3-13] 평균으로의 통계적 회귀

'평균으로의 회귀' 현상을 이용해 우리 주변에 있는 실제 예를 들어 보면, 홍길동이 키가 아주 큰 사람이라면 그 자녀의 키는 홍길동보다는 작을 것이다. 왜냐하면 부모와 자녀의 키가 상관이 1이 아닌 이상 평균으로의 회귀가 발생하기 때문이다. 반대로 홍길동이 키가 아주 작다면 자녀는 홍길동보다는 키가 클 것이다. 공부나 지능도 마찬가지일 것이다.

2) SPSS를 이용한 회귀분석

앞서 키와 신발크기와의 회귀분석을 하는 데 있어 분산, 상관관계 등을 이용한 복잡한 계산 방식을 설명하였다. 하지만 현실적으로 인문·사회 영역에서 많은 연구자는 자신들이 개발한 프로그램의 효과성을 증명할 때 복잡한 계산을 통한 방식보다는 SPSS와 같은 통계 프로그램을 사용하기 때문에 통계 프로그램을 활용한 단순회귀분석을 알아둘 필요가 있다. 〈표 3-12〉는 SPSS를 이용한 단순회귀분석 절차를 자세히 보여 주고 있다.

〈표 3-12〉 SPSS를 이용한 단순회귀분석

1. 연구가설	
키와 신발크기 관계에 대한 영가설과 대안가설을 먼저 세워야 한다.	
영가설(H_0)	키는 신발크기에 영향을 미치지 않는다 $\beta=0$.
대안가설(H_A)	키는 신발크기에 영향을 미친다 $\beta\neq0$.

2. 자료 입력

① 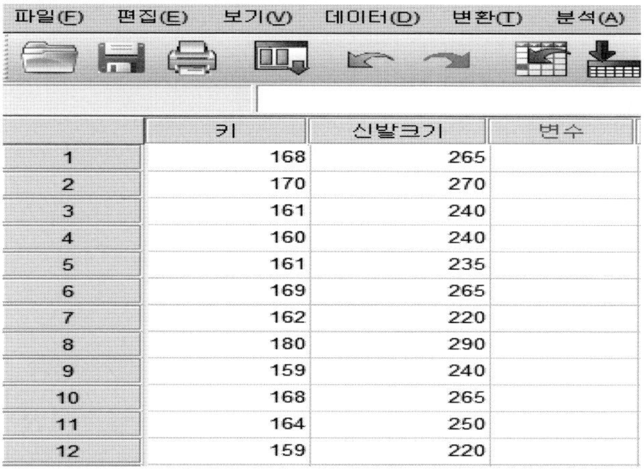

키 · 신발크기 결과 입력

3. 자료 분석

① 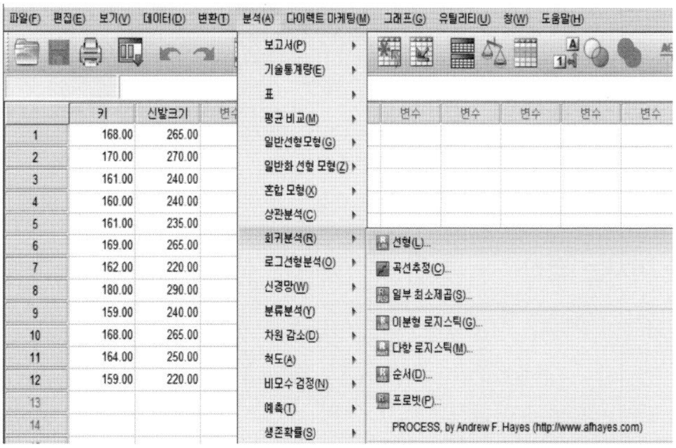

분석 → 회귀분석 → 선형 → 클릭

② 

1. 독립변수(I) 이동(키)
2. 종속변수(D) 이동 (신발크기)
3. 확인

4. 결과

계수[a]

모형		비표준화 계수		표준화 계수	t	유의확률
		B	표준오차	베타		
1	(상수)	-269.159	72.622		-3.706	.004
	키	3.145	.440	.915	7.153	.000

a. 종속변수: 신발크기

절편은 −269.159, 기울기는 3.145로 나타났으며, 키는 신발크기에 통계적으로 유의미한 영향을 미치는 것으로 나타났다.

〈표 3-12〉에서 보여 주는 결과는 키가 신발크기에 통계적으로 유의미한 영향을 미치는 것을 보여 준다. 하지만 단순히 SPSS 결과를 보여 주고 있는 〈표 3-12〉방식은 학술지, 연구보고서 및 논문에 기입하기에는 부적절해 다소 정리가 필요하다(〈표 3-13〉 참조). 〈표 3-13〉은 키가 신발크기에 통계적으로 유의미한 영향을 미치는 것으로 나타남을 보여 주고 있다. 신발크기의 예측값은 $Y' = -269.159 + 3.145 \times$(키)로 나타낼 수 있으며, 키가 1cm 커질 때마다 신발크기가 3.145mm씩 증가한다고 해석할 수 있다.

〈표 3-13〉 키가 신발크기에 미치는 영향

($N = 12$)

	비표준화 계수		표준화 계수	t
	계수	표준오차	베타(β)	
상수	−269.159	72.622		−3.706
키	3.145	.440	.9015	7.15**

$^{**}p < .01$

3) 예언의 표준오차

X로 Y를 예언(prediction)을 한다는 것은 정확하다는 것을 전제로 한 행위이다. 정확하지 않다면 예언을 할 필요가 없다. 그런데 완전하게 정확한 예언은 상관이 1일 때만 그렇다는 것을 이미 회귀분석에서 눈치를 챘을 것이다. 그러면 상관이 1이 아닐 때, 얼마나 정확한가에 대해 알아보아야 한다.

정확한가에 대한 정도는 구간(폭)으로 정해진다. 그러므로 그 폭이 좁을수록 정확한 것이고, 넓을수록 오차가 큰 것이다. 즉, 오차한계(margin of error)가 관건이 되는데 이 오차한계를 계산한 것이 표준오차(standard error)이며, 이는 〈표 3-14〉와 같이 나타낸다. 여기서 margin은 '한계'의 뜻이므로 오차한계 또는 오차범위의 의미를 갖는다고 할 수 있다.

〈표 3-14〉 예언의 표준오차

$$s_{yx} = \sqrt{\frac{\sum_{i=1}^{N}(Y_i - Y_i')^2}{N}}$$

표준오차 s_{yx}에서 아래첨자 yx는 y from x를 나타내는데, 즉 X로부터 Y를 예언할 때 표준오차라는 뜻이다. 표준오차가 무엇인가는 제4장에서 다룰 것이므로, 여기서는 표준오차가 작을수록 구간의 폭은 좁아진다고 이해하면 된다. 그런데 이와 같이 표준오차를 구하려면 일일이 값을 구해야 하므로 번거롭다. 상관에 대한 정보와 Y의 표준편차에 대한 정보가 있으면 다음과 같이 바로 계산할 수 있다.

상관을 이용한 표준오차

$$s_{yx} = (s_y)\sqrt{1 - {r_{xy}}^2}$$

회귀방정식을 만들 때, 예언하는 X의 표준편차와 예언받는 변수 Y의 표준편차를 구했을 때 상관도 구할 수 있으므로, 상관을 이용해 표준오차를 쉽게 구할 수 있다. 표준오차는 상관이 1일 때 제곱근 안의 값이 0이 되므로, 예언값과 실젯값이 같게 된다. 어쨌든 연구자의 관심사는 예언이 얼마나 정확한가에 있으므로, 예언의 정확성을 가늠하기 위해 예언의 표준오차를 구하면 된다.

예를 들어, 모집단을 잘 대표하는 50명이 있을 때, 25명을 무작위로 뽑아 키와 신발크기를 조사했다. 키를 예언하는 변수 X로 삼고, 신발크기를 예언받는 변수 Y로 삼아 회귀방정식을 구했다. 처음 25명에서 회귀방정식을 구한 뒤, 남은 25명에서 회귀방정식을 구한다면 처음의 회귀방정식하고 동일하겠는가? 물론 50명이 모집단을 잘 대표한다고 전제하고 있기 때문에 또 25명을 뽑아도 모집단을 잘 대표한다고 본다.

첫 번째 집단에서 구한 회귀방정식과 두 번째 집단에서 구한 회귀방정식은 당연히 다를 것이다. 그래서 가끔 이런 연구도 실시된다. 어떤 표본을 무작위로 반으로 나눈 다음에 첫 번째 표본과 두 번째 표본을 나눠서 회귀방정식을 구한 다음에 비교해 보기도 하는 것이다. 동일하진 않아도 비슷하게 나오는지 확인하는 것이다. 아주 엉뚱한 결과가 나온다면 표본에 뭔가 이상이 있다는 것을 의미한다. 이를 교차타당화(cross-validation)라고 한다.

지금까지는 예언하는 변수 하나, 예언받는 변수 하나인 경우를 다루었다. 키를 통해서 신발크기를 예언하는 것처럼, 예언하는 변수가 하나 있으면 단순회귀분석(simple regression analysis)이라 하고, 예언받는 변수는 하나이나 예언해 주는 변수가 여러 개면 다중회귀분석(multiple regression analysis)이라고 한다. 이것은 초급 수준을 넘는 것이기 때문에 여기에서는 다루지 않는다.

이러한 방식으로 회귀분석을 하려면 지켜져야 할 것이 있다. 첫째, X와 Y의 관계가 직선이어야 한다. 회귀분석은 상관에 기초하기 때문이다. 꼭 직선은 아니어도 실질적으로 직선이어야 한다는 뜻이다. 두 변수의 관계가 1절에서 예로 든 시간과 근력처럼 곡선이면 지금의 방식으로 회귀분석을 하면 안 된다.

둘째, X와 Y가 함께 이루는 이변량분포(bivariate distribution)는 [그림 3-14]에서 보듯이 동분산성(homoscedasticity, 同分散性)을 가져야 한다. 동분산성이란 X의 값의 함수인 Y의 분산이 같아야 한다는 것이다([그림 3-14] 참조). 예를 들어, X축 20점, 40점, 60점, …, 100점에서의 Y 분산이 같은 것을 말한다. 20점인 경우, 40점인 경우나 어디에서나 Y 점수의 폭이 같아야 한다. 그래야 예언된 값 Y'의 표준오차가 어디에서나 일정할 것이기 때문이다.

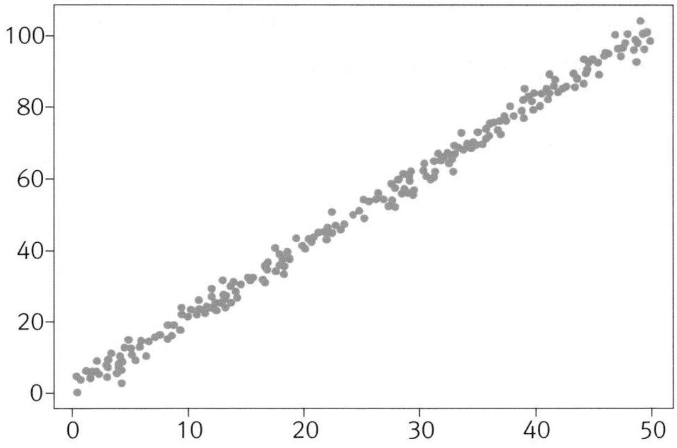

[그림 3-14] 동분산성

만약 [그림 3-15]에서 보듯이, *X*축 점수대마다 Y의 폭이 다르다면 예언된 값 Y'의 표준오차는 매번 다르다. 이렇다면 변수 X로 변수 Y를 예언하는 것은 가능하지만, 그때마다 정확도가 달라지므로 일반적으로 진술할 수 없게 된다. 이렇게 되면 예언할 때마다 조건이 붙어야 하는 우스꽝스러운 일이 발생하고, 예언의 실질적 효용은 떨어지게 된다. [그림 3-15]처럼 X의 값의 함수인 Y의 분산이 매번 다른 것을 이분산성(heteroscedasticity, 異分散性)이라고 한다.

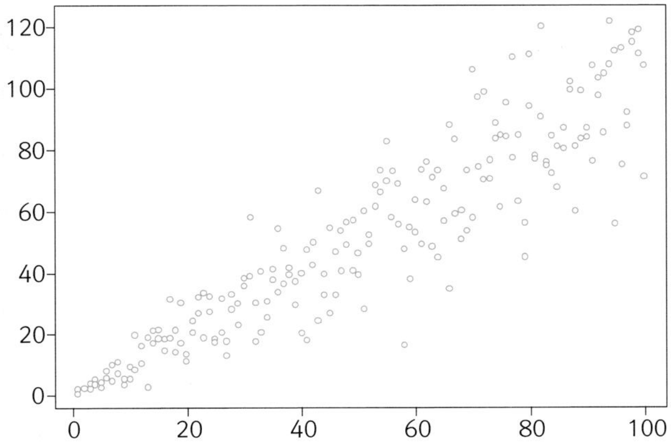

[그림 3-15] 이분산성

연습문제 3-1

◆ 공부시간과 학업불안감에 대한 관계를 알아보기 위해 설문조사 한 결과가 다음과 같이 나타났다. 공부시간과 학업불안감의 관계를 알아보시오.

공부시간과 학업불안감의 관계

ID	공부시간	ID	학업불안감
1	6	1	3
2	8	2	5
3	4	3	9
4	5	4	7
5	7	5	6

1 공부시간과 학업불안감에 대해 제곱값(sum of squares)를 구하시오.

2 변수 공부시간, 학업불안감의 분산, 표준편차를 구하시오.

3 두 변수인 공부시간과 학업불안감에 대하여, 학업불안감을 공부시간에 대하여 그래프를 그리고, 두 변수의 관계를 설명하시오.

4 X와 Y의 상관관계를 구하시오.

연습문제 3-2

◆ 공부시간(시간)과 학업불안감(10점 만점)에 대한 관계를 알아보기 위해 설문조사를 한 결과가 다음과 같이 나타났다. 공부시간과 학업불안감의 관계를 알아보시오.

공부시간과 학업불안감의 관계

ID	공부시간	ID	학업불안감
1	6	1	3
2	8	2	5
3	4	3	9
4	5	4	7
5	7	5	6

1 공부시간과 학업불안감의 관계를 설명하는 회귀식을 나타내시오.

a) 공부시간을 가지고 학업불안감을 설명할 때

b) 학업불안감을 가지고 공부시간을 설명할 때

2 ①에서 구한 각각의 회귀식을 나타내시오.

3 a) 만약 X = 2이면, 예측되는 Y의 값은 얼마인가?
b) 만약 Y = 2이면, 예측되는 X의 값은 얼마인가?

4 ①-a에서 구한 회귀식을 사용해서 표에서 주어진 X값을 이용해 예측오차($Y - Y'$)를 구하시오. 어떠한 X값이 주어졌을 때 Y값을 확대 예측되는가?

제4장

확률과 추정

1. 무작위 표집과 표집분포
2. 모집단 평균에 관한 가설검증
3. 1종 오류와 2종 오류

1. 무작위 표집과 표집분포

앞서 통계의 기본적 개념에서 잠깐 설명했던 표본을 〈예시 4-1〉을 통해 다시 살펴보자. 〈예시 4-1〉의 결과는 표본으로 선정된 100명의 학생 중 55명은 1년 4학기에 찬성을 하고 45명은 반대를 했다는 결과를 보여 주고 있다.

<예시 4-1>

어느 대학교 학생 100명에게 기존 2학기에서 4학기로 바꾸는 것에 대해 찬반을 물었다. 물론 표본은 모집단을 잘 대표한다고 가정한다. 찬성 55명, 반대 45명이었다.

하지만 〈예시 4-1〉의 결과가 정확하게 그 대학교 학생의 55%가 찬성한다거나 또는 45%가 반대한다고 볼 수는 없다. 모집단 전체를 대상으로 일일이 물어본 것은 아니기 때문이다. 그렇다면, 표본크기를 100명으로 하여 몇 번씩 반복해서 뽑았다고 가정해 보면 다음과 같이 다양한 경우가 나타날 것이다.

모집단에서 100명을 반복해서 뽑았을 경우

첫 번째 표본에서는, 찬성 55명 / 반대 45명.
두 번째 표본에서는, 찬성 52명 / 반대 48명.
세 번째 표본에서는, 찬성 53명 / 반대 47명.
네 번째 표본에서는 …….

이와 같이 계속 표본을 뽑는다면, 표본 결과는 뽑히는 표본마다 계속해서 다르게 나올 수 있다. 이렇게 표본변산(sampling variation)이 나타나는 이유는 표본은 모집단을 잘 대표한다고 하여도 언제나 우연성(chance)이 따라붙기 때문이다. 뽑혀 나올 확률은 알아도 마치 복권을 추첨할 때 어떤 번호가 뽑혀 나올지는 알 수 없는 것처럼 말이다. 이 우연성은 언제나 표본 결과에 영향을 미친다. 첫 번째 표본, 두 번째 표본, 세 번째 표본 등이 모집단을 잘 대표한다고 해도 이 우연성에 의해 결과가 조금씩 다르게 나올 수밖에 없다. 그러므로 표본에서 나온 결과는 언제나 이러한 우연성을 감안해야 한다.

이 우연성에 관한 것이 바로 확률이다. 예를 들어, 우리가 학교에 올 때 하는 가정은 강의가 예정대로 진행되지 않을 우연성은 매우 낮다는 것이다. 달리 말해, 강의가 예정대로 진행될 확률이 높다고 가정하고 학교에 온다. 또 다른 예로, 정수기의 물을 마실 때에도 물을 마시고 탈이 날 우연성은 매우 낮을 것임을 가정하고 물을 마신다. 즉, 정수기 물이 안전할 확률이 높다고 가정하며 물을 마시는 것이다.

비록 많은 사람이 확률을 수학적으로 이해하지는 못한다 하더라도 강의나 정수기 예시처럼 직관적으로 확률적 행동을 한다. 확률은 모든 경우의 수 가운데 어떤 사건이 일어나는 경우의 수라고 정의할 수 있다. 즉, 모든 사건 중에서 어떤 특정한 사건 A가 발생한 비율이 사건 A가 발생할 확률 P(A)이다. 여기서 P는 probability라는 뜻이며, probability of A라고 읽는다.

A가 발생할 확률

$$\mathrm{P(A)} = \frac{A\text{가 발생한 수}}{\text{모든 사건이 발생한 수}}$$

따라서 확률은 다음 2가지 속성을 갖는다(〈표 4-1〉 참조). 첫 번째 속성은 따로 설명이 필요할 것 같지는 않다. 두 번째 속성은 사건 A가 발생할 확률과 A가 발생하지 않을 확률 $P(A^c)$의 합이 1이라는 것이다. A^c에서 위첨자 c는 complementary란 뜻이다.

〈표 4-1〉 **확률의 속성**

$$0 \leq P(A) \leq 1$$
$$P(A) + P(A^c) = 1$$

확률에서 고려하는 것으로는 독립사건이 있고 종속사건이 있다. 독립사건은 어떤 사건이 발생할 확률이 다른 사건이 발생할 확률에 영향을 미치지 못하는 것이다. 예를 들어, 흰색과 검은색 주사위가 있을 때, 두 주사위를 던질 때 각각 6이 나올 확률은 독립적이다. 흰색 주사위를 던지는 것이 검은색 주사위를 던지는 것에 아무 영향을 주지 못하기 때문이다.

종속사건은 이와 반대로 어떤 사건이 발생할 확률이 다른 사건이 발생할 확률에 영향을 미치는 것이다. 예를 들어, 어떤 상자에 빨강, 노랑, 파랑의 3개의 돌이 있는데 빨강과 노랑을 뽑는다면, 이것은 종속사건이다. 빨강이 뽑힐 확률은 $\frac{1}{3}$이다. 그리고 빨강을 뽑아 옆에 놓고 노랑을 뽑는다면, 노랑이 뽑힐 확률은 $\frac{1}{2}$이다. 이처럼 앞의 사건이 뒤의 사건에 영향을 미치는 것이 종속사건이다. 또한 배반사건(mutually exclusive event)이라는 것이 있다. 이것은 두 사건이 상호 배반적이어서 동시에 일어나지 않는 사건이다. 예를 들어, 남자이면서 동시에 여자인 사건은 발생할 수 없다.

〈예시 4-2〉를 통해 확률에 대한 개념에 접근해 보자.

<예시 4-2>

어느 대학교 전체 학생 중에 모집단을 잘 대표하는 표본 100명을 뽑아 학생들의 키를 조사하였더니 그 결과 평균 키는 170cm였다.

이후에 다시 표본을 모집단에 집어넣고 다시 한번 모집단을 잘 대표하는 표본을 뽑아 학생들의 평균 키를 구했다. 이때, 첫 번째 표본이 모집단을 잘 대표한다고 하였으므로 두 번째 표본도 마찬가지로 모집단을 잘 대표할 것이며, 따라서 키의 평균값도 첫 번째 표본에서의 평균값과 비슷할 것이다. 이러한 과정을 무한대로 반복한다면, 아마도 무한대 개의 표본 중에는 모집단을 잘 대표한다고 하더라도 어쩌다 우연히 키가 큰 학생들만 뽑힌 표본도 있을 것이다. 그렇지만 표본은 모집단을 잘 대표하도록 뽑혀 나오기 때문에 이렇게 우연성에 의해 뽑힌 표본의 숫자는 일반적인 경우에 비해 상대적으로 적을 것이다. 마찬가지로 이와는 반대로 우연히 키가 작은 학생들만 뽑힌 표본들도 있을 것이지만, 이런 표본들의 숫자는 그렇지 않은 경우에 비해 상대적으로 적을 것이다.

무한대 개의 표본에서 나온 키의 평균값을 가지고 분포를 그린다면 어떤 모습이겠는가? 표본을 잘 대표하는 일반적인 표본들, 즉 평균 키가 170cm이거나 이에 아주 근접한(아주 조금 크거나 작은) 표본이 다수를 이뤄 분포의 중앙 부근에 위치할 것이다. 이에 비해 우연성에 의해 키가 크거나 또는 작은 학생들만 뽑힌 표본의 숫자는 일반적인 경우에 비해 상대적으로 적을 것이다. 그 결과, 이러한 표본은 분포의 양쪽 꼬리에 분포하게 될 것이다. 즉, 표본을 잘 대표하는 일반적인 표본이 다수이기 때문에 중앙에 위치하고, 우연성에 의해 뽑힌 표본은 상대적으로 적기 때문에 양 꼬리 부근에 있을 것이다.

이 분포는 우리가 이미 알고 있는 종 모양의 정규분포를 닮게 된다. 무한대 개의 평균값들이 이루는 이 종 모양의 정규분포의 평균값은 얼마일지 생각해 보자. 아마 그 값은 우리가 생각하는 것처럼 170cm일 것이다. 그리고 그 분포의 모양은 [그림 4−1]과 같을 것이다.

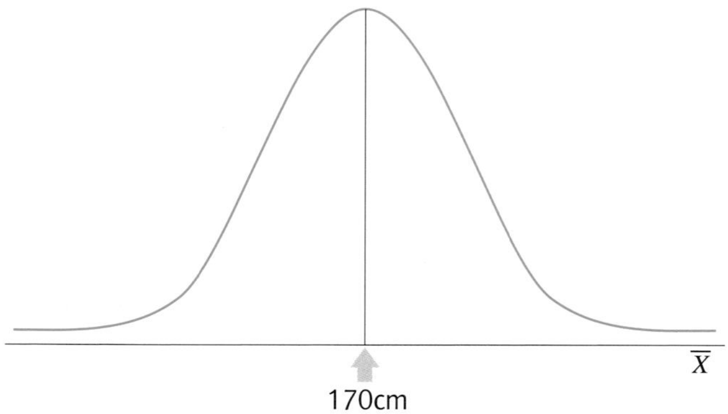

[그림 4−1] 키 평균치들이 이루는 분포

[그림 4−1]의 분포는 무한대 개의 표본평균값들로 이루어진 빈도분포이다. 그래서 이 분포를 표집분포(sampling distribution)라고 부른다. 또한 이것은 표본평균값에 관한 분포이기 때문에 정확하게는 평균에 관한 표집분포(random sampling distribution of means)라고 부를 수 있다. 이것이 평균표집분포이다.

그렇다면 평균값들로 이루어진 분포, 즉 평균표집분포에서 표준편차를 구할 수 있는가? 앞서 제시한 분포를 보면 무한대 개의 표본의 평균값이 모두 170cm에 떨어지지는 않는다. 분포에서 보듯이 표본에서의 평균값이 170cm일 경우가 가장 많지만, 때로는 170cm보다 아주 크거나 작은 평균값도 있고, 또 170cm보다 조금 크거나 작은 다양한 평균값이 분포되어 있다. 그렇기 때문에 이 평균표집분포에도 표준편차(standard deviation)가 존재하게 되는데, 우리는 이것을 특별한 이름을 붙여 표준오차(standard error, 기호는 $s_{\overline{X}}$)라고 부른다.

회귀분석에서 표준오차를 설명했는데, 바로 이 평균표집분포의 표준편차가 표준오차이다. 표준오차 기호 $s_{\overline{X}}$에서 짐작하겠지만, 표준오차는 $\overline{X}$들이 이루는 분포에서의 표준편차 s이다. 표준오차는 기본적으로 생각하면 표준편차라고 할 수 있다. 하지만 표준오차는 무선표집(random sampling)을 무한대로 해서 나온 값의 분포에서 나온 표준편차이고, 우리가 지금까지 써 왔던 표준편차는 원점수에서 나온 표준편차이다.

1) 표준오차

일반적으로 연구자가 연구를 진행할 때, 특정 모집단을 연구의 대상으로 선정한 다음 임의로 표본을 추출한다. 이렇게 추출된 표본의 전체 크기를 나타낼 때에는 알파벳 대문자 N을 사용해 나타내는 경향이 있다. 하지만 두 집단 이상을 비교하는 연구를 진행할 때에는 전체집단은 N으로 나타내며, 각각 집단을 나타내기 위해서는 소문자 n을 사용한다. 또한 집단을 보다 분명히 나타내기 위해서 n 아래에 숫자 또는 알파벳을 기입하여 집단의 차이를 표시한다(예: n_1, n_2).

예를 들어, 한 연구자가 TOEIC 수업을 수강하는 대학생들 중 중간고사를 보기 전에 과제를 부여한 집단과 그렇지 않은 집단 간의 중간고사 성취도 차이를 알아본다고 가정해 보자. 이때 TOEIC 수업을 수강하는 대학생들은 'N(표본)'으로 표기되고, 과제를 부여받은 집단은 n_1로, 과제를 부여받지 않은 집단은 n_2로 표기된다.

대부분의 연구는 표본으로부터 얻은 결과를 바탕으로 모집단에 대한 정보를 추정한다. 그러므로 선정된 표본이 모집단을 잘 대표할 수 있지만, 연구에 쓰인 표본이 모집단을 잘 대표하지 않을 경우도 있다는 것을 유념해야 한다. 하지만 연구에 사용된 집단이 모집단을 대표하는지 그렇지 않은지에 대해서는 현실적으로 알 수가 없다. 그렇기 때문에 표본을 바탕으로 한 연구에서는 표본의 크기에 따라서 표본의 통계치들(statistics)과 모집단의 모수치들(parameters) 사이에 차이가 발생한다.

모집단의 평균과 표본평균의 차이를 오차한계(margin of error) 또는 표준오차라고 한다. 즉, 표준오차는 표본의 평균과 모집단의 평균 사이의 차이를 나타내는 것이다. 예를 들어, 한 연구자가 우리나라 전체 대학의 강의평가 평균에 대해 알아보려 한다. 그러나 현실적으로 우리나라에 있는 모든 대학을 조사할 수 없기 때문에 우리나라 전체 대학 중 몇몇 대학을 선정해야 한다([그림 4-2] 참조). 이때 연구자는 A라는 대학교는 강의평가 평균이 4.2, B라는 대학은 4.6, C라는 대학은 4.8, D라는 대학은 4.4, E라는 대학은 4.4, F라는 대학은 4.5을 얻었다. [그림 4-2]의 왼쪽에 있는 평균의 점수를 하나하나 표시하다 보면 오른쪽에 있는 그림이 나타난다. 즉, 연구자가 소수의 대학에서 얻은 강의평가 점수를 가지고 우리나라 전체 대학의 강의평가 평균과 비교한다면 표준오차가 커진다. 하지만 연구자가 대학의 수를 계속해서 늘리면 우리나라 전체 대학의 수와 비슷해지기 때문에 표준오차가 작아진다.

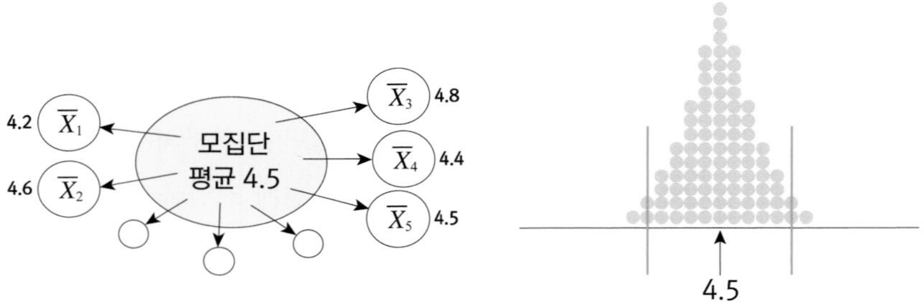

[그림 4-2] 모집단과 각 표본 간의 간계

표준편차와 표준오차의 차이점

- 표준편차: 표본 내에서 평균을 중심으로 떨어져 있는 정도를 말한다. 표준편차가 크다는 의미는 개별 관측치들이 이질적이라는 뜻이다. 즉, 각각의 관찰치가 어떤 값을 중심으로 부근에 몰려 있는 것이 아니고, 크고 작은 값들이 있어 분포가 넓게 펴져 있다는 것이다.
- 표준오차: 표본의 평균값이 모집단 평균값을 중심으로 떨어져 있는 정도를 말한다. 표준오차가 크다는 의미는 표본의 평균치들이 이질적이라는 뜻이다. 즉, 각각의 평균치가 어떤 일정한 값을 중심으로 부근에 몰려 있는 것이 아니고, 크고 작은 평균치들이 있어 평균표집분포가 넓게 펴져 있다는 것이다.

(1) 표준오차-집단의 수가 한 집단일 경우

모집단에서 추출된 표본의 표준오차를 감소시키기 위해서는 집단의 수를 고려해야 한다. 예를 들어, TOEIC 시험을 본 전체 수험생이 약 1,000명이고 평균 750, 표준편차 20이라는 가상의 모집단의 자료를 살펴보자. 이 모집단에 대한 자료는 [그림 4-3]과 같은 히스토그램으로 나타낼 수 있다. [그림 4-3]에 제시된 히스토그램은 이론적으로 완벽하게 정규분포를 이루고 있지는 않지만, 평균(750)을 중심으로 좌우에 비교적 고르게 분포되어 정규분포를 이루고 있다는 것을 보여 주고 있다.

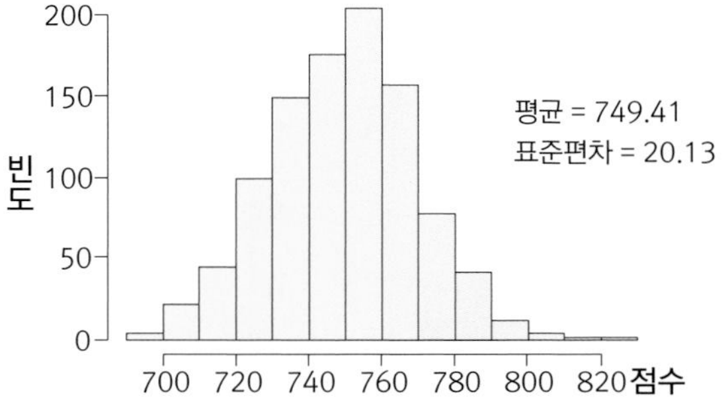

[그림 4-3] TOEIC 히스토그램(평균 750, 표준편차 20)

여기서 연구자는 2가지 질문을 할 수 있다. 첫째, 1,000명으로 구성된 모집단에서 임의로 30명을 추출한다면, 추출된 30명의 TOEIC 성적은 모집단($N=1,000$)의 평균과 표준편차와 얼마나 유사한가? 둘째, 모집단($N=1,000$)에서 한 번이 아니고 여러 번 표본을 추출한다면 추출된 표본에서 얻은 평균과 표준편차는 얼마나 유사한가? 이 2가지 질문은 [그림 4-4]를 통해 알아볼 수 있다. [그림 4-4]은 모집단($N=1,000$)에서 30명을 무작위로 뽑은 4개 집단의 각각 TOEIC 점수의 분포를 히스토그램과 평균, 분산에 대한 정보를 보여 주고 있다.

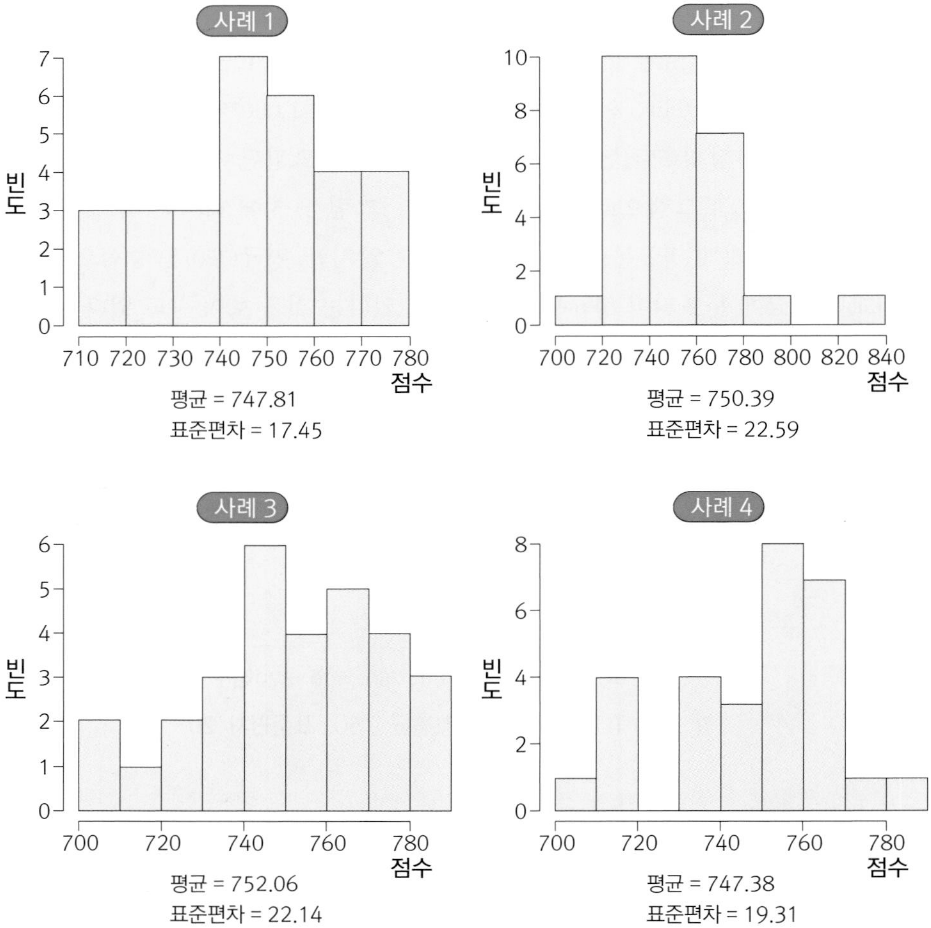

[그림 4-4] 모집단 1,000명에서 무작위로 추출된 30명으로 이루어진 4개 집단

[그림 4-4]는 30명으로 구성된 4개 집단의 평균과 분산 모두가 모집단의 평균과 표준편차와 다르다는 것을 보여 주고 있다. 사례 1과 사례 4의 평균과 표준편차는 모집단의 평균과 표준편차보다 작고, 사례 2와 사례 3의 평균과 표준편차는 모집단의 평균과 표준편차보다 크다. 30명으로 구성된 집단을 100번 무작위로 추출한다면 어떠한 결과가 나타날까? 표본의 크기 30명으로 구성된 집단을 100번 무작위로 추출했기 때문에 100개의 집단이 되고, 따라서 100개의 평균과 100개의 표준편차가 나타나게 된다.

[그림 4-5]는 전체 사례 수가 1,000, 평균이 750 그리고 표준편차가 20인 가상의 모집단에서 표본의 크기가 30인 집단을 100번 무작위로 추출했을 때 발생하는 평균의

분포를 히스토그램으로 보여 주고 있다. [그림 4-5]에서 알 수 있듯이, 30명으로 이루진 100개 집단의 평균을 합한 후 전체집단의 수(100개)로 나누면 평균은 749.61로 모집단의 평균 750과 매우 유사하다는 것을 알 수 있다. 즉, 이러한 결과는 적은 사례수로 구성된 집단들이라도 무수히 많은 집단을 사용한다면 결국 모집단의 평균에 가까이 다가간다는 것을 의미한다.

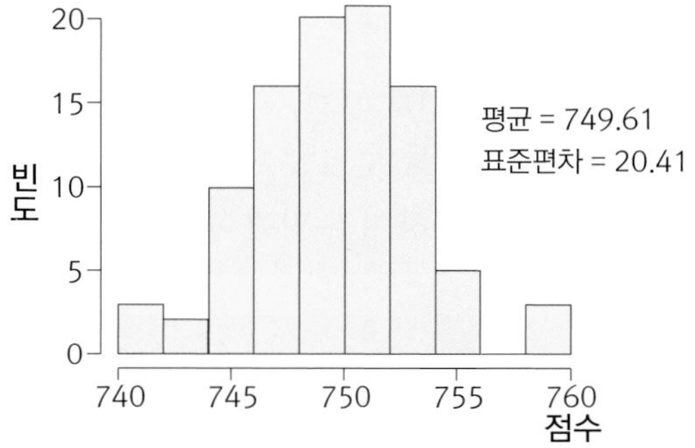

[그림 4-5] 30명으로 구성된 100개 집단들의 평균 분포

따라서 표준오차는 각각의 표본에서 얻은 표본평균($\overline{X}$)을 합하여 다시 평균을 내고, 이를 모집단의 평균(μ)과 차이를 비교하는 것으로 볼 수 있다. 〈표 4-2〉는 $\sum_{i=1}^{N}(X-\overline{X})^2$의 값이 변하지 않고 고정되어 있다면 분모(사례 수)가 커질수록 표준오차가 작아진다는 것을 보여 주고 있다.

〈표 4-2〉 표준오차

$$s_{\overline{X}}(\text{표준오차}) = \sqrt{\frac{s_X^2}{N}} \quad \text{또는} \quad s_{\overline{X}} = \frac{s_X}{\sqrt{N}}$$

$$s_X^2 = \frac{\sum_{i=1}^{N}(X-\overline{X})^2}{N}$$

예를 들어, 서울 지역 대학원에 재학 중인 학생들의 나이를 알아보고자 한다면, 서울 지역 대학원에 재학 중인 모든 학생의 나이를 조사(전수조사)하는 것이 가장 바람직할 것이다. 하지만 시간과 경제성을 고려한다면, 전수조사보다는 서울 지역 대학원생 중 일부를 선택(표본추출)한 후, 이를 이용하여 서울 지역 대학원에 재학 중인 학생들의 나이를 추정하는 것이 합리적일 것이다. 서울 지역 대학원에 재학 중인 학생 중 일부를 이용하여 알아낼 수 있는 가장 정확한 통계치는 표본의 평균과 표준편차일 것이다.

서울 지역 대학원에 재학 중인 학생 중 임의로 100명을 선정하면 이들로부터 나이에 대한 통계치(평균, 표준편차)를 얻을 수 있다. 하지만 선정된 100명이 전체 모집단(서울 지역 대학원생)을 대표할 수 없기 때문에 표본을 바탕으로 추정된 값은 항상 우연성을 내포하고 있다는 것을 고려해야 한다. 만약 서울 지역 대학원에 재학 중인 학생 중 임의로 100명을 선정하고, 이들의 평균 나이가 32세($\overline{X}=32$), 표준편차가 6이라고 가정한다면, 〈표 4-2〉를 사용하여 추정된 평균의 표준오차를 다음과 같이 구할 수 있다.

$$s_{\overline{X}} = \sqrt{\frac{s_X^2}{N}} \quad \text{또는} \quad s_{\overline{X}} = \frac{s_X}{\sqrt{N}}$$

$$s_{\overline{X}} = \frac{6}{\sqrt{100}} = 0.60$$

(2) 표준오차-집단 수가 두 집단일 경우

모집단에서 추출된 표본의 표준오차를 고려할 경우 표본의 수가 항상 하나일 수는 없다. 남학생과 여학생의 성적을 비교하는 것처럼 표본이 2개인 경우도 있고, 더 많을 때도 있다. 집단의 수가 두 집단 이상일 경우에는 다시 각 집단에 속한 사례 수가 같은 경우와 그렇지 않은 경우로 나누어 생각해 볼 수 있다. 예를 들어, 고등학교 교사들의 미래역량에 관한 연구를 진행을 하는 데 있어 기존의 연수 프로그램과 새롭게 개발된 미래역량 프로그램의 효과성을 알아보려고 할 때, 기존 연수 프로그램과 새로 개발된 미래역량 프로그램에 똑같이 10명이 참여할 수 있는 반면, 기존 연수 프로그램에는 10명, 미래역량 프로그램에는 5명이 참여할 수도 있다.

〈표 4-3〉는 20명의 고등학교 교사들을 대상으로 교실행동, 교과지식, 교실운영 및 학습계획에 대하여 기존 연수 프로그램과 새로운 미래역량 프로그램의 효과성을 기록한 가상의 자료이다. 주어진 가상의 자료를 통해 각각의 프로그램에 대한 평균, 표준편차, 그리고 두 프로그램의 평균차이(29.70-21.20=8.50)를 구할 수 있다. 두 프

로그램의 평균차이를 통해 어떠한 프로그램이 더 효과성이 높은지 유추할 수 있다(교실행동, 교과지식, 교실운영 및 학습계획에 대한 미래역량 프로그램이 기존 연수 프로그램보다 평균이 높아 미래역량 프로그램이 보다 효과성이 높다고 유추할 수 있다).

〈표 4-3〉 **미래역량에 대한 두 프로그램의 효과성**

집단 1	미래역량 프로그램(A)	집단 2	기존 연수 프로그램(B)
1	30	1	22
2	35	2	16
3	31	3	19
4	28	4	20
5	31	5	22
6	25	6	23
7	27	7	25
8	33	8	22
9	31	9	24
10	26	10	19
평균	$\overline{X_1} = 29.70$		$\overline{X_2} = 21.20$
분산	$s_1^2 = 10.01$		$s_2^2 = 7.28$
표준편차	$s_1 = 3.16$		$s_2 = 2.69$
표본크기	$n_1 = 10$		$n_2 = 10$

하지만 두 프로그램에 참여한 표본으로부터 얻은 평균의 차이는 실제 두 프로그램의 차이(모집단 평균차이)를 잘 반영할 수도 있고 그렇지 않을 수도 있다. 그러나 같은 조건에서 다른 표본(다른 대상자를 두 프로그램에 참여시킴)을 사용해 무한 반복해 본다면 두 프로그램에서 나타난 평균의 차이는 두 모집단의 평균차이와 비슷해질 것이다. 따라서 무수히 많은 반복을 통해 얻은 표본의 크기만 충분하다면, 이러한 차이는 실제 두 프로그램의 평균(모집단 평균)차이라 할 수 있으며, [그림 4-6]은 이러한 과정을 자세히 보여 준다.

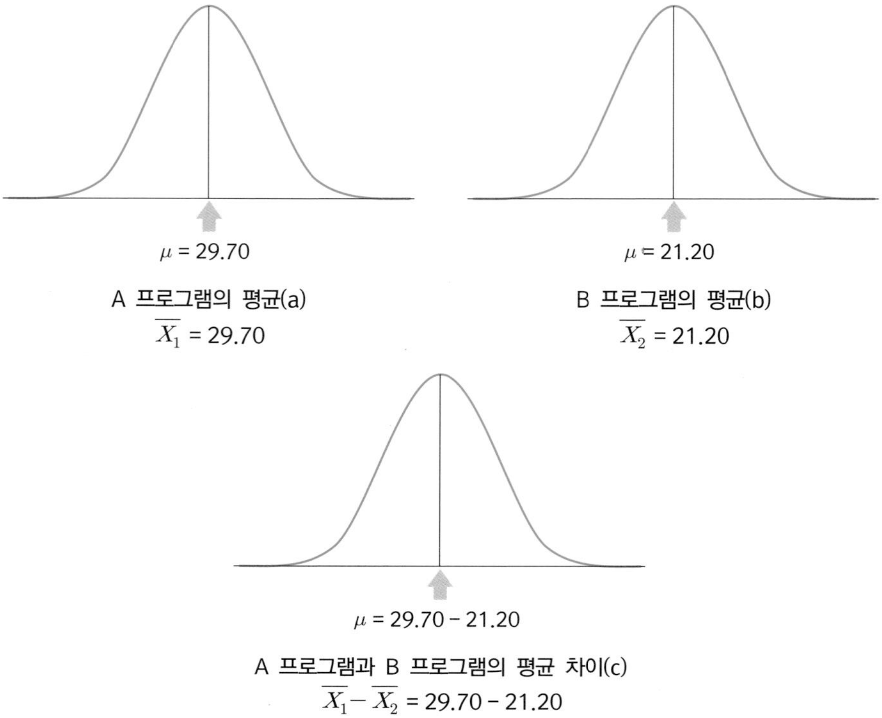

[그림 4-6] 각 집단의 평균과 두 집단 평균의 차이

두 프로그램의 평균차이를 무수히 반복하면 두 집단 간의 평균차이는 [그림 4-6]의 (c)와 같이 평균을 중심으로 분포를 이룰 것이다. 이를 두 집단 평균차이에 관한 표집분포(random sampling distribution of differences between two group means)라고 한다. 이러한 분포에서 표준편차가 생기는데, 이를 두 집단(A 프로그램과 B 프로그램)의 평균차이에 대한 표준오차라고 한다. 즉, 모집단에서 각각의 프로그램에 대한 표본을 추출하면 추출된 표본에서 평균을 구할 수 있고, 결국 두 프로그램의 평균차이를 구할 수 있다. 이러한 과정을 무수히 반복한다면 두 프로그램 평균차이는 결국 정규분포를 이루게 된다. 이러한 분포를 평균차이에 대한 표준오차라 하고, 각 집단의 사례 수가 같을 때와 다를 경우가 있으므로 이를 고려하여야 한다([그림 4-7], [그림 4-8] 참조).

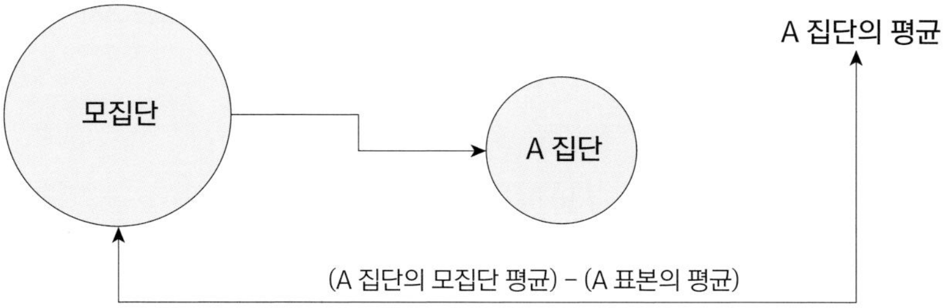

[그림 4-7] 집단이 하나일 때 표준오차 비교과정

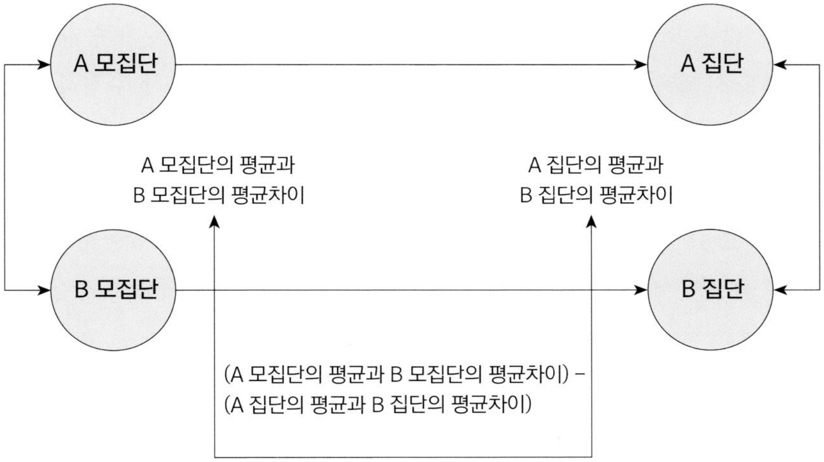

[그림 4-8] 집단이 둘일 때 표준오차 비교과정

① 표본의 크기(사례 수)가 같을 때 집단 간 표준오차

집단 간 차이를 알아보기 위한 연구(실험연구, 조사연구)를 하는 데 있어 연구자는 가능하면 추출된 두 집단의 사례 수를 항상 같게 유지하려고 노력해야 한다. 두 독립 집단의 표본의 크기가 같은($n_1 = n_2$) 경우에는 각 집단의 표준편차를 더한 값을 사례 수로 나누면 집단 간 평균차이에 대한 표준오차를 구할 수 있다. 〈표 4-4〉는 〈표 4-3〉의 자료에서 나온 두 집단의 사례 수와 표준편차를 이용한 표준오차를 보여 주고 있다. 이때 주의할 사항은 전체 사례 수($N=20$)를 이용하다는 것이 아니라 두 집단의 프로그램에 속한 사례 수가 같기 때문에 공통의 사례 수($n_1 = n_2 = 10$)를 사용한다.

〈표 4-4〉 두 독립집단 내 표본(사례 수)의 크기가 같을 때 집단 간의 표준오차

$$s_{\overline{X_1}-\overline{X_2}} = \sqrt{\frac{s^2_{Y_1}+s^2_{Y_2}}{n}}$$

$$S_{\overline{X_1}-\overline{X_2}} = \sqrt{\frac{10.01+7.28}{10}} \approx \sqrt{1.72} \approx 1.31$$

② 표본의 크기(사례 수)가 다를 때 집단 간 표준오차

연구자가 연구(실험연구, 조사연구)를 진행하는 데 있어 비교집단의 사례 수를 같이 유지하려고 많은 노력을 기울이고 있으나 일반적으로 집단 간 사례 수가 같지 않은 경우가 많다. 사례 수가 다른 두 집단 평균차이에 대한 표준오차를 추정하는 데 있어 두 독립집단의 서로 다른 사례 수를 고려해야 한다. 두 독립집단에 속한 사례 수가 같지 않을 경우($n_1 \neq n_2$)에는 합동분산(pooled variance) s_p^2을 이용해서 표준오차를 구할 수 있다(〈표 4-5〉 참조). 두 독립집단의 크기가 다를 경우에는 합동분산을 사용해야 하고, 같을 경우에는 〈표 4-4〉와 〈표 4-5〉중 어떠한 것을 사용해도 같은 결과가 나타난다.

〈표 4-5〉 두 독립집단 간 표본(사례 수)의 크기가 다를 때의 집단 간의 표준오차

$$s_{\overline{X_1}-\overline{X_2}} = \sqrt{s_p^2\left(\frac{1}{n_1}+\frac{1}{n_2}\right)}$$

$$s_p^2 = \frac{(n_1-1)s^2_{X_1}+(n_2-1)s^2_{X_2}}{n_1+n_2-2}$$

〈표 4-6〉은 〈표 4-3〉에서 제시된 두 프로그램의 진행 중 개인적 이유로 기존 연수 프로그램(B)을 도중에 포기한 5명의 교사를 제외하고 끝까지 프로그램에 참여한 교사들의 결과만을 기록한 자료이다. 미래역량 프로그램의 평균은 29.70으로 기존 연수 프로그램의 평균 19.80보다 높은 것으로 나타났다. 또한 두 프로그램의 평균차이는 9.90(29.70−19.80=9.90)으로 나타났다. 집단 간 사례 수가 같을 경우 〈표 4-7〉에서 보여 주듯이 〈표 4-4〉와 〈표 4-5〉 중 어떠한 것을 사용해도 집단 간 평균차이에 대한 표준오차가 같다.

〈표 4-6〉 미래역량에 대한 두 프로그램의 사례 수가 다를 때

집단 1	미래역량 프로그램(A)	집단 2	기존 연수 프로그램(B)
1	30	1	22
2	35	2	16
3	31	3	19
4	28	4	20
5	31	5	22
6	25		
7	27		
8	33		
9	31		
10	26		
평균	$\overline{X_1} = 29.70$		$\overline{X_2} = 19.80$
분산	$s_1^2 = 10.01$		$s_2^2 = 6.20$
표준편차	$s_1 = 3.16$		$s_2 = 2.49$
표본크기	$n_1 = 10$		$n_2 = 5$

〈표 4-7〉 표본(사례 수)이 같을 때와 다를 때의 집단 간 표준오차

<table>
<tr><th>두 집단의 크기가 다른 경우($n_1 \neq n_2$)
합동분산</th><th>두 집단의 크기가 같을 경우($n_1 = n_2$)
합동분산</th></tr>
<tr><td colspan="2">$$s_p^2 = \frac{(n_1-1)s_{X_1}^2 + (n_2-1)s_{X_2}^2}{2n-2} = \frac{(n_1-1)\left[s_{X_1}^2 + s_{X_2}^2\right]}{(n-1)2} = \frac{\left[s_{X_1}^2 + s_{X_2}^2\right]}{2}$$</td></tr>
<tr><td colspan="2">$$s_{\overline{X_1}-\overline{X_2}} = \sqrt{\frac{\left[s_{X_1}^2 + s_{X_2}^2\right]}{2}\left(\frac{1}{n}+\frac{1}{n}\right)} = \sqrt{\frac{\left[s_{X_1}^2 + s_{X_2}^2\right]}{n}}$$</td></tr>
<tr><td>$s_p^2 = \frac{(10-1)10.01 + (5-1)6.20}{10+5-2} = 8.83$</td><td>$s_p^2 = \frac{(10-1)10.01 + (10-1)7.28}{10+10-2} = 8.64$</td></tr>
<tr><td rowspan="2">$s_{\overline{X_1}-\overline{X_2}} = \sqrt{8.83\left(\frac{1}{10}+\frac{1}{5}\right)} = \sqrt{2.64} \cong 1.62$</td><td>$s_{\overline{X_1}-\overline{X_2}} = \sqrt{8.64\left(\frac{1}{10}+\frac{1}{10}\right)} = \sqrt{1.72} \cong 1.31$</td></tr>
<tr><td>$s_{\overline{X_1}-\overline{X_2}} = \sqrt{\left(\frac{10.01+7.28}{2}\right)\times\left(\frac{1}{10}+\frac{1}{10}\right)} = \sqrt{1.72} \cong 1.31$</td></tr>
</table>

2) 신뢰구간

연구자는 연구가설을 알아보기 위해 모집단에서 표본을 추출한다. 추출된 표본에서 얻은 통계치를 가지고 모집단의 모수치를 추정하는 방법으로는 점추정(point estimate)과 구간추정(interval estimate)이 있다. 점추정은 제3장에서 언급한 평균·표준편차·분산처럼 특정 점수를 사용하여 제시하는 것을 의미하며, 구간추정은 신뢰구간처럼 특정 점수가 아닌 구간을 사용하는 것을 의미한다([그림 4-9] 참조). 특히 오늘날 많이 사용되는 신뢰구간은 90%, 95%, 99%이며, SPSS 프로그램은 95%가 기본으로 고정되어 있다.

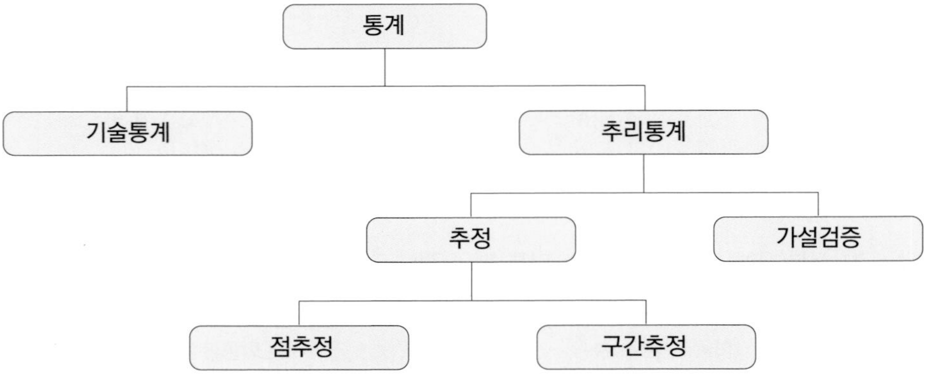

[그림 4-9] 점추정과 구간추정

모집단에 관한 정보(평균, 표준편차 등)와 같은 모수치를 신뢰구간(confidence interval)을 이용하여 구간추정(interval estimate)을 나타내려면 〈표 4-8〉을 이용하면 쉽게 나타낼 수 있다. 〈표 4-8〉을 자세히 보면, 신뢰구간을 설정하는 데 있어 ① 영역과 ③ 영역에 평균을 언급하는 대신에 '관심' 있는 통계치(interested statistics)와 '관심' 있는 통계치의 표준오차(standard error of the interested statistics)라 언급하고 있다. 이는 ① 영역과 ③ 영역에 단순히 평균만이 올 수 있는 것이 아니고 연구자가 관심이 있는 통계치(예: 분산)가 올 수 있기 때문이다. 하지만 일반적으로 신뢰구간은 평균에 대한 신뢰구간인 경우가 많다.

〈표 4-8〉 신뢰구간

영역				
①		②		③
관심 있는 통계치	±	기준분포(z 또는 t 분포)의 기각값	×	관심 있는 통계치의 표준오차

앞서 언급한 서울 지역 대학원에 다니는 학생들의 나이에 관한 연구에서 연구자가 관심 있는 통계치는 표본의 평균(평균 연령)이라고 가정할 수 있다. 표본의 평균에 대한 신뢰구간을 얻기 위해서는 ② 영역에 z 분포 또는 t 분포와 같은 기준분포를 사용해야 한다. z 분포와 t 분포는 서로 밀접한 관계가 있는데, 일반적으로 표본의 크기에 따라 어떠한 것을 사용할지 결정된다. 일반적으로 표본의 수가 작을 때는 t-분포(t distribution)을 사용하지만, 표본의 크기가 30명 이상($N > 30$)이면 정규분포(normal distribution)을 사용한다.

정규분포는 다시 평균이 0 그리고 표준편차가 1인 분포를 지닌 분포로 변환시킬 수 있는데(Rhiel & Chaffin, 1996), 이렇게 변환된 분포를 표준정규분포(standard normal distribution = z^*)라고 한다. 표준정규분포는 $z^* \sim N(0, 1^2)$의 수식을 사용하여 나타낼 수 있다. [그림 4-10]은 표준정규분포(z^*)와 t 분포와의 관계를 보여 주고 있다. 사례 수가 적을수록 t 분포의 양 끝 면적은 표준정규분포(z^*)보다 넓고 중심은 표준정규분포(z^*)보다 낮다. 하지만 사례 수가 점점 많아질수록 t 분포는 표준정규분포(z^*)와 비슷해진다.

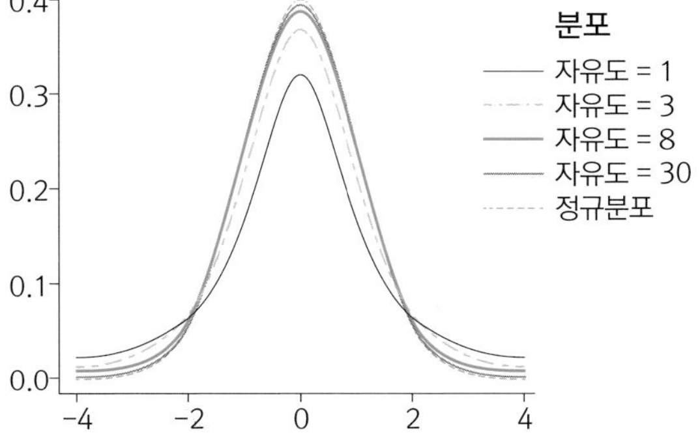

[그림 4-10] 표본의 크기 증가에 따른 t 분포의 변화

신뢰구간 설정을 위해 기준분포로 표준정규분포(z^*) 또는 t 분포 중 어떠한 것을 사용할지 결정하고 나면, 어떠한 임곗값 또는 기각값(critical value)을 사용할지 결정해야 한다. 신뢰구간은 정해져 있는 것이 아니라 임곗값 또는 기각값(이하 기각값)을 어떻게 설정을 하느냐에 따라 달라진다. 따라서 몇 % 신뢰구간을 할지 정하는 것이 중요한데, 인문 · 사회과학에서는 양측검증을 바탕으로 한 90%, 95%, 99% 신뢰구간을 많이 사용한다(SPSS 프로그램은 95%을 기본으로 사용). 90%, 95%, 99% 양측검증에 대한 신뢰구간의 표준정규분포(z^*)의 기각값은 〈표 4-9〉와 같이 나타낼 수 있다.

〈표 4-9〉 양측검증일 때 표준정규분포(Z^*)의 기각값

신뢰구간	z^*
.90	1.64
.95	1.96
.99	2.58

앞서 제시한 서울 지역 대학원에 재학 중인 학생들의 나이를 알아보기 위한 예시에서 연구자는 무작위로 서울 지역 대학원에 재학 중인 학생 중 100명을 선정하여 먼저 학생들의 나이에 대한 점추정[평균나이 = 32세($\overline{X}$ = 32), 표준편차 = 6, 평균의 표준오차 = .60]을 하였다. 이후 구간추정을 위해 연구자는 점추정(평균, 평균의 표준오차)의 결과를 이용해 신뢰구간을 구할 수 있다. 서울 지역의 대학원에 재학 중인 학생들의 평균 나이에 관한 95% 신뢰구간은 〈표 4-9〉에 제시된 신뢰구간 95%의 기각값 1.96을 이용해서 〈표 4-10〉과 같이 구할 수 있다.

〈표 4-10〉 표준정규분포(z^*)를 이용한 대학원생 평균나이에 관한 95% 신뢰구간

$$\begin{aligned} & 32 \pm 1.96 \times (0.60) \\ &= 32 \pm 1.176 \\ &= (30.824, 33.176) \end{aligned}$$

표본을 통해 얻은 통계치(평균, 평균의 표준오차)를 이용하여 모집단의 모수치에 대한 신뢰구간을 구하는 것만큼 신뢰구간에 대한 해석도 중요하다. 표본의 통계치를

통해 계산된 신뢰구간이 모집단에 관한 모수치를 95% 포함하고 있다고 해석하는 것은 바람직하지 않다. 왜냐하면 모집단의 모수치는 알려져 있지 않지만 일정한 수를 지닌 고정된 값인 반면, 구간추정은 고정된 값이 아니고 매번 달라지는 속성을 지니기 때문이다. 따라서 모집단에 대한 모수치가 이 구간에 포함되어 있는지 그렇지 않은지 전혀 알 수 없다.

신뢰구간의 올바른 해석은 모집단에서 표본을 무작위로 추출했을 때 추출된 표본으로부터 얻은 신뢰구간이 모집단에 대한 모수치를 포함한다고 해석해야 한다. 즉, 〈표 4-10〉의 결과는 다음과 같이 설명할 수 있다. 서울 지역 대학원에 재학 중인 학생들의 평균 나이를 알아보기 위해 100명을 무작위로 선정한 결과 이들의 평균 나이는 32세이지만 서울 지역 전체 대학원의 평균 나이는 30.82~33.17세에 있다고 95% 확신할 수 있다고 말할 수 있다. 하지만 모집단의 모수치(서울 지역 전체 대학원생의 평균 나이)가 30.82~33.17세에 있는 확률이 95%라고 해석하는 것은 옳지 않다.

앞서 언급하였듯이, 표본(사례 수)의 크기가 30명 이하($N \leq 30$)일 경우에는 t 분포를 사용하고, 표본(사례 수)의 크기가 30명 이상($N \geq 30$)일 때는 표준정규분포(z^*)를 사용하는 것이 바람직하다. 우선 t 분포를 사용하기 위해서는 먼저 자유도(degree of freedom)를 알아야 한다(부록의 t 분포 참조). 표본이 하나인 경우에 자유도를 구하려면 전체 사례 수에서 하나를 빼면 구할 수 있는데, 이를 $(N-1)$로 나타낼 수 있다. 서울 지역의 대학원에 재학 중인 학생들의 평균 나이를 구하는 데 있어 100명에 대한 자유도는 99($100-1=99$)가 된다.

앞선 예시에서 연구자는 서울 지역 대학원에 재학 중인 학생 중 무작위로 100명을 선정하여 표본으로 사용하였다. 이때 무작위로 선정된 100명 대학원생들의 점추정[평균나이=32세($\overline{X}=32$), 표준편차=6] 정보가 무작위로 선정된 25명 대학원생들의 점추정[평균나이=32세($\overline{X}=32$), 표준편차=6]과 같다고 가정할 수 있다. 그렇다면 구간추정을 위해 연구자는 무작위로 선정된 25명 대학원생에 대해, ① 평균의 표준오차와, ② t 분포의 기각값을 알아야 한다.

무작위로 선정된 25명 대학원생 평균 나이에 대한 표준오차는 $1.20\left(\frac{6}{\sqrt{25}}\right)$로 나타났다(〈표 4-2〉 참조). 구간추정을 위해 필요한 t 분포의 기각값은 자유도를 알아야 한다. 무작위로 선정된 25명 대학원생에 대한 자유도는 24($25-1=24$)가 되며, 자유도가 24이고 95%의 신뢰구간에 대한 t 분포의 기각값은 2.064이다. 무작위로 선정된 25명 대학원생의 평균 나이 32세($\overline{X}=32$)와 평균의 표준오차 1.20, 자유도가 24이고

t 분포를 이용할 때 95% 신뢰구간은 29.52~34.47세로 나타났다(〈표 4-11〉 참조). 따라서 서울 지역 전체 대학원의 평균 나이는 32세이고, 29.52~34.47세에 있다고 95% 말할 수 있다.

〈표 4-11〉 t 분포를 이용한 대학원생 평균 나이에 관한 95% 신뢰구간

$$
\begin{aligned}
& 32 \pm 2.064 \times \left(\frac{6}{\sqrt{25}}\right) \\
&= 32 \pm 2.064 \times (1.20) \\
&= 32 \pm 2.476 \\
&= (29.52, 34.476)
\end{aligned}
$$

서울 지역 대학원생 평균 나이에 대한 신뢰구간을 알아보기 위해 100으로 구성된 표본(〈표 4-10〉 참조)과 25명으로 구성된 표본(〈표 4-11〉 참조)을 이용하였다. 두 결과는 2가지 중요한 사항을 보여 주고 있다. 첫째, t 분포를 사용한 신뢰구간은 표준정규분포(Z^*)를 사용한 신뢰구간보다 더 넓다. t 분포의 기각값 대신 표준정규분포(Z^*)의 기각값 1.96을 이용하면 95% 신뢰구간은 30.82~33.17세이다. 둘째, 똑같은 분포를 이용하면 사례 수가 커질수록 신뢰구간이 더 좁아진다. 100명으로 도출된 신뢰구간은 30.82~33.17세이고, 표준정규분포(z^*)를 이용한 25명의 신뢰구간 29.64~35.16세이다.

3) 중심극한정리

평균표집분포의 특성에 관한 진술이 중심극한정리(central limit theorem)인데, 여기서 central이란 중심이라기보다는 '중요한'이라는 정도의 뜻으로 볼 수 있다.

(1) 평균표집분포의 평균치에 관한 진술

평균표집분포의 평균값은 모집단의 평균값과 같다. 예를 들어, 평균표집분포의 평균치가 50이라면 모집단 평균치도 50이라는 뜻이며, 평균표집분포는 다음과 같이 나타낼 수 있다.

평균표집분포의 평균치

$$\mu_{\overline{X}} = \mu$$

(2) 평균표집분포의 표준오차에 관한 진술

평균표집분포의 표준오차는 모집단의 표준편차를 표본크기에 제곱근을 취한 값으로 나눈 것과 같다. 예를 들어, $\sigma = 10$, $N = 10{,}000$이라면, 표준오차는 $\frac{10}{\sqrt{10000}} = 0.1$이다. 이 사실에서 알 수 있듯이, 표준오차는 표본크기가 커질수록 그에 비례해 작아진다. 실제로는 모집단의 표준편차 σ에 관한 정보가 없을 때가 많으므로 표본의 표준편차 s로 대체해서 사용한다. 왜냐하면 모집단 전체를 대상으로 직접 자료를 모으는 경우가 거의 없기 때문이다. 평균표집분포의 표준오차는 다음과 같이 나타낼 수 있다.

평균표집분포의 표준오차

$$\sigma_{\overline{X}} = \frac{\sigma}{\sqrt{N}}$$

(3) 평균표집분포의 모양에 관한 진술

표본의 크기가 커질수록 종 모양의 정규분포를 빨리 닮는다. 예를 들어, $N = 10$일 때 1,000개의 평균이 모여야 종 모양이 만들어진다면, $N = 1{,}000$일 때는 그보다 더 적은 수의 평균으로 종 모양이 만들어진다.

2. 모집단 평균에 관한 가설검증

모집단 평균에 관한 가설검증(testing a statistical hypothesis about μ)을 〈예시 4-3〉을 통해 알아보자. 2018년에 태어난 전체 신생아의 몸무게를 조사하는 것은 현실적으로 불가능하다. 그렇기 때문에 우리는 적당한 표본을 추출하여 신생아의 몸무게 평균을 구해 이를 바탕으로 2018년에 태어난 전체 신생아의 몸무게 평균에 관해 이야기할 수밖에 없다. 적당한 크기의 표본을 뽑아 신생아의 몸무게 평균을 구해 이를 바탕으로 2018년에 태어난 전체 신생아 몸무게 평균에 관해 이야기하는 수밖에 없다. 하지만 표본을 사용하면 우연성을 배제할 수는 없는데, 어떻게 하면 다른 사람들도 수긍할 수 있는 결과를 얻을 수 있겠는가?

<예시 4-3>

2018년 1월 1일부터 12월 31일까지 태어난 신생아의 몸무게 평균이 3kg인지 아닌지 알아보고 싶을 때에는 어떻게 해야 하는가?

또 다른 예로 〈예시 4-4〉를 살펴보자. 대머리 모집단을 잘 대표하는 표본 100명을 뽑았다고 가정해 보자. 표본 100명을 무작위로 50명씩 나누어 한 집단에게는 발모제를 주고 한 집단에는 발모제 성분이 없는 다른 약을 투여한다. 그 후에 두피 $1cm^2$당 머리카락의 개수를 센 후 두 집단을 비교하면 발모제가 효과가 있는지 없는지 알아볼 수 있을 것이다. 이때 발모제를 투여한 집단의 머리카락 개수가 연구자가 정한 기준 이상이면 발모제가 효과가 있는 것이고, 그 이하면 발모제는 효과가 없는 것이라고 할 수 있다.

<예시 4-4>

어떤 제약회사에서 발모제를 개발했다고 할 때 이 발모제가 효과가 있는지 없는지를 알아보려면 어떻게 해야 하는가?

1) 영가설

〈예시 4-3〉과 〈예시 4-4〉에 대한 일련의 과정을 가설검증이라고 한다. 신생아의 몸무게를 조사하는 것처럼 하나의 집단을 대상으로 하는 가설검증도 있고, 발모제처럼 2개 이상의 집단을 조사하여 가설검증을 하는 경우도 있다. 다시 앞의 〈예시 4-3〉을 통해 다음과 같은 연구문제를 알아보려고 한다.

<예시 4-3>의 연구문제

2018년에 태어난 신생아의 몸무게 평균이 3kg인지 아닌지 알아보려 한다.

이 문제에 답하려면, 먼저 이 궁금증을 가설로 만들어야 한다. 이 경우에 가설은 '2018년에 태어난 신생아의 평균 몸무게는 3.0kg이다.'라고 할 수 있다. 물론 몸무게 평균 3.0kg이라는 기준은 신생아의 평균 몸무게가 3.0kg이라고 판단할 만한 선행연구나 조사결과로 뒷받침되어야 한다. 그랬을 때, 이 가설을 $\overline{X}_{2018}=3.0$kg이라고 쓸 수도 있지만, 연구자는 모집단에서 추출된 표본의 통계치에 기반해 궁극적으로 모집단의 모수치가 얼마인지를 알고 싶을 것이다.

즉, 가설은 통계치 $\overline{X}$가 아닌 모수치 μ를 이용하여 가설을 세워야 하며, 가설은 $\mu_{2018}=3.0$kg이라고 진술되어야 한다. 이렇게 등호로 진술된 가설을 영가설(null hypothesis, 零假說)이라고 한다. 영가설은 귀무가설(歸無假說)이라고도 한다. 가설을 나타내는 기호는 hypothesis의 앞자인 H이다. 언어로 진술된 '2018년에 태어난 신생아의 평균 몸무게는 3.0kg이다.'라는 영가설을 기호로 나타내면 다음과 같다. H_0에서 아래첨자 0은 숫자 0이다. 영가설 H_0은 H not이라고 읽는다.

<예시 4-3>의 영가설

$$H_0 : \mu_{2018} = 3.0\text{kg}$$

이 경우에는 집단이 하나이기 때문에 μ_{2018}는 아래첨자 없이 μ로 표시해도 관계가 없다. 그리고 영가설과 반드시 짝을 이루는 것이 있는데, 바로 H_A이다. 또는 아래첨자를 소문자를 써서 H_a로도 표기하며, 여기서 a는 alternative의 a이며, H[ei]라고 읽는다. H_A는 대립가설 또는 영가설과 경쟁 관계에 있다고 하여 경쟁가설 또는 대안가설이라고 부른다.

대안가설은 $H_A : \mu \neq 3.0kg$이나, $H_A : \mu > 3.0kg$ 또는 $H_A : \mu < 3.0kg$으로도 쓸 수 있다. 대안가설에는 연구자의 실제적 관심사가 표현된다. 예를 들어, 신생아 몸무게 평균이 3.0kg보다 클 것이라고 생각하면 대안가설은 $H_A : \mu > 3.0kg$이라고 진술되는 것이고, 3.0kg보다 작을 것이라고 생각되면 대안가설은 $H_A : \mu < 3.0kg$이라고 진술된다. 또 크거나 작거나 방향성에 관심이 없고 $3.0kg$이 아니기만 하면 된다고 생각하면 대안가설은 $H_A : \mu \neq 3.0kg$라고 진술된다.

이렇게 영가설 H_0이 진술되었으면 다음 순서는 이 영가설을 검증하는 것이다. 그럼 영가설 검증을 어떻게 해야 하는가?

일단은 진술된 영가설이 맞는다고 가정한다. 영가설이 맞는다면, 이때 표본평균치는 어떤 값을 갖게 되는가? 이에 대한 답이 평균표집분포에 이미 나와 있다. 영가설이 맞는다면 표본은 모집단을 잘 대표하도록 뽑힌 것이니까 표본평균치들은 3.0kg에 집중될 것이다. 물론 실제 연구를 할 때 무한대의 표본을 취하는 것은 아니고 하나만 취한다. 그런 다음, 하나의 표본에서 나온 평균치를 영가설이 맞을 때 기대되는 표본평균값들과 비교하는 것이다([그림 4-11] 참조).

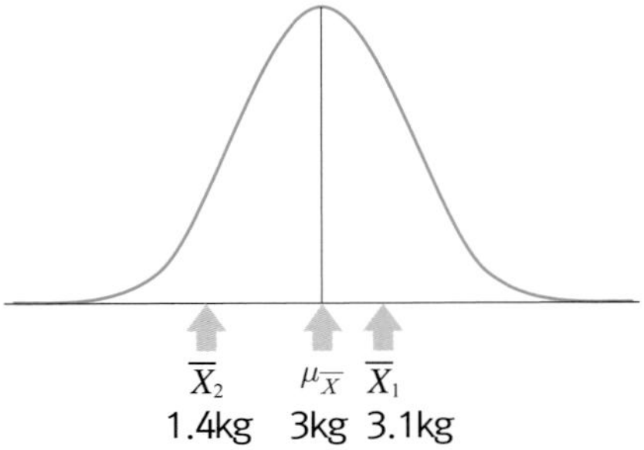

[그림 4-11] 신생아 몸무게 분포-1

[그림 4-11]은 영가설이 맞는다고 할 때 가정된 평균이 있고, 표본에서 나올 수 있는 결과인 2개의 평균 $\overline{X_1}$과 $\overline{X_2}$가 있다. 먼저 어떤 표본에서 나온 $\overline{X_1}$은 정확하게 3.0kg은 아니지만 영가설이 맞는다고 할 때 기대되는 평균값이므로 영가설이 합리적이라고 간주하고 영가설을 수용할 수 있다. 물론 0.1kg의 차이는 영가설이 맞아도 표본의 우연성으로 인해 얼마든지 있을 수 있는 차이이며, 따라서 영가설을 수용해도 크게 잘못된 결정이라고 하기는 어렵다.

하지만 이와는 반대로, 어떤 표본에서 나온 $\overline{X_2}$는 영가설이 맞을 때 기대되는 표본평균값과는 너무 같지 않기 때문에 영가설이 합리적이지 않다고 간주하고 영가설을 기각하여도 이 판단이 틀린 것이라고 하기 어렵다. 표본은 모집단을 잘 대표한다는 것이 전제이므로 표본의 우연성만으로 1.6kg의 차이를 설명하기는 쉽지 않다. 이렇게 차이가 크게 난다면, 영가설에서 가정된 평균 3.0kg은 전체 신생아 몸무게 평균을 제대로 반영하는 합리적 진술이 아닐 가능성이 높다고 할 수밖에 없다. 그 결과, 그렇다면 진술된 영가설을 기각하는 것이 합리적인 판단인 것이다.

가설검증

영가설을 검증하기 위해서 영가설이 맞는다고 가정하고, 이 가정하에서 표본 결과가 기대되는 결과인지의 여부를 결정하는 것이 가설검증이다.

따라서 표본 결과가 기대되는 것과 상충되고 합리적이지 않다면, 영가설은 기각된다. 반대로 표본 결과가 기대되는 것과 상충되지 않으면 아마도 진짜일 것이고, 그 영가설을 수용하게 된다. 가설을 검증하는 상황이 [그림 4-11]과 같다면 의사결정을 쉽게 내릴 수 있다. $\overline{X_1}$의 경우에는 우연성 또는 표본변산을 감안하여 0.1kg의 차이가 생겼다고 판단하고 영가설이 맞는다고 결론내릴 수 있다. 그러나 $\overline{X_2}$의 경우에는 $\mu_{영가설}$과 상당한 차이가 나기 때문에 영가설이 맞는다고 합리적으로 생각할 수 없는 값이다.

가설검증 결과 해석

$\overline{X_1}$의 경우에는 $\mu_{영가설}=3.0kg$이 수용됐다고 하고(accept/fail to reject), $\overline{X_2}$의 경우에는 $\mu_{영가설}=3.0kg$이 기각됐다고 한다(reject). 만약 영가설이 수용되면 대안가설은 받아들여지지 않고, 반대로 영가설이 기각되면 대안가설이 받아들여진다.

이번에는 다른 경우를 생각해 보자. 표본평균이 $\overline{X_1}$처럼 조금 차이가 나는 것도 아니고 $\overline{X_2}$처럼 크게 차이가 나는 것도 아닌 중간의 어정쩡한 상태라면, 의사결정을 어떻게 해야 하는가? 이렇게 어정쩡한 경우에서의 의사결정은 다음 절차를 따른다. 만약 영가설이 맞는다고 할 때 표본평균이 우연성에 의해 발생할 확률(예: .05 또는 .01)보다 더 벗어나 있으면 영가설을 기각한다. 이런 의사결정 기준을 유의수준(level of significance) 또는 유의도라고 하며, 기호로는 그리스 문자 α로 표기한다.

이런 경우 어떻게 하는 것이 합리적인지 〈예시 4-5〉를 통해 해결책을 살펴보자. 쌍둥이 자매에게 텔레파시가 없다고 가정했을 때, 우연히 같은 카드를 고를 확률은 $\frac{1}{4}$일 것이다. 이와 같이 우연의 일치, 달리 말해서 우연성이나 표본변산만으로 이 사건이 발생할 수 있음을 확률로 진술할 수 있을 것이다. 이것이 유의수준이다. 즉, 유의수준은 우연성에 의해 표본 결과가 발생할 확률이다. 달리 표현하면, 우연성만으로 표본 결과가 발생할 수 있는 경우를 확률로 명시한 것이 유의수준이다.

<예시 4-5>

초감각적 지각(extrasensory perception)에 관심 있는 연구자가 쌍둥이 자매 간에 텔레파시가 통하는지에 대한 연구를 하고 있다. 이를 알아보기 위해 쌍둥이 자매를 각각 다른 방에 들어가게 한 후, 한쪽 방에 있는 언니가 책상에 놓여 있는 4장의 카드 중 무작위로 한 장을 고르면, 다른 방에 있는 동생이 이 카드를 맞히는 실험을 하는 중이다.

연구자는 연구를 할 때 우연히 사건(표본 결과가)이 발생할 확률, 즉 유의수준을 100번 중에 1번, 100번 중에 5번, 100번 중에 10번과 같이 정할 수 있다. 만약 사건이 100번 중에 1번 우연하게 발생할 수 있다고 하면 $\alpha = .01$, 5번 발생할 수 있으면 $\alpha = .05$, 또는 10번 발생할 수 있다면 $\alpha = .10$이라고 표현할 수 있다. 유의수준은 연구자가 결정한다. 의사결정을 엄격하게 할 것인지 조금 완화된 상태로 할 것인지는 연구자가 결정하는 것으므로 유의수준의 설정은 연구자의 재량이다. 연구자가 연구의 결과를 아주 정확하게 내고 싶다면 유의수준을 0에 가깝게 설정해야 한다.

일반적으로 유의수준은 $\alpha = .05$로 설정하는데, 이 전통은 로널드 피셔(Ronald Fisher)에서 비롯된 것이다. 농업통계학자인 피셔는 로담스테드(Rothamsted) 농장에서 여러 실험을 하고 통계분석을 하였는데, 그때마다 피어슨이 출간한 『생물측정학자와 통계학자를 위한 참조표(Tables for Statisticians & Biometricians)』를 이용해야만 했다. 그런데 피어슨이 출간한 이 자료는 아주 자세하여 분량이 많은 데다 피어슨과 사이가 안 좋았던 피셔는 저작권 제한 때문에 이 자료의 일부만 발췌해 사용할 수밖에 없었다. 그래서 피셔는 자세한 것을 뭉뚱그려 대부분 경우에 적용될 유의수준을 제안하였는데, 그것이 .05였다.

앞서 제시한 신생아 몸무게 연구로 다시 돌아가 보자([그림 4-12] 참조). 영가설이 맞는다고 할 때 표본평균은 정확하게 3.0*kg*은 아닐지라도 원이 있는 분포 중앙 부근에 집중적으로 떨어지게 된다. 물론 정확하게 3.0*kg*이 아닌 것은 표본이 모집단을 잘 대표해도 언제나 우연성 또는 표본변산에 의해 나타날 수 있는 값이다. 반면에 원이 있는 분포 중앙에서 먼 곳에 떨어진 평균은 영가설이 맞는다고 할 때, (표본이 모집단을 잘 대표하기 때문에) 우연성만으로 설명하기 어려운 지점에 떨어진 것이라고 보아야 한다. 즉, 3.0kg에서 멀리 떨어진 평균은 그곳에 떨어질 수밖에 없는 어떤 이유가 있다고 보는 것이 합리적이다.

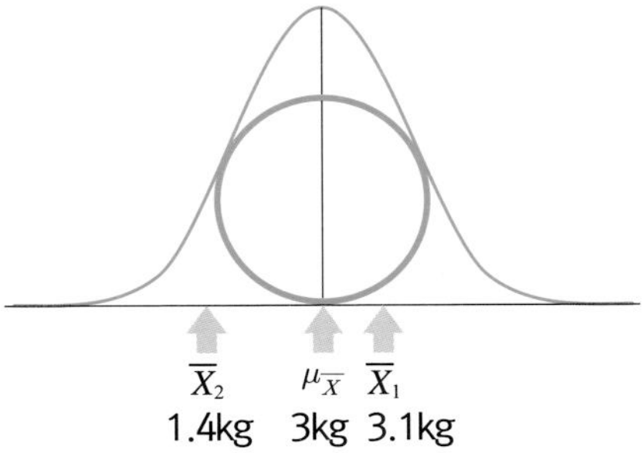

[그림 4-12] 신생아 몸무게 분포-2

정리하면, 영가설이 맞는다고 할 때 원이 있는 분포 중앙 부근의 표본평균은 우연성(chance)이나 표본변산(sampling variation)에 의해 얼마든지 나타날 수 있는 값이다. 반면에 분포 중앙에서 먼 곳에 떨어진 표본평균은, 영가설이 맞는다고 할 때 우연성이나 표본변산으로만 설명하기에는 어려운, 어떤 원인이 있어 그 경우가 발생한 것이라고 보는 것이 합리적인 매우 드물게 발생하는 경우라고 할 수 있다.

z 분포의 경우에서 보면 $\alpha=.05$일 경우 [그림 4-13]과 같이 표현할 수 있다. [그림 4-13]에서 가운데 부분은 영가설이 맞는다고 할 때 우연성이나 표본변산을 감안하면 얼마든지 기대되는 표본의 결과라고 할 수 있다. 영가설이 맞는다고 할 때 95%의 확률로 일어나는 표본 결과는 그런 일이 발생해도 전혀 이상하지 않은 일인 것이다. 반대로 양쪽 꼬리 음영 부분은 영가설이 맞는다고 할 때 우연성이나 표본변산으로만 설명하기 어려운 어떤 원인이 있어 먼 곳에 떨어진 표본 결과라고 보아야 한다.

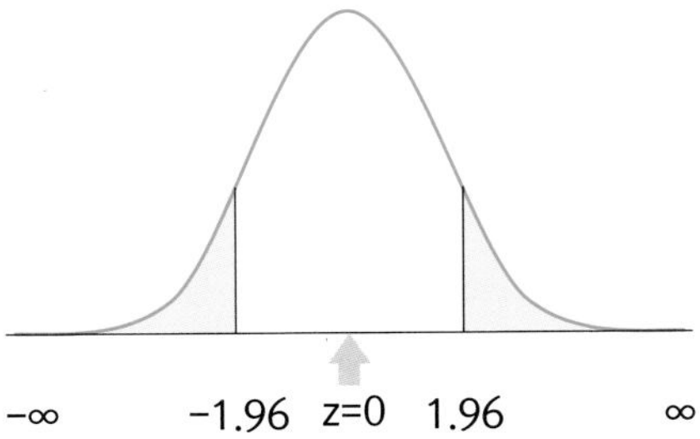

[그림 4-13] 유의수준(α)이 .05일 때 표준정규분포(z)값

영가설이 맞다고 할 때 5% 이하의 확률로 일어나는 표본 결과는 매우 드문 일이며, 우연으로만은 설명될 수 없고 어떤 필연이 있어 그런 일이 발생한 것이다. z 값이 ±1.96인 것은 그 사이에 전체 면적의 95%가 들어 있고, 양쪽 꼬리 밖으로 5%가 있기 때문이다. 물론 $\alpha = .01$이라면, z 값은 ±2.58이 될 것이다.

따라서 연구자가 얻은 평균값이 가운데 흰 부분에 떨어진다면 정확하게 3kg이 아니더라도 우연성 또는 표본변산에 의해 설명될 수 있는 결과이고, 양쪽 꼬리 음영 부분에 포함된다면 우연성 또는 표본변산만으로는 설명할 수 없는 결과라고 할 수 있다. 그러므로 표본의 평균값이 흰 부분에 떨어지면 영가설을 수용하고, 음영 부분에 떨어지면 영가설을 기각하는 것이다. 이때 흰 부분을 영가설 수용역(region of acceptance)이라고 하며, 양쪽 꼬리 음영 부분을 영가설 기각역(region of rejection)이라고 한다. 이런 통계적 의사결정 기준이 바로 유의수준 α이다. 물론 영가설을 기각하면 대안가설을 수용하고, 영가설을 수용하면 대안가설은 기각된다.

$\alpha = .05$일 때는 [그림 4-14]와 같이 표본의 통계치가 ±1.96 사이에 떨어지면, 즉 흰 부분에 해당되면 영가설을 수용하고, 표본의 통계량이 ±1.96 밖으로 떨어지면, 즉 음영 부분에 해당하면 영가설을 기각한다. 여기서 ±1.96을 기각값(critical value, 임계값, 경계값)이라고 부른다.

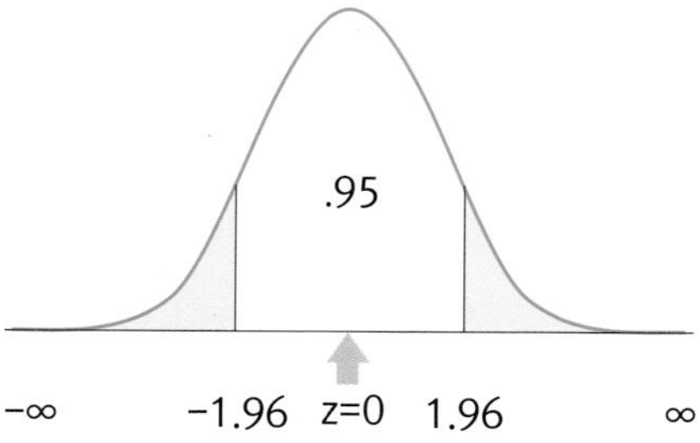

[그림 4-14] 유의수준(α) .05일 때 영가설 수용과 기각

지금까지의 내용을 요약하면 다음과 같다. 첫째, 모집단의 평균값에 관한 어떠한 가설을 만든다. 이를 영가설이라고 한다. 둘째, 모집단에서 표본을 추출하여 표본의 통계치(예: 평균)를 구한다. 셋째, 표본에서 나온 통계치가 영가설이 맞는다고 할 때 기대되는 통계치와 일치하거나 비슷하면, 달리 말해 ±1.96 같은 기각값 안에 있으면 영가설을 수용하고, 반대로 표본 통계치가 기대되는 바와 멀리 떨어져 있어 완전히 다르면 영가설을 기각하고 대안가설을 수용한다. 이러한 과정이 통계검증의 논리이다. 이런 접근방식은 어느 통계적 검증이든 동일하고, 단지 통계 검증의 상황에 따라 조금씩 표현을 달리할 뿐이다.

2) 표준정규분포를 이용한 가설검증

여기에서 다룬 분포는 z 분포밖에 없으므로 이를 이용해서 실제 통계검증의 예를 통해 통계적 가설검증을 해 보려고 한다. 〈예시 4-6〉을 자세히 살펴보자. 왼쪽이나 오른쪽이나 모두 z이다. 차이점이 있다면, 왼쪽은 국어 중간고사 성적 분포에서 평균값은 50점이고 표준편차가 10이라고 할 때, 55점인 홍길동의 z 점수를 구하는 것이다. 오른쪽은 영가설에서 가정된 평균과 평균표집분포의 표준편차, 즉 표준오차에 기반을 두어 영가설이 맞는다고 할 때 모집단을 잘 대표하도록 추출된 표본평균($\overline{X}$)의 z 점수를 구하는 것이다.

<예시 4-6>

$$z = \frac{X - \overline{X}}{s} \qquad z = \frac{\overline{X} - \mu_{\text{영가설}}}{\frac{\sigma}{\sqrt{N}}}$$ 을 비교해 보자.

왼쪽의 $z = \frac{55-50}{10}$ 이다. 오른쪽에서 z는 어떻게 구하는지 살펴보자. 예를 들어, 신생아의 몸무게 평균이 3.0kg이라는 가설을 세웠다면 영가설에서 가정된 평균은 3.0kg이 된다. 즉, $\mu_{\text{영가설}} = 3.0kg$이다. 표본의 크기가 100명($N=100$)이라면, 이 표본에서 표본평균값 $\overline{X}$가 구해진다. 그런 다음 표준오차 $\sigma_{\overline{X}}$를 구해야 하는데, 이것을 알려면 모집단 표준편차 σ를 알아야 한다. σ에 관해 알고 있다고 하자.

$$z = \frac{\overline{X} - 3.0}{\frac{\sigma}{\sqrt{100}}}$$

여기까지 2개의 식을 비교해 보면 왼쪽 식은 분모가 표준편차로 표시되었고, 오른쪽 식은 분모가 표준오차로 표시되었다. 왼쪽 식에서는 원점수에서 구한 통계량으로 z의 값을 구할 수 있지만, 오른쪽 식에서는 z의 값을 계산하는 데 문제가 생긴다. 우리가 값을 구할 수 없는 모집단의 표준편차인 σ 때문이다.

모집단의 표준편차인 σ의 값을 아는 것은 매우 드문 일이다. σ를 아는 경우가 있기는 하다. 예를 들면 지능검사가 그런 경우이다. 지능검사는 $\mu=100$이고 $\sigma=15$ 또는 16이다. 하지만 이런 경우를 제외하고는 모집단의 정보를 다 수집하여 구할 수 있는 μ나 σ값은 거의 대부분 알 수가 없다. 바로 이것이 문제가 된다.

많은 경우에서 σ를 알 수 없으므로 마치 s가 σ인 것처럼 간주한다. 왜냐하면 표본은 모집단을 잘 대표한다고 생각하기 때문이다. s가 σ의 가장 좋은 추정치라고 생각하는 것이다. 하지만 이렇게 했을 때, 고민해야 할 것이 있다. 표준편차를 식으로 표현하면 다음과 같다.

$$s=\sqrt{\frac{\sum_{i=1}^{N}x_i^2}{N}}$$

만약 표본크기 N이 100정도 된다고 하면, 표준편차를 계산할 때 N이 100이든 99이든 값이 크게 차이가 나지 않을 것이다. 하지만 만약 N이 5라고 한다면 표준편차를 계산할 때 5로 계산할 때와 $N-1$인 4로 계산할 때는 값이 확연히 다를 것이다. 그래서 표본크기가 작을 때에는 표준편차가 작아지는 것을 방지하기 위해 N 대신 $N-1$로 계산하기도 한다. $N-1$을 사용해 작아지는 것을 교정하는 것으로, 이것을 불편파추정치(unbiased estimate)라고 한다.

다시 2개의 식을 생각해 보면, 왼쪽이나 오른쪽이나 z를 구하는 형태(논리)는 똑같다고 볼 수 있다. 단지 상황만 다를 뿐인데, 왼쪽 식은 원점수에 관한 식이고 오른쪽 식은 표본평균값에 관한 식이라고 할 수 있다.

3. 1종 오류와 2종 오류

〈예시 4-7〉를 통해 1종 오류(type I error)와 2종 오류(type II error)를 살펴보자. 영

가설이 진짜인데 통계적 의사결정으로 영가설을 수용하면 의사결정이 올바르게 된 것인가, 아닌가?

<예시 4-7>

어느 날 등산을 하고 있는데, 물이 다 떨어졌다고 가정해 보자. 그렇게 목이 마른 채로 걸어가다가 샘이 나왔는데, 그 물을 마시려고 보니 샘 안에 살모사가 죽은 채로 있었다. 그 샘에 독이 퍼졌을지도 모르는 상황에서 여러분은 어떻게 의사결정을 할 것인지 생각해 보자.

〈예시 4-7〉의 상황은 〈표 4-12〉와 같이 나타낼 수 있다. 예를 들어, 실제로 샘물에는 독이 없었고 내가 샘물을 마시기로 의사결정을 했으면 아무 문제가 없을 것이다. 이것이 바로 ①의 경우이다. 다음으로, 영가설이 틀렸는데 통계적 의사결정으로 영가설을 수용했다면 어떻게 되는가? 즉, 샘물에는 독이 있었는데 내가 샘물을 마시기로 의사결정을 했다면 이것은 잘못된 결정이 될 것이다. 이것은 ②의 경우에 해당한다. 영가설이 진짜일 때 영가설을 기각하는 것으로 의사결정을 했다면 ③의 경우이고, 영가설이 틀렸을 때 영가설을 기각한 것은 ④의 경우이다.

〈표 4-12〉 **영가설과 통계적 의사결정**

통계적 의사결정 \ H_0의 상태		사실	거짓
H_0	수용	① ok	② error
H_0	기각	③ error	④ ok

이때, ②의 error는 β라고 하고 2종 오류라고 부르며, ③의 error는 α라고 하고 1종 오류라고 한다. 여기서 α는 영가설이 맞는다고 할 때 우연히 일어날 수 있는 경우를 확률로 진술해 놓은 유의수준이며, β는 잘못된 영가설을 받아들일 확률을 의미한다.

그렇다면 $1-\beta$는 무엇을 뜻하는가? β는 틀린 영가설을 받아들일 확률, 즉 잘못된 의사결정을 할 확률을 의미하므로, 결국 $1-\beta$는 잘못된 결정을 하지 않을 확률을 의미한다고 볼 수 있다. 이를 보통 통계검증력(power of statistical test)이라고 한다.

즉, 통계검증력은 통계검증의 힘으로 볼 수 있다. 이러한 통계검증의 힘이 1에 가까울수록 우리가 내린 통계적 의사결정은 아무런 문제가 없다고 할 수 있다. 반대로 말하면, β의 값이 커질수록 우리가 내린 결정은 엉터리일 가능성이 높아진다고 볼 수 있다.

그렇다면 β의 크기는 어떻게 추정할 수 있는가? β는 α(유의수준)처럼 .05, .01 등으로 정해진 숫자가 아니다. β는 통계검증의 상황마다 크기가 달라진다. β를 어떻게 추정하는가를 이야기하기 전에 1종 오류와 2종 오류를 좀 더 들여다보자. 왜냐하면 β는 α(유의수준)에 의해 영향을 받기 때문이다.

1) 1종 오류: 영가설이 사실일 때 영가설을 기각하는 행위

연구자는 표본에서 나온 결과의 유의미성을 판단하기에 앞서 결과를 판단할 기준을 미리 설정해야 한다. 이렇게 결과를 판단하기 위해 설정한 기준이 이미 우리가 알고 있는 유의수준 α이다. 이 α을 1종 오류라 한다. 즉, 연구자는 이러한 사항을 고려해 어떤 결과가 일어날 확률이 5% 미만이면 영가설을 기각하기에 충분하고, 5% 이상에서 발생할 확률을 가지고 있다면 영가설을 기각하는 데 불충분하다고 결정할 수 있다(Cohen, 1994). 따라서 연구자는 영가설이 맞는다는 가정하에 구해진 통계결과를 확률에 기반을 두어 영가설에 대해 의사결정을 해야 한다.

1종 오류	1종 오류는 영가설이 사실이지만 영가설을 기각할 때 발생한다. 설정된 유의수준이 1종 오류를 범할 확률이다.

모집단에서 추출된 표본은 항상 다른 연구결과를 나타낼 수 있어 연구자는 항상 모든 결과를 100% 확신할 수 없다. 이러한 문제를 해결하기 위해 연구자는 일반적으로 유의수준을 5%($\alpha = .05$) 또는 그보다 낮게 설정을 해서 이러한 오류를 줄이려고 한다. 이렇듯 연구자가 1종 오류를 줄이기 위해 유의수준을 낮게 설정하는 이유는 2종 오류보다 1종 오류를 저지르는 것을 더 심각한 문제로 인식하기 때문이다(Duffy, 2010). 하지만 이러한 노력은 1종 오류를 줄일 수는 있지만 2종 오류를 증가시키는 문제를 야기한다(Cohen, 1994).

2) 2종 오류: 대안가설이 사실일 때 영가설을 채택하는 행위

앞서 1종 오류에서 일반적으로 설정되는 유의수준이 .05라고 했다. 그렇다면 1종 오류가 중요한데 왜 유의수준을 .01 또는 .001로 더 낮게 설정하지 않는가 하는 의문이 들 수 있다. 하지만 표본 결과를 판단하기 위한 유의수준을 .01, 즉 $\alpha = .01$로 연구자가 결정을 내리더라도 여전히 연구자가 내린 결론이 잘못될 수 있는 가능성이 존재한다. 즉, 연구자가 1종 오류 수준을 낮출수록($\alpha = .05 \rightarrow .01$) 2종 오류가 발생할 확률이 증가하는 것이다.

2종 오류	2종 오류는 대안가설이 사실이지만 영가설을 채택할 때 발생한다.

지금까지 설명한 1종 오류와 2종 오류와의 관계는 〈표 4-13〉과 같이 정리할 수 있다(Duffy, 2010). 〈표 4-13〉은 영가설이 사실일 때와 사실이 아닐 때, 대안가설이 사실일 때와 사실이 아닐 때로 나누어 설명을 하고 있다. 하지만 통계적 결정을 내리기 위한 결정에서 모집단에 대한 영가설과 대안가설이 사실일 때를 기준으로 한다. 영가설이 사실일 때 기각하는 것을 1종 오류(α), 영가설이 사실일 때 채택하는 것이 신뢰구간($1-\alpha$)이다. 반면 대안가설이 사실일 때 영가설이 채택되는 것은 2종 오류(β), 대안가설이 사실일 때 대안가설을 채택하는 것을 통계검증력($1-\beta$)이라고 한다.

〈표 4-13〉 1종 오류와 2종 오류 간의 관계

		H_0(영가설)	
		사실	거짓
연구결과	수용	올바른 결정 신뢰구간 ($1-\alpha$)	2종 오류 (β)
	기각	1종 오류 (α)	올바른 결정 통계검증력 ($1-\beta$)

연구자가 연구(실험연구, 조사연구)를 진행하는 과정에서 1종 오류 또는 2종 오류를 선택적으로 선별하여 어느 한쪽만 선택할 수는 없다. 즉, 연구자가 1종 오류만을 중요하다고 생각해 2종 오류를 완전히 배제한 다음 1종 오류를 여러 수준($\alpha = .001$,

$\alpha = .01$, $\alpha = .05$)으로 나누거나, 반대로 2종 오류만 중요하다고 생각하여 1종 오류를 완전히 배제하는 것은 불가능하다. 따라서 연구자는 앞서 설명한 1종 오류와 2종 오류에 대하여 적당한 균형을 유지하는 것이 매우 중요한데, [그림 4−15]는 1종 오류와 2종 오류의 관계를 잘 설명하고 있다.

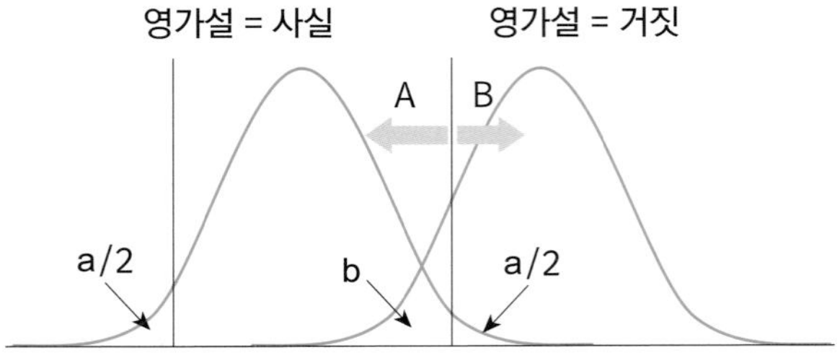

[그림 4-15] 1종 오류와 2종 오류 간의 관계

[그림 4−15]에서 $\alpha/2$는 1종 오류의 영역을 의미하고, β는 2종 오류의 영역을 의미한다. [그림 4−15]는 1종 오류의 수준을 낮추면($\alpha = .05 \rightarrow \alpha = .01$, $\alpha = .001$) 2종 오류가 증가하고, 1종 오류의 수준을 높이면($\alpha = .001 \rightarrow \alpha = .01$, $\alpha = .05$) 2종 오류가 감소한다는 것을 보여 주고 있다. 하지만 1종 오류와 2종 오류는 [그림 4−15]에서 제시한 경우뿐만 아니라 다양한 형태로 존재할 수 있다([그림 4−16] 참조).

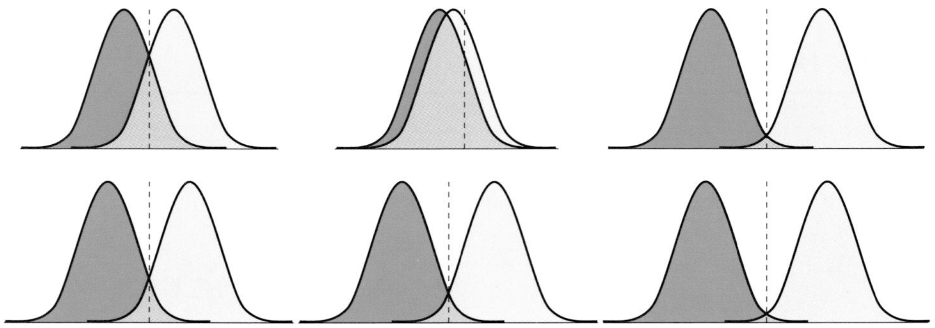

[그림 4-16] 다양한 형태의 1종 오류와 2종 오류 간의 관계

[그림 4−15]와 [그림 4−16]에서 보여 주듯이, 1종 오류와 2종 오류는 서로 밀접하게 연관되어 있다. 가장 좋은 경우는 영가설이 거짓일 때(대안가설이 사실일 때) 영가

설을 기각(대안가설을 채택)하는 경우이다. 이러한 경우를 통계검증력이라고 하는데, 통계검증력이 높다는 것은 연구결과가 다시 반복해서 나타날 확률이 높다는 것을 의미한다. 통계결과의 반복 가능성(만약 영가설이 실제로 거짓일 때 영가설을 기각할 확률)은 영가설이 거짓일 확률, 유의수준, 표본의 크기, 방향성의 4가지 조건에 영향을 받는다.

1. 영가설이 거짓일 확률(가능성)
실제 모집단 사이에 어느 정도 차이가 존재하는가? 모집단의 차이가 클수록 2종 오류를 범할 경우는 줄어든다.
2. 유의수준(α)
모든 조건이 같다는 전제하에 1종 오류를 범할 확률이 작을수록 2종 오류를 범할 확률이 증가한다.
3. 표본의 크기
표본의 크기가 클수록 표준오차는 줄어든다. 그리고 자유도가 증가할 때, 고정된 α값에서 기각값은 감소한다. '표본의 크기가 클수록' 정확한 값이 나올 확률이 높다.
4. 방향성
일방 또는 양방검증에 따라 1종 오류를 범할 영역이 달라지므로 만약 연구자가 합리적으로 일방검증인지 혹은 양방검증인지를 예상할 수 있다면, 2종 오류를 범할 확률이 줄어든다.

연습문제 4-1

◆ 〈보기〉는 신생아 몸무게에 대한 연구가설이다. 〈보기〉에 제시된 연구가설을 검증하시오.

〈보기〉

신생아의 평균 몸무게가 2.25kg이다.

1 〈보기〉에 제시된 문제에 대한 연구가설(영가설, 대안가설)을 진술하시오.

2 영가설을 검증하기 위한 유의수준(α)을 설정하시오.

3 영가설을 검증하기 위한 수단인 검증통계량을 결정하시오.

4 다음 자료에 기초해 표본평균과 표준편차 그리고 검증통계량을 구하시오(제시된 자료가 모집단을 잘 대표하도록 표본된 것이라고 가정함).

신생아 10명의 몸무게 ($N=10$)

ID	1	2	3	4	5	6	7	8	9	10
$X(kg)$	2.95	3.00	3.05	2.50	2.50	2.45	2.60	3.10	2.65	2.55

5 자료에 대한 통계적 의사결정과 결론을 내리시오.

연습문제 4-2

◆ 다음 자료는 연구자가 신생아의 평균 몸무게가 126온스(oz)라고 생각하고 수집한 자료이다. 제시된 자료를 바탕으로 연구자의 가설을 검증하시오.

신생아 10명의 몸무게 (N= 10)

ID	1	2	3	4	5	6	7	8	9	10
X(oz)	157	121	112	143	140	128	126	148	160	148

1 자료에 제시된 문제에 대한 연구가설(영가설, 대안가설)을 진술하시오.

2 영가설을 검증하기 위한 유의수준(α)를 설정하시오.

3 영가설을 검증하기 위한 검증통계량을 결정하시오.

4 자료에 기초해 검증통계량을 구하시오.

5 자료에 대한 통계적 의사결정과 결론을 내리시오.

연습문제 4-3

◆ 한 회사는 자신들이 새로운 공법으로 제조한 형광등의 수명이 10,000시간보다 더 길다고 주장하고 있다. 이에, A 연구자는 이 주장의 신빙성을 검증하기 위해 새로운 공법으로 만들어진 형광등 10개를 조사했다. 다음 자료를 바탕으로 연구자의 가설을 검증하시오.

10개 형광등의 수명시간 ($N=10$)

ID	1	2	3	4	5	6	7	8	9	10
X(시간)	11000	9900	9700	10500	10600	9800	12000	11500	9000	11300

1 자료에 제시된 문제에 대한 연구가설(영가설, 대안가설)을 진술하시오.

2 가설을 검증하기 위한 유의수준(α)을 설정하시오.

3 영가설 검증을 위한 검증통계량을 결정하시오.

4 자료에 기초해 검증통계량을 구하시오.

5 자료에 대한 통계적 의사결정과 결론을 내리시오.

연습문제 4-4

◆ 일반적으로 지능지수의 평균은 100점이고, 표준편차는 15이다. 하지만 A 연구자는 결손가정에서 자란 아동은 지능점수가 평균 100점보다 낮을지도 모른다는 생각을 했다. 이러한 가설을 가지고 A 연구자가 25명의 결손가정 출신 아동들로부터 얻은 평균 지능지수가 96점일 때, A 연구자의 가설을 검증하시오.

1 A 연구자의 연구가설(영가설, 대안가설)을 진술하시오.

2 영가설을 검증하기 위한 유의수준(α)을 설정하시오.

3 영가설을 검증하기 위한 검증통계량을 결정하시오.

4 자료에 기초해 검증통계량을 구하시오.

5 통계적 의사결정과 결론을 내리시오.

연습문제 4-5

◆ 앞서 〈연습문제 4-4〉에서 언급된 25명의 결손가정 아이들의 지능지수 문제로 돌아가면, A 연구자는 $\mu=100$인 영가설을 수용했다. 그런데 만약에 μ가 100이 아니고 110이었다고 가정해보면 결과가 달라지겠는가? (연습문제 4-4처럼 검정통계량을 구하고 통계적 의사결정을 내리시오.)

제5장

통계검증력 및 효과크기

1. 통계검증력
2. 효과크기

1. 통계검증력

통계검증력을 이해하기 위해서는 먼저 β와 $1-\beta$의 관계를 이해해야 한다. $1-\beta$를 구하기 위해서는 β의 값을 추정해야 한다. 먼저, $\mu=100$일 때와 $\mu=110$일 때의 분포를 그려 보면 [그림 5-1]과 같다.

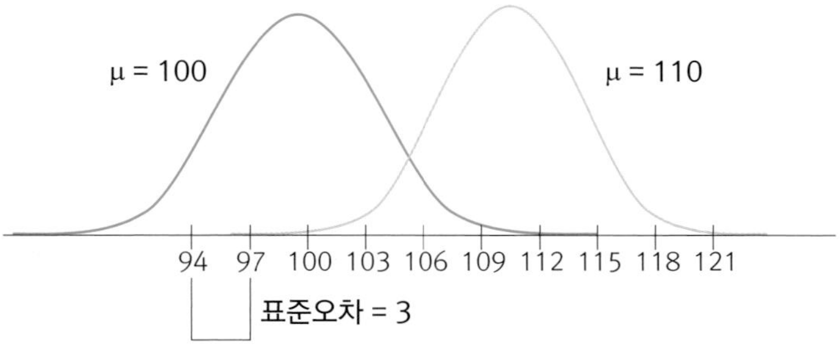

[그림 5-1] 평균이 100, 110일 때 통계적 검증

[그림 5-1]에서 $\mu=100$의 영가설이 맞는다고 할 때, 상한값(upper limit)을 구해 보면 $100+1.96\times3=105.88$이 나온다([그림 5-2] 참조).

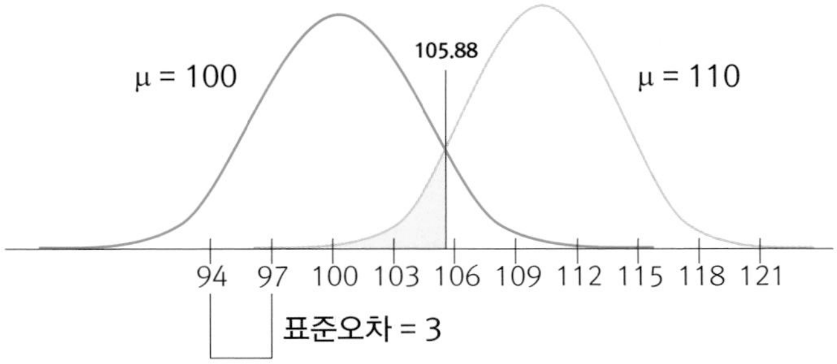

[그림 5-2] 평균이 100일 때 통계적 검증

음영 처리된 부분은 영가설 $\mu=110$이 맞는다고 할 때, 잘못된 영가설 $\mu=100$을 받아들일 확률 β를 의미한다. β를 구하는 방법은 [그림 5-3]과 같다.

$$z=\frac{105.88-110}{\frac{15}{\sqrt{25}}}=\frac{-4.2}{3}=-1.37$$

z의 값으로 -1.37은 약 0.0854이고 결국 β는 8.54%라고 할 수 있다.

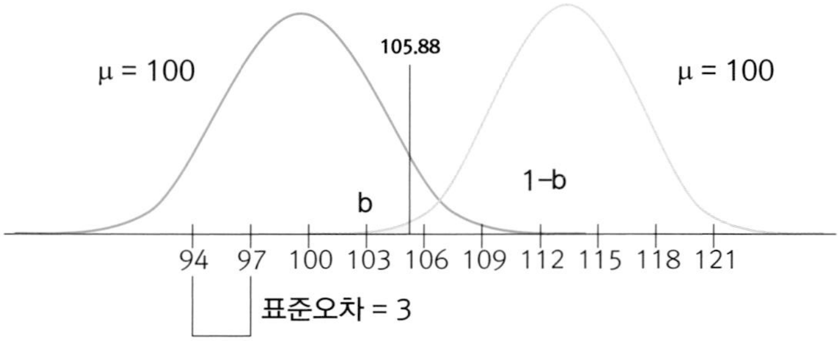

[그림 5-3] 평균이 110일 때 통계적 검증

[그림 5-3]에서 보는 것과 같이 영가설이 $\mu=110$일 때, 음영 처리된 부분의 확률이 β를 의미하고 나머지 흰 부분은 $1-\beta$를 의미한다. β의 값이 8.54이므로 $1-\beta$, 즉 우리가 통계적 의사결정을 제대로 할 확률을 의미하는 통계검증력이 91.46%라고 할 수 있다. 지금까지의 논의에서 짐작하듯이 β는 다음과 같은 것에 의해 영향을 받는다.

〈표 5-1〉 연구가설 설정 시 중요한 3가지 요소

① N이 커질수록 표준오차가 작아진다.
② α의 크기에 따라 상한값이나 하한값이 달라진다.
③ $\mu=110$의 경우가 아니라면 다른 결과가 나올 수 있다.

2. 효과크기

인문 · 사회과학 연구에서는 처치(treatment)효과를 명확히 나타내기 위한 통계분석 결과를 제시 및 해석하는 데 치중해 왔다. 이러한 연구의 흐름 속에서 연구 경험이 많지 않은 학생들이 저지르는 가장 큰 실수 중 하나는 연구결과를 전적으로 통계적 관점(p-value)에서만 바라본다는 것이다. 연구결과가 통계적으로 유의미하다는 결과는 유의수준에만 근거한 기준이며 이렇게 얻은 통계적 유의미성은 연구의 환경(예: 배경, 참여자, 시간 등)에 따라 언제든 달라질 수 있다. 따라서 연구결과를 통계적 유의미성과 실질적 유의미성이라는 관점에서 동시에 살펴볼 필요가 있으며, 통계검증과 효과크기(effect size)의 차이점은 〈표 5-2〉와 같다.

〈표 5-2〉 **통계검증과 효과크기**

통계검증
표본을 통해 모집단의 특성을 추론하는 접근방법
효과크기
표본의 기술통계치(예: 평균, 표준편차, 분산 등)을 이용하여 집단 간 관계의 크기를 나타내는 방법

연구가설검증에 있어 통계검증뿐만 아니라 실질적 의미(효과크기)를 보여 주는 것은 연구에 있어 아주 중요하다고 볼 수 있다. 집단 간 나타나는 차이가 통계검증으로 유의미하게 나타났더라도($p < .05$) 실제로 두 집단 간에 나타난 차이는 아주 미미할 수 있다. 반대로 집단 간의 처치효과 차이가 통계적으로 유의미하지 않을지라도($p > .05$) 두 집단의 처치효과는 실질적으로 클 수도 있다. 예를 들어, 두 집단의 처치효과를 검증한 두 연구결과에서 한 연구는 유의확률이 .049로 통계적 유의미성이 나타났고 또 다른 연구결과는 .051로 통계적으로 유의미하지 않은 결과가 나타날 수 있다.

통계검증을 통한 유의확률은 두 변수(독립변수와 종속변수)와의 관계를 설명하는 데 영향을 미치지는 못하지만, 표본의 크기에 따라 크게 영향을 받는다. 즉, 표본의 크기가 커지면 변수 간의 실질적 관계와는 상관없이 통계적으로 유의미성이 나타날 가능성이 매우 높다. 즉, 표본의 크기가 커질수록 유의확률(p)값이 작아지는 경향이 있다. 이러한 통계검증 방법(추리통계)의 특징은 전적으로 통계검증에 의존해 두 집단의 차이를 보여 주는 데 한계가 있다는 단점을 보여 준다고 볼 수 있다. 두 집단 간 차이를 설명하는 데 있어 유의확률과 효과크기와의 관계를 이해해야 한다(〈표 5-3〉 참조).

〈표 5-3〉 **유의확률과 효과크기의 관계**

		효과크기	
		크다	작다
유의확률 (p)	낮다 ($p<.05$)	독립변수가 종속변수에 신뢰할 만한 큰 효과를 미친다.	독립변수가 종속변수에 미치는 효과는 큰 사례 수로 인해 과장되었고, 두 변수의 관계는 약하다고 볼 수 있다.
	높다 ($p>.05$)	독립변수가 종속변수에 강한 효과를 미치고 있지만 이를 나타내기 위한 사례 수가 다소 작다.	독립변수는 종속변수에 약한 효과를 지니고 있다.

즉, 연구결과가 연구에서 사용된 표본의 크기(사례 수)에 영향을 받지 않고 모집단 사이에 나타난 차이가 실제로 존재한다는 것을 보여 주기 위해 방법이 필요한데, 이를 효과크기라 한다(Olejnik & Algina, 2003). 효과크기는 통계적 유의미성을 의미하는 것이 아니라 종속변수에 대한 독립변수의 실제적 크기를 의미한다고 볼 수 있다. 하지만 이러한 효과크기는 똑같은 연구라도 추출된 표본의 사례 수가 달라지면 효과크기가 달라질 수 있어 효과크기를 해석하는 데 있어 실제적으로 연구결과가 어느 정도 효과가 있는지는 연구자가 신중히 해석해야 한다.

따라서 효과크기를 언급한 선행연구를 통해 어떠한 조건들이 효과크기에 영향을 미치는지 알아보는 것이 중요하다. 일반적으로 효과크기에 영향을 미치는 요인은 결측값(missing value), 범위제한(range restriction), 연속변수의 범주화, 측정의 오류와 같은 다양한 이유가 있다(Hunter & Schmidt, 1994). 또한 효과크기를 언급하는 데 있어 연구자는 자신의 연구결과가 어떠한 효과크기 지수(different effect size statistics)를 사용하느냐에 따라 효과크기의 정도가 달라질 수 있다. 〈표 5-4〉는 코헨(Cohen, 1969, 1988)의 효과크기(Cohen's d)와 립시(Lipsey, 1990)의 효과크기의 의미와 기준을 나타내고 있다.

〈표 5-4〉 효과크기 기준

	Cohen's d(1969, 1988)	Lipsey(1990)
작음(small)	.2	≤.32
중간(medium)	.5	.33 ≤ d ≤ .55
큼(large)	.8	.56 ≤ d < 1.2

효과크기를 나타내는 방법은 크게 ① 표준화된 평균차이, ② 측정변수들의 설명된 분산, 그리고 ③ 변수의 특성(범주형 변수)에 따라 나눌 수 있다(Ferguson, 2009; Richardson, 1996). 사회과학 영역에서는 Cohen's d, Glass's Δ, Hedge's g를 많이 사용하는데, 이 세 가지 지표는 효과크기를 나타내는 데 있어 평균차이를 표준화하는 방식이라고 볼 수 있다(Glaser, 1990; Hedges & Olkin, 1985; McGrath & Meyer, 2006). 하지만 이러한 효과크기 방식은 모집단이 정규분포를 이루지 않고 이질적 분산(heterogeneous variance)을 이룰 때 편향되어 있다는 점을 고려하여 사용해야 한다(Erceg-Hurn & Mirosevich, 2008; Olejnik & Algina, 2003).

1) Cohen's d

Cohen's d는 두 집단의 평균차이를 합동분산으로 나누어서 구하는데, 이에 대한 자세한 설명은 〈표 5-5〉에 제시되 있다(Cohen, 1988, pp. 44, 67). 제4장에서 제시한 미래역량 프로그램과 기존 연수 프로그램에 대한 통계결과(p. 129의 〈표 4-3〉 참조)를 Cohen's d로 나타내기 위해서는 사례 수, 평균차이, 표준편차가 필요하다. ① 두 프로그램의 사례 수는 각각 10명씩 같다. ② 두 프로그램의 평균차이는 8.50이며 ($\overline{Y}_A - \overline{Y}_B = 29.70 - 21.20 = 8.50$), ③ 미래역량 프로그램의 표준편차는 10.01이고 기존 연수 프로그램의 표준편차는 7.28이다. 따라서 표준편차는 합동분산은 8.64 ($\sqrt{S_P^2} = \sqrt{54.52} = 8.64$)이다(p. 133의 〈표 4-7〉 결과 참조).

〈표 5-5〉 Cohen's d

표본의 크기가 같을 때	표본의 크기가 다를 때
$d = \frac{\overline{Y}_H - \overline{Y}_{WH}}{S_p}$ $= \frac{8.50}{2.94} \cong 2.89$	$d = \frac{\overline{Y}_H - \overline{Y}_{WH}}{\sqrt{\frac{S_1^2 + S_2^2}{2}}} = \frac{29.70 - 21.20}{\sqrt{\frac{10.01 + 7.28}{2}}}$ $= \frac{8.50}{\sqrt{\frac{17.29}{2}}} = \frac{8.50}{\sqrt{8.645}} \simeq 2.89$

새로운 미래역량 프로그램과 기존 연수 프로그램 간의 평균 점수 차이(8.50)를 Cohen's d로 알아본 결과, Cohen's d는 2.89로 나타났다. 이러한 결과는 두 프로그램 평균의 차이가 약 3표준편차 떨어져 있다는 것을 의미하며, 〈표 5-4〉에 제시된 Cohen's d(1969, 1988)와 Lipsey(1990)의 기준에 따르면 새로운 미래역량 프로그램과 기존 연수 프로그램의 평균차이는 효과크기가 아주 크다는 것을 알 수 있다. 즉, 두 프로그램 사이에 나타난 평균의 차이는 표본을 사용해 나타났지만, 두 프로그램 사이에 나타난 평균의 차이는 모집단에서도 나타날 가능성이 높은 것을 의미한다고 볼 수 있다.

Cohen's d는 크게 효과크기가 작음(small), 중간(medium), 큼(large)으로 분류할 수 있다(Cohen, 1988, pp. 21-22). Cohen's d는 0.0~0.2는 작음이라고 표기하고 0.3~0.7은 중간으로, 0.8 이상은 큼으로 구분할 수 있다. Cohen's d를 해석하는 방식에는, ① 통제집단의 평균에 대하여 실험집단의 평균을 상대적 위치로 설명하는 방법, ② 실험집단의 점수분포와 통제집단의 점수분포가 중첩되는 정도를 이용하는 방법이 있다(〈표 5-6〉 참조).

〈표 5-6〉 Cohen's d 해석

Cohen's d 기준	효과크기	백분위	중첩되지 않는 비율
큼	2.0	97.7	81.1
	1.9	97.1	79.4
	1.8	96.4	77.4
	1.7	95.5	75.4
	1.6	94.5	73.1
	1.5	93.3	70.7
	1.4	91.9	68.1
	1.3	90.0	65.3
	1.2	88.0	62.2
	1.1	86.0	58.9
	1.0	84.0	55.4
	0.9	82.0	51.6
	0.8	79.0	47.4
중간	0.7	76.0	43.0
	0.6	73.0	38.2
	0.5	69.0	33.0
	0.4	66.0	27.4
	0.3	62.0	21.3
작음	0.2	58.0	14.7
	0.1	54.0	7.7
	0.0	50.0	0.0

출처: Cohen(1988), pp. 21-22.

Cohen's d를 백분위를 이용해서 해석하는 접근방법은 통제집단 평균과 비교해서 실험집단 평균의 상대적 위치를 설명하는 방식이다. 예를 들어, Cohen's d가 0이라는 뜻은 실험집단의 평균이 통제집단에서 백분위 50에 위치에 있다고 해석할 수 있다. 또한 Cohen's d가 0.4라는 뜻은 실험집단의 평균이 통제집단에서 백분위 66에 위치에 있다고 해석할 수 있다. 또 다른 예를 들면, Cohen's d가 1.3이라는 뜻은 실험집단의 평균은 통제집단에서 백분위 90에 위치에 있다고 해석할 수 있다.

Cohen's d를 통제집단의 점수분포와 실험집단의 점수분포가 중첩되지 않는 비율을 이용하는 해석할 수 있다([그림 5-4] 참조). [그림 5-4]에서 A(통제집단)와 B(실험집단)는 두 집단의 점수분포가 중첩되지 않는 부분이다. Cohen's d(ES)가 0이라는 것은 통제집단 점수분포와 실험집단 점수분포가 정확히 일치한다는 것을 의미한다. 또한 Cohen's d가 0.40이라는 뜻은 통제집단의 점수분포와 실험집단의 점수분포가 27.40% 중첩되지 않는다고 해석할 수 있다. 반면, Cohen's d가 0.80이라면 통제집단의 점수분포와 실험집단의 점수분포가 47.40% 중첩되지 않는다고 해석할 수 있다.

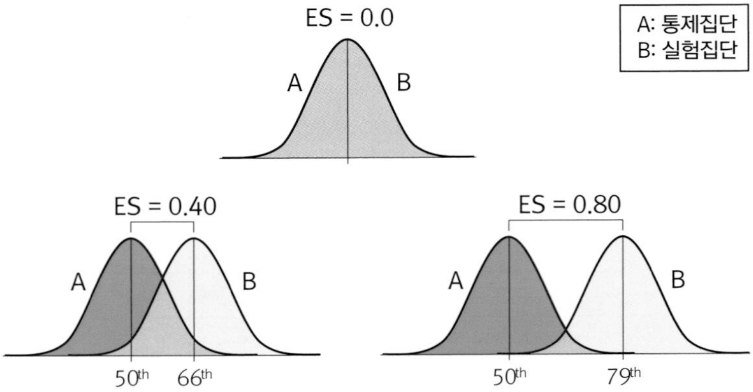

[그림 5-4] 두 집단의 점수분포가 중첩되지 않는 비율을 이용한 Cohen's d

2) Glass's Δ

Glass's Δ는 집단 간의 평균차이에 대한 효과크기를 알아보기 위한 방법이다. Glass's Δ는 집단 간 차이분석에서 기본 전제로 가정하고 있는 등분산(equal variance) 가정이 충족되지 않을 경우에 사용된다(Glass, McGaw, & Smith 1981, p. 29; Hedges & Olkin, 1985). 즉, Glass's Δ는 집단 간 평균차이에 대한 효과크기를 나타내려고 할 때 집단 간 서로 다른 분산의 크기를 고려하는 방법이라고 볼 수 있다. 집단 간 분산의 크기가 다르다는 결과는 집단이 서로 이질적인 집단이라는 것을 의미한다고 볼 수 있다.

〈표 5-7〉 Glass's Δ

$$d = \frac{\overline{X_1} - \overline{X_2}}{S(\text{통제집단})}$$

$$\left(\frac{29.70 - 21.20 = 8.50}{2.69} \cong 3.15\right)$$

Glass's Δ는 Cohen's d와 모든 면에서 유사하나, 효과크기를 구하는 데 있어 통제집단의 표준편차를 사용한다는 점에서 다르다. 〈표 5-7〉에서는 〈표 4-3〉에 제시된 두 집단의 평균과 표준편차를 이용해서 Glass's Δ를 보여주고 있다. $\overline{X_1}$는 새로운 미래역량 프로그램의 평균점수(29.70)를, $\overline{X_2}$는 기존 연수 프로그램의 평균점수(21.20)를, 그리고 S는 통제집단(기존 연수 프로그램)의 표준편차는 2.69($\sqrt{7.28}$)를 의미한다. 두 프로그램에 대한 Glass's Δ는 3.15로 나타나 두 집단이 비슷한 분산을 가지고 있다고 가정하는 Cohen's d보다 더 크다는 것을 알 수 있다.

3) Hedge's g

인문 · 사회 과학 연구에서 많이 사용되는 Cohen's d는 사례 수(관측치)가 작을 경우에는 실제로 나타나는 크기를 제대로 반영하지 못한다는 단점이 있는데, Hedge's g는 이러한 단점을 보완해 준다(Hedges, 1981; Hedges & Olkin, 1985). Hedge's g를 구하는 과정은 Cohen's d 계산방식과 유사하나, 서로 다른 집단의 분산을 하나로 만드는 합동분산 과정에서 서로 다른 집단의 사례 수(관측치)를 고려한다는 점에서 차이가 있다고 볼 수 있다(〈표 5-8〉 참조). 집단의 사례 수가 같은 경우에는 Hedge's g와 Cohen's d는 같게 나타날 수 있다.

〈표 5-8〉은 새로 개발된 미래역량 프로그램과 기존 연수 프로그램의 효과크기를 Hedge's g를 이용해서 나타낸 것이다. 〈표 5-8〉에 제시된 Hedge's g가 〈표 5-5〉에 제시된 Cohen's d와 같은 이유는 Hedge's g와 Cohen's d 모두 〈표 4-3〉에 제시된 사례 수가 같은 경우를 이용했기 때문이다. 하지만 집단의 사례 수가 다르면 Hedge's g와 Cohen's d는 다르게 나타났다. 각 집단의 사례 수가 다르고 사례 수의 크기가 20보다 작을 때는 Hedges's g가 Cohen's d보다 더 정확한 정보를 제공해 준다.

〈표 5-8〉 Hedges' g

표본이 같을 때	표본의 크기가 다를 때(p. 133의 〈표 4-7〉 참조)
$g = \dfrac{\overline{Y}_H - \overline{Y}_{WH}}{S_p}$ $= \dfrac{8.50}{2.94} \cong 2.89$	$g = \dfrac{\overline{Y}_H - \overline{Y}_{WH}}{\sqrt{\dfrac{(n_1-1)S_1^2 + (n_2-1)S_2^2}{2}}}$ $= \dfrac{29.70 - 21.20}{\sqrt{\dfrac{(10-1)10.01 + (10-1)7.28}{10+10-2}}}$ $\cong 2.89$

Hedges와 Olkin(1985, p. 81)는 Cohen's d는 정적 편파(positive bias; Hedges, 1981)의 문제가 있다고 언급하면서 이를 보완하기 위해 Cohen's d를 다소 수정하여 Hedge's g와 비슷하게 나타나도록 했다(〈표 5-9〉 참조). 〈표 5-9〉에 제시된 Hedges' g는 〈표 5-5〉에 제시된 Cohen's d를 이용한 결과를 보여 주고 있다. 〈표 5-9〉에 제시된 Hedge's g는 〈표 5-5〉에 제시된 Cohen's d보다 더 작다는 것을 알 수 있다. 결국 효과크기에 있어 Hedge's g는 불편파추정량이라고 볼 수 있다.

〈표 5-9〉 수정된 Cohens' d

$$g \cong d\left(1 - \frac{3}{4(n_1+n_2)-9}\right)$$

$$g \cong 2.89\left(1 - \frac{3}{4(10+10)-9}\right) \cong 2.76$$

정적 편파와 불편파추정

- 정적 편파(positive bias): 실제 차이보다 더 크게 확대해서 나타내는 것을 의미한다. 즉, Cohen's d는 집단 간 나타나는 효과크기를 실제 크기보다 다소 높게 나타낸다는 것을 의미한다.
- 불편파추정량(unbiased estimator): 모수값을 기준으로 어느 한쪽으로 편향(모수보다 크거나 작은 경우)되지 않는다는 것을 의미한다. 즉, 실제 모수값과 차이가 없다는 것을 의미한다.

4) Cohen's d와 t-검증값

Cohen's d는 t-검증과 관계가 있어 t-검증값을 이용하면 Cohen's d를 구할 수 있다(〈표 5-10〉). Cohen's d는 t-검증값과 사례 수를 이용하여 구할 수 있다(Rosenthal & Rosnow, 2008, pp. 23, 357, 385). 〈표 5-10〉은 집단이 하나일 경우와 2개일 경우를 구분해서 설명하고 있다. 집단이 하나일 경우(단일표본 t-검증: 추후 집단 간 차이분석에서 설명함)에는 t-검증값과 전체 사례 수만 필요하고 집단이 2개일 경우에는 t-검증값과 각 집단의 사례 수가 필요하다. 그리고 집단이 2개일 경우에는 3가지 방법을 이용하여 Cohen's d를 구할 수 있다(〈표 5-10〉 참조).

〈표 5-10〉 Cohen's d와 t-검증값 간의 관계

한 집단일 때		두 집단일 때
$t = \dfrac{\overline{X} - \mu_X}{S/\sqrt{N}} = d/\sqrt{N}$ → $d = \dfrac{t}{\sqrt{N}}$	①	$d = t\sqrt{\left(\dfrac{1}{n_1} + \dfrac{1}{n2}\right)}$
	②	$d = \dfrac{t(n_1 + n_2)}{\sqrt{(n_1 + n_2 - 2)(n_1 n_2)}}$
	③	$d = \dfrac{2t}{\sqrt{(df)}}$ $df = N-2$

〈표 4-3〉에서 제시된 미래역량 프로그램과 기존 연수 프로그램 간의 효과성 검증에 대한 t-검증 결과 t-값은 6.48$\left(t = \dfrac{\text{두 집단 평균}(\overline{Y}_A - \overline{Y}_B)}{\text{표준오차 }(S_{\overline{Y}_A - \overline{Y}_B})} = \dfrac{8.50}{1.31} \cong 6.48\right)$이다(8.50은 두 프로그램 평균의 차이이고 두 집단의 표준오차는 1.31로 〈표 4-7〉에 제시되어 있음).

t-검증값을 이용하면 Cohen's d를 구할 때 다양한 접근이 가능하다(〈표 5-11〉 참조). ① 방법에서는 Cohen's d는 2.89로 나타났으며, ②와 ③ 방법에서는 Cohen's d가 3.05로 나타났다. 즉, 이러한 결과는 사용하는 방법에 따라 Cohen's d가 다르게 나타날 수 있다는 것을 의미한다.

〈표 5-11〉 Cohen's d와 t-검증값을 이용한 미래역량 프로그램의 효과크기

	두 집단일 때(수식)	두 집단일 때(예시)
①	$d=t\sqrt{\left(\frac{1}{n_1}+\frac{1}{n_2}\right)}$	$d=6.48\sqrt{\left(\frac{1}{10}+\frac{1}{10}\right)}\cong 2.89$
②	$d=\frac{t(n_1+n_2)}{\sqrt{(n_1+n_2-2)(n_1n_2)}}$	$d=\frac{6.48(10+10)}{\sqrt{(10+10-2)(10*10)}}\cong 3.05$
③	$d=\frac{2t}{\sqrt{(df)}}$	$d=\frac{2(6.48)}{\sqrt{18}}\cong 3.05$

5) Cohen's d와 양류상관관계

Cohen's d와 양류상관관계(point-biserial correlation)는 서로 관련이 있어 둘 중 어느 하나만 알고 있어도 상대방에 대한 것을 알 수 있다. 〈표 5-12〉는 Cohen's d를 이용하여 양류상관관계를 구하는 과정을 보여 주고 있다. 〈표 5-12〉에 제시된 복잡한 절차를 거쳐 효과크기를 구할 수 있지만, 인터넷 사이트(http://www.polyu.edu.hk/mm/effectsizefaqs/calculator/calculator.html)에서 효과크기를 구하는 데 필요한 정보만 입력하면 쉽게 효과크기를 얻을 수 있다. Cohen's d(2.89)와 미래역량 프로그램과 기존 연수 프로그램에 참여한 교사들의 비율을 고려했을 때 양류상관관계는 .82로 높게 나타났다.

〈표 5-12〉 Cohen's d와 양류상관관계

$d=r_{pb}\sqrt{\left(\frac{n_1+n_2-2}{1-r_{pb}^2}\right)\left(\frac{1}{n_1}+\frac{1}{n_2}\right)}$ $r=\frac{d}{\sqrt{d^2+(1/pq)}}$	p와 q는 각 집단의 비율을 의미하고, 만약 p와 q가 같다면 $(p=q=.5)$ 분모는 d^2+4로 변한다.
$d=r_{pb}\sqrt{\left(\frac{n_1+n_2-2}{1-r_{pb}^2}\right)\left(\frac{1}{n_1}+\frac{1}{n_2}\right)}$ $r=\frac{2.89}{\sqrt{(2.89)^2+(1/(.5\times .5))}}\cong .82$	미래역량 프로그램과 기존 연수 프로그램에는 같은 수의 고등학교 교사들이 참여하여 p와 q는 각각 .5가 된다.

양류상관관계

연속변수(점수)와 범주형 양류상관관계 변수(예: 남 · 여학생, 중학생 · 고등학생 · 대학생)의 관계를 0~1에 표준화된 수로 나타내는 방법이다. 예) 수학점수와 성별(남 · 여 중학생) 사이의 관계

고등학교 교사들의 미래역량을 높이기 위해 새로 개발된 미래역량 프로그램과 기존 연수 프로그램에 대한 효과크기를 3가지 효과크기(Cohen's d, Glass's Δ, Hedge's g) 지표를 통해 알아보았다. 하지만 Cohen's d, Glass's Δ, Hedge's g은 서로 다른 값들을 제시하고 있어, 3가지 효과크기 지표를 어떻게 해석해야 하는지 알아두어야 한다(〈표 5-13〉 참조). 〈표 5-13〉에서는 Glass's Δ가 가장 크며, Cohen's d와 Hedge's g가 같은 것으로 나타났다. 하지만 수정된 Cohen's d값은 수정되지 않은 Cohen's d보다 작다.

〈표 5-13〉 **미래역량 프로그램의 효과크기**

	Cohen's d (1969, 1988)			Lipsey(1990)		
	작음	중간	큼	작음	중간	큼
	.2	.5	.8	≤.32	.33≤d≤.55	.56≤d<1.2
Cohen's d			2.89			2.89
Glass's Δ			3.15			3.15
Hedge' g			2.89 2.76*			2.76

*정적 편파를 수정한 값

제6장

t-검증

1. z 분포와 t분포의 관계
2. 척도와 분석 간의 관계
3. 비실험설계와 실험설계
4. t-검증 분석절차
5. 가정
6. 단일표본 t-검증
7. 대응표본 t-검증
8. 독립표본 t-검증

$t-$검증		$t-$검증
단일 집단		두 집단
$\mu \rightarrow \overline{Y}$, $\sigma^2 \rightarrow S^2$	평균분산	$\mu_1 \rightarrow \overline{Y_1}$, $\sigma_1^2 \rightarrow S_1^2$; $\mu_2 \rightarrow \overline{Y_2}$, $\sigma_2^2 \rightarrow S_2^2$
$H_0 : \mu = k$	귀무가설	$H_0 : \mu_1 - \mu_2 = 0$
$H_A : \mu \neq k$	대립가설	$H_A : \mu_1 - \mu_2 \neq 0$
$t = \dfrac{\overline{Y} - k}{\sqrt{\dfrac{S^2}{N}}}$	$t-$검증	$t = \dfrac{\overline{Y_1} - \overline{Y_2} - 0}{\sqrt{\dfrac{(S_1^2 + S_2^2)}{N}}}$
$t^*_{n-1,\alpha}$	기각값	$t^*_{n_1+n_2-2,\alpha}$
$\overline{Y} \pm t^*_{n-1,\alpha}\sqrt{S^2/N}$	신뢰구간	$(\overline{Y_1} - \overline{Y_2}) \pm t^*_{n_1+n_2-2,\alpha}\sqrt{(S_1^2 + S_2^2)/N}$

1. z 분포와 t 분포의 관계

1) t 분포

지능지수를 구하는 문제의 경우, σ는 모집단의 표준편차로 우리가 이미 알고 있는 정보이다. 하지만 우리가 지금까지 보았던 문제들은 모집단의 표준편차를 알 수 없는 것들이 대부분이었다. 우리는 지금까지 가설검증을 할 때 많은 가정을 하고 있었다. 사실 z 검증을 할 때에는 σ값이 필요하지만, s가 σ를 잘 대표한다고 가정한 뒤 가설검증을 실시했다.

z 분포를 이용하여 통계검증을 했다는 이야기는, 수집된 자료가 정상분포로 분포되었다는 것을 가정했다는 이야기이다. 통계학자였던 윌리엄 고셋(William Gosset)은 '표본의 크기가 작으면 정상분포의 모습과는 거리가 멀어진다.'라는 사실을 발견하게 되었다. 그 당시에는 분포는 신의 섭리에 따라 정상분포로 나타난다고 생각했기 때문에, 그는 표본크기가 작아지면 정상분포를 이루지 않는다는 주장을 펼칠 수가 없었다. 그래서 그는 자신의 이름을 'Student'라고 바꾸어 자신의 주장을 학술지에 발표했다. 그 학술지가 발표된 이후 수많은 말이 오갔고, 실제로 Student가 한 말이 맞는다는 것이 증명되었다. 이후, 사람들은 세상에는 정상분포를 이루지 않는 경우도 있다는 것을 받아들이기 시작했고, 그 분포의 이름을 Student의 마지막 글자를 따서 't 분포'라고 부르게 되었다. z 분포와 t 분포를 표현해 보면 [그림 6-1]과 같다.

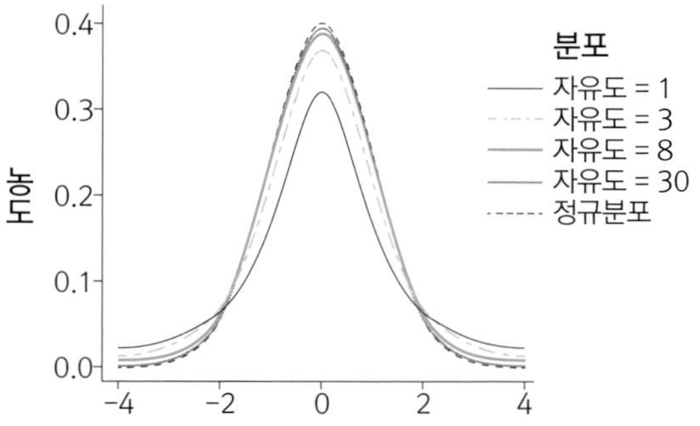

[그림 6-1] z 분포와 t 분포의 차이

[그림 6-1]에서 알 수 있듯이, t 분포는 z 분포보다 봉우리는 조금 아래에 있고 양

끝은 z 분포보다 위에 위치해 있다. t 분포도 좌우대칭인 정상분포의 모양과 매우 비슷하다. 하지만 t 분포가 정상분포의 모습과 닮기 위해서는 표본크기가 매우 크거나 무한대(∞)여야 한다. 하지만 표본크기를 무한대로 뽑는 경우는 없기 때문에, t 분포 봉우리의 높이는 낮아지고 양 끝은 올라가게 된다.

t 분포의 모습은 자유도에 따라 달라지는데, t 분포 봉우리의 높낮이는 '자유도'라는 것에 따라 달라진다. 자유도는 기호로는 df(degrees of freedom)라고 표현하고, ν(nu)라고도 한다. 표본크기를 1부터 ∞까지 설정할 수 있기 때문에 t 분포의 모습은 ∞ −1개만큼 있다고 할 수 있다. 만약 $\alpha = .05$이고 자유도가 20이라면, t 분포는 [그림 6−2]와 같이 표현할 수 있다. t 분포표에서 자유도가 20이고 양쪽 끝의 면적이 .025(양방향 검증이기 때문에 $\alpha = .05$를 2로 나눈 것임)인 수를 찾으면 2.09가 나온다.

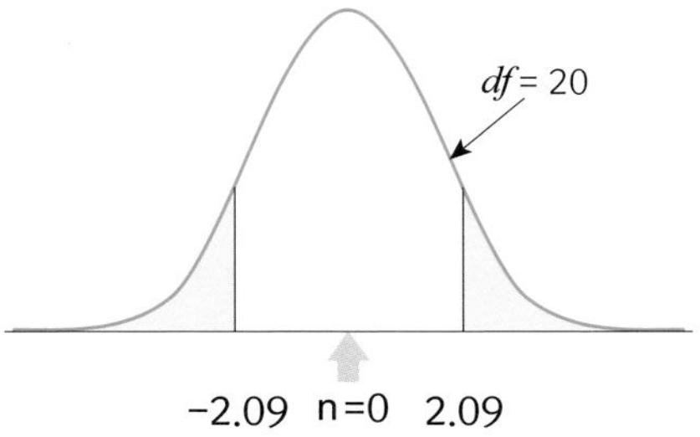

[그림 6-2] 자유도가 20일 때 t분포

2) 자유도

〈표 6−1〉은 3명의 중학생들의 키를 보여 주고 있다. 〈표 6−1〉의 경우에 표본의 크기는 3이고, 평균은 166cm이다. 주어진 표본에서 평균값은 단 하나로, 고정된 값이다.

〈표 6-1〉 중학생들의 키

ID	X(키, cm)	$\overline{X}$(평균)
1	168	166
2	170	166
3	161	166

우선 〈표 6-1〉에 제시된 자료의 표본에서 평균값이 고정된 값이라는 것을 유념하고, 자유도를 설명하기 위해 〈예시 6-1〉을 살펴보자.

<예시 6-1>

만약, 〈표 6-1〉의 표본에서 ID 1의 사람이 실제 키는 170cm인데 168cm로, ID 2의 키는 171cm인데 170cm로 잘못 조사되었다고 생각해 보자. 그렇다면 ID 3의 사람은 키가 몇 cm여야 하는가?

평균 166cm는 고정된 숫자이기 때문에 ID 3의 키는 158cm여야 할 것이다. ID 3은 앞의 두 명이 어떤 수를 가지느냐에 따라 고정된 값을 가지게 된다. $N=3$인 경우(중학생 3명), 고정된 값 $\overline{X}$를 제외하고 어디에 얽매이지 않고 자유로운 값을 가질 수 있는 정보의 수는 몇 개인가? 2개이다(ID 1과 ID 2의 키). 이처럼 자유도는 n−1로 구할 수 있다. 하지만 이 문제에서는 n−1로 자유도를 구할 수 있었지만, 다른 상황에서는 독립적인 정보의 개수를 구하는 방법이 달라질 수도 있다는 것을 유념해야 한다.

자유도

통계검증의 상황에서 어디에 얽매이지 않고 독립적인 정보의 개수

3) t 분포를 이용한 가설검증

지금까지 z 분포를 사용하여 문제를 풀었던 것은 표본크기가 무한대(∞)인 경우를 생각하고 푼 것이다. 하지만 이런 경우는 거의 없으며, 아주 드문 경우, 지능검사 같은 경우에만 $\mu=100$이고 $\sigma=15$란 사실을 알고 있을 뿐이다. 대부분의 문제들은 표본크기가 무한대(∞)이지 않고 σ의 값을 알 수 없기 때문에 이제부터는 t 분포를 이용하여 가설검증을 해야 한다. 〈표 6-2〉는 z 분포와 t 분포의 차이점을 수식으로 보여 주고 있다.

〈표 6-2〉 z 분포와 t 분포의 차이

z 분포	t 분포
$Z=\dfrac{\overline{X}-M}{\dfrac{\sigma}{\sqrt{N}}}$	$t=\dfrac{\overline{X}-M}{\dfrac{s}{\sqrt{N}}}$

지금까지는 마치 s가 σ인 것처럼 생각하고 문제를 풀었다. 사실 가설검증을 할 때, σ의 값을 알고 있다면 z 분포를 사용하고, σ의 값을 알 수 없다면 t 분포를 사용해야 한다. t 분포를 사용하면 우리가 구한 표준편차 s를 분모에 그대로 사용할 수 있다. $\alpha=.05$일 때, z 분포에서의 기각값은 ± 1.96이었다. t 분포의 경우에 기각값은 자유도에 따라 달라진다.

2. 척도와 분석 간의 관계

연구자는 자료를 분석하기에 앞서 자신이 사용한 척도의 속성에 대해 충분한 이해를 해야 한다. 사용한 척도의 속성에 대한 이해는 결국 자료분석에 있어 가장 적합한 통계방법이 무엇인지 연구자에게 도움을 줄 수 있다. 자료분석에 앞서 우선 어떤 변수가 독립변수이고 종속변수인지 명확히 구분해야 한다. 연구자가 궁극적으로 알아보려는 속성이 종속변수이며, 이러한 종속변수가 무엇에 따라 차이가 나타나는지 또는 무엇에 영향을 받는지 연구자가 알아보고자 하는 것을 독립변수로 볼 수 있다. 종속변수와 종속변수의 관계는 [그림 6-3]과 같다.

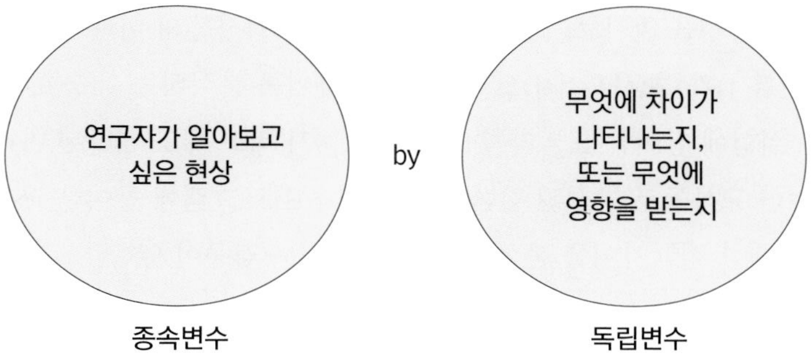

[그림 6-3] 종속변수와 독립변수의 관계

변수를 독립변수와 종속변수로 구분하고 나면, 독립변수를 다시 비연속변수(범주형 변수)와 연속변수로 구분하고 종속변수도 역시 비연속변수(범주형 변수)와 연속변수로 구분해야 한다(〈표 6-3〉 참조). 독립변수가 비연속변수(범주형 변수)이고 종속변수가 비연속변수(범주형 변수)일 경우에는 교차분석 또는 카이제곱을 사용할 필요성이 있다. 또한 독립변수가 비연속변수(범주형 변수)이고 종속변수가 연속변수일 경우 t-검증, 분산분석을 사용하는 것이 바람직하다. 반면, 독립변수가 연속변수이고 종속변수가 비연속변수(범주형 변수)일 경우 로지스틱 회귀분석, 군집분석을 사용하는 것이 적합하다고 볼 수 있다. 마지막으로, 독립변수가 연속변수이고 종속변수가 연속변수일 경우 상관관계, 회귀분석 등을 사용하는 것이 바람직하다고 볼 수 있다.

〈표 6-3〉 척도와 통계분석방법 간의 관계

		독립변수	
		비연속변수 (범주형 변수)	연속변수
종속 변수	비연속변수 (범주형 변수)	교차분석 (카이제곱)	로지스틱 회귀분석 군집분석
	연속변수	t-검증 분산분석(ANOVA)	상관관계 회귀분석 경로분석, 구조방정식

〈표 6-3〉에 제시된 방법에 따라 앞서 제시한 사례의 새로 개발된 미래역량 프로그램의 효과성은 〈표 6-4〉에 제시된 3가지 분석방법이 있다. 첫째, 이미 알려진 미래역량 프로그램의 효과성이 특정 집단(예: 중학교, 초등학교 등)에도 같은 결과가 나타날 수 있는지 알아보기 위한 단일표본 t-검증이 있다. 둘째, 새로 개발된 미래역량 프로그램의 효과성을 알아보기 위해 실험에 참여한 교사들의 미래역량 상태를 프로그램 전(사전검사)과 후(사후검사)로 나누고 그 차이를 분석하는 대응표본 t-검증이 있다. 셋째, 실험에 참여한 표본의 수(교사들의 수)가 적고 새로 개발된 미래역량 프로그램에 참여한 교사들로 구성된 집단과 기존 연수 프로그램에 참여한 교사들로 이루어진 집단에 대한 평균차이를 분석하는 독립표본 t-검증이 있다.

〈표 6-4〉 t-검증 종류

대상	집단 수	측정회수	검증방법
평균 비교	1	1	단일표본 t-검증
	1	2	대응표본 t-검증
	2	1	독립표본 t-검증

연구자는 척도를 독립변수와 종속변수로 구분을 하고 이를 다시 연속변수와 비연속변수로 구분을 지을 수 있어야 자료 분석에 적합한 통계방법을 알 수 있다. 〈표 6-3〉에 나타난 척도와 통계분석방법 간의 구체적 예시는 〈표 6-5〉에 제시되어 있다. 〈표 6-5〉는 연구를 수행하는 데 있어 다양하게 나타날 수 있는 여러 연구문제에 대해, 예를 들어 어떠한 통계분석방법이 적합한지를 보여 주고 있다. 따라서 연구자는 자신의 연구를 진행하는 데 있어 가장 적합한 통계방법이 무엇인지 알기 위해서 자신이 사용한 척도에 대한 충분한 이해를 하고 있어야 한다.

〈표 6-5〉 척도의 성질에 따른 분석방법

연구문제	독립변수		종속변수		분석방법
	비연속(범주형)	연속	비연속(범주형)	연속	
운동 여부와 감기 발생과의 관계	운동 여부		감기 발생		교차분석
성별에 따른 성적 차이분석	성별			성적	t-검증
전공에 따른 전공만족도 차이분석	전공			전공 만족도	분산분석
행복감과 이직 의도와의 관계		행복감		이직 의도	상관관계
공부시간이 성적에 미치는 영향		공부 시간		성적	회귀분석
고등학교 성적이 대학교 합격에 미치는 영향		성적	합격 여부		로지스틱 회귀분석

3. 비실험설계와 실험설계

1) 비실험설계

인문 · 사회과학 영역에서 집단 간 차이를 알아보기 위한 대부분의 연구는 비실험(non-experimental)설계라고 볼 수 있다. 인문 · 사화과학에서 행해지고 있는 연구가 비실험설계라고 불릴 수밖에 없는 이유는 연구자가 실험에 참여한 집단에 대해 어떠한 통제를 할 수 없는 현실적 문제 때문이다. 예를 들어, 국어를 전공하는 대학생들과 영어를 전공하는 대학생들 사이에 나타날 수 있는 학업불안을 비교하려는 연구를 할 때, 연구자는 대학생들이 이미 선택한 전공에 대하여 어떠한 조작도 할 수 없다. 즉, 국어 전공자를 영어 전공자로, 또는 영어 전공자를 국어 전공자로 바꿀 수 없는 현실적 문제가 있다.

국어를 전공하는 대학생들과 영어를 전공하는 대학생들 사이에 학업불안에 대한 차이를 나타났다면, 이러한 학업불안의 차이는 대학생들의 서로 다른 전공에 의한 것으로 설명할 수 있는가라는 질문을 할 수 있다. 물론 국어를 전공하는 대학생들과 영어를 전공하는 대학생들 사이에 나타난 학업불안의 원인을 대학생들의 전공 때문이라고 말할 수 없다. 대학생들의 학업불안에 영향을 미치는 변수는 대학생들의 전공뿐만 아니라 성별, 학생들의 과거 학습태도, 학생들 부모의 교육수준 등 여러 변수들이 존재하기 때문이다.

그렇다면 대학생들의 학업불안과 전공 사이에는 인과관계가 존재한다고 할 수 있는가? 학업불안과 대학생들의 전공 사이에 인과관계가 존재할 수도 있고 없을 수도 있다. 하지만 대학생들의 전공(독립 또는 설명변수)이 이들의 학업불안(종속변수) 차이의 원인이라면 다른 변수들(성별, 학생들의 과거 학습태도, 부모의 교육수준 등)이 학생들의 학업불안에 어떠한 영향도 미치지 않아야 한다. 또한 대학생들이 느끼는 학업불안(종속변수)에 2개 이상의 독립(설명)변수가 존재한다고 한다면, 두 독립변수가 대학생들의 학업불안에 미치는 영향을 동시에 고려해야 한다.

2) 실험설계

대학교 1학년 학생들을 대상으로 학업불안에 대한 남 · 여 학생 차이를 알아보기 위한 연구를 진행할 때 현실적으로 우리나라에 있는 모든 대학의 재학 중인 1학년 학생들을 연구에 참여시킬 수 없다. 따라서 연구자는 현실 가능한 방법으로 모집단(우리나라 대학에 재학 중인 1학년 학생)에서 무작위로 추출된 표본을 가지고 남・여 학생에 대한 (성별)차이를 볼 수밖에 없다. 모집단으로부터 표본추출을 하는 데 있어 표본의 사례 수가 두 집단 모두 같은 경우(동등집단설계), 두 집단의 사례 수가 다른 경우(비동등집단설계)가 있다.

만약 연구자가 교수-학습 자료와 같은 변수를 조작하는 동시에 다른 모든 변수들을 통제한다면, 이러한 실험을 실험설계라 부를 수 있다. 가장 널리 사용되는 실험설계 방식은 완전 무작위설계(completely randomized design)이다. 〈표 6-6〉의 오른쪽에 있는 완전 무작위설계 방식에서 R은 무작위배치(random assignment)을 의미한다. 〈표 6-6〉에서 통제설계와 완전 무작위설계에서 공통으로 나타나는 T는 처치(treatment)를, T 아래 있는 첨자는 남자(b =남학생), 여자(g =여학생)을 나타내는 것이다. 그리고 Y는 종속변수(수학 성취도)를 나타낸다.

〈표 6-6〉 실험설계 방법

통제설계	완전 무작위설계
T_b Y T_g Y	R T_b Y R T_g Y

자료분석에 영향을 미치는 요소로는 종속변수에 영향을 미치는 다양한 요소뿐만 아니라 실험설계 방법에 의해 나타날 수 있다. 즉, 전공에 따라 대학생들이 어떻게 학업불안을 느끼고 있는지에 대한 연구에서 대학생들의 학업불안은 다양한 요인(수강하고 있는 수업의 수, 성별, 연령 등)에 의해 영향을 받을 수 있다. 하지만 실험을 시행하는 과정에서 학생들을 어떻게 선택(표집방법)하고 배치(통제설계, 완전 무작위설계)하는지에 대한 실험설계 자체도 대학생들이 인식하는 학업불안에 대한 통계결과에 영향을 미칠 수 있다.

4. t-검증 분석절차

t-검증에는 하나의 집단을 대상으로 집단의 통계치와 모수치의 차이를 알아보기 위한 단일검증 t-검증, 프로그램 효과성을 알아보기 위해 같은 집단을 대상으로 사전 · 사후 차이를 알아보는 대응표본 t-검증, 실험집단과 통제집단을 통해 처지효과를 알아보는 독립표본 t-검증은 [그림 6-4]에 제시된 절차를 따라 시행된다고 볼 수 있다. 실험연구에 필요한 표본을 선정했으면 표본에 대한 기술통계(평균, 표준편차, 왜도, 첨도 등)를 처음으로 기술하고 연구가설 검증에 적합한 통계기법을 선택해야 한다. 선택된 통계기법의 결과는 점추정(평균 등)과 구간추정(신뢰구간)으로 제시될 수 있다.

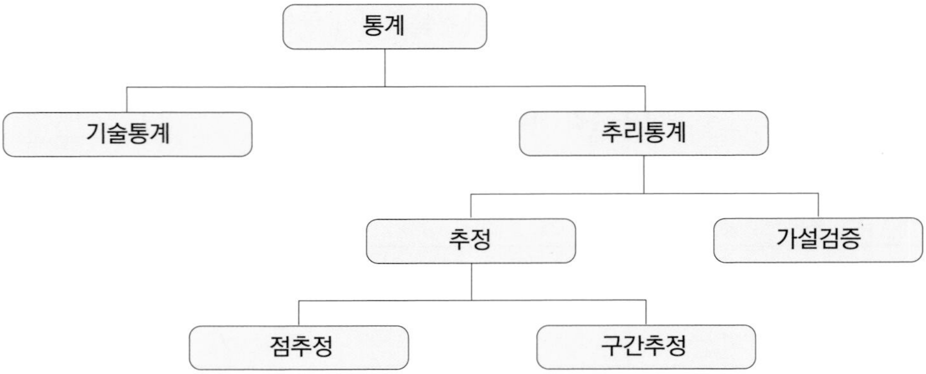

[그림 6-4] 통계검증 절차

연구자는 연구문제를 해결하기 위해 우선 수집된 자료를 분석하기 전에 연구문제가 무엇인지 분명히 알고 체계적으로 접근해야 한다(〈표 6-7〉 참조). 이후 연구자는 수집된 자료에 대한 기술통계(평균, 표준편차, 왜도, 첨도)를 언급하고 난 후 연구문제를 해결하기 적합한 통계분석방법을 선정해야 한다. 또한 연구자는 선정된 통계분석방법을 무조건적으로 사용하기 전에, 수집된 자료가 선정된 통계분석방법에서 요구하는 기본가정을 충족하는지 확인해야 한다. 통계분석방법에서 요구하는 기본가정이 충족되지 않은 상태에서 무조건적으로 통계분석을 통한 연구결과를 도출하는 것은 바람직하지 않다.

〈표 6-7〉 연구가설 검증을 위한 6단계 절차

단계	내용	고려사항
1	가정 검증	정규성, 등분산
2	연구를 위한 영가설과 대안가설 설정	단측검증, 양측검증
3	유의수준 결정	α =.01, 05, 001
4	유의수준을 충족시키는 기각값 결정	
5	통계치(통계량 계산)와 기각값의 비교	
6	결과의 해석	

〈표 6−7〉에 제시된 통계검증 절차를 진행하기에 앞서 수집된 자료가 t−검증 방법이 요구하는 기본가정(정규성, 등분산)을 충족하는지 알아봐야 하는데, 이에 대한 자세한 절차는 [그림 6−5]와 같이 나타낼 수 있다. 첫째, 수집된 자료가 정규성(종모양) 분포를 따르는지 확인해야 한다. 이후 연구에 포함된 집단의 수를 따라 등분산 검증의 여부를 결정해야 한다. 하나의 집단만 사용하는 단일검증 t−검증과 대응표본 t−검증은 등분산 가정을 검증하지 않고, 2개의 집단을 비교하는 독립표본 t−검증 분석에서는 등분산 가정을 검증해야 한다.

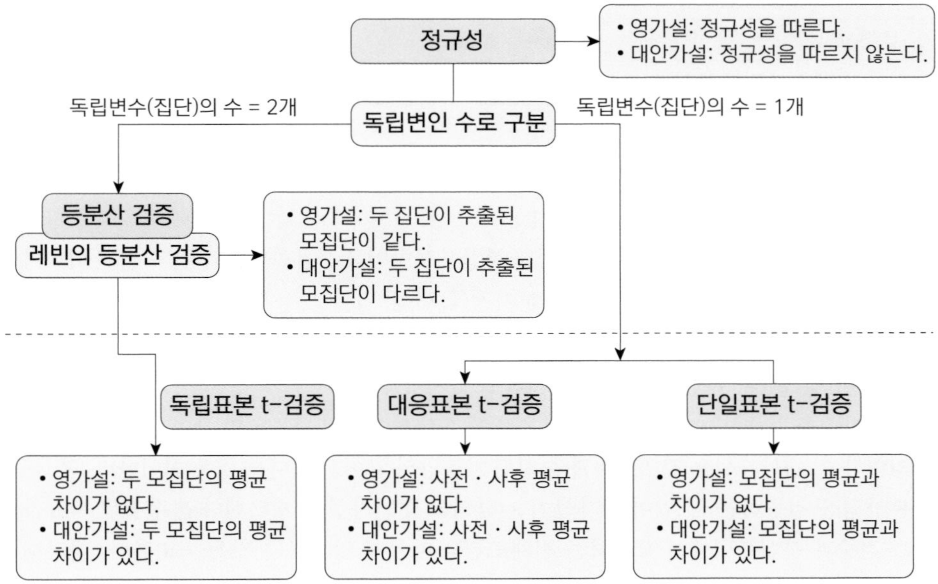

[그림 6−5] t−검증 절차

5. 가정

t-검증과 분산분석뿐만 아니라 기초 및 고급 통계(예: 구조방정식)에서 다루는 대부분의 통계분석방법들은 수집된 자료가 기본가정(독립성, 정규성, 등분산)을 충족하였음을 가정하고 있다. 따라서 연구자는 맹목적으로 특정 통계분석방법을 이용하여 자료를 분석하여 연구결과를 제시하는 것은 바람직하지 않다. 따라서 연구자는 수집된 자료들이 연구문제 해결을 위해 채택된 통계분석방법에서 요구하는 기본 전제조건(가정; Assumption)을 충족하는지 검증을 할 필요성이 있다. t-검증과 분산분석 통계방법의 기본가정은 독립성, 정규성, 등분산(homogeneity of variance)이 있다(〈표 6-8〉 참조).

〈표 6-8〉 기본가정

1. 독립성
관측치들이 독립적이라는 의미는 관측치들의 행동이나 반응이 서로에게 영향을 미치지 않는다는 것을 의미한다. 관측치들은 집단 내에서도 서로 독립적이며 또한 서로 다른 집단 간에도 독립적이어야 한다.
2. 정규성
모집단의 분포(population distribution)는 정규분포를 띠어야 한다.
3. 등분산
관측치들의 분산은 모집단사이에 일정해야 한다.

기본가정에서의 영가설 채택 의미

수집된 자료를 분석하기 위해 t-분석과 분산분석방법을 사용한다는 것은 수집된 자료가 t-분석과 분산분석에서 요구하는 기본가정(독립성, 정규성, 등분산)을 충족한다는 것을 의미한다고 볼 수 있다. 따라서 t-분석과 분산분석에서 요구하는 기본가정을 검증하는 데 있어 영가설과 대안가설을 잘 이해하고 있어야 한다.

기본가정을 검증하는 데 있어 영가설은 전제조건과 수집된 자료와의 차이가 없다는 것을 의미하고, 대안가설은 전제조건과 수집된 자료와의 차이가 있다는 것을 의미한다. 즉, 기본가정을 검증하는 데 있어 영가설이 기각되고 대안가설이 채택된다면 수집된 자료가 t-검증과 분산분석에서 요구하는 전제조건을 따르지 않는다는 것을 의미한다. 따라서 기본가정을 검증하는 데 있어서는 영가설이 기각되면 안 된다.

1) 독립성

관측치들이 독립성 가정을 위반했을 때에는 통계결과 해석에 아주 심각한 문제를 초래할 수 있다. 예를 들어, 수집된 자료가 독립성 가정을 위반했다는 것은 학업불안에 대한 설문에 참여한 참여자들이 자신의 생각을 반영하여 표기하는 것이 아니라 옆에 있는 친구의 설문 내용을 보고 그대로 옮겨 적는 경우가 발생했다는 것이다. 수집된 자료가 독립성 가정이 위반되었을 때는 나타나는 1종 오류(α)의 확률은 연구자가 미리 설정한 유의수준(α)보다 커진다. 즉, 영가설이 사실일 때 기각하는 비율이 연구자가 미리 선정한 비율보다 더 크게 발생한다는 것을 의미하며, 이러한 경우를 개방적(liberal)이라고 한다([그림 6-6] 참조).

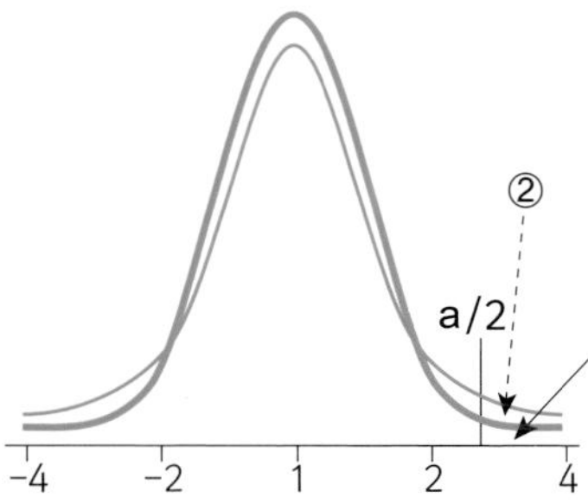

[그림 6-6] 사례 수 간 독립성이 위배되었을 때 발생하는 현상

[그림 6-6]은 관측치 간에 독립성이 위배됐을 때 발생하는 현상을 잘 설명하고 있다. 연구자가 연구의 결과를 판단하기 위해 미리 설정했던 유의수준($\alpha=.05$ 또는 $\alpha=.01$)을 기준으로 연구자가 원래 의도했던 영역은 ①이지만, 관측치 간에 독립성이 위배됐을 때에는 연구자의 의도와는 다르게 유의수준의 영역이 ②로 확대되어 결과가 나타난다. 결국, 결과를 확대해석하는 경우가 발생하게 되는 것이다. 이는 특정 유의수준에서 영가설이 채택되어야 하지만 실제로 영가설을 기각하는 현상이 나타난다는 것을 의미하는 것이다.

α(유의수준)의 값을 표기할 때 0.05, 0.01, 0.001 등과 같이 소수점 앞에 0을 붙여 α을 표기 하면 안되고 .05, .01, .001과 같이 표기해야 한다. 즉, 최댓값이 1일 때는 소수점 앞에 0을 붙이지 않고 최댓값이 1보다 클 경우 소수점 앞에 0을 붙인다. 따라서 문항 간 내적일치도를 볼 때 많이 사용하는 Cronbach's α, 유의확률(p) 등은 최댓값이 1이기 때문에 소수점 앞에 0을 붙여서는 안 된다.

2) 정규성

정규성 가정 위반은 독립성 위반보다 상대적으로 덜 중요하다고 볼 수 있지만, 현실적으로 연구자가 연구목적에 맞게 자료를 분석하는 과정에서 가장 중요하다고 볼 수 있다. t-검증이나 분산분석에서 사용되는 종속변수의 정규성을 증명하기 위한 방법으로는 크게 평균, 분산, 왜도, 첨도를 이용한 방법(Kline, 2005; Lei & Lomax, 2005)과 통계적 검증을 이용한 방법(Razali & Wah, 2011)으로 나눌 수 있다. 정규성을 증명하는 2가지 방법을 설명하기 위해 제5장에서 예시한 미래역량에 대한 두 프로그램의 효과성에 대한 결과를 제시한 〈표 4-3〉의 자료(p. 129)를 사용했다.

표본을 추출한 모집단이 정규분포를 이루지 않고 정적 또는 부적 분포를 이룰 때에는 정규분포를 가정할 때 제시되는 1종 오류(α)의 수준이 달라질 수 있다. 이는 결국 2종 오류(β)와 통계적 검증력($1-\beta$)에 영향을 미친다.

(1) 왜도 · 첨도를 이용하는 방법

SPSS 프로그램에서는 기술통계(descriptive statistics)를 통해 변수의 평균, 분산, 왜도, 첨도의 정보뿐만 아니라 정규성 상태를 시각적으로 보여 줄 수 있는 Q-Q plot를 제공해 준다. 하지만 Q-Q 그림을 이용한 방법은 연구자의 경험이 많이 작용하여 여기는 왜도 · 첨도를 이용한 방법을 이용하여 종속변수의 정규성을 검증했다. 왜도 · 첨도를 이용하여 종속변수의 정규성을 검증하는 데 있어 학자들마다 서로 다른 기준을 제시하고 있으므로 연구자는 자신이 다루고 있는 변수를 잘 이해하여 선택기준을 신중히 선정해야 한다(〈표 6-9〉 참조).

〈표 6-9〉 **정규성 검증을 위한 왜도 · 첨도 기준**

학자명(연도)	기준	
	왜도	첨도
Curran, West, & Finch(1996)	±2	±4
Hong, Malik, & Lee(2003)	±2	±4
Lei & Lomax(2005)	±2	±3
Kline(2005)	±3	±10

변수의 정규성 검증을 위해 Lei와 Lomax(2005)가 제시한 기준은 다소 보수적인데, 이들은 왜도와 첨도의 절댓값이 2 또는 3을 초과하면 변수가 정규성 가정을 위배한다고 하였다. Curran, West와 Finch(1996) 그리고 Hong, Malik과 Lee(2003)는 왜도는 절댓값 2를 첨도는 절댓값 4를 제시하여 Lei와 Lomax(2005)가 제시한 기준보다 다소 느슨한 기준을 제시하였다. 이러한 관점에서 Kline(2005)은 왜도의 절댓값이 3, 그리고 첨도의 절댓값이 8 또는 10을 제시하여 변수의 정규성 검증에 있어 가장 느슨한 기준을 사용하는 것으로 나타났다.

선행연구들(Kline, 2005; Lei & Lomax, 2005)에서 제시된 기준에 따르면, 미래역량 프로그램을 받은 집단과 기존 연수 프로그램을 받은 집단의 모든 왜도와 첨도의 절댓값이 2와 3를 넘고 있지 않아 미래역량에 관한 변수는 정규분포를 이룬다는 것을 알 수 있다(〈표 6-10〉 참조). 하지만 왜도값과 첨도값이 너무 크다면 수집된 자료가 정규성 가정을 충족하지 못하는 것을 의미해 t-검증 분석방법을 사용하는 것은 적합하지 않다. 〈표 6-11〉은 수집된 자료가 정규성 분포를 이루지 않을 때는 수집된 자료를 정규성 분포로 만들 수 있는 방법들을 제시하고 있으나 수집된 자료가 원래 의미를 훼손하면 안 된다.

〈표 6-10〉 **평균 · 분산 · 왜도 · 첨도를 이용한 정규성 검증**

프로그램	평균	분산	왜도	첨도
미래역량(N=20)	25.45	27.20	0.10	−0.83
미래역량 프로그램(n=10)	29.70	10.01	0.05	−0.73
기존연수 프로그램(n=10)	21.20	7.28	−0.56	0.02

〈표 6-11〉 정규성 변환을 위한 승수변환 예시

승수	변환	분포에 미치는 효과
3	Y^3	극심한 부적 편포를 정규분포하게 만든다.
2	Y^2	부적 편포를 정규분포하게 만든다.
1	Y	(효과 없음)
0	$\log_{10}(Y)$	극심한 정적 편포를 정규분포하게 만든다.
−1	$-1/Y$	엄청나게 극심한 정적 편포를 정규분포하게 만든다.

출처: 박광배(2004), p. 89.

연구를 진행하는 데 있어 변수가 여러 학자들이 제시한 변수의 정규성 가정을 충족시키지 못하는 경우 박스-칵스 변환(Box-Cox transformation)과 같은 방법으로 변수의 분포를 정규성 분포가 나타나도록 변형을 시도할 수 있으나, 정규성 분포를 가정하지 않는 비모수 통계를 사용하는 것이 훨씬 더 효과적일 수 있다.

(2) 통계적 검증을 이용하는 방법

수집된 자료의 정규성 분포를 통계적 검증을 통해 증명하려면 SPSS 프로그램에서 제공되는 Kolmogorov-Smirnov(KS)와 Shapiro-Wilk(SW) 통계적 검증방법을 이용하면 된다. KS 방법은 변수에 대하여 어떠한 분포도 가정하는 비모수 통계적(non-parametric) 방법이며, SW 방법은 분석될 변수의 값과 이상적인 정규분포(ideal normal distribution) 간의 상관관계를 알아보는 모수 통계적 방법이다. SW 값이 통계적으로 유의미하면 변수가 정규분포에서 벗어났다는 것을 의미하고, SW 값이 1이면 변수가 완벽하게 정규분포를 이루고 있다고 본다.

변수분석에 있어 변수의 특정 분포를 이용하는 모수통계 방식인 SW 방법은 비모수 통계 방식인 KS보다 통계적 검증력이 높다(Razali & Wah, 2011). 즉, SW 방법을 통해 나타난 검증결과가 KS를 통해 나타난 검증결과보다 반복 가능성이 더 높다는 것을 의미한다. SW검증은 보통 사례 수가 3~2000명을 경우에 사용하며, 사례 수가 2,000명보다 클 경우에는 KS 방법을 사용한다. 〈표 6-12〉는 KS와 SW를 사용하여 변수의 정규성을 검증하는 절차를 보여 주고 있다.

〈표 6-12〉 통계적 검증을 이용한 정규성 검증 절차

1. 연구가설 설정

Kolmogorov-Smirnov와 Sahpiro-Wilks의 통계적 검증방법을 통해 변수의 정규성 여부를 검증하기 위해서는 영가설과 대안가설을 먼저 세워야 한다.

영가설(H_0)	주어진 변수가 정규분포를 이루고 있다.
대안가설(H_A)	주어진 변수가 정규분포를 이루고 있지 않다.

2. 분석

①

분석 → 기술통계
→ 탐색적 분석

②

집단이 하나일 때	집단이 여러 개일 경우
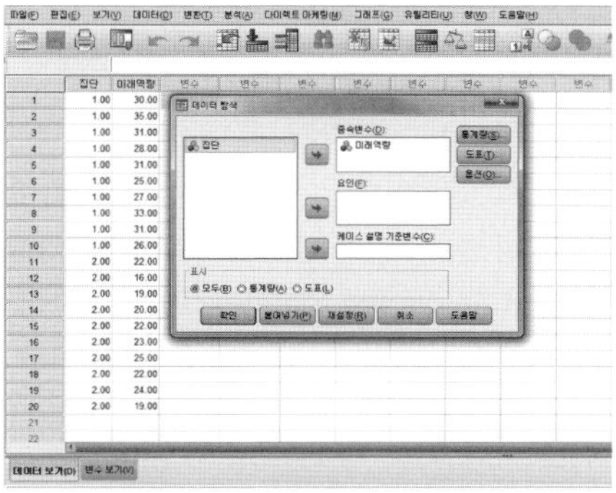	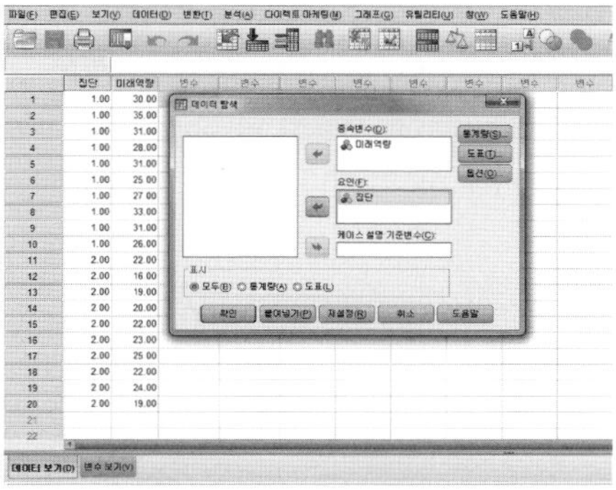
1. 종속변수(D) 이동(미래역량) 2. 도표(T)	1. 종속변수(D) 이동(미래역량) 2. 요인(F)변수 이동(집단) 3. 도표(T)

③

1. 검정과 함께 정규성도표(O)
2. 계속
3. 확인

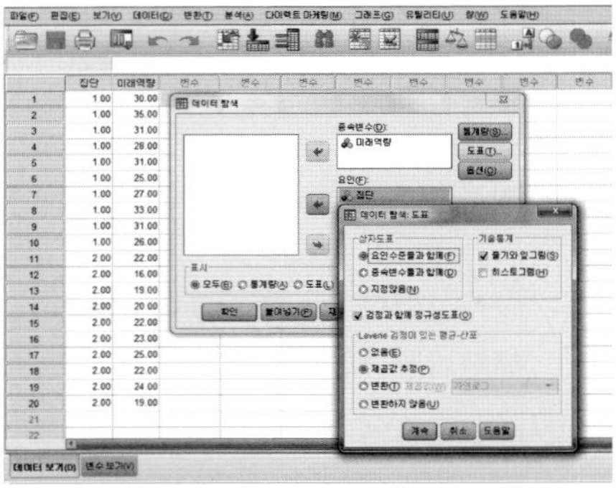

1. 검정과 함께 정규성도표(O)
2. 계속
3. 확인

3. 결과

정규성 검증

	Kolmogorov-Smirnov[a]			Shapiro-Wilk		
	Statistic	df	Sig.	Statistic	df	Sig.
미래역량	.108	20	.200*	.973	20	.808

a. Lilliefors Significance Correction

*. This is a lower bound of the true significance.

정규성 검증

	집단	Kolmogorov-Smirnov[a]			Shapiro-Wilk		
		Statistic	df	Sig.	Statistic	df	Sig.
미래역량	A	.159	10	.200*	.961	10	.799
	B	.217	10	.200*	.954	10	.717

a. Lilliefors Significance Correction

*. This is a lower bound of the true significance.

해석

Kolmogorov-Smirnov와 Shapiro-Wilk를 통한 변수의 정규성 분석 결과는 통계적으로 유미하지 않은 것으로 나타났다. 이를 좀 더 구체적으로 알아보면 Kolmogorov-Smirnov(20) = 0.18, p = .20으로 나타났으며, Shapiro-Wilk(20) = .97, p = .80으로 유의수준 .05보다 큰 것으로 나타났다. 즉, 두 검증방법 모두 변수가 정규성을 가진다는 영가설을 채택한다고 볼 수 있다. 따라서 연구에 사용된 변수가 정규분포를 이룬다고 볼 수 있다.

Kolmogorov-Smirnov와 Shapiro-Wilk를 통한 변수의 정규성 분석 결과가 서로 다른 것으로 나타났다. 이를 구체적으로 알아보면 첫 번째 집단(미래역량 프로그램)의 Kolmogorov-Smirnov(10) = 0.15, p = .20으로 나타났으며 Shapiro-Wilk(10) = .96, p = .79으로 유의수준 .05보다 큰 것으로 나타났다. 이러한 결과는 영가설을 채택했다고 볼 수 있다. 즉, 미래역량 프로그램에 참여한 고등학교 교사들의 미래역량 점수는 정규성을 이룬다고 볼 수 있다.

반면, 두 번째 집단(기존 연수 프로그램)의 Kolmogorov-Smirnov(10) = 0.21, p = .20으로 나타났으며, Shapiro-Wilk(10) = .95, p = .71으로 유의수준 .05보다 큰 것으로 나타났다. 즉, 두 검증방법 모두 변수가 정규성을 가진다는 영가설을 기각하지 못해 기존 연수 프로그램에 참여한 고등학교 교사들의 미래역량 점수는 정규성을 이룬다고 볼 수 있다.

3) 등분산

변수의 정규성 검증을 한 다음, 집단 간 차이를 보는 독립표본 t-검증을 사용할 경우 연구에 참여한 집단이 서로 얼마나 유사 집단인지 알아보아야 한다. 각 집단의 구성원들의 수준이 비슷한지 그렇지 않은지는 레빈의 등분산 검증(Levene's equal variance)을 통해 쉽게 알아볼 수 있다. 예를 들어, A 집단과 B 집단의 평균이 같을 때, A와 B 집단의 분산이 서로 비슷하다면 A와 B 집단은 등분산 가정을 이룬다고 볼 수 있다. 하지만 A 집단의 분산이 B 집단의 분산보다 작다면 A 집단 수준이 비슷한 구성원들이 평균을 중심으로 모여 있다고 볼 수 있지만, 분산이 큰 B 집단은 구성원들의 수준에 차이가 많이 난다는 것을 의미한다.

등분산 가정을 검증하기 위해 사용되는 레빈의 등분산 검증(Levene's test)이 통계적으로 유의미하다는 의미는 두 집단 간의 등분산 가정을 이루지 않는다는 것을 의미한다. 즉, 이러한 결과는 A 집단과 B 집단이 서로 비슷한 수준의 구성원으로 구성되어 있지 않는다는 것을 의미하며, 통계적으로는 등분산 가정을 충족시키지 못한다고 표현할 수 있다. 하지만 두 집단의 표본의 크기(사례 수)가 같고, 두 집단의 모분산의 차이가 극단적으로 크지 않는다면 (A 집단의 분산이 B 집단의 분산보다 약 16정도 클 때) 그리 큰 문제는 아니다.

두 집단에 대한 등분산 가정이 충족되지 않을 때는 변수가 정규성 가정을 충족시키지 않을 때보다 통계적으로 덜 심각한 문제일 뿐만 아니라 SPSS 프로그램을 통해 쉽게 해결할 수 있다. 실제로 SPSS 프로그램을 사용하여 독립표본 t-검증을 할 경우, 집단 간 등분산을 이루지 않을 때는 집단 간 등분산을 이루지 않는 상태를 고려하여 결과를 제시해 준다. 따라서 연구자는 집단 간 등분산을 이룰 때와 그렇지 않을 때를 선정하여 SPSS 프로그램에서 제시해 주는 결과를 잘 선택하면 된다. 〈표 6-13〉은 SPSS 프로그램을 이용한 등분산 검증 절차를 자세히 보여 주고 있다.

〈표 6-13〉 등분산 검증

1. 연구가설 검증

레빈의 통계적 검증방법을 이용하여 집단의 분산이 같은지 여부를 검증하기 위해서는 영가설과 대안가설을 먼저 세워야 한다.

영가설(H_0) 두 프로그램의 분산이 같을 것이다($\sigma_1^2 = \sigma_2^2$).

대안가설(H_A) 두 프로그램의 분산이 같지 않을 것이다($\sigma_1^2 \neq \sigma_2^2$).

2. 분석

①

분석 → 기술통계 → 탐색적 분석

②

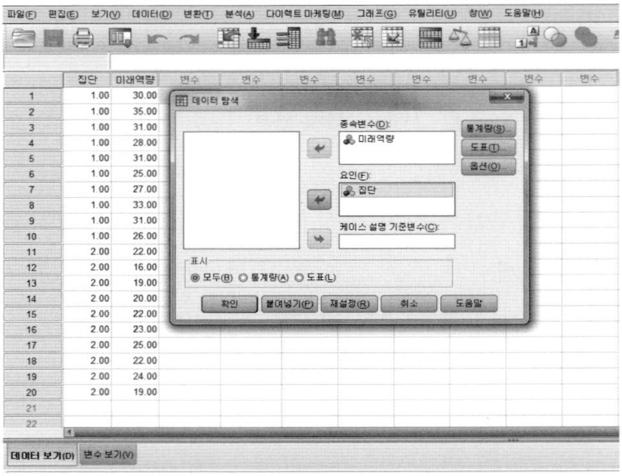

1. 종속변수(D) 이동 (미래역량)
2. 요인(F)변수 이동 (집단)
3. 확인

③

1. 검정과 함께 정규성도표(O)
2. Levene 검정에 있는 평균–산포 중 제곱값 추정(P)
3. 계속
4. 확인

3. 결과

분산의 동질성 검정

		Levene 통계량	자유도 1	자유도 2	유의확률
미래역량	평균을 기준으로 합니다.	0.33	1	18	.57
	중위수를 기준으로 합니다.	0.34	1	18	.56
	자유도를 조정한 상태에서 중위수를 기준으로 합니다.	0.34	1	17.98	.56
	절삭평균을 기준으로 합니다.	0.36	1	18	.55

분산의 동질성 검정결과 종속변수 '미래역량'에서 평균을 기준으로 한 레빈(Levene) 통계량의 유의확률(p)은 .57로 유의수준($\alpha=.05$)보다 큰 것으로 나타나 영가설을 채택하였다. 즉, 미래역량 프로그램과 기존 연수 프로그램에 참여한 고등학교 교사들은 비슷한 모집단에서 나왔다고 할 수 있다.

6. 단일표본 t-검증

단일표본 t–검증은 연구자가 검증하고 싶어 하는 연구가설에 대한 선행연구의 결과가 있을 때 연구자가 실제 조사를 통해 얻은 연구결과의 평균값과 선행연구의 결과를 비교하는 방법이다. 즉, 연구자가 관찰한 평균이 기존 선행연구에서 제시된 특정값과 어느 정도 차이가 있는지를 검증하는 방법이다. 예를 들어, 한 연구자가 학교교사들의 미래역량에 대한 인식을 높이고자 새로 개발된 미래역량 프로그램의 효과성을 알아보기를 원할 때, 기존 연수 프로그램의 결과(평균)와 새로 개발된 미래역량 프로그램의 평균을 비교하는 것이다.

새로 개발된 미래역량 프로그램에 참여한 10명의 고등학교 교사들의 미래역량 점수는 분포는 〈표 6-14〉에 제시되어 있다. 새로 개발된 미래역량 프로그램의 평균과 표준편차는 72.20, 8.44로 나타났으며, 왜도와 첨도는 0.02, −0.54로 나타났다. 왜도값과 첨도값은 Lei와 Lomax(2005)가 제시한 기준(±2 왜도값, ±3 첨도값)을 넘지 않아 정규성 가정을 충족한다고 볼 수 있다. 이때, 이때 이전의 미래역량 프로그램의 평균은 70점이라는 결과가 있다면 〈표 6-14〉에 제시된 평균(72.20)이 통계적으로 유의미한 차이가 있는지 알아보는 것이 단일표본 t-검증이다.

〈표 6-14〉 **미래역량 프로그램 관측결과**

집단 1	미래역량 프로그램
1	62
2	87
3	67
4	79
5	75
6	67
7	80
8	72
9	73
10	60
평균	$\overline{Y} = 72.20$
분산	$S^2 = 71.23$
표준편차	$S = 8.44$
표본크기	$n = 10$

기존 연수 프로그램의 평균이 70점이라는 결과와 새로 개발된 미래역량 프로그램의 평균(72.20)의 효과성을 검증하기 위한 단일표본 t-검증은 2가지 방법으로 접근이 가능하다. 첫 번째 방법은 새로 개발된 미래역량 프로그램에 참여한 10명의 고등학교 교사들의 개별 자료를 다음에서 살펴보는 계산과정을 거쳐 분석하고, 분석을

통해 나타난 결과를 t−분포에 제시된 기각값과 비교하는 방법이다. 두 번째 방법은 〈표 6−14〉에 제시된 10명의 개별 점수를 SPSS 프로그램에 직접 입력하여 단일표본 t−검증을 실시하여 나타난 결과를 해석하는 방식이다.

1) 계산을 통한 단일표본 t−검증

〈표 6−14〉는 새로 개발된 미래역량 프로그램에 참여한 10명의 고등학교 교사들의 미래역량에 대한 개별 점수와 평균을 보여 주고 있다. 새로 개발된 미래역량 프로그램의 평균이 기존 연수 프로그램과 차이가 있는지를 알아보기 위해서는 단일표본 t−검증을 실시해야 한다. 새로 개발된 미래역량 프로그램과 기존 연수 프로그램의 정보를 이용한 단일표본 t−검증을 계산과정을 통해 알아보기 위해서는 기존 연수 프로그램의 평균, 새로운 미래역량 프로그램의 평균 · 표준편차 · 사례 수를 알아야 한다. 이러한 정보를 바탕으로 실시된 단일표본 t−검증을 계산하면 〈표 6−15〉와 같이 나타날 수 있다.

〈표 6−15〉 **단일표본 t−검증통계량**

영가설(H_0): $\mu_{관측결과} = \mu_{기존\ 연구결과}$ 대안가설(H_A): $\mu_{관측결과} \neq \mu_{기존\ 연구결과}$	
$t = \dfrac{\overline{X}-\mu}{\dfrac{S}{\sqrt{n}}} = \dfrac{2.20}{2.66} \cong 0.82$	$\overline{X}-\mu = 72.20 - 70 = 2.20$ $\dfrac{S}{\sqrt{n}} = \dfrac{8.44}{\sqrt{10}} \cong 2.66$

단일표본 t−검증을 실시한 결과 새로 개발된 미래역량 프로그램에 참여한 10명의 교사들로 얻은 결과 $t(9)=0.82$는 기각값은 2.26($t^*(9)=2.26$) 보다 더 작은 것으로 나타났다. 이러한 결과는 영가설(기존 연수 프로그램의 평균이 새로이 개발된 미래역량 프로그램의 평균)이 채택되고, 대안가설(새로 개발된 미래역량 프로그램의 평균)이 채택되지 않았다는 것을 의미한다. 즉, 새로 개발된 미래역량 프로그램의 평균이 기존 연수 프로그램의 평균보다 다소 높지만, 두 프로그램 사이에서 나타난 평균의 차이는 통계적으로 유의미하다고 볼 수 없다.

단일표본 t−검증에서 자유도가 10이 아니고 9인 경우는 새로 개발된 미래역량 프로그램의 평균을 알 때 9명의 정보만 알고 있으면 나머지 하나의 숫자는 어떠한 숫자가 오는지 알 수 있기 때문에 통계 추정에 있어 불필요한 정보가 된다. 따라서 통계추정에 필요한 9명에 자유도만 필요하다.

기각값을 t 분포를 통해 알아보기 위해서는 수집된 자료의 자유도가 얼마인지, 그리고 어떠한 유의수준을 사용할지 결정한 후 기각값을 찾아야 한다. 〈표 6-15〉에 제시된 단일표본 t-검증을 통계적 유의미성을 결정하기 위해 사용된 기각값은 2.26이다. 이때의 기각값은 유의수준이 .05이고 자유도가 9일 때 나타나는 것으로, 〈표 6-16〉를 이용하면 어떻게 나타난 것인지 알 수 있다. 영가설을 기각시키기 위해서는 표본이 지닌 정보를 이용하여 얻은 t값이 〈표 6-16〉을 통해 얻은 t값(기각값)보다 커야 한다. 그렇지 않을 경우 영가설을 기각시키지 못하고 채택해야 한다. 대안가설을 채택해야 한다.

〈표 6-16〉 t 분포를 이용한 기각값 찾기

자유도(df)	α			
	.01	.05	.025	.001
1	3.078	6.314	12.706	31.821
2	1.886	2.920	4.303	6.965
3	1.638	2.353	3.182	4.541
4	1.533	2.132	2.776	3.747
5	1.476	2.015	2.571	3.365
6	1.440	1.943	2.447	3.143
7	1.415	1.895	2.365	2.998
8	1.397	1.860	2.306	2.896
9	1.383	1.833	2.262	2.821
10	1.372	1.812	2.228	2.764
11	1.363	1.796	2.201	2.718
12	1.356	1.782	2.179	2.681
13	1.350	1.771	2.160	2.650
14	1.345	1.761	2.145	2.624
15	1.341	1.753	2.131	2.602

2) SPSS를 이용한 단일표본 t-검증

단일표본 t-검증을 통해 연구자가 관찰한 현상을 검증하기 위해서는 관찰된 자료의 정규성을 먼저 검증해야 하지만, 집단이 하나이기 때문에 등분산 가정을 살펴볼 필요가 없다. 관찰된 자료가 정규성을 이룬다는 전제 아래 SPSS 프로그램을 이용해 〈표 6-17〉처럼 단일표본 t-검증을 실시할 수 있다.

〈표 6-17〉 SPSS를 이용한 단일표본 t-검증

1. 연구가설 설정

연구자가 관심 있는 연구가설이 기존의 선행연구 결과와 어떠한 차이가 있는지 검증하기 위해서는 영가설과 대안가설을 먼저 세워야 한다.

영가설(H_0)	관측결과의 평균과 선행연구의 평균은 작거나 같다. ($\mu_{관측결과} \leq \mu_{선행연구결과}$)
대안가설(H_A)	관측결과의 평균이 선행연구의 평균보다 높다. ($\mu_{관측결과} > {}_{선행연구결과}$)

2. 자료 입력

① 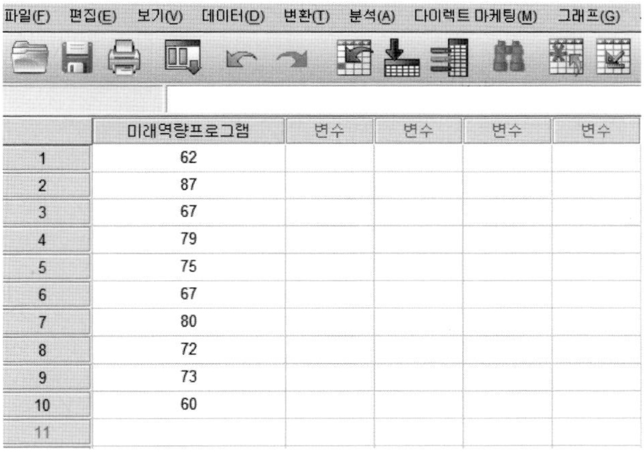

10명의 개별 자료 입력

3. 자료 분석

①

분석
→ 평균비교
→ 일표본 T 검정
→ 클릭

②

1. 검정변수(T) 이동
   (미래역량 프로그램)
2. 검정값 입력(70)
3. 확인

이 연구에서 새로운 미래역량 프로그램의 효과성을 알아보기 위해 선행연구를 바탕으로 선정한 값이 70이라는 것을 유념한다.

4. 결과

단일표본 검정

	검정값 = 70					
	t	자유도	유의확률 (양쪽)	평균차	차이의 95% 신뢰구간 하한	차이의 95% 신뢰구간 상한
미래역량 프로그램	.824	9	.431	2.200	−3.84	8.24

새로 개발된 미래역량 프로그램의 평균과 이 연구에서 알아보기 위한 프로그램의 평균과의 차이는 2.20으로 나타났으며, 이러한 차이는 통계적으로 유의미 하지 않는 것으로 나타났다. $t(9)=0.82$, $p=.431$

3) 효과크기

〈표 6-13〉에 제시된 새로 개발된 미래역량 프로그램의 효과성을 알아보기 위한 단일표본 t-검증에서 영가설(새로 개발된 미래역량 프로그램의 평균 선행연구에서 제시

된 평균보다 작거나 같다)이 기각되지 않아 대안가설(기존 연수 프로그램의 평균과 새로 개발된 미래역량 프로그램의 평균은 높다.)이 채택되지 않았다. 즉, 단일표본 t-검증 결과 새로 개발된 미래역량 프로그램은 기존 연수 프로그램과 통계적 유의미성이 없다는 것이다. 그렇다면 통계적으로 유의미하지 않다는 결과가 새로 개발된 미래역량 프로그램의 효과성이 전혀 없다는 것인지 알아볼 필요성이 있다.

따라서 새로 개발된 미래역량 프로그램이 기존 연수 프로그램과 통계적으로 유의미하게 차이가 나타나지 않았지만, 이러한 현상이 실제로 어느 정도 효과가 있는지 알아볼 필요가 있다. 새로 개발된 미래역량 프로그램에 관련된 실제 효과크기를 Cohen's d를 통해 〈표 6-18〉과 같이 알아볼 수 있다. 새로 개발된 미래역량 프로그램의 Cohen's d는 0.08로 나타나났다. Cohen(1988, p. 289)에 제시된 기준에 따르면 미래역량 프로그램에 나타난 효과크기는 매우 낮은 것을 알 수 있다(p. 167의 〈표 5-6〉 참조).

〈표 6-18〉 **단일표본 t-검증의 Cohen's d**

$$d = \frac{|72.20 - 70|}{8.44/\sqrt{10}} \simeq 0.08$$

7. 대응표본 t-검증

대응표본 t-검증은 동일한 표본을 대상으로 시점만 달리하여 실험처치를 한 후 두 시점 간의 평균값의 차이를 검증하는 방법이다. 동일한 실험 참가자들(within subject design)이나 짝지어진 참가자들의 맞춤 설계(matched-subject design)로 볼 수 있다. 즉, 대응표본 t-검증은 특정 집단에 연구자가 설계한 프로그램의 효과성을 알아보기 위해서 프로그램에 참여한 참여자들을 대상으로 프로그램 참여 전 상태와 프로그램을 마친 후 상태의 차이를 알아보는 것이다. 하지만 많은 연구자들이 대응표본 t-검증과 공분산분석(Analysis of covariance: ANCOVA)을 혼동한다. 대응표본 t-검증과 공분산분석과의 차이는 〈표 6-19〉에 자세히 기술되어 있다.

〈표 6-19〉 대응표본 t-검증과 공분산분석과의 관계

대응표본 t-검증

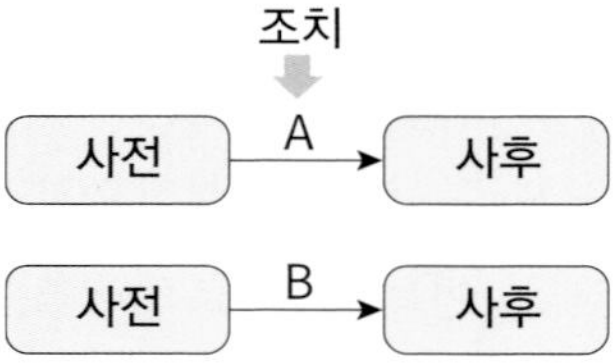

각각의 집단(A 또는 B)에 대해 사후결과가 사전결과보다 얼마만큼 변했는지 통계적 검증이 가능하다. 따라서 A 집단은 집단 B에 비해 어느 정도 변했는지 기술할 수 있지만, 통계적 검증은 할 수 없다. 따라서 A 집단에서 나타난 사전 · 사후결과의 차이와 B 집단에서 나타난 사전 · 사후결과의 차이가 집단 간 차이가 통계적으로 유의미한 차이가 있는지를 알아보기 위해서는 대응표본 t-검증은 적합하지 않다.

공분산분석

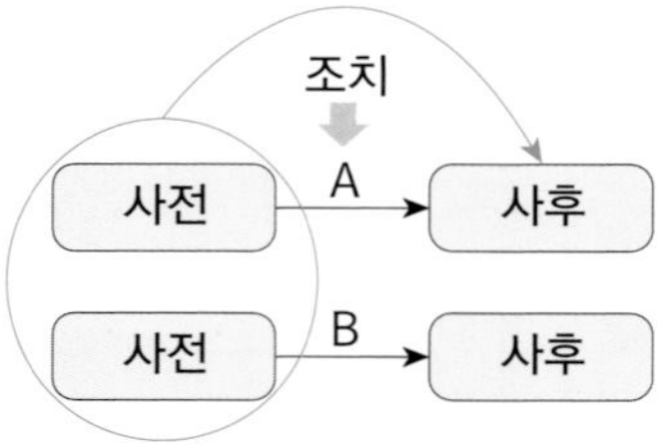

공분산분석은 대응표본 t-검증과 유사한 형태를 취하고 있으나, 집단(A, B)의 조치를 분석하는 데 있어 사후 점수에 영향을 미치는 사전 점수의 영향을 고려한다는 점에서 그 차이가 있다.

〈표 6-19〉는 결국 대응표본 t-검증은 실험집단과 처치집단으로 집단을 구분한 후 실험 전(사전) 결과와 실험 후(사후) 결과를 이용하여 집단 간 차이를 통계적으로 비교하는 데 적합하지 않다는 것을 의미한다고 볼 수 있다. 따라서 집단의 수가 2 이상이고 사전 · 사후 결과를 동시에 비교할 때에는 대응표본 t-검증의 확장형으로 볼 수 있는 공분산분석을 사용해야 한다.

대응표본 t-검증은 두 집단의 평균을 비교하는 독립표본 t-검증과는 달리 동일한 집단에 속한 참가자들을 대상으로 하기 때문에 집단의 동질성 검증을 할 필요가 없다. 하지만 대응표본 t-검증은 동일한 표본을 대상으로 사전 점수와 사후 점수의 차이에 대한 점수를 분석하는 방법이므로 사전 점수와 사후 점수의 상관관계가 필요하다. 대응표본 t-검증의 자유도는 $N-1$를 따른다. 이때 대응표본 t-검증의 자유도를 구하는 경우 사전 점수에 포함된 사례 수와 사후 점수에 포함된 사례 수를 모두 합하여 구하는 것이 아니라 사전 점수와 사후 점수에 포함된 쌍에서 1를 빼면 된다.

대응표본 t-검증에서 자유도를 구할 때 사전 점수와 사후 점수가 일치하는 쌍에서 1를 빼는 이유는 대응표본 t-검증은 사후 점수에서 사전 점수를 빼고 나타난 점

수에 때한 평균을 이용하는 방식이기 때문이다. 따라서 사전과 사후 점수가 1:1로 나타난다면 자유도에 영향을 미치지 않는다. 또한 사전 점수의 포함된 사례 수의 ID와 사후 점수에 포함된 ID가 정확히 일치해야 한다. 그렇지 않다면 대응표본 t-검증을 통해 나타난 통계결과는 실제 프로그램의 효과성을 잘 반영하지 못했다고 할 수 있다. 실험연구에서 많이 사용되어 사전 · 사후 결과 차이에 알아보기 위한 대응표본 t-검증은 〈표 6-20〉과 같다.

〈표 6-20〉 대응표본 t-검증 절차

1. 각 개인에 대하여 사전 · 사후 점수 차이를 구한다.
2. 각 개인에게 나타난 사전 · 사후 점수 차이에 대한 평균을 구한다.
3. 사전 · 사후 점수 차이에 대한 표준편차를 구한다.
4. 대응표본 t-검증을 실시한다.
   - 사전 · 사후 결과 분산, 표준편차, 상관관계를 이용한 대응표본 t-검증
   - 사전 · 사후 결과 차이, 사례 수를 이용한 대응표본 t-검증

사전 · 사후 점수의 차이를 이용하는 연구 설계에서 참여자들의 긍정적 효과(예: 자신감, 효능감, 학습동기 등)를 높이기 위한 연구라면 보통 사후 점수가 사전 점수보다 높게 나타나기 때문에 사전 점수에서 사후 점수를 빼면 부적(−) 값이 된다. 한편 참여자들의 부정적 효과(예: 학습불안, 강박감 등)를 낮추기 위한 연구라면 보통 사후 점수가 사전 점수보다 낮게 나와 사전 점수와 사후 점수 차이는 정적(+) 값이 된다. 이처럼 사전 · 사후 점수 차이가 예상과 같이 나타난다면 사전 점수 확인 후 투입된 프로그램이 효과적이라는 것을 의미하기 때문에 이러한 효과성이 통계적으로 유의미한지 분석할 필요가 있다.

〈표 6-21〉에 나타난 결과는 새로 개발된 미래역량 프로그램의 효과성을 알아보기 위해 고등학교 교사들에게 새로 개발된 미래역량 프로그램을 실시하기 전 고등학교 교사들의 미래역량 점수(사전 점수)를 확인하고 한 달 동안의 프로그램이 끝난 후 확인한 고등학교 교사들의 미래역량 점수(사후 점수)를 보여 주고 있다. 〈표 6-21〉에서 사후 점수의 평균은 82로 사전 점수 72.20보다 높게 나타났으며, 사전 점수에서 사후 점수를 뺀 차이점수는 부적(−) 값을 가지고 있으며, 평균 역시 부적(−) 평균을 지니고 있다.

〈표 6-21〉 미래역량 프로그램 사전 · 사후 점수 차이

집단 1	사전 점수	사후 점수	점수 차이(d)	점수 차이제곱(d_i^2)
1	62	77	−15	225
2	87	91	−4	8
3	67	84	−17	289
4	79	74	5	25
5	75	88	−13	169
6	67	77	−10	100
7	80	86	−6	36
8	72	80	−8	64
9	73	75	−2	4
10	60	88	−20	400
			$\sum_{i=1}^{I=10} d_i = -80$	$\sum_{i=1}^{I=10} d_i^2 = 1{,}320$
평균	$\overline{Y_2} = 72.2$	$\overline{Y_1} = 82$	$\bar{d} = -8$	
분산	$S_2^2 = 71.23$	$S_1^2 = 37.69$		
표준편차	$S_2 = 8.44$	$S_1 = 6.14$		
표본크기	$n_2 = 10$	$n_1 = 10$		

사전 · 사후 점수를 통해 미래역량 프로그램의 효과성을 알아보기 위해 대응표본 t-검증 분석을 실시하기 전, 수집된 자료의 정규성 가정 알아보아야 한다(왜도와 첨도를 이용하는 방식 또는 통계적 검증을 이용하는 방식). 왜도값과 첨도값을 통해 정규성 가정을 알아본 결과, 새로 개발된 미래역량 프로그램 사전 점수의 왜도와 첨도는 0.20, −0.54로 나타났으며, 사후 점수의 왜도와 첨도는 0.07, −1.72로 나타났다. 이러한 결과는 새로 개발된 미래역량 프로그램의 사전 · 사후 점수의 왜도값과 첨도값은 Lei와 Lomax(2005)가 제시한 기준(±2 왜도값, ±3 첨도값)을 넘지 않아 정규성 가정을 충족한다고 볼 수 있다.

연구에 수집된 자료의 사전 · 사후 점수가 모두 정규성 가정을 충족한다면 사전 · 사후 점수 차이가 통계적 유의미성을 지니고 있는지를 알아보기 위해 대응표본 t-검증을 실시해야 한다. 사전 · 사후 점수 차이에 대한 대응표본 t-검증방법을 하는 방식은 크게 수집된 자료를 계산적 방법을 이용하는 방식과 SPSS 프로그램을 이

용하는 방식이 있다. 수집된 자료를 계산적으로 접근할 때 대응표본 t−검증은 다시, ① 사전 점수와 사후 점수의 상관관계를 이용하는 방법, ② 사전 · 사후 차이점수와 사례 수를 이용하는 방법으로 나눌 수 있다.

1) 계산을 통한 대응표본 t−검증

(1) 사전 · 사후 점수의 상관관계를 이용하는 방법

새로 개발된 미래역량 프로그램의 효과성을 알아보기 위한 대응표본 t−검증을 실시할 때 사전 · 사후 결과의 분산, 표준편차, 상관관계가 필요하다. 〈표 6−21〉에 제시된 사전 · 사후 결과에 대한 피어슨 적률상관관계는 .24이고, 자유도는 9(N−1)이다. 사전 · 사후 점수에 대한 상관을 이용해 대응표본 t−검증을 실시할 때 표준오차가 필요한데, 이때 사전 · 사후 점수의 상관관계를 이용한다는 점은 독립표본 t−검증에서 요구하는 표준오차와는 다르다. 독립표본 t−검증은 두 집단의 점수가 서로 독립적이어서 두 집단의 분산과 표준편차만을 이용하지만, 대응표본 t−검증에서는 사전 · 사후 점수의 상관관계를 이용한다(〈표 6−22〉 참조).

대응표본 t−검증을 사전 · 사후 점수의 상관관계를 이용할 때 사전 점수에 대한 평균(72.20)과 사후 점수의 평균(82.00)에 대한 차이평균(−9.80)에 표준오차로 나누면 수집된 자료의 t 값을 구할 수 있다. 이렇게 해서 얻은 대응표본의 t 값 3.20은 유의수준 .05(α=.05)에서 t 기각값 2.262보다 크다는 것을 알 수 있다. 수집된 자료를 통해 얻은 t 값이 기각값(2.262)보다 크다는 것은 새로 개발된 미래역량 프로그램의 사전 · 사후 점수가 같다는 영가설이 기각되고 사전 · 사후 점수의 차이가 있다는 대안가설이 채택되었다는 것을 의미한다.

〈표 6−22〉 대응표본 t−검증 표준오차

1. 독립표본 t−검증 표준오차	
표준오차	$S_{\overline{Y_1}-\overline{Y_2}}=\sqrt{S_p^2\left(\frac{1}{n_1}+\frac{1}{n_2}\right)}$ $S_p^2=\frac{(n_1-1)S_{Y_1}^2+(n_2-1)S_{Y_2}^2}{n_1+n_2-2}$

2. 대응표본 t-검증 표준오차	
표준오차	$S_{\overline{Y_1}-\overline{Y_2}} = \sqrt{\dfrac{S^2_{\overline{Y_1}(사전)} + S^2_{\overline{Y_2}(사후)} - 2\gamma_{12}\left(S_{\overline{Y_1}(사전)}\right)\times\left(S_{\overline{Y_2}(사후)}\right)}{N-1}}$ $S_{\overline{Y_1}-\overline{Y_2}} = \sqrt{\dfrac{71.23+37.69-2(.24)(8.44)(6.14)}{10-1}} = \sqrt{\dfrac{84.17}{9}}$ $S_{\overline{Y_1}-\overline{Y_2}} \simeq 3.05$
3. 대응표본 t-검증	
대응표본 t-검증	$t = \dfrac{\lvert\overline{Y}_A - \overline{Y}_B\rvert}{S_{\overline{Y}_A-\overline{Y}_B}} = \dfrac{9.80}{3.05} = 3.20$

새로 개발된 미래역량 프로그램의 효과성을 알아보기 위한 계산과정에서 수집된 자료를 바탕으로 계산된 t 값은 3.20으로 나왔으며, 이를 기각값(2.62)과 비교하여 새로 개발된 미래역량 프로그램이 효과성이 있다고 증명되었다(〈표 6-23〉 참조). 이때 기각값을 알아보기 위해서는 t 분포에서 먼저 유의수준을 선정한 후 자유도를 알아야 한다. 사전 · 사후 점수 차이에 대한 자유도는 9가 되고, 사전 점수와 사후 점수와의 차이는 사전 점수가 높을 수도, 사후 점수가 높을 수도 있는 경우가 있어 이를 동시에 고려해 유의수준을 .025(α =.05/2)로 선정하면 기각값은 2.26이 된다.

〈표 6-23〉 t 분포를 이용한 기각값 찾기

자유도(df)	α			
	.01	.05	.025	.001
1	3.078	6.314	12.706	31.821
2	1.886	2.920	4.303	6.965
3	1.638	2.353	3.182	4.541
4	1.533	2.132	2.776	3.747
5	1.476	2.015	2.571	3.365
6	1.440	1.943	2.447	3.143
7	1.415	1.895	2.365	2.998
8	1.397	1.860	2.306	2.896
9	1.383	1.833	2.262	2.821
10	1.372	1.812	2.228	2.764

(2) 사전 · 사후 차이점수와 사례 수를 이용하는 방법

고등학교 교사들을 대상으로 실시한 새로운 미래역량 프로그램의 효과성을 알아보기 위해 사전 · 사후 결과의 분산 · 표준편차 · 상관관계를 이용하는 방법과는 별개로 사전 · 사후 점수 차이와 전체 사례 수를 이용하여 대응표본 t-검증을 실시하는 방법이 있다. 이를 위해서는 우선 사전 · 사후 점수 차이를 다 더한 값$\left(\sum_{i=1}^{I} d_i\right)$, 이를 사례 수로 나눈 평균을 구해야 한다. 두 번째로 매칭되는 사전 · 사후 점수 차이에 제곱을 하고 다 더한 총합$\left(\sum_{i=1}^{I} d_i^2\right)$이 필요하다. 이를 이용한 대응표본 t-검증 절차는 〈표 6-24〉와 같다.

〈표 6-24〉 사전 · 사후 점수 차이를 이용한 대응표본 t-검증

$t = \dfrac{\left\vert \overline{D}_{(사전-사후)} \right\vert}{\sqrt{\dfrac{N\sum_{i=1}^{I} d_i^2 - \left(\sum_{i=1}^{I} d_i\right)^2}{N^2(N-1)}}}$	$\left\vert \overline{D}_{(사전-사후)} \right\vert = \left\vert \dfrac{-80}{10} \right\vert = 8$
	$\sqrt{\dfrac{N\sum_{i=1}^{I} d_i^2 - \left(\sum_{i=1}^{I} d_i\right)^2}{N^2(N-1)}} = \sqrt{\dfrac{10(1320)-(-80)^2}{10^2(10-1)}} = \sqrt{\dfrac{6800}{900}} \cong 2.74$
$t = \dfrac{8}{2.74} \cong 2.91$	

사전 · 사후 점수 차이와 사례 수를 이용하여 계산된 t 값은 2.91로 나타났으며, 이는 사전 · 사후 점수의 분산, 표준편차, 상관관계를 이용해서 나타난 3.20보다 작다. 하지만 이러한 차이는 계산과정에서 발생한 것으로 두 값의 차이에 너무 큰 비중을 둘 필요가 없다. 결국 사전 · 사후 점수 차이와 사례 수를 이용해 나타난 t 값 2.91은 기각값 2.262보다 크기 때문에 영가설($H_0 : \mu_{사전} = \mu_{사후}$)이 기각되고 대안가설($H_A : \mu_{사전} \neq \mu_{사후}$)이 채택되었다. 사후 점수가 사전 점수보다 평균이 더 높고 이러한 차이가 통계적으로 차이가 있다는 뜻은 새로 개발된 미래역량 프로그램의 효과성이 있다는 것을 의미한다.

2) SPSS를 이용한 대응표본 t-검증

새로 개발된 미래역량 프로그램의 효과성을 알아보기 위해 앞서 사전 · 사후 결과의 분산, 표준편차, 상관관계, 사전 · 사후 점수 차이 등을 이용한 복잡한 계산 방식을 설명하였다. 하지만 현실적으로 인문 · 사회과학 영역에서 많은 연구자들은 자신들이 개발한 프로그램의 효과성을 증명하는 데 있어 복잡한 계산을 통한 방식보다는 SPSS와 같은 통계 프로그램을 사용하기 때문에 통계 프로그램을 활용한 대응표본 t-검증 방식을 알아 두어야 한다. 〈표 6-25〉는 SPSS를 이용한 대응표본 t-검증 절차를 자세히 보여 주고 있다.

〈표 6-25〉 SPSS를 이용한 대응표본 t-검증

1. 연구가설 설정

프로그램 효과성을 검증하기 위해 사전 · 사후 결과 차이에 대한 영가설과 대안가설을 먼저 세워야 한다.

영가설(H_0) 사전 · 사후 결과의 평균은 차이가 없다($\mu_{사전} = \mu_{사후}$).

대안가설(H_A) 사전 · 사후 결과의 평균은 차이가 없다($\mu_{사전} \neq \mu_{사후}$).

2. 자료 입력

①

사전 · 사후 점수 입력

3. 자료 분석

①

분석 → 평균비교
→ 대응표본 T 검정

②

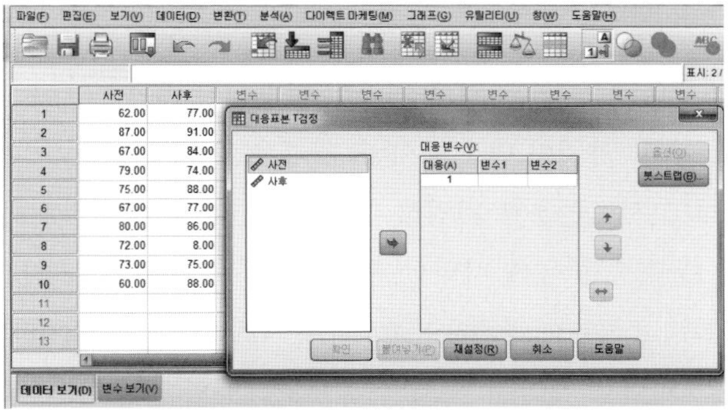

사전 · 사후 선택

③

1. 사전 · 사후 선택
   → 대응변수 이동
2. 확인

4. 결과

Paired Samples Statistics

		Mean	N	Std. Deviation	Std. Error Mean
Pair 1	사전	72.2000	10	8.44327	2.67000
	사후	82.0000	10	6.14636	1.94365

사전결과의 평균 점수는 72.20이며, 사후결과의 평균 점수는 82.00으로 나타나 프로그램 실시 후 평균이 증가한 것을 알 수 있다.

Paired Samples Correlations

		N	Correlation	Sig.
Pair 1	사전 & 사후	10	.246	.493

사전 · 사후 결과 사이의 피어슨 상관관계는 .24로 통계적으로 유의미하지 않다.

Paired Samples Test

		Paired Differences					t	df	Sig. (2-tailed)
					95% Confidence Interval of the Difference				
		Mean	Std. Deviation	Std. Error Mean	Lower	Upper			
Pair 1	사전 - 사후	-9.80000	9.13844	2.88983	-16.33725	-3.26275	-3.391	9	.008

사전 · 사후의 결과 차이는 통계적으로 유의미한 것으로 나타났다.

〈표 6-25〉에서 보여 주고 있는 결과는 새로 개발된 미래역량 프로그램이 효과성이 있다는 것을 보여 주고 있다. 하지만 단순히 SPSS 결과를 보여 주고 있는 〈표 6-25〉 방식은 학술지 · 연구보고서 · 논문에 기입하기 위해서는 다소 부적절해 정리가 필요하다. 우선 대응표본 t-검증을 통해 나타난 사전 · 사후 점수에 대한 기술통계(사전 · 사후 점수 평균, 사례 수, 표준편차, 평균의 표준오차)는 〈표 6-26〉과 같이 나타낼 수 있다. 〈표 6-26〉을 통해 새로 개발된 미래역량 프로그램의 사후 점수 평균은($\overline{Y}_{사후}$ =82.00) 사전 점수 평균($\overline{Y}_{사전}$ =72.20)보다 높다는 것을 알 수 있다.

〈표 6-26〉 미래역량 프로그램에 대한 사전 · 사후 점수 기술통계

(N=10)

	평균	n	표준편차	평균의 표준오차
사전	72.20	10	8.44	2.67
사후	82.00	10	6.14	1.94

새로 개발된 미래역량 프로그램에 대한 대응표본 t-검증결과는 〈표 6-27〉과 같이 나타낼 수 있다. 사전 · 사후 점수 차이에 대한 평균값(사후 점수가 사전 점수보다 더 높기 때문에 평균이 부적 관계를 나타내고 이를 이용한 대응표본 t 값도 부적 값을 나타내고 있음), 표준오차, 평균의 표준오차, 신뢰구간 정보를 포함하고 있다. 새로 개발된 미래역량 프로그램의 사전 · 사후 점수 차이는 통계적으로 유의미한 것으로 나타났다.

$t(9) = -3.39$, $p = <.01$. 결국, 통계적으로 유의미한 사전 · 사후 점수 차이는 프로그램의 효과성을 의미한다고 볼 수 있다.

〈표 6-27〉 대응표본 t-검증

		평균	표준편차	평균의 표준오차	차이의 95% 신뢰구간		t
					하한	상한	
대응	사전 · 사후	−9.80	9.18	2.89	−16.33	−3.26	−3.39**

$^{**}p<.01$

3) 효과크기

새로 개발된 미래역량 프로그램의 사후 점수는 사전 점수보다 평균이 더 높게 나타났으며, 통계적으로 유의미한 것으로 나타났다. 그렇다면 통계적으로 유의미한 사전 · 사후 점수 차이는 실질적으로 의미가 있는지 알아보아야 한다. 즉, 사전 · 사후 점수 차이에 대한 효과크기를 나타낼 필요가 있다. 여기서는 Cohen's d를 이용한 효과크기 방식을 크게 사전 점수 · 사후 점수의 분산과 공분산을 이용한 상관관계, 사전 점수와 사후 점수 차이에 대한 분산을 이용하는 방식과 G*Power 프로그램을 이용하는 방식으로 살펴본다.

(1) 계산에 의한 효과크기

사전 · 사후 점수 간 나타난 차이를 이용해 Cohen's d를 구하기 위해서는 사전 · 사후 점수 간 분산, 공분산 정보가 필요하다. 하지만 대응표본 t-검증을 SPSS 프로그램을 통해 실행했을 때는 사전 점수와 사후 점수의 피어슨 적률상관관계를 보여 주지만 사전 · 사후 점수의 공분산은 보여 주지 않는다. 공분산과 피어슨 적률상관관계는 밀접한 관계가 있는데, 이들 간의 관계를 이용하면 사전 · 사후 점수 간의 공분산을 구하지 않고 Cohen's d를 구할 수 있다. 새로 개발된 미래역량 프로그램의 Cohen's d는 0.28로 나타나 효과크기는 작다는 것을 알 수 있다(〈표 6-28〉 참조).

〈표 6-28〉 대응표본 t-검증 효과크기

$Corr(x,y) = \frac{cov(x,y)}{s_x \cdot s_y}$	$Var(x-y) = var(x) + var(y) - 2cov(x,y)$
	$Var(x-y) = var(x) + var(y) - 2cov(x,y) = s_x^2 + s_y^2 - 2s_x \cdot s_y \cdot corr(x,y)$
$corr(x,y) = .246$	사전 · 사후 점수 간의 피어슨 적률상관관계는 .246으로 나타났다.
$Var(x-y) = (8.44)^2 + (6.14)^2 - 2 \cdot 8.44 \cdot 6.14 \cdot .246 \simeq 83.436$	
$d = \frac{\lvert \overline{x}_{(사전)} - \overline{x}_{(사후)} \rvert}{\sqrt{var(x_{(사전)} - x_{(사후)})}} = \frac{\lvert -2.60 \rvert}{\sqrt{83.436}} \simeq 0.284$	

(2) G*power 프로그램을 이용한 효과크기

사전 · 사후 점수 차이에 대한 대응표본 t-검증 결과에 대한 효과크기는 G*power 프로그램을 이용하면 쉽게 구할 수 있다(〈표 6-29〉 참조). G*power를 이용한 사전 · 사후 점수 간 효과크기는 〈표 6-29〉와 같은 결과를 통해 얻을 수 있다.

〈표 6-29〉 G*power를 이용한 효과크기

1. 프로그램 오픈		
①	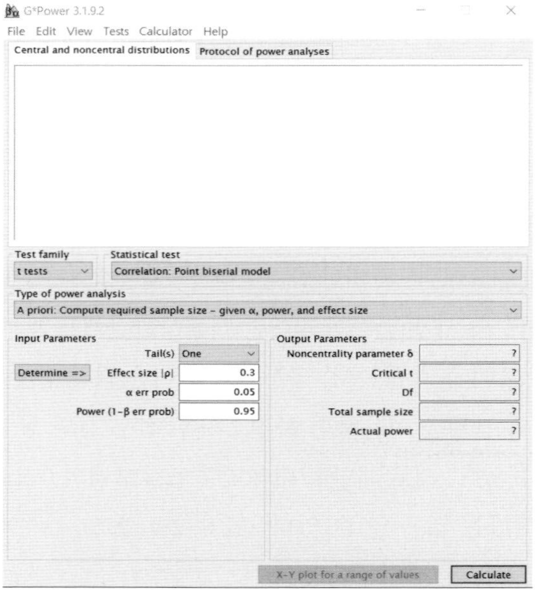	G*power 아이콘을 누르면 좌측 그림과 같은 창이 열림

2. 설정

① 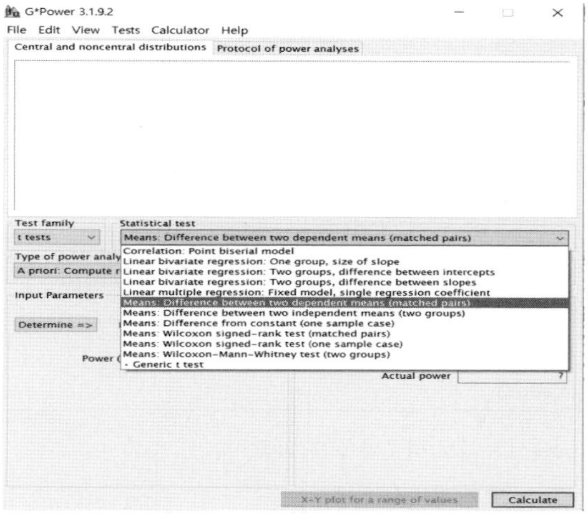

Test family → 분석기법 선정
Statistical Test →
Means: Difference between two dependent means (matched pairs) 선정

② 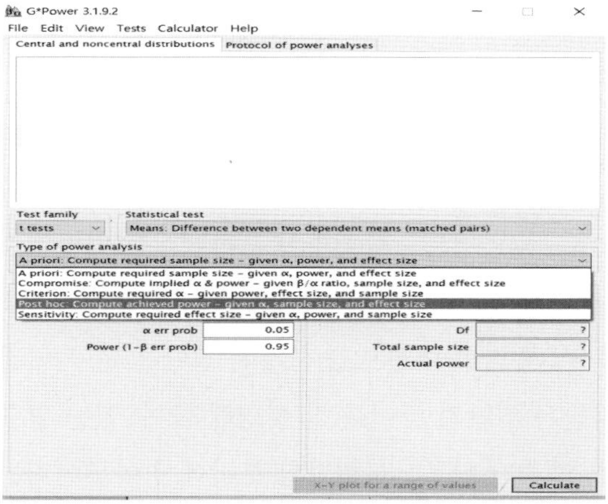

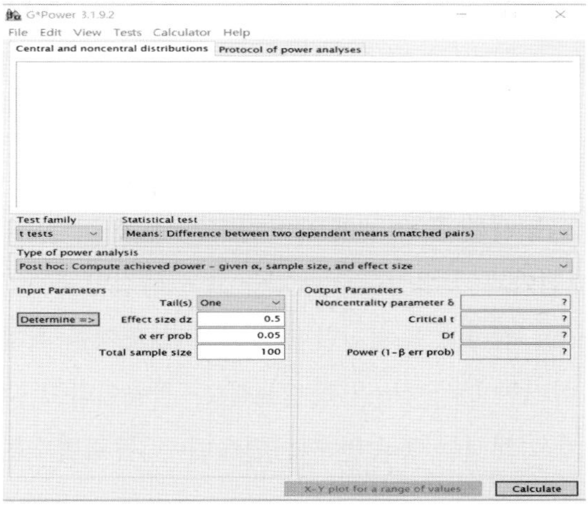

Type of power analysis에서 compute achieved power-given alpha, sample size, effect size 선정

① Tail(s)에서 one(단측)
two(양측)

② Determine 선정

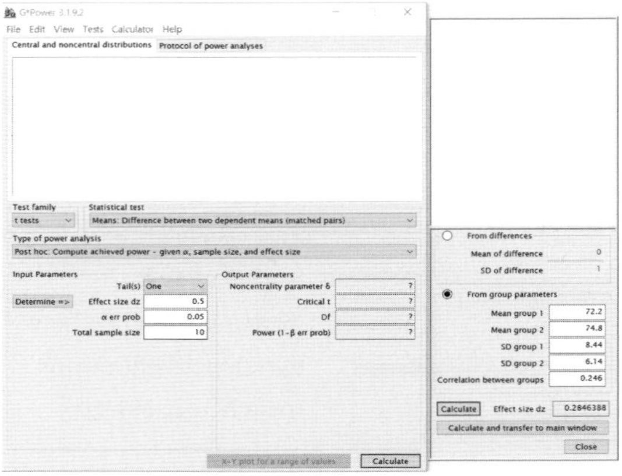

① Determine 선정

② From group parameters
집단 1의 평균
집단 2의 평균
집단 1의 표준편차
집단 2의 표준편차
사전 · 사후 피어슨 상관관계

③ Calculate 선정

주: http://www.gpower.hhu.de/en.html에서 무료로 다운받을 수 있음.

8. 독립표본 t-검증

독립표본 t-검증은 두 집단 평균차이에 관한 추론이라고 볼 수 있다(inferences about the differences between two means). 인문 · 사회과학 분야에서는 일반적으로 집단 간 차이(예: 체육교과목의 효과성에 대한 고등학교 남 · 여 1학년생)가 있는지 비교 · 분석하는 연구가 이루어지고 있다. 이때 비교 대상으로 선정된 집단은 연구 이전에 이미 존재하는 경우가 많아 연구자들은 집단의 차이를 잘 설명해 줄 수 있는 변수를 찾아내어 비교하는 데 관심이 많다. 하지만 인문 · 사회과학 분야에서 이루어지는 연구가 이미 존재하고 있는 집단들의 차이를 비교하는 단순연구에 한정되어 있는 것은 아니며 기존의 방식에서 벗어나 새로운 방식이 얼마나 좋은지 확인하기 위해 실험연구를 실시할 수도 있다.

실험연구에서는 연구자는 자신이 선정한 연구가설을 검증하기 위하여 연구결과에 영향을 미칠 수 있는 변수들을 통제한 후 연구에 필요한 집단을 선정할 수 있다. 이러한 선정된 집단은 다시 통제집단과 실험집단으로 나누고 실험집단에는 연구자가 생각하고 있는 조치(treatment)를 취하고 통제집단에는 아무런 조치를 취하지 않고 얻은 결과를 비교할 수 있다. 이러한 분석방법을 독립표본 t-검증이라고 할 수 있다. 독립표본 t-검증을 사용하기 이해서는 종속변수는 연속변수, 독립변수는 비연속(범주형)변수로 연구를 설계해야 한다.

1) 계산을 통한 독립표본 t-검증

만약 고등학교 교사들의 미래역량에 관한 연구를 진행을 하는 데 있어 기존 연수 프로그램과 새로 개발된 미래역량 프로그램의 효과성을 알아보려면 현직에 있는 고등학교 교사들을 두 프로그램에 어떻게 참여시킬 것인가를 고민해 봐야 한다. 연구자가 새로 개발된 미래역량 프로그램의 효과성을 검증하고자 고등학교에 재직 중인 20명의 교사들을 대상으로 교실행동, 교과지식, 교실운영 및 학습계획이 포함된 미래역량에 대한 기존 연수 프로그램과 미래역량 프로그램의 효과성을 실험하여 〈표 6-30〉과 같은 결과를 얻었다고 가정해 보자.

교실행동, 교과지식, 교실운영, 학습계획이 포함된 새로운 미래역량 프로그램에 참여한 교사들의 평균은 82점이며 기존 연수 프로그램에 참여한 교사들의 평균은 72.2로 나타났다. 왜도값과 첨도값을 이용해 정규성을 여부를 알아본 결과 미래역량 프로그램의 왜도와 첨도는 0.07, −1.71로 나타났으며, 기존 연수 프로그램의 왜도와 첨도는 0.20, −0.54로 나타났다. 두 집단의 왜도값과 첨도값은 Lei와 Lomax(2005)가 제시한 기준(±2 왜도값, ±3 첨도값)을 넘지 않아 기존 연수 프로그램과 새로 개발된 미래역량 프로그램의 점수분포는 정규성 가정을 충족한다고 볼 수 있다.

〈표 6-30〉 미래역량에 대한 두 프로그램의 평균차이

집단 1	미래역량 프로그램(A)	집단 2	기존 연수 프로그램(B)
1	77	1	62
2	91	2	87
3	84	3	67
4	74	4	79
5	88	5	75
6	77	6	67
7	86	7	80
8	80	8	72
9	75	9	73
10	88	10	60
평균	$\overline{Y_1} = 82$		$\overline{Y_2} = 72.2$
분산	$S_1^2 = 37.77$		$S_2^2 = 71.28$
표준편차	$S_1 = 6.14$		$S_2 = 8.44$
표본크기	$n_1 = 10$		$n_2 = 10$

앞서 두 집단의 모평균에 대한 차이(difference)를 두 집단의 표본평균의 차이로 추정을 할 수 있다. 두 집단의 평균차이를 알아보기 전, 기본가정(정규성, 등분산)이 충족되면 두 집단의 표본평균을 가지고 실제 두 집단의 모평균에 통계적으로 유의미한 차이가 있는지를 알아봐야 한다. 가설검증에 있어 두 집단의 모평균의 차이가 없다($H_0 : \mu_A = \mu_B$)는 영가설로 H_0로 표기하고, 두 집단의 모평균의 차이가 있다($H_A : \mu_A \neq \mu_B$)는 대안가설은 H_A으로 표기한다.

영가설과 대안가설 설정 시 로마자가 아니고 그리스어를 사용한다. 즉, 이는 표본을 통해 증명한 연구가설을 일반화시키려는 데 그 목적이 있다는 것을 반증한다고 할 수 있다. 앞서 언급한 예를 들어 영가설과 대안가설은 양측검증과 단측검증으로 나눌 수 있다. 기존 연수 프로그램과 새로 개발된 미래역량 프로그램에 대하여 평균차이를 알아본다면 이는 양측검증이다. 반대로 새로 개발된 미래역량 프로그램이 기존 연수 프로그램보다 더 효과성이 높거나 또는 그 반대의 경우가 발생한다면 이를 단측검증이라 한다.

양측검증으로 두 프로그램에 영가설을 설명하면 '두 프로그램(새로 개발된 미래역량 프로그램=A와 기존 연수프로그램=B)의 평균이 같다'이고, $H_0 : \mu_A = \mu_B$ 또는 $H_0 : \mu_A - \mu_B = 0$으로 나타낼 수 있다. 반면, 대안가설은 '두 프로그램(A와 B 프로그램)의 평균차이가 있다'이고, 이를 $H_A : \mu_A \neq \mu_B$로 나타낼 수 있다. 반면, 단측검증으로 영가설을 설명하면 '기존 연수 프로그램이 새로 개발된 미래역량 프로그램보다 평균이 높거나 같다'이고, $H_0 : \mu_A \leq \mu_B$로 나타낼 수 있다. 반면, 대안가설은 '새로 개발된 미래역량 프로그램의 평균이 기존 연수 프로그램의 평균보다 높다'이고 $H_A : \mu_A > \mu_B$로 나타낼 수 있다.

두 프로그램 간의 평균차이는 9.8($\overline{Y}_A - \overline{Y}_B = 9.8$)이고, 또한 두 프로그램 평균차이의 표준오차는 3.30(여기서는 3.30이 나오는 과정을 보여 주고 있지 않고 SPSS 프로그램 결과를 가져와서 언급함)이다. 만약 두 프로그램에 대해 모집단의 평균이 서로 같을 경우(H_0이 사실일 경우), '실제 연구를 통해 두 프로그램 간의 평균차이를 실제로 관측할 수 있는 경우는 얼마나 되는가?'라는 질문을 할 수 있다. 두 프로그램의 평균을 비교하는 데 널리 사용되는 통계적 방법은 독립표본 t-검증이다. 독립표본 t-검증은 두 프로그램의 평균차이를 평균의 표준오차로 나누는 방법으로 구할 수 있다.

$$t = \frac{\text{관심이 있는 통계량(두 프로그램 평균차이)}}{\text{관심이 있는 통계량의 표준오차(두 프로그램 평균의 표준오차}}$$

$$t = \frac{\overline{Y}_A - \overline{Y}_B}{S_{\overline{Y}_A - \overline{Y}_B}} = \frac{9.8}{3.30} = 2.96$$

표본평균, 표본분산 그리고 표본크기에 관한 정보를 종합하여 두 집단에 대한 평균차이에 대해 하나의 t 값으로 나타낼 수 있다. 오늘날 인문 · 사회과학에서 많이 사용되는 SPSS 통계 프로그램 덕택에 연구자는 수집된 자료에 대해 쉽게 t 값과 이에 대한 확률을 알 수 있었다. 하지만 개인용 컴퓨터가 널리 사용되기 이전 연구자들은 특정 t 분포의 확률을 알아보기 위해 t 분포표를 사용해야 했다. 만약 유의수준(level of significance = α)을 .05(5%)로 설정한다면 이에 대한 t 기각값은 t 분포표를 통해 확인할 수 있다.

기각값(t^*)을 찾기 위해서는 t 분포표(Student's t-table)을 이용해서 기각값(t^*)을 찾으면 된다. 첫 번째 세로 칸은 자유도(degrees of freedom)를 의미한다([부록 4] 참조). 예를 들어, 미래역량에 대한 연구에서 연구자는 20명의 표본을 가지고 연구를 시작을 했다. 그러나 연구자는 각 표본에 대한 모분산을 추정해야만 한다. 이로 인해 연구자는 각각의 추정치에 대하여 하나의 정보를 잃어버린다. 따라서 이 연구는 18개의 자유도를 가진다고 할 수 있다. 일반적으로 두 독립표본 t-검증 상황에서 자유도를 구하려면 전체표본의 크기에서 2를 빼면($N-2$) 자유도를 구할 수 있다.

기각값은 연구자에 의하여 선정된 유의수준(α)에 많은 영향을 받는다. 기각값(t^*)의 해석은 단측검증(one-tail) 또는 양측검증(two-tail)에 따라 해석이 달라진다(〈표 6-31〉 참조). 만약 새로 개발된 미래역량 프로그램과 기존 연수 프로그램의 효과성을 양측검증을 통해 나타내려면 통계적 유의수준을 .05로 설정한 다음, 자유도가 18일 경우 영가설을 검증할 때 사용되는 기각값(t^*)은 2.10이다($t^*_{18, .05/2}=2.10$). 반면, 새로 개발된 미래역량 프로그램이 기존 연수 프로그램보다 효과적이라는 단측검증을 유의수준 .05에서 한다면 유의수준 .05와 자유도 18일 만나는 곳의 기각값(t^*)은 1.73이다($t^*_{18, .05}=1.73$).

〈표 6-31〉 t-분포를 이용한 기각값 찾기

자유도(df)	α			
	.01	.05	.025	.001
1	3.078	6.314	12.706	31.821
2	1.886	2.920	4.303	6.965
3	1.638	2.353	3.182	4.541
4	1.533	2.132	2.776	3.747
5	1.476	2.015	2.571	3.365
6	1.440	1.943	2.447	3.143
7	1.415	1.895	2.365	2.998
8	1.397	1.860	2.306	2.896
9	1.383	1.833	2.262	2.821
10	1.372	1.812	2.228	2.764
11	1.363	1.796	2.201	2.718
12	1.356	1.782	2.179	2.681
13	1.350	1.771	2.160	2.650
14	1.345	1.761	2.145	2.624
15	1.341	1.753	2.131	2.602
16	1.337	1.746	2.120	2.583
17	1.333	1.740	2.110	2.567
18	1.330	1.734	2.101	2.552
19	1.328	1.729	2.093	2.539
20	1.325	1.725	2.086	2.528

〈표 6-30〉에 제시된 새로 개발된 미래역량 프로그램과 기존 연수 프로그램의 차이점에 대한 정보를 요약한 t 값은 2.96이다. 계산된 t 값이 양측검증으로 얻은 기각값($t^* = 2.10$)보다 크므로, 영가설이 사실일 때 관측치들이 관측될 확률이 5% 미만이라는 것을 알 수 있으며, 따라서 영가설을 기각할 충분한 증거가 있다고 결론 내릴 수 있다. 결국 영가설을 기각한다는 의미는 유의수준 .05($\alpha = .05$)에서 새로 개발된 미래역량 프로그램(A)과 기존 연수 프로그램(B) 사이에서 발생한 평균차이는 통계적으로 의미 있게 다르다고 결정지을 충분한 증거가 있다고 할 수 있다.

〈표 6-30〉에 주어진 자료를 바탕으로 계산된 t 값 2.96을 t 분포를 이용해서 보면 영가설이 사실일 때 영가설(새로 개발된 미래역량 프로그램과 기존 연수 프로그램 사이에는 평균의 차이가 없다)이 사실일 확률이 극단적이라는 것을 추론할 수 있다([그림 6-7] 참조). 자유도가 18일 때 계산된 t 값은 2.10과 3.61 사이에 있고 추론된 p값은 .05와

.001 사이에 있음을 알 수 있다(.05 < p < .001). 결국 새로운 미래역량 프로그램과 기존 연수 프로그램의 평균점수가 통계적으로 유의미하게 다르다고 말할 수 있다 ($t_{(18, .05)}$ =2.96, p < .01).

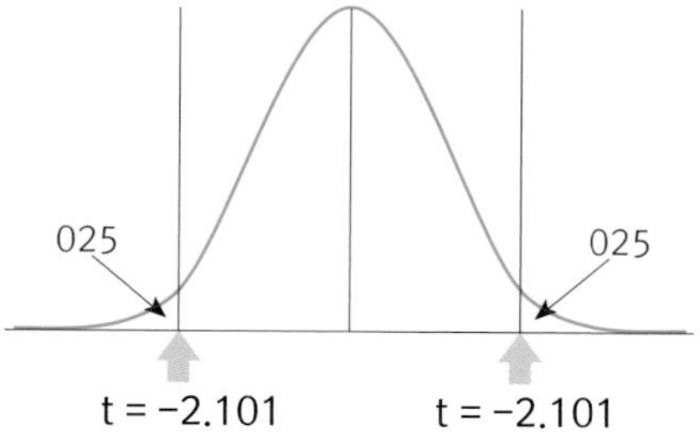

[그림 6-7] 독립표본 t-검증(양측검증) 결과

지금까지 모평균의 차이를 추정하기 위해 좋은 통계적 추정치는 표본평균의 차이라고 했다. 즉, 표본평균처럼 모든 정보를 하나의 수치로 나타내는 통계량을 점추정이라 부른다. 표본평균값 추정을 반복적으로 계산한다면 표본평균은 표본분포를 따르는 속성이 있다. 여기에서 의미하는 것은 표본추정과 실제 모수와의 차이가 평균적으로 어느 정도인지 알아야 하는 것이 중요한 것인데, 이러한 추정을 통계의 표준오차(standard error)라 한다. 표준오차에 대한 자세한 설명은 앞 장에서 기술하였으므로 다시 한 번 자세히 읽어 보기 바란다.

연구자는 평균과 같은 점추정을 통해 영가설을 검증하는 것 말고 때때로 신뢰구간과 같은 다른 방식을 통하여 모수를 추정할 수 있다. 신뢰구간을 구하기 위해서는 두 프로그램의 평균차이와 표준오차가 필요하다. 두 프로그램 평균의 차이를 점추정 값으로 나타내면 9.8($\overline{Y}_A - \overline{Y}_B$=82−72.2=9.8)이고 표준오차는 4.58이다. 이때 연구자는 표본의 크기에 따라 t 분포 또는 표준정규분포 중 어떠한 분포를 사용해야 하는지 결정해야 한다. 표본의 크기가 30 이하일 때는 표본평균의 표본분포는 t 분포를 따르고, 그 이상일 때는 표준정규분포(z)를 따른다.

예를 들면, 두 집단 간의 평균차이($\overline{Y}_A - \overline{Y}_B$=80−72.2=9.80)가 연구자의 관심사라면, 유의수준(α =.05)을 .05일 때와 .01때를 먼저 고려해야 한다. 이는 유의수준을 어떻게 결정하느냐에 따라 기준 t 값이 다르게 나타나기 때문이다. 기준분포는 자유도 18을 지닌 t 분포이면 유의수준(α)이 .05일 때 기각값은 2.10이다($t^{*}_{18, .05/2}$ =2.10).

그리고 표준오차는 4.58이다. 따라서 두 프로그램의 평균차이와 평균의 표준오차 정보를 가지고 신뢰구간을 구하면 다음과 같이 구할 수 있다.

관심 있는 통계량 ± 기준분포 × 통계의 표준오차

$$(80 - 72.2) \pm 2.10 \times (4.581)$$
$$9.8 \pm 9.62$$
$$(0.17,\ 19.42)$$

신뢰구간이 의미하는 바는 [그림 6-8]에 보이는 것처럼 연구를 반복했을 때 신뢰구간의 95%가 실제 차이를 포함한다는 것을 의미한다. 두 프로그램의 집단 간 실제 평균차이가 10점이라고 가정할 때 〈표 6-31〉에 제시된 두 프로그램의 평균차이는 9.80점이다. 두 프로그램의 평균차이를 점추정(평균)를 통해 나타내면 표본에서 얻은 점수(9.80)와 실제 차이(10.00)하고 차이가 있음을 알 수 있다. 하지만 [그림 6-8]은 표본으로부터 얻은 두 프로그램의 평균차이에 대한 신뢰구간을 얻으며 이 신뢰구간은 실제 두 프로그램에서 존재하는 평균차이(10.00)을 포함할 가능성이 높다는 것을 보여 준다.

[그림 6-8]은 실제 두 프로그램의 평균차이를 10.00으로 가정하고 두 프로그램에 대한 표본을 무작위로 표본추출한 후 두 프로그램의 평균차이를 신뢰구간 95% 수준에서 100번 본 것이다. [그림 6-8]을 자세히 보면, 어떤 경우는 신뢰구간이 두 프로그램의 실제 차이(10.00)를 포함하는 경우도 있고 그렇지 않은 경우도 있다. 따라서 신뢰구간을 잘 해석할 필요가 있으나, 연구자가 신뢰구간을 95%보다 99%로 보다 넓게 보는 경우에는 95%보다 99%에 두 프로그램의 실제 차이가 나타날 확률이 높다는 자신감을 가질 수 있다.

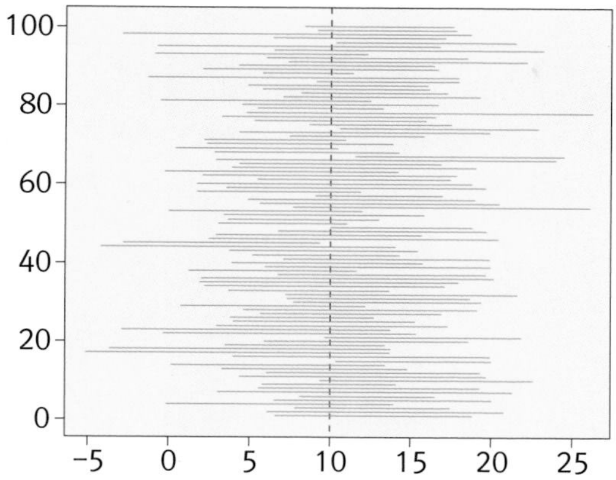

[그림 6-8] 집단의 차이평균이 10일 때 95% 신뢰구간

2) SPSS 프로그램을 이용한 독립표본 t-검증

앞서 교실행동, 교과지식, 교실운영, 학습계획의 향상으로 목적으로 개설된 새로운 미래역량 프로그램과 기존 연수 프로그램의 차이를 알아보기 위해 두 집단의 분산, 표준편차를 이용하여 계산적인 접근방법을 설명하였다. 하지만 현실적으로 인문·사회과학 영역에서 많은 연구자들이 독립표본 t-검증을 계산적으로 접근하기보다는 SPSS 프로그램을 이용해 독립표본 t-검증을 많이 시행하고 있다. 〈표 6-32〉는 연구자가 SPSS 프로그램을 이용해 독립표본 t-검증을 어떻게 시행할 수 있는지 그 절차를 보여 주고 있다.

〈표 6-32〉 SPSS를 이용한 독립표본 t-검증

1. 연구가설 설정	
교실행동, 교과지식, 교실운영, 학습계획에 대한 기존 연수 프로그램과 새로운 미래역량 프로그램의 차이를 증명하기 위한 먼저 영가설과 대안가설을 먼저 세워야 한다.	
영가설(H_0)	교실행동, 교과지식, 교실운영, 학습계획에 대한 미래역량 프로그램에 참여한 집단과 기존 연수 프로그램에 참여한 집단의 평균차이는 없다($\mu_{\text{집단1(미래역량프로그램)}} = \mu_{\text{집단2(기존프로그램)}}$).
대안가설(H_A)	교실행동, 교과지식, 교실운영, 학습계획에 대한 미래역량 프로그램에 참여한 집단과 기존 연수 프로그램에 참여한 집단의 평균차이는 있다($\mu_{\text{집단1(미래역량프로그램)}} \neq \mu_{\text{집단2(기존프로그램)}}$).

2. 자료 입력

①

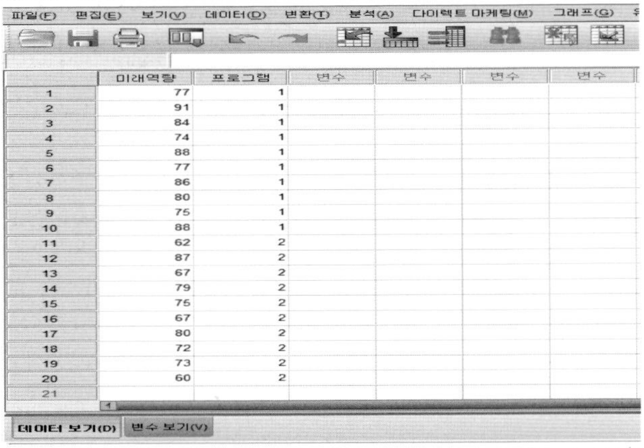

각 집단의 자료 입력

3. 자료 분석

독립표본 t-검증 가정확인

정규성과 등분산 가정

①

분석 → 평균비교
→ 독립표본 T 검정
→ 클릭

②

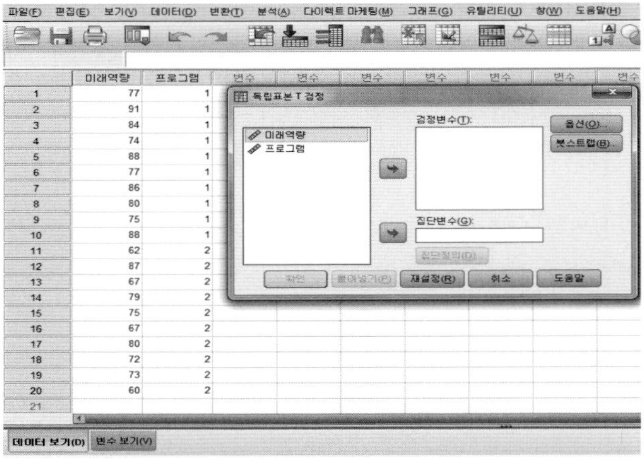

1. 검정변수로 이동 (미래역량)
2. 집단변수로 이동 (프로그램)

③

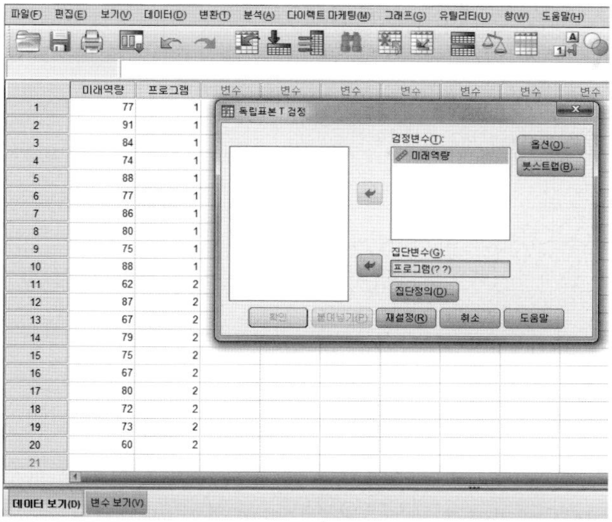

집단정의 클릭

주의: 프로그램으로 명명된 집단을 구분하기 위해 '집단정의'를 클릭해야 하며 이 과정을 거치지 않으면 SPSS를 이용하여 독립표본 t–검증을 실시할 수 없다.

④

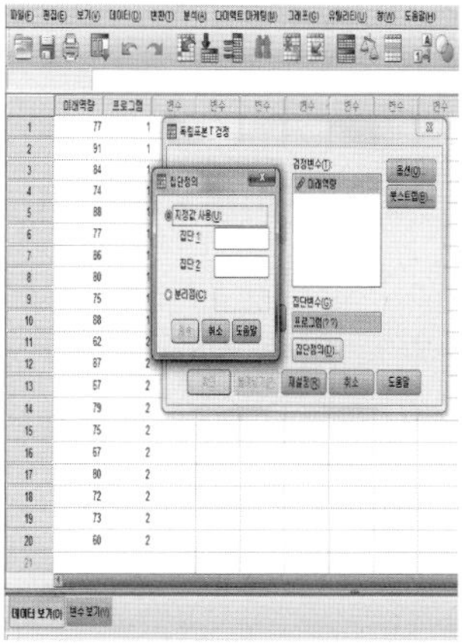

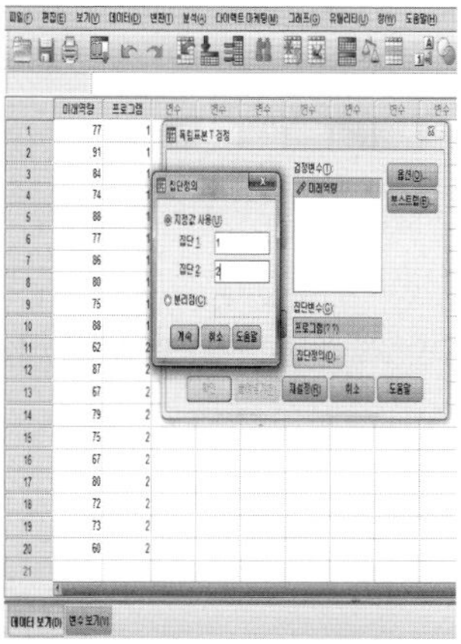

집단 1 → 1
집단 2 → 2
계속 클릭

주의: 이 자료에서 집단 1이 새로운 미래역량 프로그램에 참여한 집단이면 집단 2는 기존 연수 프로그램에 참여한 집단이다.

⑤

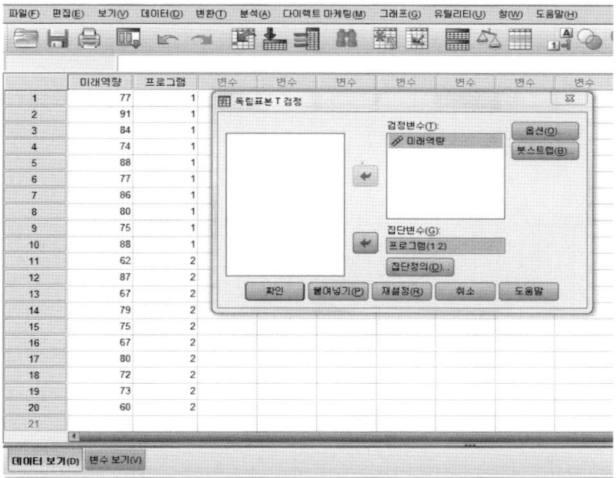

④ 단계에서 계속을 클릭하면 왼쪽 화면으로 복귀 → 확인 클릭

4. 결과

Independent Samples Test

		Levene's Test for Equality of Variances		t-test for Equality of Means						
									95% Confidence Interval of the Difference	
		F	Sig.	t	df	Sig. (2-tailed)	Mean Difference	Std. Error Difference	Lower	Upper
미래역량	Equal variances assumed	.509	.485	2.967	18	.008	9.800	3.303	2.862	16.738
	Equal variances not assumed			2.967	16.447	.009	9.800	3.303	2.814	16.786

레빈 등분산 검증 두 집단은 같은 모집단에서 나왔다고 볼 수 있다(F=0.50, p=.48). 또한 두 집단 간의 평균은 통계적으로 유의미한 차이가 있는 것으로 나타났다($t(18)=2.96$, $p<$ .01).

독립표본 t-검증을 통해 두 집단의 평균을 비교하기 전에 두 집단의 동질성이 우선 확인되어야 한다. 두 집단이 동질의 집단인지 그렇지 않은 집단인지는 레빈의 등분산 검증을 통해 알 수 있다. 레빈의 등분산 검증을 위해 우선 영가설을 '두 모집단의 분산이 같다'로 설정을 하는 반면, 대안가설은 '두 모집단의 분산은 다르다'고 설정해야 한다. 〈표 6-32〉의 결과에 따르면, 레빈의 등분산은 F=.50, p=.48로 영가설 기각에 실패를 했다. 즉, 두 집단의 분산이 통계적으로 유의미하게 다르지 않다는 것을 의미한다고 볼 수 있다.

이후 레빈의 등분산 가정 결과를 바탕으로 독립표본 t-검증 결과를 해석하면 된다. 하지만 〈표 6-32〉에 나타난 결과를 그대로 학술지, 연구보고서, 논문에 기입하기 위해서는 다소 정리가 필요하며, 〈표 6-33〉처럼 나타낼 수 있다. 〈표 6-33〉에 따르면, 새로 개발된 미래역량 프로그램의 평균 점수는 기존 연수 프로그램의 평균보다 9.80 더 높은 것으로 나타났다. 또한 이러한 두 프로그램의 평균차이는 통계적으로 유의미한 것으로 나타났다($t(18)=2.96$, $p<.01$). 즉, 새로 개발된 미래역량 프로그램이 기존 연수 프로그램보다 더 효과적이라는 걸 보여 준다고 볼 수 있다.

〈표 6-33〉 독립표본 t-검증

프로그램	평균	표준편차	평균차이	차이의 표준오차	차이의 95% 신뢰구간		t
					하한	상한	
미래역량 프로그램	82.00	6.14	9.80	3.30	2.86	16.73	2.96**
기존 연수 프로그램	72.20	8.44					

** $p<.01$

3) 효과크기

(1) 계산에 의한 효과크기

〈표 6-33〉에서 두 프로그램의 평균차이를 알아보기 위한 독립표본 t-검증의 분석 결과, 실험집단(새로 개발된 미래역량 프로그램)과 통제집단(기존 연수 프로그램) 간의 평균차이가 통계적으로 유의미한 것으로 나타났다. 그렇다면 통계적으로 유의미하게 나타난 집단 간 차이가 실질적으로 얼마나 효과가 있는지를 알아보아야 한다. 두 집단 평균차이에 대한 효과크기를 구하기 위해서는 실험집단과 통제집단의 평균, 통제집단의 분산이 필요하다. 실험집단과 통제집단 간 차이에 대한 효과크기(p. 167의 〈표 5-6〉 참조)에 제시된 Cohen's d의 기준에 따르면 효과크기가 크다는 것을 알 수 있다(〈표 6-34〉).

〈표 6-34〉 독립표본 t-검증 효과크기

$$d = \frac{\overline{x}_{(\text{실험집단})} - \overline{x}_{(\text{통제집단})}}{\sqrt{var_{(\text{통제집단})}}} = \frac{82.0 - 72.2}{\sqrt{71.28}} \simeq 1.16$$

(2) G*power 프로그램에 의한 효과크기

〈표 6-33〉에서 두 프로그램의 평균차이를 알아보기 위한 독립표본 t-검증의 분석 결과, 실험집단(새로 개발된 미래역량 프로그램)과 통제집단(기존 연수 프로그램) 간의 평균차이에 대한 효과크기를 G*power 프로그램을 통해 알아볼 수 있다. G*power를 이용해 효과크기를 구하는 절차는 앞서 p. 214의 〈표 6-29〉에서 제시하였다.

〈표 6-35〉 G*power를 이용한 효과크기

1. 프로그램 오픈		
①	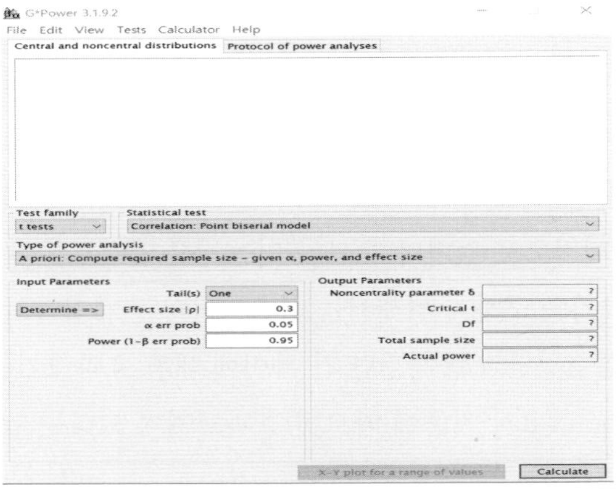	G*power 아이콘을 누르면 좌측 그림과 같은 창이 열림
2. 설정		
①	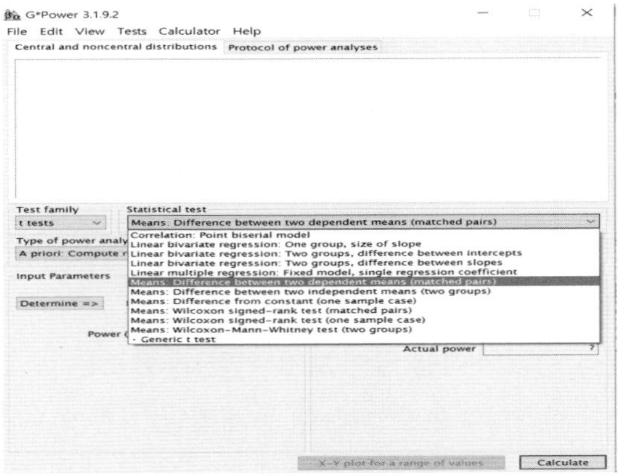	Test family → 분석기법 선정 Statistical Test → Means: Difference between two dependent means (two groups) 선정
②	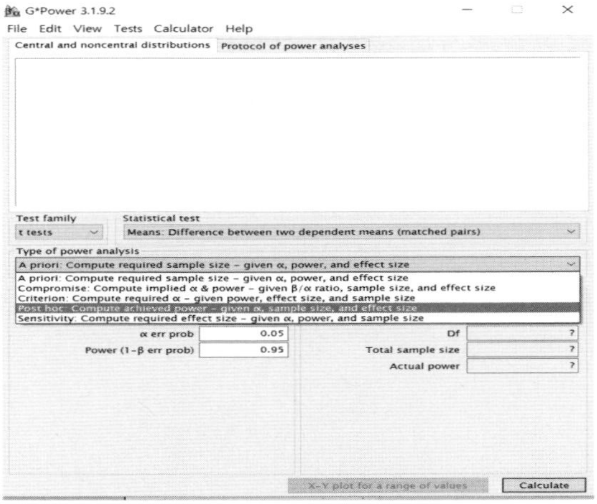	Type of power analysis에서 compute achieved power-given alpha, sample size, effect size 선정

③

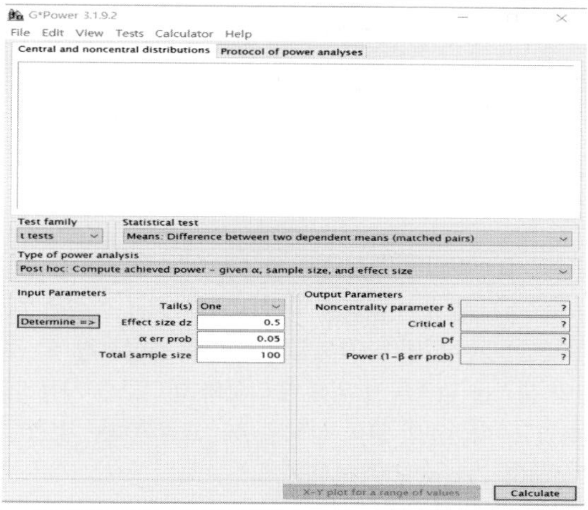

① Tail(s)에서 one(단측)
two(양측)

② Determine 선정

④

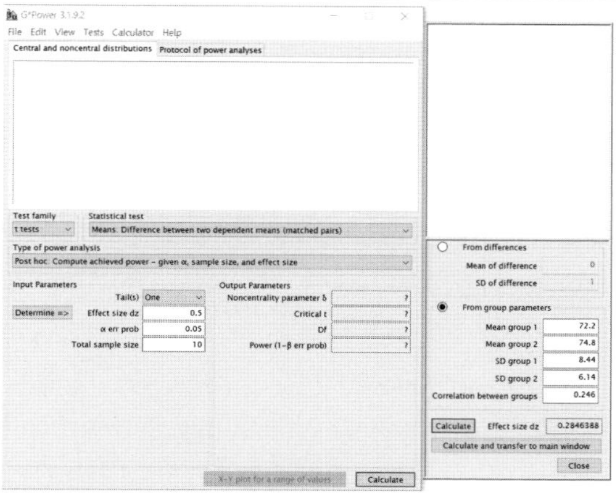

① Determine 선정

② From group parameters
집단 1의 평균
집단 2의 평균
집단 1의 표준편차
집단 2의 표준편차

③ Calculate 선정

연습문제 6-1

◆ A 연구자는 오디오와 비디오를 사용한 교수방법이 학생들의 성적에 어떤 효과를 줄 수 있는지 알아보려고 한다. 오디오와 비디오를 사용하지 않고 수업했을 때 학생들의 평균 성적은 70점이었다. A 연구자는 오디오와 비디오를 사용한 교수방법이 학생들의 성적을 향상시켜 줄 것이라고 생각하였다. A 연구자는 이러한 자신의 생각을 검증하기 위해 오디오와 비디오를 사용하여 수업한 뒤 50명의 학생들의 성적을 조사하였고, 학생들의 평균 성적은 75, 표준편차는 3으로 나타났다. A 연구자의 가설을 t 분포를 사용하여 가설을 검증하시오.

1 주어진 문제에 대한 연구가설을 기술하시오.

2 문항 1에 제시된 연구가설을 검증하기 위한 유의도(α)를 설정하시오.

3 자료에 대한 검증통계량을 구하시오.

4 자료에 대한 신뢰구간, 통계적 의사결정과 결론을 내리시오.

연습문제 6-2

◆ 다음의 자료를 이용하여 약 복용이 몸무게 변화에 미치는 효과성을 유의도 .01(α=.01)일 때 t 분포를 사용해 가설검증하시오.

(몸무게: 파운드)

약 복용 전 몸무게	x_1	약 복용 후 몸무게	x_2	$x_1 \ x_2$	D (차이점수)
150	0.4	145	1.2	0.48	5
145	−5.4	147	3.2	−17.28	−2
188	37.6	141	−2.8	−105.28	47
125	−25.4	120	−23.8	604.52	5
135	−15.4	128	−15.8	243.32	7
171	20.6	176	32.2	663.32	−5
148	−2.4	156	12.2	−29.28	−8
168	17.6	147	3.2	56.32	21
143	−7.4	124	−19.8	146.52	19
131	−19.4	154	10.2	197.88	−23

1 주어진 문제에 대한 연구가설을 기술하시오.

2 문항 1에 제시된 연구가설을 검증하기 위한 유의도(α)를 설정하시오.

3 자료에 대한 평균과 표준편차를 구하시오.

4 자료에 대한 검증통계량을 구하시오.

5 자료에 대한 신뢰구간, 통계적 의사결정과 결론을 내리시오.

연습문제 6-3

◆ 영어교육 전문가가 고등학생들의 영어단어 실력 향상에 어떠한 방법이 효과적인지에 대하여 알아보기 위해 실험을 실시하였다. 첫 번째 방법(A)은 학생들에게 단어의 목록과 그 뜻이 적힌 카드를 보여 주고 학생들에게 단어 목록에서 보여 준 단어를 배웠는지, 그리고 그 뜻이 무엇인지 물어 보았다. 실험기간이 끝난 후 모든 학생은 50단어를 완성하는 시험을 보았다. 그리고 각자가 참여한 방법이 영어단어 습득에 효과적인지 않은지에 대해 학생들의 점수를 조사하였다.

A 프로그램	
사전영어점수	사후영어점수
22	33
16	24
19	28
20	26
22	28
23	30
25	23
22	28
24	36
19	22

1 기술 분석(평균, 표준편차, 왜도, 첨도) 결과를 기술하시오.

2 종속변수의 정규성 검증(2가지 방법을 사용할 것) 결과를 기술하시오.

3 A 프로그램에 대한 통계적 검증을 기술하시오.

연습문제 6-4

◆ 다음은 먼저 제공받은 정보가 인물평가에 어떠한 영향을 미치는지 알아보기 위해 18명으로부터 실험한 결과이다. 첫인상(먼저 제공받은 정보)이 인물평가에 영향을 미치는지 검증하시오.

긍정적 정보를 먼저 제공받은 집단	부정적 정보를 먼저 제공받은 집단
25	12
27	20
24	17
17	21
25	26
30	28
18	20
28	13
33	18

1 주어진 문제에 대한 연구가설을 기술하시오.

2 문항 1에 제시된 연구가설을 검증하기 위한 유의도(α)를 설정하시오.

3 자료에 대한 평균과 표준편차를 구하시오.

4 자료에 대한 검증통계량을 구하시오.

5 자료에 대한 통계적 의사결정과 결론을 내리시오.

연습문제 6-5

◆ 70세 이상 할머니, 할아버지 집단의 청각 차이가 있는지에 알아보기 위해 16명으로부터 다음과 같은 자료를 얻었다. 유의도(α) .01에서 통계적 검증을 하시오.

70세 이상 할머니 · 할아버지 집단의 청각 차이

할아버지	할머니
13	22
15	20
19	23
20	21
19	15
24	22
16	19
21	17

1 주어진 문제에 대한 연구가설을 기술하시오.

2 문항 1에 제시된 연구가설을 검증하기 위한 유의도(α)를 설정하시오.

3 자료에 대한 평균과 표준편차를 구하시오.

4 자료에 대한 검증통계량을 구하시오.

5 자료에 대한 통계적 의사결정과 결론을 내리시오.

연습문제 6-6

◆ 새로 개발된 커피에 대한 만족도가 남 · 여에 따라 어떻게 차이가 나타나는지 알아보기 위한 설문조사에서 다음과 같이 나타났다. 새로 개발된 커피의 맛이 남 · 여에 따라 차이가 나는지 알아보시오.

커피만족도에 관한 남 · 여 차이

집단 1(남성)		집단 2(여성)	
ID	만족도	ID	만족도
1	77	1	62
2	91	2	87
3	84	3	67
4	74	4	79
5	88	5	75
6	77	6	67
7	86	7	80
8	80	8	72
9	75	9	73
10	88	10	60

1 APA 방식을 사용하여 기술 분석(평균, 표준편차, 왜도, 첨도) 결과를 기술하시오.

2 종속변수의 정규성 검증(2가지 방법을 사용할 것) 결과를 기술하시오.

3 커피만족도에 대한 남 · 여 차이를 통계적으로 검증하시오.

〈독립표본 t-검증 요약〉

〈연습문제 6-4〉에 제시된 첫인상(사전에 공지된 정보)이 사람의 평가에 차이를 들어 독립표본 t-검증을 다음과 같이 요약할 수 있다.

연습문제 확인
〈연습문제 6-4〉는 첫인상이 사람의 평가에 어떻게 영향을 미치는지에 대한 연구이다. 첫 번째 집단은 A라는 사람에 대한 긍정적 정보를 먼저 접한 뒤 부정적 정보를 접하였다. 두 번째 집단은 A라는 사람에 대한 부정적 정보를 먼저 접한 뒤 긍정적 정보를 접하였다. 그리고 각 집단은 A에 대한 진술을 들은 뒤 그에 대한 첫인상을 평가하였다.

첫 번째 모집단	두 번째 모집단
긍정	부정
$n_1 = 25$	$n_2 = 25$
$N = n_1 + n_2$	

1 영가설 세우기

H_0(영가설):	$\overline{X}_{긍정} = \overline{X}_{부정}$	
	$M_{긍정} = M_{부정}$	①
	$M_1 = M_2$	②
	$M_1 - M_2 = 0$	③

① 표본평균의 값을 가지고 모집단 평균값을 추론하고 싶기 때문에 모평균으로 표기

② 편의를 위해 임의로 긍정은 1로, 부정은 2로 표기

③ 영가설의 진위 판정을 위해 특정한 값을 이끌어 내기 위해 양변에 M_2를 뺌. 단일표본에서 H_0(영가설) $= M = 70$처럼 특정 값을 이끌어 내기 위한 작업)

2 표본의 크기 정하기

$n_1 = 25$	$n_2 = 25$
$N = n_1 + n_2$	

각각의 모집단에서 추출한 표본의 크기는 소문자 n으로 표기하고, 각각의 모집단에서 추출한 표본들의 합은 대문자 N으로 표기한다.

3 영가설이 맞는다고 가정할 때, 두 집단 평균값의 차이를 구하는 작업을 무한 반복하면 어떤 모습일까?

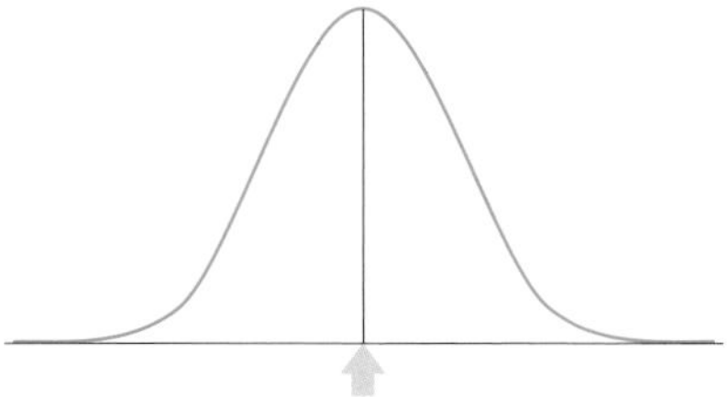

$M_{\overline{X}_1-\overline{X}_2}$

영가설이 맞다고 할 때, 두 집단 평균차이의 표본분포

4 성질

① $M_{(\overline{X}_1-\overline{X}_2)}=0$	
② $\sigma_{(\overline{X}_1-\overline{X}_2)}=\sqrt{\frac{\sigma_1^2}{n_1}+\frac{\sigma_2^2}{n_2}}$	모집단의 정보를 알 때 사용
③ $S_{(\overline{X}_1-\overline{X}_2)}=\sqrt{\frac{s_p^2}{n_1}+\frac{s_p^2}{n_2}}$ $S_p^2=\frac{\sum_{i=1}^{n_1}x_1^2-\sum_{i=1}^{n_1}x_2^2}{(n_1-1)+(n_2-1)}$	표본통계량만 알 때 사용

집단 수	σ에 대한 정보가 있을 때 z를 사용	σ에 대한 정보가 없을 때 t를 사용
집단이 하나일 때	$\frac{\overline{X}_1-\overline{X}_0}{\left(\frac{\sigma}{\sqrt{N}}\right)}$	$\frac{\overline{X}_1-\overline{X}_0}{\left(\frac{S}{\sqrt{N}}\right)}$
집단이 2개일 때	$\frac{\overline{X}_1-\overline{X}_0}{\sigma_{(\overline{X}_1-\overline{X}_2)}}$	$\frac{\overline{X}_1-\overline{X}_0}{S_{(\overline{X}_1-\overline{X}_2)}}$ $df=N-2$ $=(n_1-1)+(n_2-1)$

※ $Z=\frac{\overline{X}_1-\overline{X}_0}{\sigma_{(\overline{X}_1-\overline{X}_2)}}$ 이 되는 이유는 무엇인가?

기본적으로, $Z=\frac{(\overline{X}_1-\overline{X}_0)-M_{(\overline{X}_1-\overline{X}_2)}}{\sigma_{(\overline{X}_1-\overline{X}_2)}}$ 인데, $M_{(\overline{X}_1-\overline{X}_2)}=0$이므로 생략한다.

제7장

일원분산분석

분산분석 설계		
집단		
집단 A	집단 B	집단 C
X_{11}	X_{12}	X_{13}
⋮	⋮	⋮
X_{n1}	X_{n2}	X_{n3}
$\overline{X}_{.1}$	$\overline{X}_{.2}$	$\overline{X}_{.3}$

분산분석 가설

영가설(H_0): $\mu_1 = \mu_2 = \mu_3$

대안가설(H_A): $\mu_i \neq \mu_j,\ _i \neq\ _j,\ i = 1, 2, 3,\ j = 1, 2, 3$

분산분석 결과			
제곱값	자유도	평균제곱	F
집단 간	J − 1	$nS^2{}_{\overline{Y}_{.a}}$	
집단 내	N − A	$\overline{S}^2$	
전체	N − 1	$S^2{}_Y$	

전체 제곱값＝집단 간 제곱값＋집단 내 제곱값

전체 자유도＝집단 간 자유도＋집단 내 자유도

1. 분산분석이 필요한 이유

집단 간 평균을 비교할 때 지금까지 다룬 것은, 독립표본을 예로 들면 두 집단의 평균차이를 구하고 이를 비교 검증하는 것이었다. 그런데 집단의 수가 늘어나면 지금까지 방법으로 일일이 평균 2개씩을 비교해야 하는 과정은 번거로울 뿐만 아니라, 명목상의 유의수준과 실제의 유의수준에 괴리가 발생하는 문제가 발생하게 된다. 따라서 이 장에서는 집단의 수가 많아지면 왜 집단의 분산을 이용해 평균 비교를 해야 하는지를 그림과 통계적 접근을 통해 살펴보고자 한다.

교사연수 프로그램에 참여한 20명의 프로그램 만족도에 대한 개별 점수가 [그림 7-1]과 같이 나타났다. [그림 7-1]에서 X축은 각 개인(20명)을 의미하고 Y축은 프로그램에 대한 만족도(점수)이다. [그림 7-1]은 프로그램 만족도의 분산(퍼져 있는 정도)이 다소 크다는 것을 보여 주고 있다.

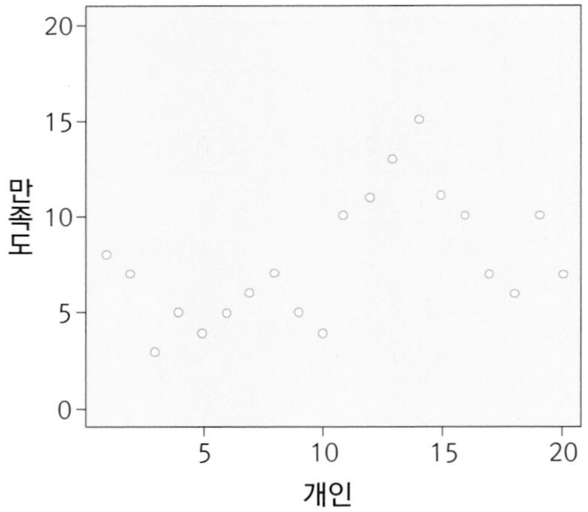

[그림 7-1] 교사의 프로그램 만족도 분포

교사 20명에 대한 프로그램 만족도의 퍼져 있는 정도(분산)를 살펴보기 위한 방법은, 변산도에서 그랬던 것처럼 만족도 평균에서 각 개인의 점수가 얼마만큼 떨어져 있는지를 살펴보는 것이다. [그림 7-2]는 20명에 대한 프로그램 만족도 평균을 실선(—)으로, 20명 각각의 프로그램 만족도 점수는 '•'로, 그리고 평균에서 20명 각각의 떨어져 있는 정도는 'ㅣ'로 보여 주고 있다.

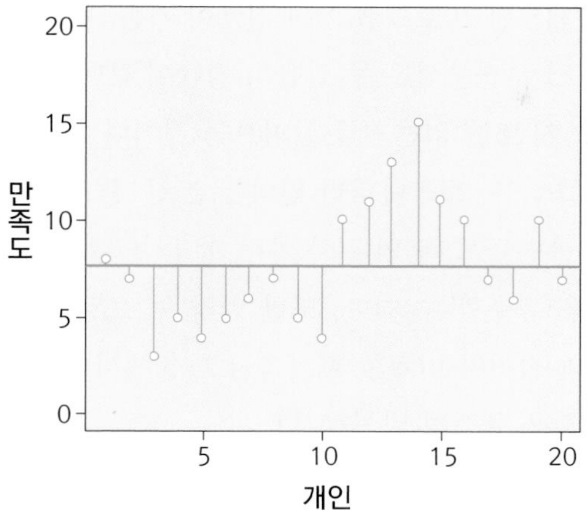

[그림 7-2] **프로그램 만족도 평균으로부터의 편차**

교사 20명에 대한 프로그램 만족도 차이는 평균에서 20명 각각의 프로그램 만족도를 뺀 점수($Y-\overline{Y}$)로 나타낼 수 있다. 따라서 20명 각각의 점수가 평균에서 얼마만큼 떨어져 있는지 알기 위해서는 제곱값을 이용해야 하는데, 이는 $SSY = \sum_{i=1}^{N}(Y_i - \overline{Y})^2$로 나타낼 수 있다. 여기서 SSY는 sum of squares of Y를 나타내는 기호인데, 지금까지 사용했던 X 대신 Y를 사용해 혼동될 수도 있겠지만, Y축에 점수가 표시되어 Y를 사용하는 것일 뿐 특별히 다른 이유는 없다.

[그림 7-1]과 [그림 7-2]는 집단을 하나로 보고 20명에 대한 전체평균을 보여 주고 있다. 그러나 20명 중 10명은 기존 프로그램(A)에 참여하고 나머지 10명은 새로운 프로그램(B)에 참여했다면 전체평균에서 20명 각각의 점수 차이를 살펴보는 것도 중요하지만, 두 프로그램의 평균을 구한 뒤 두 프로그램에 참여한 교사들의 개별 만족도를 살펴보는 것도 유용한 정보가 될 수 있다.

[그림 7-3]은 기존 프로그램과 새로운 프로그램의 평균을 보여 주고 있다. 검은 실선은 기존 프로그램의 평균을 의미하고, 검은 '●'은 기존 연수 프로그램에 참여한 10명 각각의 개별 프로그램 만족도 점수를, 그리고 가는 선 'ㅣ'은 기존 프로그램 평균에서 10명 각각의 개별 프로그램 만족도와의 차이를 의미한다. 마찬가지로 굵은 선 '▌'은 새로운 프로그램의 평균을 의미하고, 하얀 'ㅇ'은 새로운 프로그램에 참여한 10명의 개별 프로그램 만족도 점수를, 그리고 굵은 선 '▌'은 새로운 프로그램 평균에서 10명의 개별 프로그램 만족도와의 차이를 의미한다.

[그림 7-3]을 보면, 새로운 프로그램(B)의 평균이 기존 프로그램(A)의 평균보다 높음을 알 수 있다. 따라서 분산분석은 두 집단의 평균이 같다고 했을 때, 실제 두 집단의 평균의 차이가 있는지 또는 없는지를 살펴보는 것이다. 따라서 두 프로그램의 평균이 차이가 없다면 [그림 7-2]에 나타난 편차(굵은 선 '▌'로 표시한 것)의 길이는 [그림 7-3]에서 나타나는 두 프로그램의 편차(가는 선 '|' + 굵은 선 '▌'로 표시한 것)의 합의 길이와 같다는 것을 유추할 수 있다. 또한 만약 두 프로그램의 평균이 다르다면 [그림 7-2]에서 편차의 길이와 비교할 때, [그림 7-3]에서 나타는 두 프로그램의 편차의 합이 더 작다는 것을 유추해 낼 수 있다.

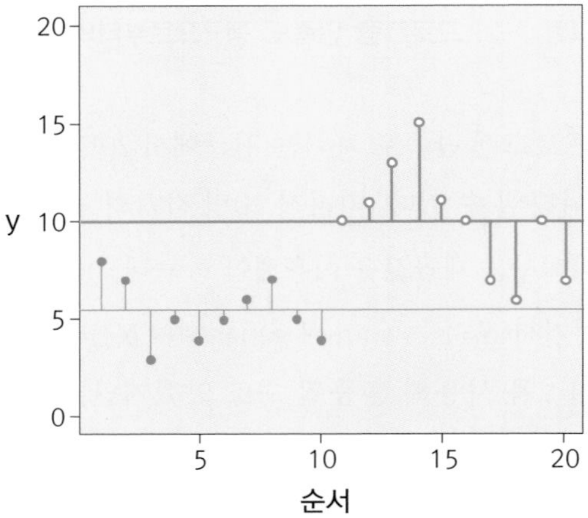

[그림 7-3] 두 교사연수 프로그램 평균

연구를 할 때, 집단의 수가 2개(예: 남 · 여)인 경우도 있지만, 집단의 수가 2개 이상인 경우도 아주 빈번히 나타난다. [그림 7-4]는 사회과학에서 많이 사용되는 완전 무작위 실험설계를 보여 주고 있다. [그림 7-4]에서 R은 random의 약자로 표본의 무작위 할당을 의미하고, T(treatment)는 처치집단을 나타내고, T의 아래첨자 (1, 2, 3)는 집단의 수를 의미한다. 또한 Y는 연구자가 궁극적으로 알아보고 싶어 하는 종속변수를 의미한다.

R	T_1	Y
R	T_2	Y
R	T_3	Y
$\vdots$	$\vdots$	$\vdots$
R	T_g	Y

[그림 7-4] 완전 무작위설계

2집단 이상의 여러 집단이 포함된 완전 무작위 실험설계의 경우, 집단 간 평균차이는 2가지 방법이 가능하다. 첫째, 독립표본 t-검증처럼, 여러 집단을 2집단씩 나누어서 여러 번 집단 간 평균차이를 구한 후, 서로 비교하는 것이다. 둘째, 여러 집단의 평균을 한 번에 비교하는 것이다.

먼저, 여러 번 독립표본 통계검증을 하고 서로 비교를 하는 경우를 다음과 같이 살펴볼 수 있다. 만약 어떤 독립변수의 집단이 1, 2, 3, 4학년, 이렇게 네 집단이 있다고 가정하면, 총 6번의 비교가 가능하다([그림 7-5] 참조). 집단이 2개 이상일 때 서로 비교가 가능한 경우의 수는 [그림 7-5]에 나온 절차를 이용하면 쉽게 알 수 있다. A는 집단의 수를 의미하고, 비교집단이 4개인 경우 A는 4가 되고 서로 비교가 가능한 조합은 6번이 된다.

1 *vs* 2 1 *vs* 3 1 *vs* 4 2 *vs* 3 2 *vs* 4 3 *vs* 4	$k = A(A-1)/2$ $= 4(4-1)/2 = 6$ A: 집단의 수

[그림 7-5] 서로 비교 가능한 조합

<예시 7-1> 집단이 3개인 경우

1, 2, 3반의 평균을 비교할 때, 여러 번의 독립표본 t-검증을 사용할 수 있다. 이때 비교되는 반 평균을 나열하면 1반과 2반, 1반과 3반, 2반과 3반으로 나누어 볼 수 있다. 2반과 1반, 3반과 1반, 3반과 2반은 이미 이전에 시행했던 반 평균 비교와 겹치기 때문에 불필요하다. 따라서 1반, 2반, 3반의 가능한 비교 횟수는 3번으로 볼 수 있다. 이때 주어진 집단의 수와 비교 가능한 횟수는 $\left(\frac{A(A-1)}{2}\right)$를 통해 쉽게 계산될 수 있다. 이때 A는 집단의 수를 의미하며, 비교집단이 3개인 경우 $\left(\frac{3(3-1)}{2}\right)$로 계산할 수 있으며, 두 집단 간의 비교가능 횟수는 3번이다.

이처럼 집단이 2개 이상일 경우, 두 집단 평균차이에 관한 가설검증을 여러 번 진행하고 그 차이를 서로 비교하는 것이 쉬운 방법일 수 있다. 그런데 이렇게 여러 번의 가설검증을 하고 서로 비교를 하게 되면 유의수준 설정에서 문제가 생긴다. 예를 들어, 유의수준(α) .05에서 두 집단의 평균차이를 독립표본 t-검증을 사용하여 분석할 경우, 겉으로 표현된(nominal) 유의수준과 실제(actual) 유의수준의 값은 .05로 정확히 일치한다. 하지만 이런 가설검증을 여러 번 실시해 서로 비교를 한다면 겉으로 표현된 유의수준과 실제 유의수준의 값이 달라져 차이가 생기게 된다.

따라서 여러 집단의 평균차이를 비교하기 위해 독립표본 t-검증을 임의로 설정된 어떤 유의수준(α), 예컨대 .05에서 여러 번 실시를 한 후 서로 비교하게 되면, 적어도 하나의 1종 오류가 나타날 확률은 $1 - (1-\alpha)^k$이다. 이때, k는 서로 비교하는 횟수이며, α는 연구자가 임의로 설정한 유의수준이다.

[그림 7-5]에서 보듯이, 만약 독립변수 내 집단의 수가 4개(1, 2, 3, 4학년)라면 서로 비교가 가능한 조합은 6번이다. 따라서 유의수준(α) .05에서 독립표본 t-검증을 6번 실시하고(k=6), 서로 비교를 하게 되면 적어도 하나의 1종 오류가 발생할 확률은 .264가 된다.

$$1-(1-.05)^6$$
$$1-(.95)^6$$
$$1-.735$$
$$=.264$$

이 방법처럼 여러 번의 독립표본 t-검증에서 발생할 수 있는 1종 오류를 정확히 계산하는 것이 번거로우면, 대신 $k(\alpha) = 6(.05) = .30$를 이용해 적어도 하나의 1종 오류가 발생하는 대략적 확률을 구할 수 있다.

즉, 4개의 집단을 비교하기 위해 유의수준 .05에서 t-검증을 하게 되면, 실제 유의수준은 $1 - (1-\alpha)^6$로 .264가 된다. 따라서 겉으로 표현된 유의수준 .05와 차이가 생김으로써 통계적으로 유의미한 평균차이를 검증하는 것 자체가 의미 없게 된다. 다시 말해, 겉으로 표현된 유의수준은 .05이지만 실제 유의수준은 .264가 되어, 영가설을 기각할 확률이 겉으로는 100번 중 5번이지만 실제로는 100번 중 26번이 맞는 영가설을 기각할 확률이 되는 것이다.

따라서 연구자는 유의수준(1종 오류)을 .05(5%)로 설정했다고 생각하지만, 서로 비교하는 과정에서 실제로는 유의수준 .264(26.4%)에서 집단 간 평균차이에 대한 통계적 유의미성을 검증한 것이다. 여러 번의 독립표본 t-검증으로 나타난 집단 간 통계적 유의미성이 연구자가 원래 설정한 기준(α =.05)이 아닌, 보다 개방적(liberal)인 기준에서 확대되어 나타난 것이다.

여러 번의 독립표본 t-검증으로 나타난 집단 간 통계적 유의미성은, 연구자가 설정한 처음 기준(α =.05)으로 본다면, 집단 간 차이가 통계적으로 유의미하더라도 이 유의미한 차이는 사실일 수도 있고 아닐 수도 있다. 이렇듯 여러 번의 비교를 통해 적어도 하나의 1종 오류를 범할 위험을 증가시키는 것을 가족간오차율(familywise error rate)이라고 한다. 이는 여러 번의 비교(같은 집단을 계속해서 비교하는 경우)를 하나의 가족(family)으로 취급하기 때문에 붙은 이름이다.

가족간오차율은 [그림 7-6]을 통해 알 수 있다. 첫 번째 독립표본 t-검증을 실시할 때 설정한 1종 오류(α)가 음영 부분이다. 즉, 보통의 독립표본 t-검증 과정에서 집단 간 차이는 음영 영역에서 통계적으로 검증되는 것이다. 그러나 독립표본 t-검증을 여러 번 실시하여 집단 간 평균을 계속해서 서로 비교하면, 처음 설정된 1종 오류(α)는 '과대추정'된 부분까지 확대된 상태에서 통계적으로 집단 간 차이를 검증하는 것이다. 따라서 여러 번의 독립표본 t-검증 결과는 연구자가 처음 설정한 1종 오류(α)의 범위보다 더 확대된 범위에서 통계적 결과를 보여 주기 때문에 이런 방식은 절대로 피해야 한다.

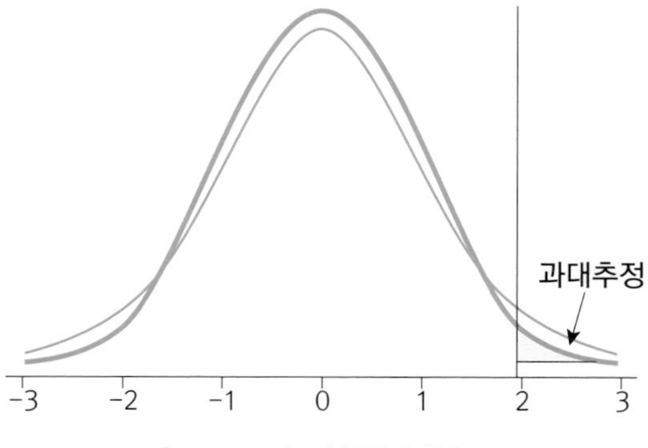

[그림 7-6] 가족간오차율

이렇듯 여러 번의 비교는 겉으로 표현된 유의수준과 실제 유의수준이 다르다는 문제를 일으켜 이를 해결하고 집단 간 평균차이를 한 번에 비교할 수 있는 수단인 분산분석이 등장하게 되었다.

2. 독립표본 t-검증과 일원분산분석과의 관계

분산분석(analysis of variance: ANOVA)은 독립변수의 범주가 2수준 이상(예: 집단이 2개 이상)일 경우 각 집단의 모집단 평균을 비교하는 데 일반적으로 쓰이는 방법이다. 종속변수를 설명하는 데 있어 독립변수가 하나 사용되면 일원분산분석(one-way ANOVA), 2개 사용되면 이원분산분석(two-way ANOVA)이라고 하며, 2개 이상이면 다원분산분석이라고 한다. 그러나 다원분산분석은 통계적으로 계산은 가능하나 해석이 쉽지 않아 널리 사용되지는 않는다.

독립변수와 종속변수

분산분석은 독립변수와 종속변수를 필요로 한다. 이때 독립변수를 구성하고 있는 하위 범주를 '수준'이라고 한다. 예를 들어, 중학생을 대상으로 학년 간 나타난 학교만족도를 알아보는 연구가 진행될 때, 중학교 학년은 독립변수이고 학교만족도는 종속변수이다. 이때 독립변수는 1, 2, 3학년 중학생으로 구성될 수 있기 때문에 독립변수의 수준은 3이라고 할 수 있다. 이 예에서는 독립변수와 종속변수가 각각 하나씩이지만, 다중변수인 경우에는 종속변수가 하나 이상이다.

독립변수 내 수준이 2 이상일 때 집단 간 차이를 알아보기 위해 사용되는 분산분석은 독립표본 t-검증에서 요구하는 기본전제(독립성, 정규성, 등분산)와 동일하다. 독립표본 t-검증과 일원분산분석의 차이는 독립표본 t-검증에 사용되는 독립변수의 수준이 2개라면 분산분석에서는 3개 이상이라는 것뿐이고 그 외는 동일하다(〈표 7-1〉 참조).

〈표 7-1〉 독립표본 t-검증과 일원분산분석의 차이점 및 관계

	독립표본 t-검증	일원분산분석
집단 수	2집단 평균비교	3집단 이상 평균비교
검증통계량	t	F
제시통계량	평균, 표준편차	평균, 표준편차, 사후검증 결과

F 통계량이 통계적으로 유의미할 경우 사후검증을 실시하고, F 통계량이 통계적으로 유의미하지 않으면 사후검증을 할 필요성이 없어 사후검증 결과를 제시하지 않는다. 또한, t 값을 제곱하면 F 값이 되고, 반대로 F 값에 제곱근을 사용하면 t 값이 된다($t^2 \rightarrow F \Rightarrow \sqrt{F} \rightarrow t$).

즉, 독립표본 t-검증과 일원분산분석은 집단 수준의 숫자에서만 차이가 있고 분석에서 요구하는 기본 가설검증 절차는 같다. 예를 들어, 어떤 연구자가 중학교 1학년 학생들의 학업성취도를 남학교와 여학교(남학교 vs. 여학교)를 대상으로 알아보기를 원한다면, 독립표본 t-검증을 이용하여 분석할 수 있다. 하지만 중학교 1학년 학생의 학업성취도를 남학교, 여학교, 남녀공학(남학교 vs. 여학교 vs. 남녀공학) 간 차이로 알아보기를 원한다면 일원분산분석을 사용해야 한다.

일원분산분석의 다양한 예시는 〈표 7-2〉와 같다. 〈표 7-2〉에서 제시된 ③번 예를 제외한 모든 경우는 집단의 수가 3집단 이상이라 일원분산분석을 사용하는 데 아무런 문제가 없다. 하지만 ③은 집단의 수준이 2개(남, 여)로 구성되어 있음에도 불구하고 독립표본 t-검증 대신 분산분석을 사용하여 분석할 수 있다는 것을 보여 주고 있다. 독립변수의 수준이 2개일 경우임에도 불구하고 일원분산분석을 할 경우 통계량은 F 값으로 산출된다. 따라서 F 값을 그대로 두고 분산분석의 관점에서 분석하거나, 아니면 F 값을 t 값으로 변환해($F = t^2$) 독립표본의 관점에서 분석해도 된다.

〈표 7-2〉 일원분산분석의 예시

① 읽기 · 이해 향상을 위한 3가지 교수법
② 수학실력을 향상시키기 위한 4개의 다른 교수법
③ 여자와 남자의 영어점수 차이
④ 초 · 중 · 고등학교 교사의 교직 인성 · 적성 검사 결과

분산분석은 분산이 어디에서 비롯되는가를 알아보는 통계기법이다. 분산분석은 한마디로 종속변수에서 나타나는 전체 변동성(variation, 변산성)을 개인 차이에서 발생하는 변동성과 각 개인이 속한 집단 또는 처치에 의하여 발생하는 변동성으로 구분하고 이를 분석하는 것이다. 종속변수의 점수가 개인마다 다르고 집단마다 다르게 나타나는 변동성을 분석하는 것이 분산분석이다.

분산분석에서는 개인과 집단에 따라 다양하게 나타나는 종속변수의 전체 변동성을 제곱값으로 나타내는데, 요인(성별, 학년 등과 같은 독립변수)의 차이에 의해서 나타나는 '집단 간 제곱값'과 집단 내 구성원들의 차이에서 발생하는 '집단 내 제곱값'으로 구분된다([그림 7-7] 참조).

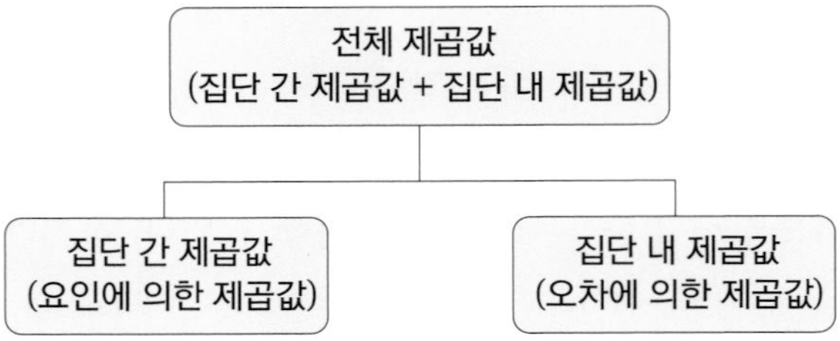

[그림 7-7] 일원분산분석의 전체 제곱값

만약 집단 간 차이를 나타내는 집단 간 제곱값(요인에 의한 제곱값)이 집단 내 구성원 간의 차이를 나타내는 집단 내 제곱값(오차에 의한 제곱값)보다 더 크다면, 집단 간 차이가 집단 내 구성원 사이에 나타나는 차이보다 더 크다는 것을 의미한다. 즉, 분산분석의 F 검증은 집단 간 제곱값을 집단 내 제곱값으로 나누어 접근하는 방식으로, F 검증통계량이 1보다 크면 집단 간 평균차이가 나는 것으로 볼 수 있으며, 1보다 같거나 작으면 집단 간 평균의 차이는 미미한 것으로 본다.

3. 분산분석에서 필요한 기본 지식

앞서 F 검증통계량이 1보다 크거나 작을 경우에 관해 언급했다. 일반적으로 연구자는 실험을 할 때 실험집단과 통제집단을 둔다. 물론 일반적으로 실험집단과 통제집단에 실험참여자(피험자)를 무작위(random)로 배정한다. 실험집단과 통제집단이 딱 하나씩만 있는 경우도 있지만, 일반적으로 실험조건이 여러 개 있고 그 조건만큼 실험집단이 있는 경우가 많다. 즉, 어떤 실험조건인가에 따라 각각의 집단에 주는 처치도 달라진다.

또한 실험집단에는 처치를 가하고, 통제집단에는 위약(placebo, 僞藥)을 준다. 통제집단에 아무것도 주지 않으면, 통제집단에 있는 피험자 입장에서는 실험집단에는 무엇인가가 제공되는데 자신들에게는 아무것도 주지 않는 것으로 인해 심리적 동요가 발생하게 되고, 그것이 실험 전반에 영향을 미쳐 실험 자체를 못 쓰게 만들 수 있다. 그래서 통제집단에는 반드시 실험집단에 주어지는 것과 비슷한 위약을 주어야 한다. 물론 위약은 겉모양은 같지만 실제 약효는 없는 가짜이다.

위약효과(placebo effect)

통제집단에서 아무 효과가 없는 가짜 약(위약)을 받았는데도 마치 제대로 처치(진짜 약)를 받은 것처럼 심리적으로 느끼는 것을 위약효과라고 한다.

만약, 집단이 모두 3개 있는 상황(실험집단 2개, 통제집단 1개)에서 실험을 가정을 하면, 각 집단의 평균 $\overline{Y_1}$, $\overline{Y_2}$ 그리고 $\overline{Y_3}$가 있을 수 있다. 이 3개의 집단 평균을 모두 더해 평균을 낸 것이 흔히 말하는 총평균(grand mean, $\overline{Y.}$)이다. 총평균은 전체평균이라고도 한다. 총 또는 전체라는 말처럼, 이 총평균은 모든 피험자의 점수를 더해 평균을 낸 것과 같다. 즉, 실험집단과 통제집단의 구분 없이 실험에 참여한 모든 피험자의 점수를 더해 평균을 낸 것이 총평균이다. 총평균은 다음과 같다.

총평균(grand mean, $\overline{Y.}$)

$$\text{총평균 } \overline{Y.} = \frac{\overline{Y_1} + \overline{Y_2} + \overline{Y_3}}{3} \Leftrightarrow \frac{\sum_{i=1}^{N} Y_i}{N} = \overline{Y.}$$

1) 처치효과가 있는 경우

실험집단에 처치를 가하고 이 처치에 효과가 있다고 가정한다면, 실험집단별 평균과 통제집단의 평균은 차이가 나타날 것이다. 즉, 각 집단의 평균 $\overline{Y_1}$, $\overline{Y_2}$ 그리고 $\overline{Y_3}$가 서로 차이가 있을 것이다. 처치는 집단별로 다르므로, 처치가 효과적이라는 것은 집단 평균이 서로 다르다는 것을 의미한다고 볼 수 있다.

평균을 무게균형점이라고 이해하면 개념이 쉽게 이해될 것이다. 무게균형점, 즉 평균은 어느 한쪽으로 쏠리지 않는 지점에 위치해 있다. 이런 평균의 속성을 염두에 두고 각 집단 평균 $\overline{Y_1}$, $\overline{Y_2}$, $\overline{Y_3}$을 살펴본다면, 처치가 효과가 있다면 각각의 평균은 총평균에서 서로 떨어져 있을 것이다.

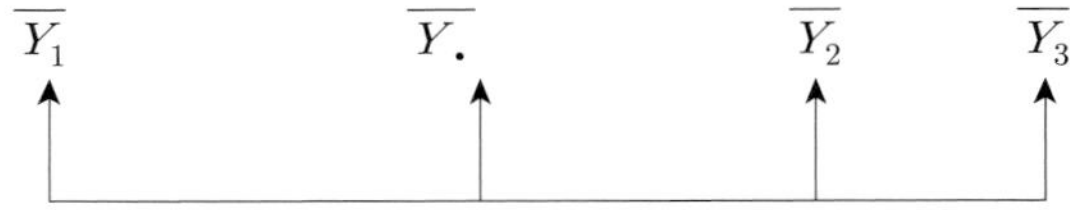

[그림 7-8] 처치가 효과가 있을 때 총평균과 집단 평균

[그림 7-8]는 각각의 평균 $\overline{Y_1}$, $\overline{Y_2}$, $\overline{Y_3}$가 총평균 $\overline{Y_{\bullet}}$ 에서 떨어진 거리(즉, 편차)를 보여 주고 있다. 이것을 처치효과(treatment effect, α)라고 한다. 처치효과를 기호 α로 나타낼 수 있는데, 이것을 유의수준을 나타내는 α로 착각하면 안 된다. 즉, 맥락을 살펴 기호 α가 어떤 의미로 사용되고 있는지를 잘 보아야 한다. 처치효과를 나타내는 기호로 다른 것을 쓸 수 있지만, 다른 책에서도 처치효과를 나타내는 기호로 α를 사용하므로 여기서도 α를 사용한다.

처치효과 α_1, α_2, α_3가 있다는 것은 총평균 $\overline{Y_{\bullet}}$로 떨어진 거리가 다르다는 것이고, 다시 이렇게 거리가 다르다는 것은 집단별로 주어진 처치가 서로 다르다는 것을 의미한다. 집단별 처치가 달라 처치효과가 다르게 나타나고, 그 결과 집단 평균도 달라지는 것이다. 따라서 총평균 $\overline{Y_{\bullet}}$ 에서 떨어진 거리가 다르므로 3개의 집단 평균 $\overline{Y_1}$, $\overline{Y_2}$, $\overline{Y_3}$가 만들어 내는 분산이 나타난다. 즉, 실험 처치효과에 의한 분산이 생기는 것이다.

이번에는 각각의 집단 내부를 살펴볼 차례이다. 각각의 집단에 있는 피험자는 무작위로 배정된 것이다. 이렇게 배정된 피험자가 각각의 집단에 10명씩 있다고 가정한다면, 각 집단의 피험자 10명은 모두 다른 사람이라는 것을 알 수 있다. 그 결과, 각 집단은 각각의 평균이 있고 각 10명은 그 집단 평균에서 서로 떨어져 있기 때문에 분산이 생긴다.

그런데 이렇게 집단 내부에서 발생한 분산은 실험처치를 받기 전부터 집단 내부에 존재하는 분산이다. 실험처치를 받지 않아도 각 집단에 무작위로 배정된 10명은 모든 것이 다르기 때문에 원래부터 분산이 존재한다. 이렇게 모든 것이 서로 다른 피험자—연구자가 아무리 실험상황을 통제한다고 해도 피험자를 복제하여 10명으로 하지 않는 한—는 태생적이고 원천적인 것으로 방지할 수가 없는 문제이다. 이런 것을 실험오차(experimental error)라고 한다. 이 실험오차는 각 집단에 있는 피험자 10명의 각 개체의 특이성(idiosyncrasy)에서 오는 것으로 연구자도 어찌할 수 없어 실험오차라는 이름이 붙었다.

2) 처치효과가 없는 경우

실험집단에 처치를 가하고 이 처치에 효과가 없다고 가정한다면, 각 집단 평균 $\overline{Y_1}$, $\overline{Y_2}$, $\overline{Y_3}$는 총평균 $\overline{Y.}$ 에 떨어지는데, 이를 [그림 7-9]처럼 나타낼 수 있다.

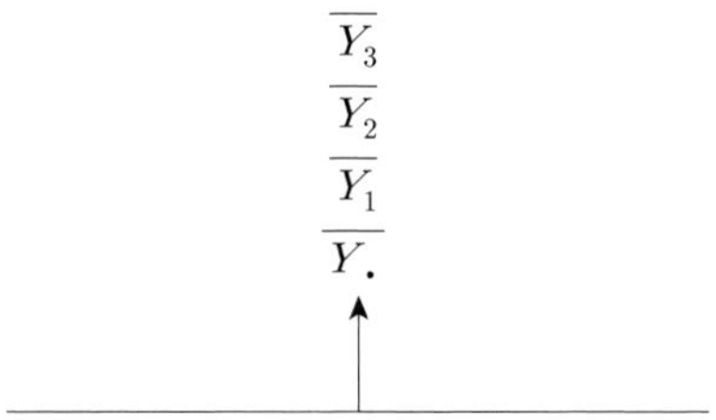

[그림 7-9] 처치효과가 없을 때 총평균과 집단 평균

모든 집단 평균이 총평균에 위치해 있으므로 집단별로 서로 다른 실험처치에 의한 처치효과가 없고, 따라서 실험처치에 의한 분산은 없다. 그러면 남아 있는 것은 각 집단 내부의 피험자 개체 특이성에서 비롯되는 분산만 있게 된다. 즉, 실험오차에서 비롯되는 분산만 남는다(〈표 7-3〉 참조).

〈표 7-3〉 처치효과 유무에 따른 분산

	시험조치가 효과가 있을 때	실험조치가 효과가 없을 때
분산	실험처치효과+실험오차	실험오차

따라서 (실험처치효과+실험오차)에 의한 분산을 분자로, 실험오차에 의한 분산을 분모로 하는 F는 다음과 같이 나타낼 수 있다.

F

$$F = \frac{(\text{실험처치효과} + \text{실험오차})\ \text{분산}}{\text{실험오차 분산}}$$

(실험처치효과+실험오차) 분산을 실험오차분산으로 나눈 것을 F 비(比, ratio)라 한다. 비율로 표시되어 '비'라고 하는데, 비율로 불러도 무방하다. 많은 이름 중에 F 라고 이름이 붙은 것은 F 분포를 도출해 통계학에 큰 기둥을 세운 로널드 피셔(Ronald Fisher)를 기리기 위해 조지 스네데커(George Snedecor)가 붙인 것이다.

만약 실험이 효과 없다면, $F = \frac{\text{실험오차 분산}}{\text{실험오차 분산}}$가 되어 1이 될 것이다. 반면, 실험이 효과가 있다면, $F = \frac{(\text{실험처치효과} + \text{실험오차})\ \text{분산}}{\text{실험오차 분산}}$이 되어 1보다 커지게 된다. 이런 까닭으로 앞에서 F 검증통계량이 1보다 크면 집단 간 평균차이가 나는 것으로 볼 수 있으며, 1보다 같거나 작으면 집단 간 평균의 차이는 미미한 것으로 볼 수 있다. 피셔가 도출해 낸 F 분포는 2개의 독립적 χ^2분포의 비율로 정의된 것이다.

F

$$F = \frac{\dfrac{\chi^2_{\nu_1}}{\nu_1}}{\dfrac{\chi^2_{\nu_2}}{\nu_2}}$$

F는 서로 독립적 χ^2를 각각 해당되는 자유도 ν로 나눈 비율이다.

χ^2의 비율로 정의되는 F를 이해하기 위해 χ^2은 다음과 같이 설명할 수 있다. 변수 Y가 모집단에서 정규분포를 이루는 확률(랜덤) 변수라고 하면, 변수 Y의 평균은 변수 Y에 기댓값을 취한 것이다.

기댓값

$$E(Y) = \mu$$

변수에 확률이란 말을 붙이지 않아도 특별히 지칭하지 않는 한 모든 변수는 확률변수이다. 그럼에도 확률이란 말을 붙인 것은 그렇다는 것(확률)을 강조하기 위해서이다.

그리고 변수 Y의 분산은 $E[Y - E(Y)]^2 = \sigma^2$으로 나타낼 수 있다. 평균과 분산이 이렇다는 사실을 감안하고, 변수 Y의 모집단에서 표본크기가 1인 표본을 반복해서 무한대로 취했고, 각 관찰치 Y을 표준점수 z로 〈표 7-4〉와 같이 나타낼 수 있다. 〈표 7-4〉에 제시된 z는 변수 Y에 따라 값이 달라지는 확률변수이다. 〈표 7-4〉에 제시된 z 양 변에 제곱을 하면, $\frac{(Y-\mu)^2}{\sigma^2}$로 나타낼 수 있고, 이건 결국 χ_1^2이 된다. z를 제곱하면 자유도 1인 χ^2이 되는데, 결국 $z^2 = \chi_1^2$이 된다.

〈표 7-4〉 **표준정규분포와 χ^2의 관계**

z		z^2		χ^2
$z = \frac{Y-\mu}{\sigma}$	$\Rightarrow$	$z^2 = (\frac{Y-\mu}{\sigma})^2 = \frac{(Y-\mu)^2}{\sigma^2}$	$\Rightarrow$	χ_1^2

만약 변수 Y_1과 Y_2가 독립적으로 평균 μ, 분산 σ^2인 정규분포 Y에서 나온 표본이라고 하면, 표준점수 z를 각각 제곱한 것은 다음과 같이 된다. 이럴 때, $z_1^2 + z_2^2 = \chi_2^2$의 관계가 성립된다. 즉, z을 제곱하면 자유도 1인 χ_1^2이 되는데, 서로 독립적인 z을 제곱해서 더하면 자유도 2인 χ_2^2이 되는 것이다.

두 변수의 표준점수 제곱

$$z_1^2 = (\frac{Y_1 - \mu}{\sigma})^2 \qquad z_2^2 = (\frac{Y_2 - \mu}{\sigma})^2$$

이런 관계(두 변수의 표준점수에 제곱을 하는 경우)를 다음과 같이 더 확대할 수 있다. 변수 Y의 정규분포를 이루는 모집단에서 n개의 독립적 관찰치를 취하고, 이를 모두 더했다고 한다면(이때, n개의 표본크기는 1), 이를 자유도 n인 χ_n^2으로 나타낼 수 있으며, 자세한 과정은 다음과 같이 나타낼 수 있다.

χ_n^2

$$\sum_{i=1}^{n} z_i^2 = \frac{\sum_{i=1}^{n}(Y_i - \mu)^2}{\sigma^2} = \chi_n^2$$

하지만 모집단 평균 μ는 우리가 실제에서 아는 경우가 거의 없다. 즉, 모집단을 대상으로 전수조사를 하는 경우를 제외하고는 없다고 보아도 무방하다. 그렇지만 표본평균 $\overline{Y}$는 표본으로부터 계산해 낼 수 있다. 그러면 n개의 독립적 표본에서 얻은 표본평균 $\overline{Y}$로 모집단 평균 μ을 다음과 같이 대치할 수 있다.

χ_{n-1}^2

$$\frac{\sum_{i=1}^{n}(Y_i - \overline{Y})^2}{\sigma^2} = \chi_{n-1}^2$$

χ^2의 자유도를 보면, n이 아니고 $n-1$로 나타나 있다. 표본평균 $\overline{Y}$는 표본에서 나오는 것이고, 주어진 표본에서는 $\overline{Y}$는 어떤 고정된 값(상수)이기 때문에 자유도는 $n-1$이 되는 것이다. χ_{n-1}^2의 분자를 살펴보면, 모집단에서 나온 $(Y_i - \mu)$에 한 번은 $\overline{Y}$을 넣고, 한 번은 $\overline{Y}$ 빼면 달라지는 것은 아무것도 없고, 다음의 [수식 1]과 같이

나타낼 수 있다.

$$(Y_i - \mu) = (Y_i - \overline{Y}) + (\overline{Y} - \mu) \qquad \text{[수식 1]}$$

[수식 1]의 양 변을 제곱한 후 등호 오른쪽 항은 [수식 2]와 같이 전개할 수 있다.

$$(Y_i - \mu)^2 = [(Y_i - \overline{Y}) + (\overline{Y} - \mu)]^2$$
$$(Y_i - \mu)^2 = (Y_i - \overline{Y})^2 + 2(Y_i - \overline{Y})(\overline{Y} - \mu) + (\overline{Y} - \mu)^2 \qquad \text{[수식 2]}$$

[수식 2]에 n개의 독립적 표본을 더하면 [수식 3]과 같이 나타낼 수 있다.

$$\sum_{i=1}^{n}(Y_i - \mu)^2 = \sum_{i=1}^{n}[(Y_i - \overline{Y})^2 + 2(Y_i - \overline{Y})(\overline{Y} - \mu) + (\overline{Y} - \mu)^2]$$

[수식 3]

[수식 3]에 나타난 변수에 더하기 연산자 $\sum_{i=1}^{n}$를 취하면, 가운데 항의 $(Y_i - \overline{Y})$는 $\sum_{i=1}^{n}(Y_i - \overline{Y})$로 나타낼 수 있는데, 이 값은 0이 되어 가운데 항 전체가 사라진다. 그리고 남는 항을 정리하면 [수식 4]처럼 나타낼 수 있다.

$$\sum_{i=1}^{n}(Y_i - \mu)^2 = \sum_{i=1}^{n}(Y_i - \overline{Y})^2 + n(\overline{Y} - \mu)^2 \qquad \text{[수식 4]}$$

두 번째 항에서 n을 곱한 것이 나오는데, 주어진 표본에서 $(\overline{Y} - \mu)$는 상수이기 때문에 상수를 n개 더하는 것은 그 상수를 n번 곱하는 것과 같은 이유이다. [수식 4]에 나타는 양 변에 모집단 분산 σ^2으로 나누면 [수식 5]와 같이 나타낼 수 있다.

$$\frac{\sum_{i=1}^{n}(Y_i - \mu)^2}{\sigma^2} = \frac{\sum_{i=1}^{n}(Y_i - \overline{Y})^2}{\sigma^2} + \frac{n(\overline{Y} - \mu)^2}{\sigma^2} \qquad \text{[수식 5]}$$

[수식 5]에서, 오른쪽의 마지막 항 $\frac{n(\overline{Y}-\mu)^2}{\sigma^2}$는 $\frac{(\overline{Y}-\mu)^2}{\frac{\sigma^2}{n}}$로 나타낼 수 있고, 이것은 자유도 1인 χ_1^2이 된다. 마지막 항이 χ_1^2이 되는 이유는, 표본평균 $\overline{Y}$의 분포는 평균이 μ이고 분산은 $\frac{\sigma^2}{n}$이기 때문이다(중심극한정리 참조).

중심극한정리

첫 번째 정리는 평균 $\mu_{\overline{Y}}=\mu$이다.

두 번째 정리는 표준오차 $\frac{\sigma}{\sqrt{n}}$를 제곱하면 분산이다.

[수식 5]에서, 등호 오른쪽의 첫 번째 항 $\frac{\sum_{i=1}^{n}(Y_i-\overline{Y})^2}{\sigma^2}$은 표본평균 $\overline{Y}$에서 나왔으므로, 자유도가 $n-1$인 χ_{n-1}^2이 된다. 물론 표본평균 $\overline{Y}$ 대신에 모집단 평균 μ이면 자유도는 n이 된다. 따라서 [수식 5]는 [수식 6]과 같이 나타낼 수 있다.

$$\chi_n^2=\chi_{n-1}^2+\chi_1^2 \qquad \text{[수식 6]}$$

두 분포 χ^2와 F 간의 관계를 이해하기 위해서는, 두 번째 항 $\frac{\sum_{i=1}^{n}(Y_i-\overline{Y})^2}{\sigma^2}$이 $\frac{(n-1)\widehat{\sigma^2}}{\sigma^2}$으로 나타낼 수 있다는 것을 이해해야 한다. 여기서 $\widehat{\sigma^2}$은 sigma square hat이라고 읽으며 모집단 분산 σ^2의 불편파추정치로 다음과 같이 나타낼 수 있다.

$\widehat{\sigma^2}$

$$\widehat{\sigma^2}=\frac{\sum_{i=1}^{n}(Y_i-\overline{Y})^2}{n-1}$$

$\widehat{\sigma^2}$이 분산의 불편파추정치인 이유는, 분자의 괄호 안 편차점수를 y라고 할 때, 이

를 제곱해 더한 것은 제곱값 $\sum_{i=1}^{n} y_i^2$으로 나타낼 수 있다. 그리고 이 제곱값 $\sum_{i=1}^{n} y_i^2$을 n에서 1을 뺀 $n-1$로 나누었으니 분산의 불편파추정치가 되는 것이다. 두 번째 항 $\frac{\sum_{i=1}^{n}(Y_i-\overline{Y})^2}{\sigma^2}$을 $\frac{(n-1)\widehat{\sigma^2}}{\sigma^2}$으로 나타낸다고 했을 때, $\widehat{\sigma^2}=\frac{\sum_{i=1}^{n}(Y_i-\overline{Y})^2}{n-1}$을 두 번째 항에 대입하면, $\frac{\sum_{i=1}^{n}(Y_i-\overline{Y})^2}{\sigma^2}$을 $\frac{(n-1)\widehat{\sigma^2}}{\sigma^2}$처럼 나타낼 수 있다.

$\frac{\sum_{i=1}^{n}(Y_i-\overline{Y})^2}{\sigma^2}$과 $\frac{(n-1)\widehat{\sigma^2}}{\sigma^2}$의 관계

$$\frac{(n-1)\left[\frac{\sum_{i=1}^{n}(Y_i-\overline{Y})^2}{n-1}\right]}{\sigma^2}=\frac{\sum_{i=1}^{n}(Y_i-\overline{Y})^2}{\sigma^2}$$

따라서 분산의 불편파추정치 $\widehat{\sigma^2}=\frac{\sum_{i=1}^{n}(Y_i-\overline{Y})^2}{n-1}$을 제곱값 $\sum_{i=1}^{n} y_i^2$에 대해서 [수식 7]처럼 나타낼 수 있다($\sum_{i=1}^{n}(Y_i-\overline{Y})^2$은 $\sum_{i=1}^{n} y_i^2$).

$$\sum_{i=1}^{n} y_i^2=(n-1)\widehat{\sigma^2} \qquad \text{[수식 7]}$$

[수식 7]은 따라서 $(n-1)\widehat{\sigma^2}$에 대한 σ^2의 비율, 즉 $\frac{(n-1)\widehat{\sigma^2}}{\sigma^2}$이 자유도 $n-1$인 χ^2_{n-1}이 되는 것이다.

$$H_0 : \sigma_1^2=\sigma_0^2$$

이 영가설은 모집단 분산을 잘 대표한다고 믿어지는 표본에서 나온 분산과 영가설에서 진술된 분산이 서로 같은지를 검증하기 위한 것이다. 모집단 분산 σ_1^2에 관한 이 영가설은 χ^2 분포에 의해 검증될 수 있다. 이때 검증통계량이 두 번째 항을 다시 쓴 $\frac{(n-1)\widehat{\sigma_1^2}}{\sigma_0^2}$ 으로 나타낼 수 있다. 여기서 $\widehat{\sigma_1^2}$은 표본에서 계산된 모집단 분산 σ_1^2의 추정치이며, σ_0^2은 영가설에서 진술된 모집단 분산이다. 그래서 모집단 분산 σ^2의 아래 첨자를 각각 1과 0로 준 것인데, 어떤 모집단이라는 의미에서 1, 영가설에서 진술되었다고 0으로 표기한 것이다. 이 영가설은 분산이 하나만 있는 경우에 영가설에서 진술된 분산과 어떻게 다른지를 검증하는 것이다. 그런데 대부분의 연구에서는 분산이 하나가 아니고 2개가 나타나는데, 이렇게 분산이 2개 있는 경우에 가설을 검증하는 수단이 앞에서 설명한 F이다. 그리고 이 F가 2개의 독립적 χ^2의 비율로 나타내는 것이다.

확률변수 Y_1과 Y_2가 서로 독립적인 모집단에서 각각 정규분포를 이루고, 또한 변수 Y_1과 Y_2의 2개 모집단 분산 σ^2이 서로 같다고 가정하면, $\sigma_1^2 = \sigma_2^2$의 관계가 성립된다. 이때 분산은 서로 같지만 평균은 서로 같을 수도 있고 다를 수도 있기 때문에 반드시 평균 μ_1과 μ_2가 같아야 하는 것은 아니다. 그리고 표본크기 n_1과 n_2인 독립적 표본이 각자의 모집단에서 추출되었다고 가정한다면, 모집단 분산의 불편파추정치 $\widehat{\sigma_1^2}$과 $\widehat{\sigma_2^2}$을 각각 계산할 수 있다.

χ^2의 두 번째 항 $\frac{(n-1)\widehat{\sigma^2}}{\sigma^2}$은 자유도 $n-1$인 χ^2_{n-1}이 되며, [수식 8]과 같이 나타낼 수 있다.

$$\frac{(n-1)\widehat{\sigma^2}}{\sigma^2} = \chi^2_{n-1} \Rightarrow (n-1)\widehat{\sigma^2} = \sigma^2\chi^2_{n-1} \qquad \text{[수식 8]}$$

[수식 8]을 모집단 분산의 불편파추정치 $\widehat{\sigma^2}$에 풀면 [수식 9]처럼 나타낼 수 있다.

$$\widehat{\sigma^2} = \frac{\sigma^2\chi^2_{n-1}}{n-1} \qquad \text{[수식 9]}$$

모집단 분산의 불편파추정치 $\widehat{\sigma^2}$에서 분모는 $n-1$고, 분자에서 χ^2의 자유도는 $n-1$이다. 따라서 자유도 기호 ν를 사용해 좀 더 일반적으로 나타내면 모집단 분산의 불편파추정치 $\widehat{\sigma^2}$는 [수식 10]과 같이 나타낼 수 있다.

$$\widehat{\sigma^2} = \frac{\sigma^2 \chi^2_\nu}{\nu} \qquad \text{[수식 10]}$$

[수식 10]을 변수 Y_1과 Y_2 각각의 모집단 분산의 불편파추정치에 대해서 〈표 7-5〉와 같이 나타낼 수 있다.

〈표 7-5〉 Y_1과 Y_2 각각의 모집단 분산의 불편파추정치

Y_1	Y_2
$\widehat{\sigma^2}_1 = \frac{\sigma^2 \chi^2_{\nu_1}}{\nu_1}$	$\widehat{\sigma^2}_2 = \frac{\sigma^2 \chi^2_{\nu_2}}{\nu_2}$

〈표 7-5〉에 제시된 변수 Y_1과 Y_2 모집단 분산의 불편파추정치 $\widehat{\sigma^2_1}$과 $\widehat{\sigma^2_2}$을 $\widehat{\sigma^2_1}$에 대한 $\widehat{\sigma^2_2}$의 비율을 만들면 [수식 11]과 같이 나타낼 수 있다.

$$\frac{\widehat{\sigma^2_1}}{\widehat{\sigma^2_2}} = \frac{\frac{\sigma^2 \chi^2_{\nu_1}}{\nu_1}}{\frac{\sigma^2 \chi^2_{\nu_2}}{\nu_2}} \qquad \text{[수식 11]}$$

[수식 11]에서 등호 오른쪽 항을 보면, 분자와 분모 모두에 σ^2가 있으므로 σ^2은 상쇄된다. 그러면 최종적으로 [수식 12]가 남는다.

$$\frac{\widehat{\sigma^2_1}}{\widehat{\sigma^2_2}} = \frac{\frac{\chi^2_{\nu_1}}{\nu_1}}{\frac{\chi^2_{\nu_2}}{\nu_2}} \qquad \text{[수식 12]}$$

[수식 12]를 자세히 보면, 등호 왼쪽은 서로 다른 모집단 분산 불편파추정치의 비율이고, 오른쪽은 서로 다른 자유도를 갖는 χ^2의 비율이다. 등호 오른쪽은 앞에서 언급

했는데, F 비율에서 오른쪽 항이다. 그러니까 F는 서로 다른 자유도를 갖는 두 χ^2의 비율이며, 또한 서로 다른 모집단 분산 불편파추정치의 비율이다. 물론, 이 F는 분자의 자유도 ν_1과 분모의 자유도 ν_2에 따라 분포의 모습이 달라지는 확률변수이다. 지금까지 여러 수식 과정을 통해 보여 준 것이 바로 F와 χ^2 간의 관계이다.

앞서 안급했듯이, F는 (실험처치효과+실험오차) 분산에 대한 실험오차분산의 비율이며, F 검증을 위해서는 (실험처치효과+실험오차) 분산과 실험오차분산이 필요하다. F에서 (실험처치효과+실험오차) 분산을 집단 간 분산, 실험오차분산을 집단 내 분산이라고 한다.

먼저, 집단 간 분산은 실험처치를 통해 다음과 같이 살펴볼 수 있다. 실험처치가 효과가 있었다면, 총평균에서 각각의 집단이 떨어진 거리가 서로 다르게 나타난다. 처치효과 $\alpha_1, \alpha_2, \alpha_3$가 있다는 것은 총평균 $\overline{Y.}$ 에 세 집단의 평균이 모여 있지 않다는 것을 의미한다. 분산을 계산할 때, 편차(점수)가 평균으로부터 떨어진 거리인 것처럼, 분산분석에서도 처치효과는 총평균에서 떨어진 거리인 것이다. 떨어진 거리라는 개념은 동일하나, 분산 계산에서 각각의 관찰치가 단위였다면, 분산분석에서는 각각의 집단 평균이 단위인 것만 다르다.

집단 평균에서 나온 제곱값은 집단 간 제곱값(sum of squares between: SSb 또는 SSB)이라고 하고, 다음과 같이 나타낼 수 있다.

집단 간 제곱값(SSB)

$$SSB = n\sum_{j=1}^{j}(\overline{Y_j} - \overline{Y.})^2$$

등호 오른쪽 괄호 안을 보면 처치효과를 제곱해 모두 더한 것을 알 수 있다. 하지만 이렇게 처치효과를 제곱해 모두 더한 것은 단위인 집단만 고려된 것이고, 각 집단에 있는 피험자는 고려되지 않은 것이다. 따라서 집단크기를 더하기 연산자 $\sum$ 앞에 곱해 준 것이다. 물론, 집단크기가 모든 집단에서 동수일 때만 더하기 연산자에서 곱할 수 있고, 서로 다르다면 더하기 연산자 뒤에서 곱해야 한다. 일반적으로 집단크기는 동수가 원칙이나 반드시 동수가 아니어도 된다.

집단 간 평균제곱값이라고 불리는 집단 간 분산은 집단 간 제곱값과 자유도를 이용한다. 집단 간 평균제곱값(Mean Squares between: MSb 또는 MSB)을 구하기 위해 집단 간 제곱값을 집단 자유도 $(J-1)$로 나누면 된다. 분산을 계산할 때, 제곱값을 표본크기로 나눈 것과 같은 원리이다. 여기에서는 집단이 단위이므로 (집단 숫자−1)로 나눈 것뿐이다.

집단 간 평균제곱값(MSB)

$$MSB = \frac{n\sum_{j=1}^{j}(\overline{Y_j} - \overline{Y.})}{(J-1)}$$

j =집단 수

집단 내부에서 나온 제곱값은 집단 내 제곱값이라 한다. 집단 내 제곱값(sum of squares within: SSw 또는 SSW)은 실험오차 때문에 나타나는 제곱값이다. 집단 평균에서 각각의 피험자가 떨어진 거리, 즉 편차를 구해 제곱하고 모두 더하면 하나의 집단 내부에서 나오는 제곱값이 되는데, 이렇게 모든 집단의 제곱값을 구해 더한 것이 집단 내 제곱값이다.

집단 내 제곱값

$$SSW = \sum_{j=1}^{j}\sum_{i=1}^{n}(Y_i - \overline{Y_j})^2$$

i =사람

j =집단

집단 내 평균제곱값이라고 불리는 집단 내 분산(Mean Squares within: MSw 또는 MSW)은 집단 내 제곱값과 자유도를 이용한다. 집단 내 분산은 집단 내 제곱값을 집단 내 자유도 $J(n-1)$로 나누어 주면 된다. 각각의 집단 내에서 그 집단 평균을 구해야 하므로 각 집단 내의 자유도는 $(n-1)$이고, 여기에 집단의 숫자가 있으니까 이를 고려하면 집단 내 자유도는 $J(n-1)$이 된다. 집단 내 평균제곱값은 다음과 같이 나타낼 수 있다.

집단 내 평균제곱값

$$MSW = \frac{\sum_{j=1}^{j}\sum_{i=1}^{n} y_i^2}{J(n-1)}$$

따라서 F 값은 MSB(집단 간 분산)을 MSW(집단 내 분산)으로 나눈 값으로 다음과 같이 나타낼 수 있다.

F

$$F = \frac{MSB}{MSW}$$

4. 일원분산분석

독립변수의 수준이 2수준 이상이고 종속변수가 연속변수라면 일원분산분석을 실시하기 위한 최소 기본연구설계는 충족되었다고 볼 수 있다. 일원분산분석을 활용하기 위한 기본연구설계가 충족되었다고 무조건 일원분산분석을 이용해 수집된 자료를 분석하는 것은 바람직하지 않다. 수집된 자료의 종속변수가 정규성 가정에 충족되었다면 등분산 가정을 확인해야 한다. 등분산 가정이 충족되었다는 것은 비교 집단이 비슷한 동질의 집단이라는 것을 의미하고, 등분산 가정이 충족되지 않았다는 것은 집단이 서로 간 이질적 집단이라는 의미이다. 따라서 일원분산분석을 이용해 수집된 자료를 분석하기에 앞서 집단 간 등분산 가정의 충족 여부를 확인해야 한다.

등분산 가정이 충족되면 일반적인 일원분산분석을 하면 된다. 분석 결과 집단 간 차이가 통계적으로 유의미하면 사후분석[예: 쉐페(Scheffé), 터키(Tukey) 등]을 실시하고 그렇지 않다면 더 이상 분석을 하지 않고 최종 결과만 기술하면 된다. 반면 등분산 가정이 충족되지 않으면, 이질적 집단의 차이를 고려한 브라운-포사이드(Brown-Forsythe) 또는 웰치(Welch) 방법을 사용해야 한다. 브라운-포사이드 또는 웰치 분석 결과 집단 간 차이가 통계적으로 유의미하면 사후분석[예: 게임스-오웰(Games-Howell)

등)을 실시하고 그렇지 않다면 더 이상 분석을 하지 않고 최종 결과만을 기술하면 된다([그림 7-10] 참조).

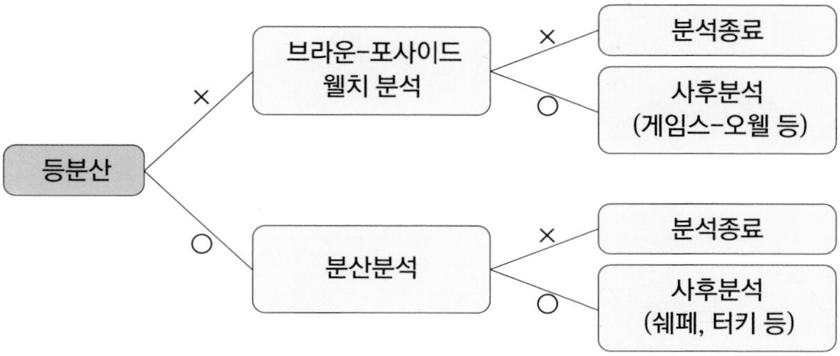

[그림 7-10] 일원분산분석 흐름도

수집된 자료가 2수준 이상인 하나의 독립변수와 종속변수를 포함하고 있어 일원분산분석의 기본적인 연구 설계를 포함하고 있다면, 등분산 가정이 충족되었을 때와 그렇지 않을 경우를 고려해서 자료를 분석해야 한다. 하지만 분산분석을 이용하는 많은 연구 및 논문에서는 등분산 가정을 기술하지 않아 통계적 결과 기술이 확실치 않은 경우가 많다. 따라서 여기서는 등분산 가정이 충족되었을 때 일반적으로 이용되는 분산분석과 그에 따른 다른 분석절차들(효과크기, 사후분석 등)만을 고려해 설명하였다.

학교현장에서는 학생들의 학업성적을 향상시키기 위해서 다양한 노력을 기울이고 있다. 만약 A 연구자가 고등학생들의 논술실력 향상을 위해 사용된 3가지 방법의 효과성을 증명하기 위해 15점 만점으로 구성된 3가지 방법에 21명의 학생을 7명씩 임의로 할당하였다(〈표 7-6〉). 첫 번째 방법(G1)은 자신이 쓴 에세이에 대하여 친구들에게 피드백을 받는 것이고, 두 번째 방법(G2)은 교사에게 피드백을 받는 것이다. 세 번째 방법(G3)은 자신이 쓴 에세이를 스스로 피드백하는 것이다.

〈표 7-6〉 고등학생들의 논술성적

	동료 피드백(G1)	교사 피드백(G2)	자기 피드백(G3)
	8	12	11
	7	14	10
	13	9	7
	10	10	6
	12	11	10
	11	13	7
	9	15	5
평균	$\overline{Y_1}=10$	$\overline{Y_2}=12$	$\overline{Y_3}=8$
분산	$S_1^2=4.67$	$S_2^2=4.67$	$S_3^2=5.33$
표준편차	$S_1=2.16$	$S_2=2.16$	$S_3=2.30$
표본크기	$n_1=7$	$n_2=7$	$n_3=7$

1) 계산을 이용한 일원분산분석

(1) 영가설 및 대안가설

〈표 7-6〉에서 제시된 고등학생들의 논술성적 향상을 위한 3가지 피드백 방법의 효과성을 증명하기 위해서는 주어진 자료의 분석에 앞서 영가설과 대안가설이 필요하다. 영가설은 독립표본 t-검증에서 제시된 것과 같이 집단 간 평균이 같다고 설정할 수 있다($\mu_1=\mu_2=\mu_3$). 하지만 대안가설은 집단 간 다양한 관계가 나타나 독립표본 t-검증에서 제시된 것처럼 집단 간 평균이 다르다고 간단히 설정할 수 없다(예: $\mu_1 \neq \mu_2=\mu_3$, $\mu_1=\mu_2 \neq \mu_3$). 따라서 3가지 피드백 방법에 대한 영가설과 대안가설은 〈표 7-7〉처럼 설정할 수 있다.

〈표 7-7〉 3가지 피드백 방법에 대한 영가설 및 대안가설

영가설(H_0)	동료 학생들의 피드백, 교사의 피드백 그리고 자기 피드백을 받은 학생들의 논술 평균점수에는 차이가 없다($\mu_1=\mu_2=\mu_3$).
대안가설(H_A)	동료 학생들의 피드백, 교사의 피드백 그리고 자기 피드백을 받은 학생들의 논술 평균점수에는 차이가 있다($\mu_i \neq \mu_j$). 즉, i와 j는 같지 않다. ($\mu_i \neq \mu_j$)와 같이 대안가설을 표기한 이유는 고등학생들의 논술실력을 향상시키기 위한 프로그램의 평균의 차이가 다양한 곳에서 발생할 수 있기 때문이다(예: $\mu_1 \neq \mu_2=\mu_3$, $\mu_1=\mu_2 \neq \mu_3$).

(2) 제곱값

논술성적 향상을 위한 3가지 피드백 방법에 대한 효과성을 알아보기 위해서는 주어진 자료의 집단 간 평균제곱과 집단 내 평균제곱이 필요하다. 집단 내 구성원들의 차이를 나타내는 집단 내 제곱값을 구하기 위해서는 3가지 피드백 방법에 대한 분산(합동분산= S_p^2)을 이용해야 한다. 3가지 피드백에 대한 합동분산을 계산할 때, ① 각 집단의 사례 수가 같을 때(각 집단의 분산을 더한 다음 집단의 수로 나눔), ② 각 집단의 사례 수가 다른 경우(각 집단의 크기가 다를 경우에는 각 집단의 관측치들의 수를 고려해야 함)로 접근해야 한다(〈표 7-8〉 참조).

〈표 7-6〉에 제시된 3가지 피드백에 관한 집단 내 제곱값을 구하기 위해서는 합동분산(집단 내 평균제곱)과 자유도를 살펴보아야 한다. 집단 내 자유도는 N(전체 사례 수)−A(집단 수)로 나타낼 수 있는데, 〈표 7-6〉의 경우 전체 사례 수는 21명이므로 집단 내 자유도는 18(21−3=18)이다. 합동분산의 경우 〈표 7-8〉에 제시된 집단 간 크기가 같을 때(a)을 이용해 G1의 분산(4.67), G2의 분산(4.67), G3의 분산(5.33)을 더한 값에 집단의 수 3로 나누면 4.89가 된다. 집단의 사례 수가 다를 경우에는 〈표 7-8〉에 제시된 집단 간 크기가 다를 때(b)를 이용하면 쉽게 구할 수 있으며, 이때 N은 전체 사례 수를, A는 집단의 수, n_i는 각 집단의 사례 수를 의미한다.

〈표 7-8〉 합동분산

집단 간 크기가 같을 때(a)	집단 간 크기가 다를 때(b)
$S_p^2 = \overline{S}_{Y^2} = \dfrac{S_1^2 + S_2^2 + S_3^2}{A}$ $= \dfrac{4.67 + 4.67 + 5.33}{3} = \dfrac{14.67}{3} = 4.89$	$\sum_{i=1}^{N} S_i^2 / A$ $S_p^2 = \overline{S}_{Y^2} = \dfrac{\sum_{i}^{N}(n_i - 1)S_i^2}{N-A}$

합동분산(S_p^2)

합동분산은 각 집단의 분산을 각각 더한 다음 집단의 수로 나누어 나타난 것으로 집단 내 평균제곱과 같다.

집단 간 제곱값을 구하기 위해서는 자유도와 집단 간 평균제곱을 알아야 한다. 집단 간 자유도는 A−1로 구할 수 있으며, 〈표 7−6〉의 경우 자유도는 2(3−1=2)이다. 집단 간 평균제곱은 전체평균에서 집단 간 평균을 빼고 이를 집단의 수로 나누면 된다. 전체평균은 $\overline{Y}_{..}$로, 개별 집단의 평균은 $\overline{Y}_{.a}$로 표기할 수 있다. 예를 들면, 동료 학생들의 피드백(G1)을 받은 집단($\overline{Y}_{.1}$)의 평균은 10점, 교사의 피드백(G2)을 받는 집단($\overline{Y}_{.2}$)의 평균은 12점, 그리고 자기 피드백(G3)을 하는 집단($\overline{Y}_{.3}$)의 평균은 8점이다. 〈표 7−9〉에 제시된 3가지 피드백 집단의 전체평균는 $\sum_{i=1}^{N}\overline{Y}_{.a}/A$로 구할 수 있으며, 전체평균($\overline{Y}_{..}$)은 10이다.

〈표 7−9〉 3가지 피드백의 전체평균

$$\overline{Y}_{..} = \sum_{i=1}^{N}\overline{Y}_{.a}/A = \frac{10+12+8}{3} = 10$$

집단 간 평균제곱값은 전체평균에서 각 집단의 평균이 얼마나 떨어져 있는지 알아보는 것이다. 〈표 7−10〉에 나타난 것처럼, 세 피드백의 전체평균의 분산($S^2_{\overline{Y}}$)은 4이다. 하지만 세 가지 피드백의 전체평균의 분산($S^2_{\overline{Y}}$)인 4는 각 집단의 사례 수를 고려하지 않은 것으로 집단의 사례 수를 고려해야 한다. 집단 간 사례 수를 고려한 전체평균의 분산은 $S^2_{\overline{Y}} = S^2_{Y}/N$의 원리를 이용하면 쉽게 구할 수 있다.

〈표 7−10〉 3가지 피드백의 집단 간 분산

$$S^2_{\overline{Y}} = \frac{\sum_{i=1}^{N}(\overline{Y}_{.a} - \overline{Y}_{..})^2}{A-1} \qquad \frac{[(10-10)^2+(12-10)^2+(8-10)^2]}{3-1} = \frac{0+4+4}{2} = 4$$

$S^2_{\overline{Y}} = S^2_{Y}/N$에서 $S^2_{\overline{Y}}$는 전체평균의 분산을, S^2_{Y}는 각 피드백의 분산을, N은 사례 수를 의미한다. $S^2_{\overline{Y}} = S^2_{Y}/N$에서 N을 곱해 주면 $N(S^2_{\overline{Y}}) = S^2_{Y}$으로 다시 나타낼 수 있다. 사례 수를 고려하지 않은 전체평균의 분산 4에 각 집단의 사례 수 7를 곱하면 사례 수를 고려한 전체평균의 분산은 28(7×4=28)이 된다. 따라서 〈표 7−6〉에 제시된 3가지 피드백에 사례 수를 적용한 집단 간 평균제곱값은 28, 집

단 내 평균제곱값은 4.89이다. 즉, 사례 수를 적용한 세 피드백의 집단 간 평균제곱은 집단 내 평균제곱보다 5.73배(28 vs. 4.89) 더 크다는 것을 알 수 있다.

집단 내 자유도

집단 내 자유도는 전체 사례 수에서 집단의 수($N-A$)를 뺀 것으로 나타낼 수 있는데, 〈표 7-6〉의 경우 전체 사례 수는 21명이기 때문에 집단 내 자유도는 18(21−3=28)이다.

N: 전체 사례 수, A: 집단의 수

집단 간 자유도

집단 간 자유도는 전체집단에서 1을 뺀 것으로 ($A-1$)로 나타낼 수 있다. 〈표 7-6〉의 경우 집단이 3개이기 때문에 집단 간 자유도는 2(3−1=2)가 된다.

〈표 7-6〉에 제시된 3가지 피드백의 효과성을 입증하기 위해 실시한 통계적 접근 방법을 일원분산분석이라고 한다. 일원분산분석을 나타내기 위해서는 집단 간 제곱값, 집단 간 자유도, 집단 내 평균제곱값, 집단 내 자유도를 〈표 7-11〉처럼 나타내야 한다. 전체 제곱값은 집단 간 제곱값과 집단 내 제곱값으로 나눌 수 있다. 집단 간 제곱값은 $SS_{between}$으로 표기하고, 집단 내 제곱값은 SS_{within}으로 표기한다. 3가지 피드백에 관한 집단 간 제곱값, 집단 내 제곱값, 전체 제곱값은 〈표 7-11〉과 같이 나타낼 수 있다.

〈표 7-11〉 3가지 피드백에 관한 제곱값

집단 간 제곱값	$SS_{between} = df_{between} \times (MS_{between})$	$SS_{between} = 2(28) = 56$
집단 내 제곱값	$SS_{within} = df_{within} \times (MS_{within})$	$SS_{within} = 18(4.89) = 88.02$
전체 제곱값	$SS_{Total} = SS_{between} + SS_{within}$	$SS_{Total} = 56 + 88.02 = 144.02$

3가지 피드백의 효과성을 알아보기 위해 필요한 집단 간 제곱값과 집단 내 제곱값이 필요한데, 〈표 7-11〉에서 제시한 방법은 각 집단의 평균제곱값과 자유도에 대한 정보가 주어졌을 때 가능한 방법이다. 〈표 7-12〉는 각 집단의 자유도와 평균제곱값에 대한 정보가 주어지지 않았을 때 집단 간 제곱값, 집단 내 제곱값, 전체 제곱값을 구하는 데 필요한 자세한 절차를 보여 주고 있다. 〈표 7-12〉에 제시된 방법으로 집단 간 제곱값, 집단 내 제곱값, 전체 제곱값을 구하는 과정은 〈표 7-11〉에 제시된 것

처럼 자유도와 평균제곱값이란 명칭을 사용하지 않았을 뿐 전체적인 과정은 유사하다.

〈표 7-12〉 평균제곱과 자유도가 없을 때 제곱값을 구하는 접근방법

집단 간 제곱값		
전체평균에서 각 집단의 평균값을 뺀 값에다 제곱을 취한 다음 집단의 사례 수를 곱한다. 집단의 수에 따라 이와 같은 방법을 반복하면 된다.	$\sum_{j=1}^{A} n_a(\overline{Y}_{.a} - \overline{Y}_{..})^2$	$\sum_{j=1}^{A}$: 집단 1에서 A까지의 합을 더하라는 의미 $\overline{Y}_{.a}$: a 집단의 평균 $\overline{Y}_{...}$: 각 집단의 합을 집단의 수로 나눈 전체 평균 n_a: 각 집단의 사례 수
집단 내 제곱값		
집단 내 제곱값은 각 집단의 평균에서 그 집단에 속한 관측치들의 값을 뺀 값으로 다음과 같이 구할 수 있다.	$\sum_{i=1}^{N}(Y_{ia} - \overline{Y}_{.a})^2$	Y_{ia}: a라는 집단에 속한 각각의 관측치의 값
전체 제곱값		
전체 제곱값은 전체평균에서 각 관측치들의 값을 뺀 값으로 다음과 같이 구할 수 있다.	$\sum_{j=1}^{A}\sum_{i=1}^{N}(Y_{ia} - \overline{Y}_{..})^2$	

전체 제곱값(SS_{Total})은 집단 간 제곱값과 집단 내 제곱값을 합하여 얻을 수 있는 방법과 총평균에서 각각의 관측치의 값을 뺀 값에 제곱을 한 후 더하여 구할 수 있다. 이때 만약 종수변수(논술성적)에 대한 모든 관측치의 값(개인의 논술성적)이 같다면 모든 관측치의 값과 총평균의 값이 같아지므로 결국 전체 제곱값의 값은 0이 된다. 하지만 종속변수(논술성적)에 대한 관측치의 값(개인의 논술성적)이 같지 않다면, 전체 제곱값은 0이 아닌 다른 값을 가질 수 있다는 것을 쉽게 예측할 수 있다.

이렇듯 종속변수(논술성적)에 대한 관측치의 반응(개인의 논술성적)이 다르게 나타나는 이유는 관측치 개인의 차이에서 발생할 수도 있고, 실험설계에 의해 발생하는 경우도 있다. 개인 간 차이는 관측치의 능력, 태도의 차이로 인한 것일 수도 있고, 측정도구의 측정오류에 의한 것일 수도 있다. 반면, 실험설계에 따른 차이는 연구자가 관측치의 경험을 조정·조작하여 서로 다른 집단에 속한 관측치의 어떠한 수행능력

을 보이는지 알고 싶을 때 발생하는 것이다. [그림 7-11]은 집단 간 제곱값과 집단 내 제곱값을 이용한 분산분석을 설명한 그림이다.

일원분산분석은 전체 제곱값을 관측치의 차이로 발생하는 집단 내 제곱값과 처치(treatment)를 한 집단과 그렇지 않은 집단사이에 발생하는 집단 간 제곱값의 차이로 나누어 분석하는 통계기법이다.

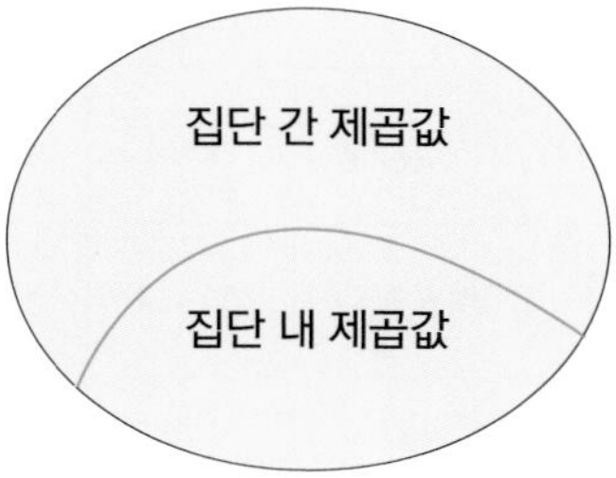

[그림 7-11] 일원분산분석에 사용되는 집단 간 제곱값과 집단 내 제곱값의 관계

[그림 7-11]은 F 값에 따라 영가설이 어떻게 기각되는지 또는 채택되는지에 대하여 쉽게 보여 주고 있다. F 값은 집단 간 평균제곱값을 집단 내 평균제곱값으로 나누어 얻은 값이다. 따라서 F 값이 크다는 의미는 전체 제곱값을 설명하는 데 있어 집단 내 관측치의 차이에 의해 발생한 것보다 실험설계를 통해 발생하는 집단 간 차이가 크다는 것을 의미한다. 즉, 실험설계를 통해 처치(treatment)를 한 집단과 그렇지 않은 집단과의 차이에서 발생하는 집단 간 분산이 총 분산을 더 잘 설명할 수 있다는 것을 의미하는 것이다.

집단 간 분산이 집단 내 분산보다 현저히 클 경우 영가설(모든 집단의 평균은 같다)은 기각되고 실험설계를 통해 조작한 조치(treatment)가 관측치들에게 다른 효과를 가져온다고 결론지을 수 있다. 반면, F 값이 작다는 의미는 총 분산을 설명하는 데 있어 집단 간 차이보다는 집단 내 차이로 설명이 더 잘 된다는 것을 의미한다고 볼 수 있다. 이러한 경우에 연구자는 영가설을 채택하고 대안가설(영가설은 사실이 아니고 적어도 하나의 집단에서는 평균의 차이가 있다)을 기각해야만 한다.

분산분석을 통한 결과를 학술저널이나 학위논문에 나타내기 위해서는 계산과정의 전부를 보고하는 것이 아니라 분산의 요인(집단 간 차이, 집단 내 차이, 전체집단), 자유도, 제곱값, 평균제곱값, F 등을 포함한 분산분석 결과표를 이용해서 〈표 7-13a〉

와 같이 나타내야 한다. 〈표 7-13b〉의 분산분석표 안에는 복잡한 수식(b)이 나타나 있지만, 통계 프로그램(SPSS, SAS, R 등)을 이용하여 나타난 결과에는 수식이 나타나 있지 않고 결과(수치)만 보여 주기 때문에 결과치의 값(b)을 해당 저널이나 논문에서 요구하는 형식으로 변형하여 사용하면 된다.

〈표 7-13a〉 3가지 피드백에 관한 일원분산분석 결과 수식(a)

요인	제곱값	자유도	평균제곱	F
집단 간(A)	$\sum_{j=1}^{A} n_a(\overline{Y}_{.a} - \overline{Y}_{..})^2 = SS_A$	$A-1$	$SS_A/A-1 = MS_A$	$\frac{MS_A}{MS_{S/A}}$
집단 내(S/A)	$\sum_{i=1}^{N} (\overline{Y}_{ia} - \overline{Y}_{.a})^2 = SS_W$	$N-A$	$SS_W/N-A = MS_{S/A}$	
전체	$\sum_{j=1}^{A}\sum_{i=1}^{N} (\overline{Y}_{ia} - \overline{Y}_{..})^2$	$N-1$		

〈표 7-13b〉 3가지 피드백에 관한 일원분산분석 결과 수식(b)

요인	자유도	제곱값	평균제곱	F
집단 간(A)	2	56	28	5.73*
집단 내(S/A)	18	88.02	4.89	
전체	20	144.02		

*$p < .05$

(3) 검증통계량

〈표 7-6〉에서 연구자는 고등학생들의 논술실력 향상에 어떠한 피드백이 더 효과를 나타내는지 알아보고자 하였다. 이때 영가설은 $H_0 : \mu_1 = \mu_2 = \mu_3$로 표현될 수 있는 반면, 대안가설은 집단 간 평균이 서로 같지 않다고 설정될 수 있다. 일반적으로 연구자는 연구를 진행하는 데 있어 표본을 추출해 연구를 진행하므로 이 세 집단의 평균이 같을 것이라고는 예상하지 않는다. 집단 내 관측자들 간의 차이는 집단 내 분산을 통해 알 수 있으며, 집단 간 차이는 집단 간 분산을 통해 알 수 있다. 일원분산분석은 집단 간 분산과 집단 내 분산의 비교를 이용하는 것으로 〈표 7-14〉와 같이 표기할 수 있다.

〈표 7-14〉 F 검증

$$F = \frac{\text{집단 간 평균제곱값}}{\text{집단 내 평균제곱값}} \Leftrightarrow \frac{\text{실험처치효과} + \text{피험자 특성}}{\text{피험자 특성}}$$

이렇게 정의된 F를 실험설계의 관점에서 보면, 만약 실험이 효과가 없다면 실험처치효과는 0이 된다. 그렇게 되면 F는 $\frac{0+\text{피험자 특성}}{\text{피험자 특성}}$이 되므로 이론적으로 기대되는 F 값은 1이다. 각 집단에 속한 피험자는 머리에서 발끝까지 똑같지 않기 때문에 그 자체로 분산이 발생하게 된다. 즉, 각 집단에 속한 피험자 개개인은 각자의 고유한 특성(idiosyncrasy)으로 인해 서로 다르다. 예를 들어, 맥박도 다를 것이고, 지능도 다르다. 이런 것들에 의해 실험처치효과가 없더라도 집단 내 분산이 발생하게 된다. 실험이 효과가 없다면, 실험처치효과로 인한 집단 간 나타나는 차이(집단 간 분산)는 사라지고 집단 내 피험자 특성으로 인한 관측치들 간의 차이(집단 내 분산)만 남아 있게 되므로 F 값이 1이 되거나 1보다 작게 된다.

이와는 반대로 실험이 효과가 있다면, 실험처치효과가 존재하게 되어 $F = \frac{\text{실험처치효과} + \text{피험자 특성}}{\text{피험자 특성}}$이 되고, 따라서 1보다 커지게 된다. (실험처치효과+피험자 특성)으로 인한 집단 간 분산이 (피험자 특성)만 있는 집단 내 분산보다 커지게 되고, 이를 통계적으로 검증하는 수단이 F이다.

이러한 사실은 논술성적을 향상시키기 위해 실시한 3가지 피드백 방법 간의 차이는 있지만 3가지 피드백을 통한 논술성적의 평균이 같다는 영가설이 사실이라는 확률이 높다는 것을 의미한다. 그렇다면 〈표 7-6〉의 F값 5.73이 영가설을 기각하기에 충분한 값인지 알아볼 필요가 있다. 이 질문에 답을 찾기 위해서는 F 값(5.73)을 영가설이 사실일 때($H_0 : \mu_1 = \mu_2 = \mu_3$)의 기각값과 비교해야 한다.

즉, 만약에 3가지 피드백 방법이 같은 평균을 가지고 있다면 얼마나 자주 5.73(집단 간 분산을 집단 내 분산으로 나눈 비율 값)을 얻을 수 있겠는가? 영가설($H_0 : \mu_1 = \mu_2 = \mu_3$)이 사실일 때, 가중치(사례 수)가 고려된 평균의 분산에 대한 개인의 분산의 비율은 한쪽으로 치우진 표본분포를 이룬다([그림 7-12] 참조). 이러한 분포를 피셔의 이름을 붙여 F 분포라 부른다. 이전에 언급한 t 분포가 자유도에 따라 다양한 형태가 존재하듯이, F 분포 역시 자유도에 따라 다양한 형태가 존재한다. 따라서 F 분포의 값을 올바르게 나타내기 위해서는 실험에 사용된 집단의 수와 전체 사례 수를 고려해야 한다.

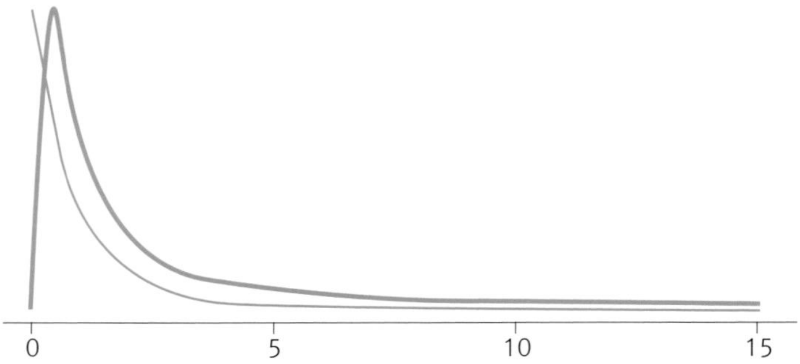

[그림 7-12] F 분포

F 분포를 사용하기 위해서는 전체집단과 전체 사례 수에 대한 각각의 자유도(df)를 이용해야 한다. 〈표 7-6〉에 제시된 3가지 피드백에 대한 F 분포의 기각값을 구하기 위해서, 우선 F 표 내 df로 쓰여 있는 첫 번째 열(집단 내 자유도)을 보아야 하며, 이를 N(전체 사례 수)−A(집단의 수)로 나타낼 수 있고, 3가지 피드백에 대한 자유도는 18($df = (21-3) = 18$)이다. 또한 집단 간 자유도는 행(집단 간 자유도)을 읽으면 되고, A(집단 수)−1로 나타내고, 3가지 피드백에 대한 자유도는 2($df = 3-1 = 2$)이다. 따라서 유의수준($\alpha = .05$)이 .05, $F_{(2,\,18)}$일 때의 기각값은 집단 간 자유도와 집단 내 자유도가 교차되는 곳이며 3.55이다(〈표 7-15〉 참조).

〈표 7-15〉 유의수준($\alpha = .05$)이 .05, $F_{(2, 18)}$

	1	2	3	4	5	6	7	8	9
3	10.13	9.55	9.28	9.12	9.01	8.84	8.89	8.85	8.81
4	7.71	6.94	6.59	6.39	6.26	6.16	6.09	6.04	6.00
5	6.61	5.79	5.41	5.19	5.05	4.95	4.88	4.82	4.77
6	5.99	5.14	4.76	4.53	4.39	4.28	4.21	4.15	4.10
7	5.99	4.74	4.35	4.12	3.97	3.87	3.9	3.73	3.68
8	5.32	4.46	4.07	3.84	3.69	3.58	3.50	3.44	3.39
9	5.12	4.26	3.86	3.63	3.48	3.37	3.29	3.23	3.18
10	4.96	4.10	3.71	3.48	3.33	3.22	3.14	3.07	3.02
11	4.84	3.98	3.59	3.36	3.20	3.09	3.02	2.95	2.90
12	4.75	3.98	3.49	3.48	3.00	3.00	2.91	2.85	2.80
13	4.67	3.81	3.41	3.36	3.03	2.92	2.83	2.77	2.71
14	4.60	3.74	3.34	3.26	2.96	2.85	2.7	2.70	2.65
15	4.54	3.68	3.29	3.18	2.90	2.49	2.71	2.64	2.59
16	4.49	3.63	3.24	3.11	2.85	2.74	2.66	2.59	2.54
17	4.45	3.59	3.20	3.06	2.81	2.70	2.61	2.55	2.49
18	4.41	**3.55**	3.16	3.01	2.77	2.66	2.58	2.51	2.46
19	4.38	3.52	3.13	2.96	2.74	2.63	2.54	2.48	2.42
20	4.35	3.49	3.10	2.9	2.71	2.60	2.51	2.45	2.39
22	4.30	3.44	3.05	2.87	2.66	2.55	2.46	2.40	2.34
24	4.26	3.40	3.01	2.82	2.62	2.51	2.42	2.36	2.30
26	4.23	3.37	2.98	2.78	2.59	2.47	2.39	2.32	2.22

〈표 7-13〉에 제시된 F 값은 실제 자료를 분석해서 얻은 값이고, 〈표 7-15〉에 제시된 F 값은 유의수준(α)이 .05일 때 기각값이다. 이 둘 사이의 관계는 [그림 7-13]처럼 나타낼 수 있다. 즉, 영가설(집단 간 평균의 차이가 같다)이 사실일 때, 이와 같은 사실이 나타날 확률은 극히 작다는 것을 의미한다. 즉, 유의수준(α)이 .05 상황에서 '집단 간 평균이 같다'와 같은 상황이 나타날 확률이 극히 미미하다는 것을 의미한다. 따라서 영가설은 기각된다.

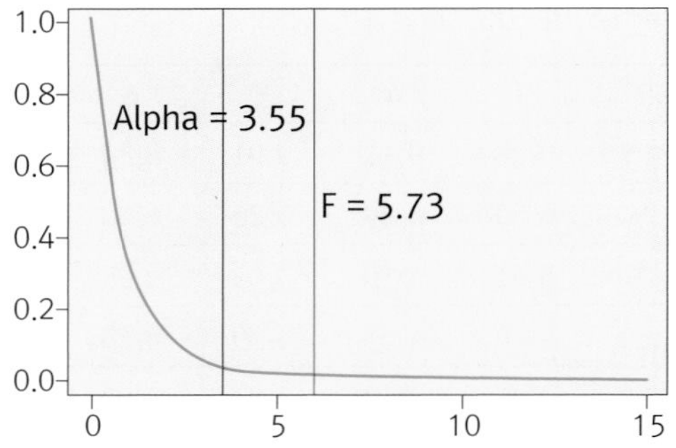

[그림 7-13] F 분포 기각값

〈표 7-16〉은 자유도가 고정된 상태에서 유의수준($\alpha = .05$)의 변화에 따라 F 값이 달라진다는 것을 보여 주고 있다. 집단 간 자유도와 집단 내 자유도가 고정된 상태에서 $F_{(2,\,18)}$은 유의수준이 작아지면($\alpha = .05 \rightarrow \alpha = .01$) F 값이 커지고, 반대로 유의수준이 커지면($\alpha = .05 \rightarrow \alpha = .10$) F 값이 작아진다. 유의수준($\alpha = .05$)의 변화에 따른 $F_{(2,\,18)}$에 관한 값은 〈표 7-16〉에 제시되어 있다.

〈표 7-16〉 $F_{(2,\,18)}$일 때 유의수준에 따른 F 변화

α	F^*
.25	1.50
.10	2.62
.05	3.55
.025	4.56
.01	6.01
.001	10.4

3가지 피드백 방법의 효과가 같다(세 피드백 방법을 통한 논술성적이 같다)는 영가설이 사실일 때 F 값 5.73은 유의수준 .05일 때의 기각값 3.55을 넘는다. 〈표 7-6〉에 제시된 고등학생들의 논술성적에 관한 F 값은 5.73이다. 영가설이 사실일 때 이러한 값을 얻는 것은 경우가 .025보다 크고 .01보다 작다는 것을 알 수 있다. 따라서 유의수준을 $\alpha = .05$로 연구 이전에 미리 설정을 했다면, 영가설을 기각할 충분한 증거가 있으며, 적어도 하나의 집단은 다르다고 결론지을 수 있다. 이때 α는 유의수준, $k-1$ 집단 간

자유도, $N-k$는 집단 내 자유도이다[$F \geq F_{\alpha}^{*}(k-1, N-k)$]. 즉, 주어진 자료를 통해 계산된 F 값이 F 분포를 통해 얻은 기각값보다 크면 영가설이 기각된다.

2) SPSS를 이용한 일원분산분석

일원분산분석을 통해 집단 간 차이를 검증하기 위해서는 일원분산분석에서 요구하는 전제조건들(독립성, 정규성, 등분산)에 대한 검증이 필요하다. 하지만 여기서는 독립성과 정규성은 설명하지 않고, 등분산 가정을 어떻게 확인하는지만 설명할 것이다. 독립성 가정은 관측치의 응답 패턴을 통해 알 수 있으며, 정규성은 왜도와 첨도의 방법을 사용하거나 통계적 방법(Kolmogorov-Smirnor와 Shapiro-Wilk)을 통해 검증할 수 있다. 〈표 7-17〉은 일원분산분석에서 요구하는 등분산 검증 확인과 등분산 가정이 충족되었을 때의 일원분산분석 절차를 보여 주고 있다.

〈표 7-17〉 SPSS를 이용한 일원분산분석 F 검증

1. 연구가설 설정

본 연구의 연구가설은 고등학생의 논술에 대한 피드백의 차이를 증명하기 위한 통계적 분석을 하기 위해서는 먼저 영가설과 대안가설을 먼저 세워야 한다.

영가설(H_0)	고등학교 학생들의 논술성적 향상을 위한 3가지 피드백(동료 교사, 자기 피드백)의 평균에는 차이가 없다($\mu_1 = \mu_2 = \mu_3$).
대안가설(H_A)	고등학교 학생들의 논술성적 향상을 위한 3가지 피드백(동료, 교사, 자가 피드백)의 평균에는 차이가 있다($\mu_i \neq \mu_j$). 즉, i와 j는 같지 않다.

2. 자료 입력

①

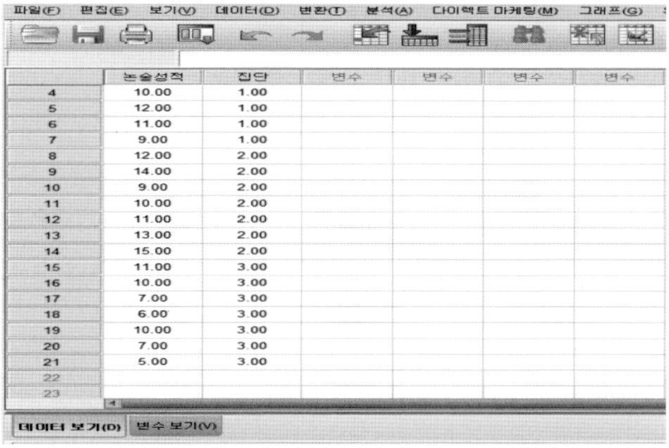

	논술성적	집단	변수	변수	변수	변수
4	10.00	1.00				
5	12.00	1.00				
6	11.00	1.00				
7	9.00	1.00				
8	12.00	2.00				
9	14.00	2.00				
10	9.00	2.00				
11	10.00	2.00				
12	11.00	2.00				
13	13.00	2.00				
14	15.00	2.00				
15	11.00	3.00				
16	10.00	3.00				
17	7.00	3.00				
18	6.00	3.00				
19	10.00	3.00				
20	7.00	3.00				
21	5.00	3.00				
22						
23						

각 집단의 자료를 입력
1=동료 피드백
2=교사 피드백
3=자기 피드백

3. 자료 분석		
①	일원분산분석	정규성과 등분산 가정
②		분석 → 평균비교 → 일원배치 분산분석 → 클릭
③	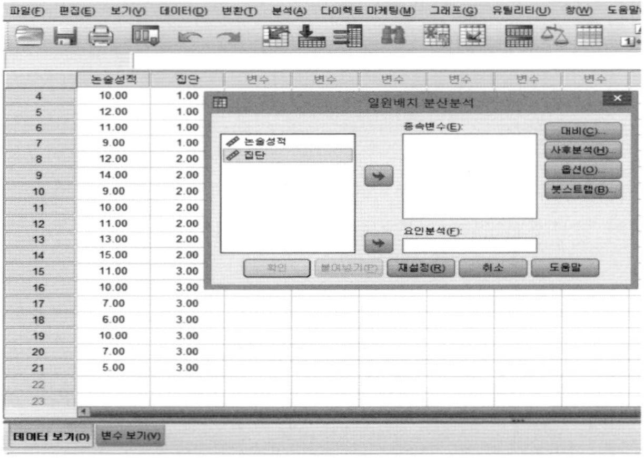	1. 논술성적 → 종속변수로 이동 2. 집단 → 요인분석으로 이동
④	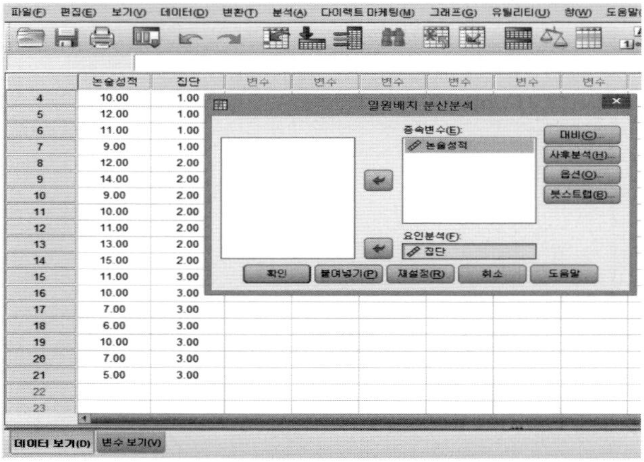	프로그램으로 명명된 집단을 구분하기 위해 독립표본 t-검증처럼 집단 정리를 할 필요는 없다.

⑤

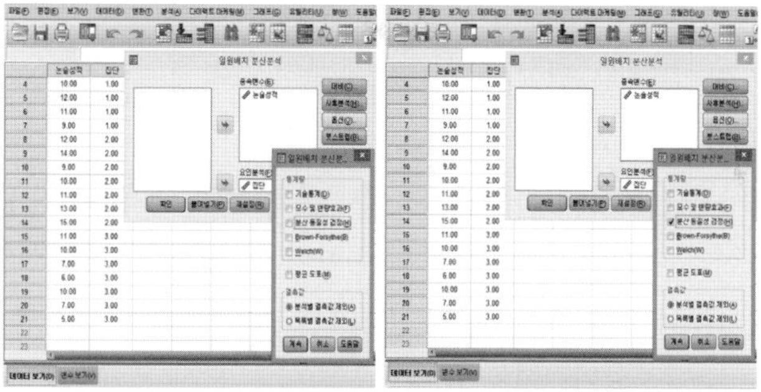

옵션
→ 분산 동질성 검정
→ 계속 클릭

⑥

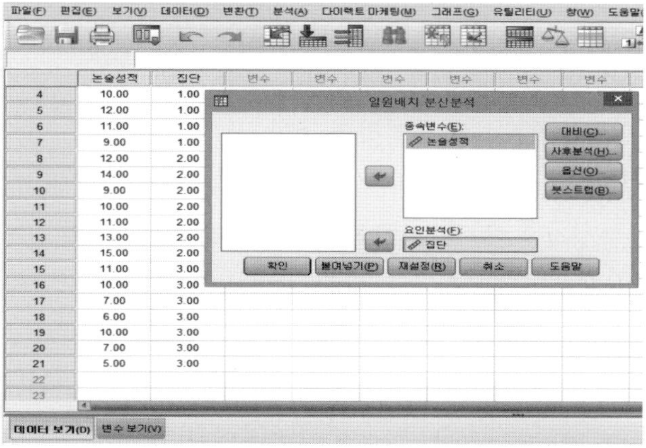

⑤ 단계에서 계속을 클릭하면 ④ 화면으로 복귀한다.
확인 클릭

4. 결과

분산의 동질성 검정

논술성적

Levene 통계량	df1	df2	유의확률
.182	2	18	.835

레빈 등분산 검증결과 세 집단은 같은 모집단에서 나왔다고 볼 수 있다($F(2, 18) = 0.18$, $p = .83$).

분산분석

논술성적

	제곱합	df	평균 제곱	거짓	유의확률
집단-간	56.000	2	28.000	5.727	.012
집단-내	88.000	18	4.889		
합계	144.000	20			

일원분산분석 결과 세 집단의 평균은 통계적으로 유의미한 차이가 있는 것으로 나타났다($F(2, 18) = 5.72$, $p < .05$)).

〈표 7-17〉에 나타난 결과를 학술지 · 연구보고서 · 논문에 기입하기 위해서는 SPSS 결과를 그대로 사용하기보다는 다소 정리가 필요하다. 일원분산분석을 통해 세 집단의 평균을 비교하기 전에 집단 간 분산이 비슷한지 그렇지 않은지 레빈 등분산 검증을 통해 알아 봐야 한다. 즉, 집단 간 평균차이를 검증하기 위해서는 다음과 같은

검증이 필요하다. 먼저, 레빈 등분산 검증을 통한 집단이 같은 모집단에 나왔는지에 대한 검증을 한다. 다음으로, 집단 간 평균의 차이가 통계적으로 의미가 있는지를 알아보기 위한 일원분산분석에 대한 F 검증을 한다.

레빈 등분산 검증을 위해서는 우선 영가설을 '두 집단의 분산이 같다.'로 설정하고, 대안가설을 '두 집단의 분산은 다르다.'라고 설정해야 한다. 〈표 7-17〉의 결과에 따르면, 레빈 등분산은 $F(2, 18) = 0.18$, $p = .83$으로 영가설 기각에 실패했다. 이 결과(영가설의 기각 실패)의 의미는 세 집단(3가지 피드백 방법)의 분산이 통계적으로 유의미한 차이를 보이지 않는다는 것을 의미한다. 즉, 세 집단(3가지 피드백 방법)에는 비슷한 수준의 학생들로 구성되어 있다는 것을 의미한다. 또한 집단 간 차이는 등분산이 가정된다는 전제하에 일원분산분석을 실시하면 된다.

〈표 7-17〉에 제시된 일원분산분석의 결과는 〈표 7-18〉과 같이 나타낼 수 있다. 〈표 7-18〉은 학생들의 논술성적을 향상시키기 위한 3가지 피드백 방법들 간에는 통계적으로 유의미한 차이가 있다는 것을 보여 준다. $F(2, 18) = 5.72$, $p < .05$. $F(2, 18) = 5.72(28/4.88)$는 집단 간 평균제곱을 집단 내 평균제곱으로 나누어서 나온 값이다. 즉, 학생들의 논술성적이 교사를 통한 피드백의 평균이 12점으로 가장 높았으며, 그 뒤를 동료 평가(10점), 자기평가(8점) 순으로 나타났는데, 이러한 차이가 통계적으로 유의미한 차이가 있다는 것이다.

〈표 7-18〉 세 피드백 방법에 대한 일원분산분석 결과

요인	제곱값	자유도	평균제곱	F
집단 간(A)	56	2	28	5.72*
집단 내(S/A)	88	18	4.88	
전체	144	20		

$^*p < .05$

5. 효과크기

분산분석에서도 단순히 집단 간 평균의 차이를 알아보는 데 있어 통계적 의미뿐만 아니라 실질적 의미를 알아볼 필요(효과크기)가 있다. 분산분석에서는 집단 간 나타나

는 실질적 차이는 설명변량(variance explained)을 이용하는 에타제곱(eta squared)과 오메가제곱(omega squared)이 많이 사용된다. 하지만 이러한 효과크기를 보다 자세히 이해하기 위해서는 둥지요인(nested factor, Wampold & Serlin, 2000), 고정효과와 무선효과(Charter, 1982; Dodd & Schultz, 1973; Dwyer, 1974; Fleiss, 1969; Halderson & Glasnapp, 1972)와 같은 연구설계를 함께 고려해야 한다.

연구결과의 실질적 유의미성을 판단하기 위해 사용되는 효과크기는 전체변량을 독립(요인)변수가 얼마만큼 설명할 수 있는지를 수치로 나타낸 방법이다. 효과크기는 종속변수와 독립(요인)변수 사이에 존재하는 공분산(covariance)의 크기를 이용한다고 볼 수 있다(〈표 7-19〉 참조). 〈표 7-19〉에 제시된 오메가제곱, 에타제곱의 효과크기 값은 0에서 1 사이에 존재하며 1에 가까울수록 효과크기가 높다고 해석할 수 있다. 즉, 종속변수에서 발생하는 변량(variability)이 독립변수 또는 처치효과(treatment effect)로 대부분 해석할 수 있다.

〈표 7-19〉 설명변량을 이용한 효과크기

	효과크기 방법
1	오메가제곱
2	에타제곱

이 곳에서는 고등학생의 논술성적에 때한 3가지 피드백의 효과를 보여 준 〈표 7-19〉에 제시된 자료를 이용하여 오메가제곱, 부분 오메가제곱, 에타제곱, 부분 에타제곱에 대해 간단히 설명하고자 한다.

1) 오메가제곱

오메가제곱(Omega squared= w^2)은 전체변량이 독립(요인)변수에 의하여 설명되는 비율을 고려한 방법이다. w^2의 크기는 0에서 1 사이에 존재하며, Cohen's d를 기준을 사용하여 해석할 수 있다. 오메가제곱(w^2)은 SPSS 프로그램이 제공하지 않아 연구자 스스로 통계결과표를 바탕으로 계산해야 하는데, 2가지 방법이 있다(〈표 7-20〉 참조). 첫 번째 방법은 오메가제곱(w_p^2)으로, ① 집단 간 제곱값, 집단 간 자유도, 집단 내 평균제곱, 전체 제곱값과 같은 기술통계를 이용하는 방법, ② 전체 사례 수, 집단 간 자유도, F 검증값을 이용하는 방법이 있다.

두 번째 방법은 부분 오메가제곱(w_p^2)으로, 집단 간 제곱값, 집단 간 자유도, 전제 사례 수, 집단 간 평균제곱, 집단 내 평균제곱 등을 이용하는 방법이 있다. 〈표 7-20〉에 제시된 논술성적 피드백의 결과에서 w^2과 w_p^2의 결과 차이는 없으며, 전체변량의 31%가 독립(요인)변수에 의하여 설명될 수 있다고 나타났다. 즉, 고등학생 논술성적의 약 31% 정도는 3가지 피드백 방법에 의해 설명될 수 있다고 해석할 수 있다. 또한 효과크기는 Cohen'd 기준에 따르면 중간 정도의 크기이다(p. 167의 〈표 5-6〉 참조).

〈표 7-20〉 오메가제곱(w^2)의 크기

표본의 기술통계

w^2 효과크기를 구하기 위해서는 표본의 기술통계치가 필요하다.

J	비교집단 수
SS_A	집단 간 제곱값
$MS_{S/A}$	집단 내 평균제곱
SS_T	전체 제곱값

오메가 제곱(w^2)

① 집단 간 제곱값, 집단 간 자유도, 집단 내 평균제곱, 전체 제곱값

$$\frac{SS_A-(J-1)MS_{S/A}}{SS_T+MS_{S/A}} \qquad w^2=\frac{56-(3-1)4.88}{144+4.88}=\frac{46.24}{148.88}\approx .31$$

② 전체 사례 수, 집단 간 자유도, F 검증값

$$\frac{df_A(F-1)}{df_A(F-1)+N} \qquad w^2=\frac{2\times(5.72-1)}{2\times(5.72-1)+21}=\frac{9.44}{9.44+21}\approx .31$$

부분 오메가 제곱(w_p^2)

$$\frac{df_A\times(MS_A-MS_{S/A})}{df_A\times MS_A+(N-df_A)\times MS_{S/A}} \qquad w^2=\frac{2\times(28-4.88)}{2\times 28+(21-2)\times 4.88}=\frac{46.24}{148.72}\approx .31$$

2) 에타제곱

에타제곱(Eta squared$=\eta^2$)은 집단 간 발생한 차이를 가장 단순한 방법으로 표현할 수

있어 많이 사용되는 효과크기 지표 중 하나이지만, SPSS 프로그램에서는 η^2을 제공하지 않는다. η^2은 독립(요인)변수의 처치효과를 알아보기 위한 것으로 크게 2가지 접근방법이 있다. 첫째, 집단 간 제곱값을 전체 제곱값으로 나누어 보는 에타제곱방법($\eta^2 = (SS_{S/A})/(SS)$), 둘째, 집단 간 제곱값을 집단 간 제곱값과 집단 간 오차의 합으로 나누어 보는 부분 에타제곱방법(partial $\eta_p^2 = SS_A/(SS_A + SS_{SA})$)(Cohen, 1973; Pedhazur, 1997)이다(〈표 7-21〉 참조).

η^2의 크기는 0에서 1사에 존재하며, 1에 가까울수록 전체변량을 독립(요인)변수가 설명을 잘 한다는 의미이고, η^2의 크기에 대한 해석은 오메가제곱(w^2)과 마찬가지로 Cohen's d를 이용하면 된다. η^2은 아주 쉽게 계산할 수 있다는 이점 때문에 연구자들 사이에 많이 쓰이고 있으나, 양적 편파(positively biased)를 보인다는 단점이 있다. 양적 편파를 이룬다는 의미는 η^2은 전제변량을 설명하는 데 있어 독립(요인)변수가 종속변수 사이를 과대추정(overestimate)한다는 것이다. 그러나 표본의 크기가 증가하면 이러한 양적 편파의 정도는 줄어든다.

〈표 7-21〉 에타제곱(η^2)의 크기

표본의 기술통계			
에타 제곱 효과크기를 구하기 위해서는 다음과 같은 표본의 기술통계치가 필요하다.			
SS_A	집단 간 제곱값	$SS_{S/A}$	집단 내 제곱값
에타제곱(η^2)			
$\eta^2 = \frac{SS_A}{SS}$		$\eta^2 = \frac{56}{144} \approx .38$	
부분 에타제곱(η_p^2)			
$\eta_p^2 = \frac{SS_A}{(SS_A + SS_{S/A})}$		$\eta^2 = \frac{56}{56+88} = \frac{56}{144} \approx .38$	

양적 편파를 줄이기 위해서는 표본의 크기를 증가시키거나 오메가제곱(w^2)과 같은 다른 지표를 사용하면 된다. 〈표 7-21〉에 제시된 에타제곱(η^2)과 부분 에타제곱(η_p^2)의 결과는 〈표 7-6〉에 제시된 고등학교 학생들의 논술성적은 3가지 피드백에 의해서 약 38% 설명된다고 해석할 수 있다. 〈표 7-6〉에 제시된 고등학교 학생들의 논술

성적에 대한 3가지 피드백 방법의 효과크기는 에타제곱(η^2), 부분 에타제곱(η_p^2), 오메가제곱(w^2), 부분 오메가제곱(w_p^2)이 모두 같지만 에타제곱(η^2)과 부분 에타제곱(η_p^2)의 값이 오메가제곱(w^2)과 부분 오메가제곱(w_p^2)보다 다소 크다는 것을 알 수 있다.

또한 일원분산분석 연구설계에서 종속변수에 대한 독립변수의 효과크기를 얻기 위해 사용된 에타제곱(η^2)의 값은 양류상관관계(point-biserial correlation: r_{pb}^2)과 같은데, 에타제곱(η^2)과 양류상관관계의 관계는 〈표 7-22〉와 같다. 따라서 〈표 7-20〉에 제시된 고등학교 학생들의 논술성적에 3가지 피드백에 대한 효과크기를 알아보기 위해 에타제곱(η^2)의 값은 결국 양류상관관계 값이라고 해석할 수 있다. 양류상관관계($r_{pb}^2 \approx .38$) 결과에 대한 해석은 에타제곱(η^2)과 같이 Cohen's d를 참조하면 된다.

〈표 7-22〉 에타제곱(η^2)과 양류상관관계와의 관계

$$\eta^2 = \frac{SS_A}{SS_A + SS_{S/A}} = r_{pb}^2$$

또한 종속변수가 연속이고 독립변수의 수준이 2개(집단의 수 2개)일 때 사용되는 독립표본 t-검증값을 이용하여 η^2을 구할 수 있다. 제4장의 〈표 4-3〉에서는 고등학교 교사들의 미래역량을 개발하기 위해 새로 개발된 미래역량 프로그램과 기존 연수 프로그램의 차이점을 보여 주었으며, 그 차이점은 통계적으로 유의미한 것으로 나타났다($t(18) = 2.96$, $p < .01$). 두 프로그램에 사이에 나타난 통계적 차이점과 더불어 실질적 차이점을 알아보기 위한 효과크기는 t-검증값을 이용하여 에타제곱(η^2) 구해 알아볼 수 있으며, 〈표 7-23〉과 같이 나타낼 수 있다.

〈표 7-23〉 집단의 수가 2개 일 때 η^2과 t검증값

1. 표본의 기술통계	
t-검증값을 이용하여 η^2 값을 구하기 위해서는 다음과 같은 표본의 기술통계치가 필요하다.	
t: t-검증값	df: 자유도
2. 계산	
$\eta^2 = \frac{t^2}{t^2 + df}$	$\eta^2 = \frac{(2.96)^2}{(2.96)^2 + 18} \approx .32$

6. 사후분석

사후분석은 통계적으로 유의미한 일원분산분석 결과가 나타났을 때, 종속변수(Y)가 어느 집단에서 통계적으로 유의미한 차이가 나타나는지 살펴보는 접근방법이다. 사후분석은 크게 단순비교(simple contrast)와 복합비교(complex contrast)로 나눌 수 있으며 아래 자세한 기술하였다.

1) 단순비교

일반적으로 많은 연구들은 무조건적으로 시행되지 않고 연구를 통해 알아보기 위한 연구 질문 및 가설로 시작된다. 예를 들면, 피드백의 종류에 따라 학생들의 논술실력을 달라질 수 있다는 가정아래 서로 다른 종류의 피드백(동료 피드백, 교사 피드백, 자기 피드백)이 학생들의 논술실력 향상에 어떠한 효과를 미치는지 알아볼 수 있다. 〈표 7-24〉는 21명의 학생들을 무작위로 3가지 피드백에 할당하고 3가지 피드백에 따라 학생들의 논술성적이 어떠한 차이를 알아보기 위해 〈표 7-6〉에 제시된 자료의 평균과 표준편차를 보여 주고 있다.

〈표 7-24〉 3가지 피드백에 따른 고등학생들의 논술성적

기술통계	피드백의 종류		
	동료 피드백	교사 피드백	자기 피드백
평균	$\overline{Y}_1 = 10$	$\overline{Y}_2 = 12$	$\overline{Y}_3 = 8$
분산	$S_1^2 = 4.67$	$S_2^2 = 4.67$	$S_3^2 = 5.33$

3가지 피드백에 따라 학생들의 논술실력을 어떠한 차이를 보이는 알아보기 위한 영가설(H_0)은 3가지 피드백의 종류에 따라 '학생들의 논술평균이 같다($\mu_{동료} = \mu_{교사} = \mu_{본인}$).'로 설정하고, 대안가설($H_a$)을 '영가설이 사실이 아니다($\mu_i \neq \mu_j,\ i \neq j$).'라고 설정한 후, 일원분산분석을 실시하였다. 일원분산분석 결과, 학생들의 논술성적에 대한 3가지 피드백은 통계적으로 유의미한 차이가 있는 것으로 나타났다($F_{(2,18)} = 5.73, p < .01$). 이러한 결과는 영가설이 기각되었고 적어도 하나의 피드백에서 학생들의 논술성적에 차이가 나타난다는 것을 의미한다고 볼 수 있다.

고등학생들의 논술성적이 집단 간(3가지 피드백 방법) 통계적으로 유의미한 차이가 있을 때 이러한 차이가 어디서 나타나는지 2가지 방법을 통해 알아볼 수 있다. 첫 번째는 연구자가 특정 질문에 대한 답 또는 특정 집단 간의 평균 비교에만 관심이 있고 전반적 검증에는 관심이 없을 때 적용하는 사전비교법 또는 계획비교법(planned contrast)이다. 두 번째는 연구자가 특정 집단에 대한 비교에 관심이 없거나 집단 간 차이가 어디서 발생할지 알 수 없을 때 집단 간 차이가 발생하는지 먼저 보고 그 뒤 차이가 어디서 발생하는지 찾아보는 사후비교법(Post-hoc comparison)이다.

사전 · 사후 비교법 중 사후비교법은 사전비교법보다 통계적으로 더 검증력이 높은 것으로 알려져 있으며, 사후비교법은 두 집단 간의 차이만을 알아보는 단순비교 또는 쌍별비교(pairwise contrast)와 여러 집단 간의 복합적인 관계를 알아보기 위한 복합비교(complex contrast)가 있다. 예를 들어, 〈표 7-24〉에 제시된 3가지 피드백 중 교사 피드백과 자기 피드백에 따른 고등학생들의 논술성적 차이에 관심이 있다면 이를 단순비교로 알아볼 수 있다. 또 다른 경우는 동료 피드백과 자기 피드백의 효과를 같은 범주로 분류한 후, 교사 피드백과 고등학생들의 논술성적을 비교한다면 이를 복합비교라 할 수 있다.

집단 간 차이가 통계적으로 유의미한 차이가 있다는 분석 결과가 나타났다면, 집단 간 차이가 어디서 나타나는지 알아봐야 하는 비교분석에서는 선형대비(linear contrast)를 사용한다. 〈표 7-24〉에서 제시된 집단 간의 평균비교를 위해 사용되는 선형대비는 ψ로 표기하며, [수식 13]과 같이 나타낼 수 있다. [수식 13]에서 c_a는 집단에 부여되는 대비계수를 의미하고, $\overline{Y}_{.a}$는 집단 A집단의 평균을 의미한다. 대비계수(c_a) 값에 어떠한 값(1, 2, 3, 4 등)을 주어야 하는지에 대한 특별한 규칙은 없으나, 모든 집단에 부여된 대비계수를 더했을 때 그 합이 0이 되어야 한다. 이를 수식으로 나타내면 [수식 13]과 나타낼 수 있으며, 또한 모든 대비계수의 합은 $\sum_{i=1}^{A} c_a = 0$처럼 나타낼 수 있다.

$$\hat{\psi} = \sum_{i=1}^{A} c_a \overline{Y}_{.a} \qquad \text{[수식 13]}$$

고등학생 논술성적에 대한 3가지 피드백 평균을 제시하고 있는 〈표 7-6〉에서 동료 피드백, 교사 피드백, 자기 피드백을 표현하면, 동료 피드백은 $\overline{Y}_{.1}$ 로 나타낼 수 있고, 교사 피드백은 $\overline{Y}_{.2}$ 로, 자기 피드백은 $\overline{Y}_{.3}$ 으로 나타낼 수 있다. 동료 피드백에 대한 대비계수는 c_1로 나타낼 수 있고, 교사 피드백에 대한 대비계수는 c_2로, 자기 피드백은 c_3으로 나타낼 수 있다.

따라서 〈표 7-24〉에 제시된 동료 피드백과 교사 피드백에 대한 집단 간 차이는 다음과 같은 방법을 통해 알 수 있다. 첫째, 집단의 평균을 $\hat{\psi}_1 = \overline{Y}_{.1} + \overline{Y}_{.2} + \overline{Y}_{.3}$ 처럼 나열할 수 있는데, 각 집단의 구체적 평균값을 대입하면 $\hat{\psi}_1 = 10 + 12 + 8$로 나타낼 수 있다. 둘째, 대비계수($c_a$)를 동료 피드백과 교사 피드백을 비교할 수 있도록 부여하면 된다. 동료 피드백과 교사 피드백에 부여하는 대비계수는 $\hat{\psi}_1 = (1)\overline{Y}_{.1} + (-1)\overline{Y}_{.2} + (0)\overline{Y}_{.3}$로 나타낼 수 있는데, 이때 비교계수 $c_1 = 1$(동료 피드백), $c_2 = -1$(교사 피드백) 그리고 $c_3 = 0$(자기 피드백)이다. 즉, 동료의 피드백에 1을, 교사의 피드백에 −1을, 자가피드백에 0의 대비계수를 부여한 것이다.

<예시 7-2> 집단이 3개인 경우

그렇다면 동료 피드백과 자기 피드백에 대한 비교를 위해서 비교계수를 어떻게 사용해야 하는가?

(1) 계산을 이용한 단순비교

동료 피드백과 교사 피드백의 점수 차이에 대한 통계적 유의미성을 알아보기 위해서는 t-검증 절차를 그대로 따라 가면 된다. t-검증을 이용해 집단 간 평균의 차이를 비교할 때 분자에는 비교집단의 평균차이(점추정)를 넣고 분모에는 표준오차를 사용한다. 집단 간 비교에 대한 표준오차는 [수식 14]와 같이 나타낼 수 있다. [수식 14]에서 $MS_{S/A}$는 집단 내 평균제곱의 값이고, n_a는 집단 a의 사례 수이며, C_a^2는 집단 a 대비계수의 제곱이다.

$$S_{\hat{\psi}} = \sqrt{MS_{S/A}\left(\sum_{i=1}^{A} C_a^2/n_a\right)} \qquad \text{[수식 14]}$$

〈표 7−24〉에 제시된 3가지 피드백 중 동료 피드백과 교사 피드백의 차이를 비교하기 위해서 필요한 집단 간 평균제곱 값은 〈표 7−8〉에 제시된 합동분산의 값 4.89이다. 동료 피드백을 받은 학생의 수는 7명($n_a=7$), 교사 피드백을 받은 학생의 수는 7명($n_b=7$), 자기 피드백을 한 학생의 수는 7명($n_c=7$)이다. 또한 동료 피드백과 교사 피드백의 차이를 보기 위한 대비계수는 동료 피드백에 1, 교사 피드백에 −1, 자기 피드백에 0을 주면 된다. 이들 모두를 이용하여 집단 간 비교에 대한 표준오차는 $S_{\hat{\psi}} = \sqrt{4.89((1)^2/7+(-1)^2/7+(0)^2/7)}$, 즉 $\sqrt{1.397} \simeq 1.18$ 이다.

따라서 집단 간 평균차이에 대한 통계적 검증을 위해서는 집단 간 평균의 차이(점추정)을 표준오차로 나눈 t−검증을 이용하면 되는데, 이를 [수식 15]와 같이 나타낼 수 있다. 동료 피드백(10점)과 교사 피드백(12점)의 평균 점수 차이(−2)와 [수식 14]를 통해 얻은 표준오차 1.18를 이용해 동료 피드백과 교사 피드백이 통계적으로 유의미한 차이가 있는지 알아보기 위한 검사에서 $t_{12} = -1.69$로 나타났다$\left(t = \frac{-2}{1.18} = -1.69\right)$. 즉, $t_{12} = -1.69$는 유의수준이 .05일 때의 기각값($t^*_{12}=2.179$)보다 작아 학생들의 논술성적에 대한 동료 피드백과 교사 피드백의 효과성은 통계적으로 유의미한 차이가 없다고 볼 수 있다. [수식 13]과 [수식 14]를 통해 t−검증 절차를 표현하면 [수식 15]와 같이 나타낼 수 있다. 분자는 [수식 13]에서 보여 준 비교집단 간 평균의 차이를 나타내면 분모는 [수식 14]에서 보여 준 비교집단 간 표준오차를 의미한다.

$$t = \frac{\sum_{i=1}^{A=1} C_a \overline{Y}_{.a}}{\sqrt{MS_{S/A}(\sum_{i=1}^{A} C_a^2/n_a)}} \quad \text{[수식 15]}$$

일원분산분석 결과 통계적으로 유의미한 차이가 나타났다면, 통계적 유의미성이 어디서 발생했는지 보다 명확히 알아보기 위한 사후분석에서 유의수준(α)의 영향력을 고려해야 한다. 두 집단의 평균차이를 알아보기 단 한 번의 t−검증을 실시할 때 처음 유의수준(α)를 .05로 설정했다면 최종 사용된 유의수준(α)는 처음 설정했던 .05이다. 하지만 비교하는 집단의 수가 증가되고 t−검증의 횟수가 증가하게 되면 처음 검증 기준으로 설정되었던 유의수준(α) .05은 비교집단의 수만큼 따라서 증가한다. 즉, 영가설이 사실일 때 기각하는 영역이 증가했다는 것을 의미한다.

이러한 현상은 실제로 집단 간 차이가 없지만 차이가 있다면 잘못된 결과를 나타낼 수 있다는 것을 의미한다. 〈표 7-6〉에 제시된 고등학생 논술실력 향상에 대한 3가지 피드백의 경우, 세 번(동료 vs. 교사, 동료 vs. 자기, 교사 vs. 자기)의 단순비교가 가능하다. 〈표 7-25〉는 단 한 번의 t-검증을 했을 때와 3번의 단순비교를 했을 때 유의수준의 변화를 보여 주고 있다. 〈표 7-25〉에 제시된 첫 번째 경우에는 일반적인 독립표본 t-검증 결과를 보여 주고 있어 결과 해석에 문제가 없다. 하지만 두 번째 경우는 〈표 7-25〉에 제시된 것처럼 집단의 비교 수만큼 변화되는 유의수준(α)을 보여 주고 있다.

집단의 비교 개수에 따라 변화되는 유의수준(α)는 $1-(1-\alpha)^m$로 표현될 수 있는데, 단순히 두 집단의 평균을 유의수준(α) .05에서 한 번 비교할 때는 $1-(1-.05)^1 = .05$이다. 하지만 같은 집단을 여러 번 반복해서 사용된다면 반복될 때마다 변화되는 유의수준(α)를 고려해야 한다. 〈표 7-25〉에 제시된 3가지 피드백 방법을 서로 교차하여 단순비교를 할 경우 3가지 경우가 가능하다. 따라서 3가지 피드백를 비교하기 위해 설정된 유의수준(α)는 $1-(1-.05)^3 = .142625$로 나타난 보통 사용되는 유의수준(α) .05보다 크다는 것을 알 수 있다. 즉, 연구자는 실제로 유의수준(α)을 .05로 설정하고 통계적 검증결과를 얻고 싶지만, 통계결과는 유의수준(α)을 .05로 해서 나타나는 것이 아니라 .142625로 계산되어 보여 주는 것이다. 따라서 통계적으로 유의미한 집단 간 차이가 나타났다는 결과는 실제로 잘못된 결과를 보여 줄 수 있다는 것이다.

〈표 7-25〉 유의수준의 변화

1. 한 번의 t-검증		
p(1종 오류)	α	.05
p(1종 오류를 만들지 않음)	$1-\alpha$	$(1-.05) = .95$
2. m번의 t-검증		
p(m번의 검증에서 1종 오류)	$1-(1-\alpha)^m$	$1-(1-.05)^3 = .142625$
p(m번의 검증에서 1종 오류를 만들지 않음)	$(1-\alpha)^m$	$(1-.05)^3 = .857375$

〈표 7-25〉에 제시된 결과는 대조분석을 통해 비교집단 사이에 존재하는 평균의 차이가 통계적으로 유의미한지 또는 그렇지 않은지를 보다 자세히 알아보기 위해서

는 비교집단의 횟수의 증가에 따라 나타나는 현상(1종 오류가 증가하는 현상)을 고려해야 한다는 것을 보여 주고 있다. 즉, 같은 집단을 대상으로 여러 번의 t-검증을 실시할 때 나타나는 유의수준의 변화를 고려한 통계적 접근방법이 필요하다는 것을 의미한다. SPSS 프로그램을 통한 일원분산분석을 결과 집단 간 차이가 통계적으로 유의미할 경우 실시되는 사후분석은 유의수준(α)을 어떻게 조절(1종 오류가 증가하는 현상)하느냐에 따라 분류할 수 있는데, SPSS 프로그램에서는 크게 다음의 7가지 방법을 제공하고 있다.

① 피셔의 최소유의차 검증

피셔가 처음 제시한 최소유의차 검증방법(Fisher LSD)은 비교집단의 평균차이가 통계적으로 유의미성을 살펴볼 때 사용된다. 피셔의 최소유의차 검증(Fisher's Least significant Difference)은 비교집단의 평균차이와 최소유의차 검증의 크기를 비교하여 통계적 유의미성을 알아보는 방법이다. 피셔의 최소유의차 검증을 사용하여 집단 간 평균차이를 알아볼 수 있는 단순비교의 개수는 $J(J-1)/2$으로 나타낼 수 있다(J는 집단 의 수를 의미한다). 참고로, 〈표 7-24〉에 제시된 3가지 피드백의 가능한 단순비교의 개수는 3(3−1)/2＝3임을 알 수 있다.

피셔의 최소유의차 검증은 t 분포의 자유도, 유의수준을 바탕으로 설정된 기준값, 집단 내 평균제곱, 사례 수를 고려하여 얻을 수 있다(〈표 7-26〉 참조). 〈표 7-24〉에 제시된 3가지 피드백에 대해 피셔의 최소유의차 검증을 실시하기 위해서는 우선 유의수준($\alpha = .05$)과 3가지 피드백에 대한 집단 내 자유도($N-\mathrm{A} = 21-3 = 18$)에 따른 t 분포값($t^{*}_{18,\,.05} = 2.10$), 평균제곱값(MSE)을 계산해야 한다. 그리고 집단 간 평균차이($|\overline{X}_a - \overline{X}_b|$)를 고려하여야 한다. 분석 결과 집단 간 평균차이($|\overline{X}_a - \overline{X}_b|$)가 최소유의차 검증보다 크면 통계적으로 유의미한 차이가 있다고 해석하면 된다.

〈표 7-26〉 피셔의 최소유의차 검증

$$|\overline{X}_a - \overline{X}_b| \geq LSD = t_{\alpha/2,\,df}\sqrt{MSE\left(\frac{1}{n_i} + \frac{1}{n_j}\right)}$$

〈표 7-6〉에 제시된 학생들의 논술성적에 대한 3가지 피드백 효과성 실험에서 집

단 내 평균제곱은 4.89, 사례 수는 7이다. 그리고 유의수준(α)이 .05이고 집단 내 자유도가 18일 때 t 분포의 값은 2.10($t^*_{18,.05}=2.10$)인 반면, 유의수준(α)이 .01이고 집단 내 자유도가 18일 때 t 분포의 값은 2.87($t^*_{18,.01}=2.87$)이다. 이를 바탕으로 피셔의 최소유의차 검증값은 〈표 7-26〉에 제시된 공식을 이용한 후 〈표 7-27〉에 제시된 것처럼 나열하면 된다. 이후 〈표 7-6〉에 제시된 3가지 피드백들 간의 평균차이를 최소유의차 값과 비교하면 된다.

〈표 7-27〉에는 3가지 피드백(동료 피드백 = 평균 10점, 교사 피드백 = 평균 12점, 자기 피드백 = 평균 8점)들 간의 평균차이를 보여 주고 있다. 이때 평균집단 간 평균의 차이가 유의수준(α) .05일 때 최소유의차보다 작으면 *이고, 유의수준(α) .01일 때 최소유의차보다 작으면 **을 이용해 표기하면 된다. 피셔의 최소유의차 분석 결과, 고등학생들의 논술성적에 대한 피드백 중 동료 피드백과 자기 피드백, 동료 피드백과 교사 피드백 사이에는 통계적으로 유의미한 차이가 나타나지 않았고, 교사 피드백과 자기 피드백의 평균차이가 4로 나타나 유의수준 .01일 때 통계적으로 유의미한 차이가 있는 것으로 나타났다.

〈표 7-27〉 논술실력 향상에 대한 피셔 최소유의차(LSD) 검증

	동료 피드백	교사 피드백	자기 피드백	유의수준(α) .05일 때 LSD	유의수준(α) .01일 때 LSD
동료 피드백	0.00	2.00	2.00	$2.10\sqrt{4.88\left(\frac{1}{7}+\frac{1}{7}\right)} \simeq 2.47$	$2.870\sqrt{4.88\left(\frac{1}{7}+\frac{1}{7}\right)} \simeq 3.38$
교사 피드백		0.00	4.00**		
자기 피드백			0.00		

**$p<.01$

피셔의 최소유의차 검증은 비교적 간단하고 터키(Tukey)의 방법보다는 통계적 검증력이 높다는 장점이 있다. 하지만 피셔의 최소유의차 검증은 단순비교를 여러 번 실시할 때 나타나는 유의수준의 변화를 수정하지 않아 1종 오류(영가설이 사실이나 대안가설을 채택 = 집단 간 차이가 있다)를 증가시킨다는 다는 단점이 있다(Abdi & William, 2010). 따라서 피셔의 최소유의차 검증에 따른 결과는 신중히 받아들일 필요성이 있다. 피셔의 최소유의차 검증 절차는 크게 6단계로 이루어진다고 볼 수 있다(〈표 7-28〉 참조).

〈표 7-28〉 피셔의 최소유의차(LSD) 검증 절차

① 영가설과 대안가설을 설정한다.
영가설(H_0): 집단 간 평균의 차이가 없다($\mu_i = \mu_j,\ i \neq j$).
대안가설(H_A): 집단 간 평균의 차이가 있다($\mu_i \neq \mu_j,\ i \neq j$).
② 최소유의차 방법을 사용해도 좋은지 판단한다.
단순비교의 경우에는 사용 가능하지만 복합비교의 경우에는 사용할 수 없다.
③ 유의수준(α)을 결정한다.
최소유의차 검증은 유의수준(α) 보통 5%, 1% 수준에서 이루어진다.
④ 단순비교에 대한 자유도, 유의수준(α)을 고려하여 t 값을 구한다.
자유도를 고려할 때 단순비교에 직접적으로 관여한 집단의 자유도만를 고려하는 것이 아니라 전체집단의 자유도를 고려해야 한다.
⑤ 최소유의차 값을 계산한다.
⑥ 단분비교를 하는 집단 간 평균차이에 절댓값을 취한 후 최소유의차 값과 비교한다.
단순비교를 하는 집단 간의 평균차이에 절댓값이 최소유의차 값보다 크거나 같으면 영가설을 기각한다. ($\mu_i = \mu_j,\ i \neq j$) ≥ LSD.
단순비교를 하는 집단 간의 평균차이에 절댓값이 최소유의차 값보다 작으면 영가설을 채택한다. ($\mu_i = \mu_j,\ i \neq j$) < LSD.

② 헤이터(Hayter)의 수정된 최소유의차(Hayter's modified LSD) 검증방법

헤이터의 수정된 최소유의차 검증방법은 피셔의 최소유의차 검증이 여러 번의 단순비교를 실시할 때 나타나는 유의수준(α)을 고려하지 않아 증가되는 1종 오류를 해결할 수 있다. 헤이터는 미리 설정된 유의수준(α)에서 전체비교(omnibus test)를 통해 영가설(집단 간 평균의 차이가 없음)이 기각된다면, 최초 전체비교의 결과를 고려해서 단순비교의 기준을 수정해야 한다고 했다(1986). 헤이터(1986)는 1종 오류가 적어도 한 번 발생의 가능성(familywise error rate)을 보다 적절히 통제하기 위하여 $(q^*_{A-1,\,N-A,\,\alpha})/\sqrt{2}$을 제시하였다.

헤이터가 제시한 방법에서 q는 스튜던트 범위분포(Studentized range distribution), A−1는 집단 간 자유도, N−A은 집단 내 자유도, N은 전체 사례 수, A는 집단의 수를 의미한다. 〈표 7-6〉에 제시된 세 피드백에 대한 집단 간 자유도와 집단 내 자유도를 고려한 후, 설정된 유의수준(α)을 스튜던트 범위분포에 그 값을 찾으면 그 값이 곳 헤이터의 수정된 최소유의차 검증값이 된다. 〈표 7-29〉에 제시된 3가지 피드백의

〈표 7-29〉 스튜던트 범위분포 유의수준이 .05($\alpha = .05$)

자유도	t																	
	2	3	4	5	6	7	8	9	10	11	12	13	14	15	16	17	18	19	20
5	3.64	4.60	5.22	5.67	6.03	6.33	6.58	6.80	6.99	7.17	7.32	7.47	7.60	7.72	7.83	7.93	8.03	8.12	8.21
6	3.46	4.34	4.90	5.30	5.63	5.90	6.12	6.32	6.49	6.65	6.79	6.92	7.03	7.14	7.24	7.34	7.43	7.51	7.59
7	3.34	4.16	4.68	5.06	5.36	5.61	5.82	6.00	6.16	6.30	6.43	6.55	6.66	6.76	6.85	6.94	7.02	7.10	7.17
8	3.26	4.04	4.53	4.89	5.17	5.40	5.60	5.77	5.92	6.05	6.18	6.29	6.39	6.48	6.57	6.65	6.73	6.80	6.87
9	3.20	3.95	4.41	4.76	5.02	5.24	5.43	5.59	5.74	5.87	5.98	6.09	6.19	6.28	6.36	6.44	6.51	6.58	6.64
10	3.15	3.88	4.33	4.65	4.91	5.12	5.30	5.46	5.60	5.72	5.83	5.93	6.03	6.11	6.19	6.27	6.34	6.40	6.47
11	3.11	3.82	4.26	4.57	4.82	5.03	5.20	5.35	5.49	5.61	5.71	5.81	5.90	5.98	6.06	6.13	6.20	6.27	6.33
12	3.08	3.77	4.20	4.51	4.75	4.95	5.12	5.27	5.39	5.51	5.61	5.71	5.80	5.88	5.95	6.02	6.09	6.15	6.21
13	3.06	3.73	4.15	4.45	4.69	4.88	5.05	5.19	5.32	5.43	5.53	5.63	5.71	5.79	5.86	5.93	5.99	6.05	6.11
14	3.03	3.70	4.11	4.41	4.64	4.83	4.99	5.13	5.25	5.36	5.46	5.55	5.64	5.71	5.79	5.85	5.91	5.97	6.03
15	3.01	3.67	4.08	4.37	4.59	4.78	4.94	5.08	5.20	5.31	5.40	5.49	5.57	5.65	5.72	5.78	5.85	5.90	5.96
16	3.00	3.65	4.05	4.33	4.56	4.74	4.90	5.03	5.15	5.26	5.35	5.44	5.52	5.59	5.66	5.73	5.79	5.84	5.90
17	2.98	3.63	4.02	4.30	4.52	4.70	4.86	4.99	5.11	5.21	5.31	5.39	5.47	5.54	5.61	5.67	5.73	5.79	5.84
18	**2.97**	3.61	4.00	4.28	4.49	4.67	4.82	4.96	5.07	5.17	5.27	5.35	5.43	5.50	5.57	5.63	5.69	5.74	5.79
19	2.96	3.59	3.98	4.25	4.47	4.65	4.79	4.92	5.04	5.14	5.23	5.31	5.39	5.46	5.53	5.59	5.65	5.70	5.75

집단 간 자유도는 2(3−1), 집단 내 자유도는 18(21−3)이며, 유의수준(α)이 .05로 설정된 스튜던트 범위분포을 구하면 2.97($q^*_{2,\,18,\,.05} = 2.97$)인 된다. 이렇게 해서 구해진 값(2.97)을 다시 $\sqrt{2}$ 로 나누면 최종 기각값은 2.10이 된다($2.97/\sqrt{2} = 2.10$).

〈표 7−27〉에 제시된 고등학생 논술성적에 대한 세 피드백들 간의 평균차이는 헤이터의 수정된 최소유의차 검증방법과 피셔의 최소유의차 검증밥법을 통해 나타난 결과가 같다는 것을 보여 주고 있다. 헤이터의 수정된 최소유의차 검증방법과 피셔의 최소유의차 검증방법의 차이는 집단 간 평균차이를 알아볼 때 사용하는 분포의 차이에 있다(〈표 7−30〉 참조). 하지만 헤이터의 수정된 최소유의차 검증방법은 피셔의 최소유의차 검증방법보다 더 보수적이며, 터키보다는 통계적 검증력이 높다(Abdi & William, 2010).

〈표 7-30〉 t 분포와 q 분포의 차이점

t 분포	q 분포
$t = \frac{\overline{X_a} - \overline{X_b}}{\sqrt{\frac{2MSE}{n}}}$	$q = \frac{\overline{X_a} - \overline{X_b}}{\sqrt{\frac{MSE}{n}}}$

t 분포와 q 분포(스튜던트 범위분포)는 두 집단의 평균을 차이($\overline{X_a} - \overline{X_b}$)를 본다는 점에서는 차이가 없다. 하지만 평균제곱을 어떻게 다루는지에 달려 있으며, 이 두 분포의 관계는 $q = t \times \sqrt{2}$로 나타낼 수 있다.

헤이터와 피셔 검증방법의 차이

유의수준(α) .05에서 헤이터의 수정된 최소유의차 검증방법을 통해 설정된 기각값(2.10)은 피셔의 최소유의차 검증방법을 통해 얻은 값(2.47)보다 작다.

③ 뉴먼-쿨스(Newman-Keuls) 방법

뉴먼-쿨스 방법은 스튜던트-뉴먼-쿨스(Student-Newman-Keuls: SNK) 방법으로 불리며, 집단 간 평균차이를 알아보기 위한 단순비교를 실시할 때 평균의 차이를 고려해 순차적으로 내려가는(step down) 방식으로 다소 보수적(conservative)이다. 집단 간 평균의 차이를 고려하기 위해서는 일단 집단의 평균 크기에 따라 집단을 배열하고, 평균이 가장 높은 집단과 평균이 가장 낮은 집단 간의 차이에 대한 통계적 유의미성을 살펴보는 방식이다. 뉴먼-쿨스 방법은 $KW = q_{(r,\, N-A)} \times \sqrt{MSE\left(\frac{1}{n_a} + \frac{1}{n_b}\right)}$을 사용하여 사후분석에 사용되며, q는 스튜던트 범위분포, r은 단계계수, n_a와 n_b는 A와 B 집단의 사례 수, A는 집단 간 자유도, N−A는 집단 내 자유도이다.

뉴먼-쿨스 검증값

$$KW = q_{(r,\, N-A)} \times \sqrt{MSE\left(\frac{1}{n_a} + \frac{1}{n_b}\right)}$$

뉴먼-쿨스 방법을 통해 〈표 7-24〉에 제시된 피드백에 대한 차이를 살펴보려면, 우선 세 피드백 방법을 평균이 가장 높은 것에서 낮은 것으로 재배열하면 〈표 7-31〉

과 같이 나타낼 수 있다.

〈표 7-31〉 평균에 따른 고등학생들의 평균 논술성적 재배열

	피드백의 종류		
	동료 피드백	교사 피드백	자기 피드백
평균	$\overline{Y}_1 = 10$	$\overline{Y}_2 = 12$ ↓	$\overline{Y}_3 = 8$
평균이 높은 순	교사 피드백	동료 피드백	자기 피드백
	$\overline{Y}_2 = 12$	$\overline{Y}_1 = 10$	$\overline{Y}_3 = 8$

논술성적에 대한 3가지 피드백의 단계계수는 다음과 같이 구할 수 있다. 비교 가능한 대비계수는 집단의 수(J)을 $\frac{J(J-1)}{2}$에 대입해 보면 알 수 있다. 3가지 피드백에 대한 비교 가능한 단순비교 단계계수(r)은 3이 된다$\left(\frac{3(3-1)}{2}\right)$. 단계계수를 구하려면 비교하려는 집단이 서로 옆에 있으면 r = 2가 되고, 이후 비교하려는 집단 사이에 떨어진 정도만큼 단계계수(r)도 따라 변하는데, 다음에 잘 설명되어 있다.

$r=2$: 교사 피드백 vs. 동료 피드백, 동료 피드백 vs. 자기 피드백
$r=3$: 교사 피드백 vs. 자기 피드백

이후 단계수준(r)과 집단 간 자유도를 이용해 유의수준(α) .05일 때 q는 스튜던트 범위분포의 값은 〈표 7-32〉에서 찾을 수 있는데, 그 값은 다음과 같이 나타낼 수 있다.

단계수준(r) = 집단 간 자유도		
집단 내 자유도	$r=2$	$r=3$
18	2.97	3.61

〈표 7-32〉 스튜던트 범위분포 유의수준이 .05($\alpha = .05$)

자유도	t																		
	2	3	4	5	6	7	8	9	10	11	12	13	14	15	16	17	18	19	20
5	3.64	4.60	5.22	5.67	6.03	6.33	6.58	6.80	6.99	7.17	7.32	7.47	7.60	7.72	7.83	7.93	8.03	8.12	8.21
6	3.46	4.34	4.90	5.30	5.63	5.90	6.12	6.32	6.49	6.65	6.79	6.92	7.03	7.14	7.24	7.34	7.43	7.51	7.59
7	3.34	4.16	4.68	5.06	5.36	5.61	5.82	6.00	6.16	6.30	6.43	6.55	6.66	6.76	6.85	6.94	7.02	7.10	7.17
8	3.26	4.04	4.53	4.89	5.17	5.40	5.60	5.77	5.92	6.05	6.18	6.29	6.39	6.48	6.57	6.65	6.73	6.80	6.87
9	3.20	3.95	4.41	4.76	5.02	5.24	5.43	5.59	5.74	5.87	5.98	6.09	6.19	6.28	6.36	6.44	6.51	6.58	6.64
10	3.15	3.88	4.33	4.65	4.91	5.12	5.30	5.46	5.60	5.72	5.83	5.93	6.03	6.11	6.19	6.27	6.34	6.40	6.47
11	3.11	3.82	4.26	4.57	4.82	5.03	5.20	5.35	5.49	5.61	5.71	5.81	5.90	5.98	6.06	6.13	6.20	6.27	6.33
12	3.08	3.77	4.20	4.51	4.75	4.95	5.12	5.27	5.39	5.51	5.61	5.71	5.80	5.88	5.95	6.02	6.09	6.15	6.21
13	3.06	3.73	4.15	4.45	4.69	4.88	5.05	5.19	5.32	5.43	5.53	5.63	5.71	5.79	5.86	5.93	5.99	6.05	6.11
14	3.03	3.70	4.11	4.41	4.64	4.83	4.99	5.13	5.25	5.36	5.46	5.55	5.64	5.71	5.79	5.85	5.91	5.97	6.03
15	3.01	3.67	4.08	4.37	4.59	4.78	4.94	5.08	5.20	5.31	5.40	5.49	5.57	5.65	5.72	5.78	5.85	5.90	5.96
16	3.00	3.65	4.05	4.33	4.56	4.74	4.90	5.03	5.15	5.26	5.35	5.44	5.52	5.59	5.66	5.73	5.79	5.84	5.90
17	2.98	3.63	4.02	4.30	4.52	4.70	4.86	4.99	5.11	5.21	5.31	5.39	5.47	5.54	5.61	5.67	5.73	5.79	5.84
18	**2.97**	**3.61**	4.00	4.28	4.49	4.67	4.82	4.96	5.07	5.17	5.27	5.35	5.43	5.50	5.57	5.63	5.69	5.74	5.79
19	2.96	3.59	3.98	4.25	4.47	4.65	4.79	4.92	5.04	5.14	5.23	5.31	5.39	5.46	5.53	5.59	5.65	5.70	5.75

단계수준(r), 집단 내 자유도, 유의수준(α) .05일 때 q는 스튜던트 범위분포의 값, 평균제곱값을 $KW = q_{(r,\,N-A)} \times \sqrt{MSE\left(\frac{1}{n_a} + \frac{1}{n_b}\right)}$ 에 대입하며 최종 기각값을 얻을 수 있다. 이때 평균제곱값은 〈표 7-8〉에 제시된 4.89를 대입시키면 된다. 단계수준(r)이 2일 경우 기각값은 약 3.51이고, 단계수준(r)이 3일 경우에는 기각값이 약 4.26이다.

	단계수준(r)=집단 간 자유도	
집단 내 자유도	r=2	r=3
18	2.97	3.61
	$KW = 2.97 \times \sqrt{4.89\left(\frac{1}{7} + \frac{1}{7}\right)}$ $\simeq 3.51$	$KW = 3.61 \times \sqrt{4.89\left(\frac{1}{7} + \frac{1}{7}\right)}$ $\simeq 4.26$

단계수준(r), 집단 내 자유도, 유의수준(α) .05일 때 q는 스튜던트 범위분포의 값, 평균제곱값을 고려해 얻은 기각값을 단순비교집단의 통계치와 비교하면 된다(〈표 7-33〉 참조). 단계수준(r)이 2인 경우는 교사 피드백과 동료 피드백과의 비교, 동료 피드백과 자기 피드백 경우밖에 없다. 이 비교집단들의 평균차이는 각각 2로 나타나는데, 기각값 3.51보다 작아 통계적으로 유의미한 차이가 없다고 할 수 있다. 또한 단계수준(r)가 3인 경우는 교사 피드백과 자기 피드백 경우밖에 없다. 이들 비교집단의 평균차이는 4로 나타나는데, 기각값 4.26보다 작아 통계적으로 유의미한 차이가 없다고 할 수 있다.

〈표 7-33〉 통계치와 대비계수의 비교

3가지 피드백 종류					
	단계계수 2		단계계수 3	기각값	
	교사 피드백	동료 피드백	교사 피드백	$r=2$	$r=3$
동료 피드백	2			3.51	4.26
자기 피드백		2			
자기 피드백			4		

④ 터키검정(Tukey's test)

터키검정은 헤이터의 수정된 최소유의차 검증과 분석 절차는 같으나 기각값을 설정할 때 필요한 자유도를 어떻게 구성하는지에 차이가 있다. 터키검정과 헤이터의 수정된 최소유의차 검증은 집단 간 자유도와 집단 내 자유도가 필요하다. 두 분석방법에서 집단 내 자유도는 차이가 없으며, 집단 간 자유도에서 차이가 나타난다. 헤이터의 수정된 최소유의차 검증에서 집단 간 자유도는 집단의 수에서 1을 뺀 (A−1)의 자유도를 사용하고, 터키검정의 집단 간 자유도는 집단의 수(A)를 그대로 사용한다.

터키검정은 오직 단순비교에서만 사용할 수 있으며, 사용하는 방법에 따라 터키 HSD(Honest Significant Difference) 검정과 터키 WSD(Wholly Significant Difference) 검정으로 나눌 수 있다. 터키 HSD 검정은 $HSD = q_{(A,\,N-A)} \times \sqrt{MSE\left(\frac{1}{n_a} + \frac{1}{n_b}\right)}$을 사용하여 사후분석에 사용되며, q는 스튜던트 범위분포, n_a와 n_b는 A와 B 집단의 사례 수, A는 집단 간 자유도, $N-$A는 집단 내 자유도이다.

터키 HSD 검정값

$$HSD = q_{(A,\,N-A)} \times \sqrt{MSE\left(\frac{1}{n_a} + \frac{1}{n_b}\right)}$$

터키 HSD 검정을 사용하여 〈표 7-24〉에 제시된 3가지 피드백 방법에 대한 효과성을 살펴보면 다음과 같다. 논술 피드백의 종류가 3가지이므로 집단 간 자유도는 3, 집단 내 자유도는 18(21-8=3)로 스튜던트 범위분포 값은 3.61이다, $q^*_{3,\,18,\,.05} = 3.61$ (〈표 7-32〉). 이러한 결과는 터키의 스튜던트 범위분포(3.61)의 값은 헤이터의 범위분포(2.97)보다 크다는 것을 보여 준다. 따라서 세 집단의 집단 내 평균제곱 4.89을 이용해 터키 HSD의 기각값을 구하면 4.26$\left(HSD(q^*) = 3.61 \times \sqrt{4.89\left(\frac{1}{7} + \frac{1}{7}\right)} \simeq 4.26\right)$이 된다.

터키 HSD 검정은 사후분석으로 집단 간 평균차이가 통계적으로 유의미한지를 살펴보기 위해 하나의 기각값을 사용한다. 터키 HSD 검정은 설정된 기각값을 평균이 가장 높은 집단과 가장 낮은 집단의 차이만을 확인하는 방법이다. 〈표 7-24〉에 제시된 동료 피드백의 평균(10점), 교사 피드백의 평균(12점), 자기 피드백의 평균(8점) 중 교사 피드백의 평균이 가장 높고, 자기 피드백의 평균이 가장 낮다. 이들 3가지 피드백 방법에서 나타난 차이는 터기 HSD의 기각값 4.26보다 작기 때문에 통계적으로 유의미한 차이로 있다고 볼 수 없다(〈표 7-34〉 참조).

〈표 7-34〉 3가지 피드백 방법에 대한 터키 HSD 검정

	동료 피드백	교사 피드백	자기 피드백
동료 피드백	0.00	2.00	2.00
교사 피드백		0.00	4.00
자기 피드백			0.00

'Tukey's b'라고 불리는 터키 WSD 검정은 각 집단의 평균을 높은 순위에서 낮은 순위로 나열한 후 비교 가능한 횟수(r)를 고려하여 분석하는 방법이다(〈표 7-35〉 참조). 즉, 터키 HSD 검증의 차이점은 각 집단의 사례 수를 이용하고 터키 WSD 검정은 비교집단 간 비교 가능한 횟수를 이용하는 데 있다. 〈표 7-24〉에 언급된 3가지 교수

법은 집단 간 자유도가 3, 집단 내 자유도 18, 평균제곱(MSE) 4.89, 유의수준 .05일 때 스튜던트 범위분포값은 3.61이다($q^*_{3, 18, .05} = 3.61$). 또한 집단 내 평균제곱(MSE)은 4.89이다.

〈표 7-35〉 터키 WSD

$$W = q_{(A, N-A, \alpha)}\sqrt{\frac{MSE}{r}}$$

$$W = q_{(A, N-A, \alpha)}\sqrt{\frac{MSE}{r}} = 3.61 \times \sqrt{\frac{4.89}{3}} \simeq 4.60$$

〈표 7-24〉에 언급된 3가지 교수법의 효과성을 비교하는 데 있어 비교 가능한 경우는 3가지 비교가 가능하다($3(3-1)/2 = 3$). 터키 WSD 검정에서 필요한 집단 간 비교 가능한 횟수(r)는 3이다. 지금까지 언급된 모든 정보($q^*_{3, 18, .05} = 3.61$, MSE = 4.89, $r = 3$)를 이용했을 때 터키 WSD는 4.60으로 나타났다(〈표 7-36〉 참조). 〈표 7-36〉에 제시된 3가지 피드백들 간의 평균차이를 터키 WSD 기각값 4.60으로 비교하면 고등학생들의 논술성적을 향상시키기 위한 3가지 교수법의 평균 간 차이는 통계적으로 유의미하지 않다는 것을 알 수 있다.

〈표 7-36〉 3가지 피드백에 대한 터키 WSD 검정

		①-②	①-③	②-③	터키 WSD
교사 피드백 ①	12				
동료 피드백 ②	10	2	4	2	4.60
자기 피드백 ③	8				

일원분산분석 후 집단 간 평균의 차이가 통계적으로 유의한 결과가 있을 때 사후검사로 이용되는 터키검정은 집단과 집단이 1:1로 비교되는 단순비교에서만 사용될 수 있다. 하지만 터키검정은 기각값을 계산하는 과정에서 각 집단에 속한 사례 수를 고려하는지 또는 집단 간 비교 가능한 횟수(r)를 사용하는지에 따라 터키 HSD 검정과 터키 WSD 검정으로 나눌 수 있으며, 두 방법의 차이는 〈표 7-37〉에 설명되어 있다.

〈표 7-37〉 터키 HSD와 WSD 검정의 차이점

터키 HSD 검정	터키 WSD 검정
집단 간 평균비교를 하는 데 있어 동일한 기각값(가장 보수적인 기각값)을 적용한다. 집단 간 평균의 차이가 가장 큰 경우가 통계적으로 유의미하지 않으면 나머지 경우도 통계적으로 유의한 차이가 없다.	집단 간 평균을 높은 순에서 낮은 순으로 나열하고 순차적으로 나열된 K개의 평균 중 두 평균 간에 몇 개의 단계가 있는가에 따라 서로 다른 기각값을 사용한다. 집단 간 비교 가능한 횟수(r)를 이용한다.

터키 HSD를 통해 집단 간 통계적 유의미성을 알아보기 위해 보다 손쉽게 접근할 수 있는 방법이다(http://vassarstats.net/textbook/ch14pt2.html). 다만, 여기에서 언급한 인터넷 사이트에서 터키 HSD를 알아보기 위해서는 집단의 수와 집단 내 평균제곱값을 먼저 알아야 한다.

⑤ 본페로니 교정(Bonferroni correction)

본페로니 교정은 실험설계에서 여러 번의 독립된 가설검증을 하는 데 있어 가설검증의 횟수(K)가 증가할 때마다 늘어나는 1종 오류가 적어도 한 번 발생할 가능성(familywise error rate)을 계산하여 교정해 주는 방법이다(Dunnett, 1955). 〈표 7-24〉에 언급된 3가지 피드백 효과성을 알아보기 위해 각 피드백들을 비교하려면 연속해서 3번 비교해야 한다. 이때 각각의 가설검증에서 유의수준을 5%로 설정한 후 통계적 검증을 실시했지만, 실질적으로 5%의 유의수준에서 통계적 검증을 실시했다고 볼 수 없다.

집단 간 차이를 알아보기 위해 연속해서 3번 통계적 검증을 실시하면 실질적 유의수준(α)은 14.26%[$1-(1-.05)^3$]이 된다. 즉, 각각의 가설검증에 사용된 유의수준을 5%로 설정했더라도 전체 유의수준은 $1-(1-\alpha)^k$로 된다는 점을 고려해야 한다. 〈표 7-38〉은 가설검증의 횟수(K)가 증가함에 따라 최초 기준값으로 설정된 유의수준($\alpha=.05$)이 실질적으로 어떻게 변화되는지를 보여 주고 있다. 가설검증의 횟수(K)가 증가함에 따라 변화하는 유의수준을 고려하여 본페로니 교정방법은 주어진 자료를 이용하여 나타난 유의확률을 가설검증의 횟수(K)로 나누어 사용한다([그림 7-14] 참조).

〈표 7-38〉 가설검증과 1종 오류 발생확률의 관계

p(1종 오류)$=\alpha$				
p(K번 가설검증에서 1종 오류를 반복하지 않을 확률)$=(1-\alpha)^k$				
p(적어도 한 번의 1종 오류가 발생할 확률)$=1-(1-\alpha)^k$				
	가설검증 횟수에 따라 적어도 한 번의 1종 오류가 발생할 확률			
	5	10	20	100
$1-(1-\alpha)^k$	$=1-(1-.05)^5$ $=1-(.95)^5$ $=.226$	$=1-(1-.05)^{10}$ $=1-(.95)^{10}$ $=.40$	$=1-(1-.05)^{20}$ $=1-(.95)^{20}$ $=.64$	$=1-(1-.05)^{100}$ $=1-(.95)^{100}$ $=.994$

만약 〈표 7-24〉에 제시된 3가지 피드백을 단순비교(교사 피드백 vs. 자기 피드백, 교사 피드백 vs. 동료 피드백, 동료 피드백 vs. 자기 피드백)을 할 경우 K=3(같은 집단을 두 번 사용함)이 된다. 본페로니 교정을 이용해 두 번의 단순비교를 유의수준(α) .05에서 검증을 했다면 집단이 반복 사용되면서 나타나는 1종 오류를 〈표 7-39〉에 제시된 2가지 접근방법으로 수정 가능하다. 첫 번째 방법은 유의수준을 수정하는 것이다. 이 방법은 일반적으로 사용되는 유의수준(.05, .01)를 대조 · 비교를 시행한 수만큼으로 나누는 것이다. 두 번째 방법은 주어진 자료에서 얻은 유의확률을 수정하는 방법이다.

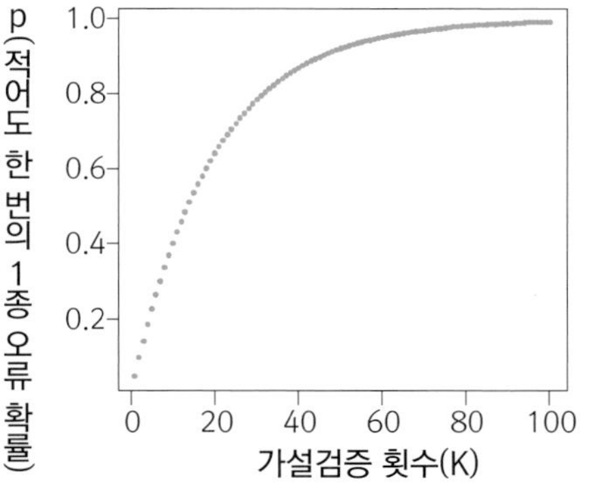

[그림 7-14] 가설검증의 횟수(K)와 1종 오류 발생의 확률

유의수준을 수정하는 첫 번째 방법은 〈표 7-24〉에 제시된 3가지 피드백에 중 교사 피드백 vs. 동료 피드백을 가지고 설명하면, 이들(교사 피드백 vs. 동료 피드백)의 유

의확률은 .325(사후분석으로 본페로니 교정을 선정한 후 SPSS를 이용하여 얻은 결과)이다. 첫 번째 유의수준을 수정하는 방법으로 교사 피드백 vs. 동료 피드백 차이를 검증할 때 두 집단 사이에 나타난 유의확률(.325)을 최초 선정한 유의수준(α) .05로 비교하는 대신 수정된 .016(.05/3=.0167)로 비교하는 것이다. 분석 결과, 교사 피드백 vs. 동료 피드백의 집단 간 차이는 통계적으로 유의미한 차이(.325>.016)가 없는 것으로 나타났다.

유의수준(α) .05($\alpha = .05$)를 수정하지 않고 집단 간 평균 비교에서 나타난 유의확률를 수정하는 두 번째 방법을 교사 피드백 vs. 자기 피드백을 가지고 설명하면, 이들(교사 피드백 vs. 자기 피드백)의 유의확률은 .010(사후분석으로 본페로니 교정을 선정한 후 SPSS를 이용하여 얻은 결과)이다. 교사 피드백 vs. 자기 피드백의 집단 간 차이에 대한 유의확률 .010에 단순비교를 시행한 횟수(3)를 곱한 .030를 최초 설정한 유의수준 .05($\alpha = .05$)와 비교하는 것이다. 교사 피드백 vs. 자기 피드백의 집단 평균차이는 통계적으로 유의미한 차이($p(.30) < \alpha = .05.$)가 있는 것으로 나타났다.

〈표 7-39〉 **본페로니 교정**

	본페로니 교정		
	방법 1	방법 2	결과
	α/K (.05/3=0167)	$p \times 3$	영가설을
p=.325	.0167	p=.325*3=.975	채택한다
p=.010	.0167	p=.010*3=.030	기각한다

피셔의 최소유의차 검증과 본페로니 교정과의 차이점은 피셔의 최소유의차 검증을 하기 위해서는 전체비교를 위해 F 값을 계산해야 하고, 반드시 통계적으로 유의미성이 있어야 한다. 하지만 본페로니 교정은 단순비교 또는 복합비교를 위해서 반드시 전체비교를 할 필요가 없다. 본페로니 방법은 피셔의 최소유의차 검증보다는 통계적 검증력은 떨어지지만(실제 1종 오류 발생의 가능성이 5%보다 낮고 2종 오류가 증가한다는 의미), 비교를 할 때 기준이 되는 유의수준(α)에서 발생하는 1종 오류의 확률을 통제하는 장점이 있다.

⑥ 쉐페(Scheffé) 방법

쉐페 방법은 전반적인 변량분석을 통해 집단 간 나타나는 평균의 차이가 통계적으로 유의미하다는 결과를 얻은 후 집단 간 나타나는 차이가 어디에서 나타나는지 알아보기 위해 쓰이는 방법 중 하나이다. 쉐페 방법의 장점은 비교집단에 속한 사례 수가 같거나 다른 경우 모두 사용 가능할 뿐 아니라 단순비교(예: 동료 피드백 vs. 자기 피드백)뿐만 아니라 복합비교(예: 교사 피드백+동료 피드백 vs. 자기 피드백)도 가능한 장점이 있다. 뿐만 아니라 쉐페 방법은 분산분석표(F table)에서 바로 계산할 수 있는 장점도 있다. 하지만 쉐페 방법은 보수적이어서 영가설 기각이 어려워 학자들 사이에서는 쉐페를 사용할 때는 α를 .05가 아닌 .10 사용을 권장하기도 한다.

집단 간 평균차이가 통적으로 유의미하다고 나타날 때 독립표본 t-검증과 같이 서로 다른 집단의 평균을 하나하나 알아보는 방법이다. 집단 간 평균의 차이가 통계적으로 유의미할 때 가능한 단순비교의 수는 $\frac{J(J-1)}{2}$를 통해 알 수 있다(J는 집단의 수를 의미함). 논술성적 향상을 위해 사용된 3가지 피드백 방법(교사 피드백, 동료 피드백, 자기 피드백)의 경우 집단의 수 $J=3$이며, 가능한 단순비교의 수는 3가지$\left(\frac{3(2-1)}{2}\right)$이다. 이렇게 나타난 단순비교는 〈표 7-40〉에 제시된 쉐페 방법을 통해 집단 간 평균의 차이를 알아볼 수 있다.

〈표 7-40〉 쉐페 단순비교

$$F = \frac{(\overline{X}_1 - \overline{X}_2)^2}{\text{집단 내 평균제곱} \times \left(\frac{1}{n_1} + \frac{1}{n_2}\right)(J-1)}$$

논술성적 향상을 위해 적용된 3가지 피드백 방법(교사 피드백, 동료 피드백, 자기 피드백)에 대한 쉐페 방법의 절차는 〈표 7-41〉과 같다.

〈표 7-41〉 쉐페 단순비교 절차

1. 가설검증	
전반적 변량분석의 통계적 검증이 유의미할 때 구체적으로 집단 간 차이를 알아보기 위해 실시한다.	
영가설(H_0)	집단 간(피드백의 종류) 논술성적의 평균은 같다($\mu_i = \mu_j$).
대안가설(H_A)	집단 간(피드백의 종류) 논술성적의 평균은 다르다($\mu_i \neq \mu_{j,\ i \neq j}$).
2. 분석	
① 쉐페 검증을 통해 각 집단의 평균차이를 비교하기 위해 F 값을 구한다.	1. 동료 피드백 VS. 교사 피드백 $F = \dfrac{(10.00 - 12.00)^2}{4.89 \times \left(\frac{1}{7} + \frac{1}{7}\right)(3-1)} \cong 1.43$ 2. 동료 피드백 VS. 자기 피드백 $F = \dfrac{(10.00 - 8.00)^2}{4.89 \times \left(\frac{1}{7} + \frac{1}{7}\right)(3-1)} \cong 1.43$ 3. 교사 피드백 VS. 자기 피드백 $F = \dfrac{(12.00 - 8.00)^2}{4.89 \times \left(\frac{1}{7} + \frac{1}{7}\right)(3-1)} \cong 5.73$
② 계산된 F 값을 유의수준 .05($\alpha = .05$)일 때의 $F(3, 18)$의 임곗값(3.16)과 비교한다.	1. 1.43 < 3.16. 2. 1.43 < 3.16. 3. 5.73 > 3.16.
3. 결과	
쉐페를 통한 단순비교 결과, 동료 피드백과 교사 피드백, 동료 피드백과 자기 피드백 사이에 나타난 평균의 차이는 유의수준 .05에서 통계적으로 유의미하지 않았다. 하지만 교사 피드백과 자기 피드백 사이에 나타난 평균의 차이는 유의수준 .05에서 통계적으로 유의미한 것으로 나타났다.	

사후분석방법으로 앞에서 설명한 방법들 말고도 던킨(Duncan), 던넷(Dunnett) 방법처럼 다양한 방법이 존재하며, 이들은 SPSS 프로그램을 통해 쉽게 사용될 수 있다. 앞서 언급한 전통적인 방법은 사용하기 편리하지만 통계적 검증력(statistical power)이 낮다는 단점이 있다. 이러한 단점을 극복할 수 있는 방법은 벤자민과 로크버그(Benjamini & Hochberg, 1995), 홀름(Holm), 시닥(Sidak)을 들 수 있는데, 이러한 방법들은 단순비교를 통해 집단 간 평균이 통계적으로 유의미한 차이가 있는지 살

펴볼 뿐 아니라 그 결과가 통계적 검증력이 높다는 장점이 있다.

(2) SPSS를 통한 단순비교

피드백(집단)의 종류에 따라 논술성적에 차이가 있다는 결과가 〈표 7-17〉에 제시되었다. 따라서 논술성적이 어느 피드백에서 차이가 나타나는지 사후분석이 필요한데, 〈표 7-42〉는 SPSS를 통한 사후분석 절차를 보여 주고 있다. 다만 〈표 7-42〉는 사후분석에 절차는 〈표 7-17〉의 ⑥ 단계부터의 절차를 보여 준다.

〈표 7-42〉 SPSS를 이용한 사후분석

1. 연구가설	
본 연구의 연구가설인 고등학생의 논술에 대한 피드백의 차이를 증명하기 위한 통계적 분석을 하기 위해서는 먼저 영가설과 대안가설을 먼저 세워야 한다.	
영가설(H_0)	고등학교 학생들의 논술성적 향상을 위한 3가지 피드백(동료, 교사, 자기 피드백)의 평균에는 차이가 없다($\mu_i = \mu_j$). 즉, i와 j는 같지 않다.
대안가설(H_A)	고등학교 학생들의 논술성적 향상을 위한 3가지 피드백(동료, 교사, 자기 피드백)의 평균에는 차이가 있다($\mu_i \neq \mu_j$). 즉, i와 j는 같지 않다.
2. 자료 입력	
① 	1. 종속변수(E)에 자료 입력(논술성적) 2. 요인분석(F) (집단) 3. 사후분석(H) → 클릭

②

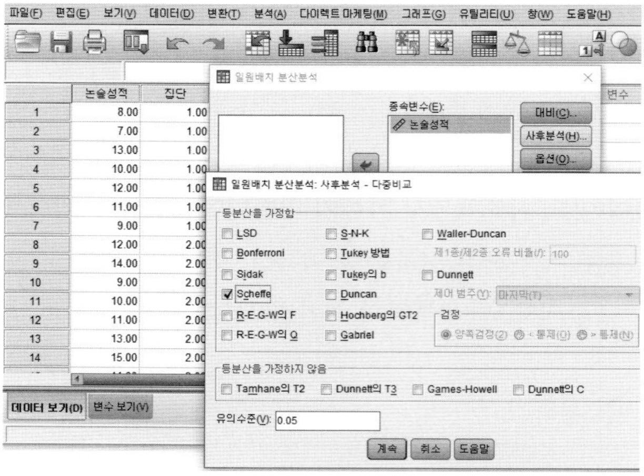

등분산 가정함 아래 제시된 사후분석 선택

1. 사후분석방법으로 쉐페 선택
2. 계속 → 클릭

③ ② 단계에서 계속을 클릭하면 ① 단계가 나온다. 이후 확인 → 클릭하면 결과가 나옴

3. 결과

⑤

다중 비교

논술성적
Scheffe

(I) 집단	(J) 집단	평균차(I-J)	표준오차	유의확률	95% 신뢰구간 하한값	95% 신뢰구간 상한값
동료	교사	-2.00000	1.18187	.265	-5.1512	1.1512
	자기	2.00000	1.18187	.265	-1.1512	5.1512
교사	동료	2.00000	1.18187	.265	-1.1512	5.1512
	자기	4.00000*	1.18187	.012	.8488	7.1512
자기	동료	-2.00000	1.18187	.265	-5.1512	1.1512
	교사	-4.00000*	1.18187	.012	-7.1512	-.8488

*. 평균차는 0.05 수준에서 유의합니다.

쉐페를 통한 분석 결과 교사 피드백과 자기 피드백 사이에 평균차이(4.0)이 통계적으로 유의미한 차이가 있는 것으로 나타났다.

2) 복합비교

일원분산분석 결과 통계적으로 유의미하다는 결과가 제시되었을 때 일반적으로 살펴보는 방법은 단순비교를 통해 집단 간 평균의 차이를 살펴보는 방법이다. 하지만 집단 간 존재하는 평균의 차이를 살펴보는 방법으로 단순비교만 있는 것이 아니라 집단 간의 관계를 고려한 후 여러 집단을 동시에 비교하는 복합비교(simple contrast)가 있다. 예를 들어, 〈표 7−17〉에 제시된 3가지 피드백에 중 만약 연구자가 동료 피드백과 교사 피드백과 같이 1:1로 집단 간 차이를 보는 단순비교와는 별도로 전통적인 피드백(교사 피드백)과 대안적 피드백(동료 피드백과 자기 피드백)의 차이에 관심이 있다면 복합비교를 할 수 있다.

복합비교를 위해서는 같은 집단(동료 피드백과 자기 피드백)으로 구분된 대안적 피드백에 대해 동등한 대비계수 값을 부여한 다음, 대안적 피드백에 부여된 대비계수의 합과 전통적 피드백에 부여된 대비계수의 합이 0이 되게 하면 된다. 예를 들어, 대안적 피드백에 속하는 동료 피드백과 자기 피드백에 각각 −.5의 대비계수를 부여한다면, 대안적 피드백에 속하는 대비계수의 합은 −1이다. 이때 전통적 피드백(교사 피드백)의 대비계수에 1를 부여한다면, 대안적 피드백과 전통적 피드백의 대비계수의 합은 0이 된다. 즉, 이를 [수식 13](p. 286 참조)을 통해 나타낸다면 $\sum_{i=1}^{A} c_a \overline{Y_{.a}} = (-.5)\overline{Y}_{.1} + (1)\overline{Y_{.2}} + (-.5)\overline{Y}_{.3}$에서 동료 피드백의 대비계수는 $(c_1 = -.5)$, 교사 피드백의 대비계수는$(c_2 = 1)$, 그리고 자기피드백의 대비계수는$(c_3 = -.5)$이며, 그 합은 0이 된다 $\left(\sum_{i=1}^{A} c_a = (-.5) + 1 + (-.5) = 0\right)$.

복합비교를 하는 데 있어 모든 대비계수의 합이 0이 되기만 하면 되므로 대안적 피드백에 속하는 동료 피드백과 자기 피드백에 대비계수를 각각 1를 부여한 후 전통적 피드백에 대비계수를 −2를 부여하면 된다, 즉, 복합비교 대비계수 역시 단수비교 대비계수와 같이 무수히 많은 대비계수가 존재 가능하다. 단, 각 비교집단에 부여된 대비계수의 합이 0이 돼야 한다.
특히 복합비교를 하는 데 있어 대비계수를 부여할 때 정수를 부여하는 것이 바람직하다. 만약 1(국문과), 2(영문과), 3(정치외교), 4(전자공학) 집단의 행복감에 대한 차이를 분석할 때, 1(국문과), 2(영문과), 3(정치외교)은 문과로, 4(전자공학)는 이과로 분리하여 문과 · 이과의 행복감 차이를 알아볼 수 있다. 이때 문과에 속하는 1(국문과), 2(영문과), 3(정치외교)에 정수(1, 2, 3, 4 등) 대신에 분수($\frac{1}{3}$, $\frac{1}{3}$, $\frac{1}{3}$)를 부여한다면 문과에 속하는 과에 부여된 대비계수의 합은 0이 된다. 하지만 각 집단에 부여된 대비계수는 $\frac{1}{3}$이기에 $0.33333\dot{3}$으로, 문과에 속한 1(국문과), 2(영문과), 3(정치외교)에 부여된 대비계수의 합은 정확히 1이 되지 않기 때문에 복합비교를 하는 데 문제가 발생한다.

(1) 계산을 이용한 복합비교

복합비교는 단순계산을 통해서 하는 방법과 쉐페 방법을 이용하는 방법이 있다. 우선, 복합비교는 분산분석이 통계적으로 유의미할 때 집단 간 나타나는 평균의 차이는 여러 집단의 평균을 하나로 묶고(동료 피드백+자기 피드백 → 학생 피드백) 이를 다른 집단 간의 평균과 비교(학생 피드백 vs. 교사 피드백)할 수 있다. 복합비교를 통해 집단의 평균차이에 대한 통계적 유의미성을 알아보기 위해서는 복합비교 대비계수를 이용한 집단 간 평균의 차이와 표준오차를 구해야 한다.

〈표 7-24〉에서 대안적 피드백에 속하는 동료 피드백과 자기 피드백의 대비계수의 가중치는 같아야 하며, 전통적인 피드백과 대안적 피드백의 대비계수의 합이 0이 된다는 조건을 고려한다면, 전통적 피드백과 대안적 피드백의 평균의 차이는 3이 된다, $(-.5)10 + (1)12 + (-.5)8 = -5 + 12 - 4 = 3$이다. 복합비교의 통계적 검증력를 위해 필요한 표준오차는 [수식 14](p. 287 참조)를 이용해서 구하면 1.02가 된다. 복합비교에 대한 표준오차를 구하기 위해서는 합동분산, 대비계수, 각 집단에 속해 있는 사례 수를 고려해야 한다. 표에서 4.89는 〈표 7-8〉에 제시된 3가지 피드백에 대한 합동분산의 값을 의미한다.

복합비교를 통해 전통적 피드백(교사 피드백)과 대안적 피드백(동료 피드백, 자기 피드백)의 평균차이에 대한 통계적 검증력에 필요한 평균의 차이는 3, 표준오차는 1.02이다. 두 피드백에 대한 평균의 차이(3)과 표준오차(1.02)를 이용해 t-검증을 실시하면 t 값은 2.94(3/1.02)이다. 2.94는 유의수준 .05($\alpha = .05$)에서 기각값($t^*_{18} = 2.101$)보다 크다. 즉, 영가설(전통적 피드백과 대안적 피드백 간의 평균의 차이가 없다.)을 기각하고 대안가설(전통적 피드백 방법과 대안적 피드백 방법에는 차이가 있다.)이 채택됐음을 알 수 있다.

복합비교를 하는 데 있어 쉐페 방법을 이용하는 방법도 있다. 논술성적 향상을 위해 적용된 3가지 피드백 방법(교사 피드백, 동료 피드백, 자기 피드백)의 효과성을 알아보기 위한 복합비교의 절차는 〈표 7-43〉에 자세히 나타나 있다.

〈표 7-43〉 **쉐페-복합비교**

1. 가설검증	
전반적 변량분석의 통계적 검증이 유의미할 때 동료에게 피드백을 받은 집단과 피드백을 받지 않은 집단의 학생 논술성적과 교사에게 피드백을 받은 학생 논술성적의 평균차이를 알아보기 위해 복합비교를 실시한다.	
영가설(H_0)	집단 간(동료 피드백+자기 피드백 vs. 교사 피드백) 논술성적의 평균은 같다($\mu_{a+c} = \mu_c$).
대안가설(H_A)	집단 간(동료 피드백+자기 피드백 vs. 교사 피드백) 논술성적의 평균은 다르다($\mu_{a+c} \neq \mu_c$).

2. 분석		
①	동료 피드백과 자기 피드백에 속한 각각의 사례 수(7명)와 평균를 더한다.	$\overline{X}_{1+3}=\dfrac{7(10)+7(8)}{7+7}\simeq 9$
②	쉐페 검증을 통해 동료 피드백과 자기 피드백을 받은 집단의 논술 평균성적과 교사 피드백을 받은 학생 논술 평균성적 차이를 비교하기 위해 F 값을 구한다.	$F=\dfrac{(12-9)^2}{4.88\times\left(\dfrac{1}{7}+\dfrac{1}{7+7}\right)(3-1)}\simeq 2.15$
3. 결과		
	쉐페 분석 결과, 동료 피드백과 자기 피드백을 이용한 학생들의 논술 평균성적과 교사 피드백을 이용한 학생의 논술 평균성적 차이(9 vs. 12)는 유의수준 .05에서 통계적으로 유의미하지 않은 것으로 나타났다($F(2, 18)=2.15$).	

〈표 7-43〉에 제시된 영가설과 대안가설은 3가지 가능한 복합비교 중 하나이다(동료 피드백+자기 피드백 vs. 교사 피드백, 동료 피드백+교사 피드백 vs. 자기 피드백, 동료 피드백 vs. 자기 피드백+교사 피드백). 하지만 복합비교를 통해 집단 간 평균차이를 알아볼 때 단순히 수학적 접근(조합 가능한 모든 경우 수)뿐만 아니라 해석적 접근(여러 집단을 하나의 집단으로 묶을 때 실질적 의미가 있는지의 유무)을 고려해야만 한다.

(2) SPSS를 이용한 복합비교

피드백(집단)의 종류에 따라 논술성적이 차이가 있다는 결과가 〈표 7-17〉에 제시되었다. 따라서 논술성적이 어느 피드백에서 차이가 나타나는지 사후분석이 필요한데, 〈표 7-44〉는 SPSS를 통한 사후분석 절차를 보여 주고 있다. 다만, 〈표 7-35〉의 복합비교 사후분석의 절차는 〈표 7-42〉의 분석절차 ① 단계부터 절차를 보여 준다.

〈표 7-44〉 SPSS를 이용한 사후분석

1. 연구가설	
이 연구의 연구가설은 고등학생의 논술에 대한 피드백의 차이를 증명하기 위한 통계적 분석을 하기 위해서는 먼저 영가설과 대안가설을 먼저 세워야 한다.	
영가설(H_0)	고등학교 학생들의 논술성적 향상을 위한 3가지 피드백(동료, 교사, 자기 피드백)의 평균에는 차이가 없다($\mu_i=\mu_j$). 즉, i와 j는 같지 않다.
대안가설(H_A)	고등학교 학생들의 논술성적 향상을 위한 3가지 피드백(동료, 교사, 자기 피드백)의 평균에는 차이가 있다($\mu_i\neq\mu_j$). 즉, i와 j는 같지 않다.

2. 자료 분석

①

1. 종속변수(E)에 자료 입력(논술성적)
2. 요인분석(F) (집단)
3. 대비(C) → 클릭

②

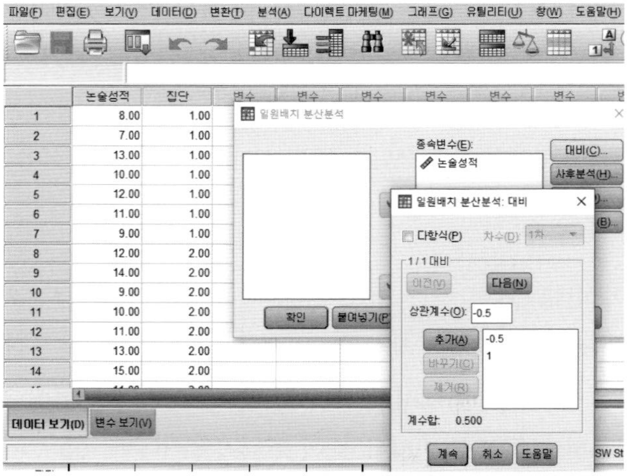

1. 상관계수 창에 대비계수 입력
2. 추가

1, 2를 집단 수만큼 입력. 단, 모든 대비계수의 합은 0이 되어야 한다.

③

② 단계에서 계속을 클릭하면 ① 단계가 나온다. 이후 확인 → 클릭하면 결과가 나옴

3. 결과

⑤

대비검정

		대비	대비 값	표준오차	t	df	유의확률 (양측)
논술성적	등분산 가정	1	3.0000	1.02353	2.931	18	.009
	등분산을 가정하지 않습니다.	1	3.0000	1.01183	2.965	12.368	.011

쉐페를 통한 분석 결과 교사 피드백과 자기 피드백 사이에 평균차이(4.0)이 통계적으로 유의미한 차이가 있는 것으로 나타났다.

7. 신뢰구간

전체비교를 통해 영가설을 기각한 후 보다 자세한 정보를 위해 피셔의 최소유의차(LSD), 본페로니 등과 같은 대조분석(contrast analysis)을 실행한다. 하지만 본페로니와 터키 방법만이 신뢰구간(confidence interval)을 제공하는데, 〈표 7-45〉를 이용해서 신뢰구간을 구할 수 있다.

〈표 7-45〉 **대조분석의 신뢰구간**

관심 있는 통계치	기준분포	통계의 표준오차
$\sum_{i=1}^{A} c_a \overline{Y_{.a}}$	$t^{*}_{k,N-A,\alpha}$	$\sqrt{MS_{S/A}(\sum_{i=1}^{A} C_a^2/n_a)}$
	$(q^{*}_{A,N-A,\alpha})/\sqrt{2}$	

예를 들어, 본페로니를 이용해서 교사 피드백과 자기 피드백의 차이점에 비교하려는 점추정에 대한 95% 신뢰구간은 다음과 같이 구할 수 있다.

$$12 - 8 \pm 2.49(1.18)$$
$$4 \pm 2.94$$
$$(1.06, \quad 6.94)$$

1종 오류가 적어도 한 번 발생할 가능성을 고려한 본페로니 방법을 사용해서 연구자가 학생의 영작 실력에 대한 교사 피드백, 자기 피드백에 관한 95% 신뢰구간을 구하면 논술성적 척도에서 1.06에서 6.94에 속한다.

연습문제 7-1

1 만약 t-검증을 이용해 다섯 집단 가운데 평균이 가장 큰 집단과 평균이 가장 작은 집단을 비교할 때 다음 중 사실인 것은? 1종 오류의 확률은 기각값 t^*에 관련된 유의수준(α)보다 ______.

Ⓐ 크다
Ⓑ 같다
Ⓒ 작다

2 다섯 집단의 평균을 비교할 때 모든 가능한 대조분석을 한다면, 가족간오차율(familywise Type 1 error)을 사용한 다수의 비교방법은 대조에 바탕을 둔 1종 오류를 사용하는 여러번의 비교방법보다 1종 오류를 ________(작게 또는 크게) 만들고 2종 오류를 ________(작게 또는 크게) 만든다.

3 만약 가족간오차율을 고려하면서 단지 대조분석만을 사용하려고 하고, 표본의 크기가 같다면 연구자는 어떠한 방법을 사용해야 하는가?

다음의 분산분석표를 이용해서 문제를 푸시오.

분산분산표

요인	자유도	제곱값	평균제곱	F
집단 간(A)	2		9.10	4.01
집단 내(S/A)	27		2.27	
전체				

	A방법	B방법	C방법
평균	$\overline{Y}_1 = 5.6$	$\overline{Y}_2 = 4.0$	$\overline{Y}_3 = 3.9$

4 관측치들의 수($n = 10$)가 같은 균형설계(balanced design)에서 가족간오차율을 고려해 .05로 설정하고 3가지 방법 간의 평균의 차이를 본페로니를 통해 구하시오.

5 만약 연구자가 A, B를 합한 두 집단의 평균과 통제집단 C의 평균비교를 위한 복합비교에 관심이 있다면, 95%의 신뢰구간을 구하시오. 단, 다른 비교 없이 A, B 두 집단의 평균과 C집단의 평균의 비교에만 관심이 있다.

6 헤이터의 수정된 최소유의차 검증을 이용해서 가능한 모든 대조분석을 실시하시오.

7 기초통계를 가르치는 4가지 교수법(사례별 통계, 통계공식, 방정식, 발표)을 비교하였다. 28 주제를 4가지 방법에 각각 무작위로 배정하여 각 방법당 7개의 주제를 다루었다. 전체 사례 개수는 28명이고. 관측의 단위는 각 교수법의 평균이다. 통계수업이 끝나는 기말고사에 100문제를 가지고 시험을 봤고, 각 교수법당 7명의 관측치들에 대한 교수법의 평균은 다음과 같다.

A방법	B방법	C방법	D방법
$\overline{Y}_1 = 41.5$	$\overline{Y}_2 = 47.2$	$\overline{Y}_3 = 51.0$	$\overline{Y}_4 = 52.3$

이 정보를 가지고 분산분석표를 완성하시오.

분산분산표

요인	자유도	제곱값	평균제곱	F
집단 간(A)			178.24	
집단 내(S/A)			40.50	
전체				

a. 유의수준 .05($\alpha = .05$)에서 영가설($H_0 : \mu_1 = \mu_2 = \mu_3 = \mu_4$)을 기각할 수 있는가?

b. 터키 방법을 이용하여 사례별 통계기법과 공식통계기법 간의 평균의 차이를 비교하고, 95% 신뢰구간을 구하시오.

c. 본페로니 방법을 사용하여 사례별 통계기법과 공식통계기법 간의 평균의 차이를 비교하고, 95% 신뢰구간을 구하시오. 그리고 본페로니로 구한 95% 신뢰구간과 터키로 구한 95% 신뢰구간의 차이를 검사하시오.

연습문제 7-2

◆ 영어교육 전문가가 고등학생들의 영어단어 실력 향상에 어떠한 방법이 효과적인지에 관하여 알아보기 위해 학생들에게 3가지 방법을 실시하였다. 첫 번째 방법(A)은 학생들에게 단어의 목록과 그 뜻이 적힌 카드를 보여 주고 학생들에게 단어 목록에서 보여 준 단어를 배웠는지 그리고 그 뜻이 무엇인지 물어 보았다. 두 번째 방법(B)은 신문, 잡지, 책에 있는 구문을 이용해서 영어단어를 유출해 내는 문맥을 통한 단어습득 방법이다. 세 번째 방법(C)은 이미지 구현 방법을 통한 영어단어습득 방법이다. 방법 C을 사용한 학생들은 단어습득을 위해 정신 이미지를 향상시키는 훈련을 받았다. 40명의 고등학교 2학년 학생이 실험에 참여를 하였고, 이 실험은 방과 후 6주 동안 일주일에 2번씩 이 실험에 참여하였다. 10명의 학생들은 무작위로 각각 3가지 방법에 배치하였으며, 나머지 10명의 학생들(D)에게는 어떠한 방법도 사용하지 않고 영어단어 습득의 중요성만 강조하였다. 실험기간이 끝난 후 모든 학생은 50단어를 완성하는 시험을 보았다. 그리고 학생들에게 각자가 참여한 방법이 영어단어 습득에 효과적인지 그렇지 않은지에 대해 학생들의 태도를 조사하였다.

A 방법	B 방법	C 방법	D 방법
22	30	26	25
16	35	23	25
19	31	28	29
20	28	29	23
22	31	26	20
23	25	24	19
25	27	30	22
22	33	26	22
24	31	20	23
19	26	19	26

1 각각의 방법에 대하여 APA 스타일을 사용하여 기술분석(평균, 표준편차)결과를 기술하시오.

2 종속변수의 정규성(normality) 검증과 등분산 검사를 결과를 기술하시오.

3 이 실험에 차이를 비교하기 위한 전체비교에 필요한, 가설 실험통계, 자유도, 그리고 유의확률을 기술하시오.

4 동일한 현상에 대한 2개의 다른 연구결과를 비교하는 데 통계적 유의도보다는 효과의 크기를 사용하는데, 오메가제곱(w^2) 그리고 부분 에타제곱(η_p^2)를 사용하여 효과크기를 구하고, 의미를 설명하시오. 단, 오메가제곱(w^2)은 다음 수식을 이용해 구하고, 부분 에타제곱을 SPSS 프로그램에서 일반선형모형분석을 이용하면 쉽게 구할 수 있다.

$$w^2 = \frac{df_A(F-1)}{df_A(F-1) + N}$$

5 전체비교(omnibus test)를 한 후, 통계적 의미가 있으면 사후분석을 하시오.

제8장

카이제곱(χ^2)과 유목자료

1. 유목변수가 1개인 경우
2. 유목변수가 2개인 경우

지금까지는 수능점수나 몸무게처럼 측정자료(metric data)에 관해 살펴보았다. 하지만 우리가 만나는 자료에는 떡볶이를 좋아하는 사람의 숫자, 야구를 좋아하는 사람의 숫자, 공상과학 영화를 좋아하는 사람의 숫자처럼 계수자료(enumeration data)가 많이 있다. 측정되는 것이 아니고 세어서 나온 자료를 계수자료(범주화 자료 또는 비연속 자료)라고 한다는 것은 이미 앞에서 설명했다. 이 장에서는 명명척도를 통해 관찰된 계수자료를 설명하고자 한다.

1. 유목변수가 1개인 경우

음식점 주인이 수요조사를 통해 사람들이 어떤 종류의 음식을 좋아하는지 알아보고 싶어 한다. 그 결과, 40명의 사람들에게 떡볶이, 라면, 순대, 어묵 중 어떤 음식을 좋아하냐고 물어 보고 〈표 8-1〉과 같은 자료를 얻었다. 이 자료는 각각의 음식을 좋아하는 사람의 수를 세어서 나온 계수자료이며, 표 안의 숫자는 실제로 관찰되어 나온 빈도라 하여 관찰빈도(observed frequency, 또는 obtained frequency)라 하고 이곳에서는 f_o로 표기하였다.

〈표 8-1〉 음식 선호도에 대한 관찰빈도

($N=40$)

떡볶이(1)	라면(2)	순대(3)	어묵(4)
7	7	19	7

사람들이 어떤 특정한 음식을 선호하면 그 음식을 많이 준비해야 식당의 수입도 올라갈 가능성이 높다. 따라서 음식점 주인은 이 수집된 자료를 통해 사람들이 선호

하는 음식이 있는지 알고 싶어 한다. 이런 주인의 궁금증을 해결하려면 가설검증을 해야 하는데, 어떤 수단으로 가설을 검증해야 하는지 고민해야 할 필요가 있다. 지금까지 우리가 보아 왔던 z-검증이나 t-검증은 중심경향의 대표선수 격인 평균이 관계된 가설검증에서 유용한 수단으로 사용되어 왔다. 이 경우에도 여전히 이런 것(z-검증이나 t-검증)들을 통해 가설을 검증해야 하는가?

그런데 〈표 8-1〉은 단지 관찰된 빈도만을 보여 주고 있다. 평균이 관련된 가설검증에서는 수집된 자료가 측정 자료였는데, 이렇게 빈도만 있는 계수자료인 경우에서도 지금까지 사용해 왔던 z-검증이나 t-검증이 적합할 것이라고 생각하는 사람은 별로 없을 것이다.

따라서 지금까지와는 다른 방법으로 음식점 주인의 고민을 해결해야 하는데, 그 수단이 바로 카이제곱(chi-square, χ^2)이다. 이 χ^2을 처음 도출해 낸 사람은 독일 아헨(Aahen) 대학에서 측지(測地)를 전공하던 프리드리히 헬메르트(Friedrich Helmert)이다. 토지를 측량하는 사람이 χ^2를 발견한 이후, 피어슨이 표본분산을 검증하는 수단으로 χ^2를 사용하고 나서부터 변산도의 대표선수 격인 분산이 관련된 가설검증 수단으로 널리 사용되고 있다.

기대빈도(expected frequency, f_e)란 이론적으로 기대되는 빈도를 말하고, f_e로 표기한다. χ^2은 관찰빈도 f_o와 기대빈도 f_e 간의 차이를 계량해 주는 접근방법이다. 즉, 관찰빈도와 기대빈도 간의 불일치(discrepancy)를 측정해 주는 것이 χ^2이라는 것이다. 음식점 예에서 보면, 사람들이 특별히 좋아하는 음식이 없다고 가정할 때 나타날 것이라고 기대되는 빈도가 기대빈도라 할 수 있다. 특별히 좋아하는 음식이 없다고 가정하면, 4가지 음식에 열 명씩 똑같은 빈도가 나타날 것이다. 이것이 기대빈도이다.

기대빈도를 좀 더 이론적으로 표현하면, 각 범주의 비율이 같다는 영가설이 맞는다고 할 때, 모집단에서 무작위로 표본을 뽑고 그때마다 관찰빈도를 구했다고 가정할 수 있다. 그리고 이런 과정을 ∞로 반복해서 했다면 ∞개의 관찰빈도가 생긴다. 이렇게 나타난 ∞개 관찰빈도의 평균이 바로 기대빈도이다. 즉, 관찰빈도에 기초해 이론적으로 구하는 빈도가 기대빈도인데, 구체적으로는 각 칸(범주)의 비율에 표본 크기를 곱해서 기대빈도를 구할 수 있다.

〈표 8-2〉는 음식 선호도에 대한 기대빈도를 보여 주고 있다. 특별히 좋아하는 음

식이 없다고 할 때 각각의 음식에 대한 선호 비율(proportion)은 .25가 된다. 각각의 선호 비율 .25에 표본크기 40을 곱해서 나온 수치인데, 이것이 바로 기대빈도이다. 물론 각 음식에 대한 선호 비율을 모두 더하면 1이 되어야 하는데, 만약 비율을 모두 더했는데 1이 아니면 어딘가 틀린 것이다.

〈표 8-2〉 **음식 선호도에 대한 기대빈도**

(N=40)

떡볶이(1)	라면(2)	순대(3)	어묵(4)
10	10	10	10

〈표 8-1〉과 〈표 8-2〉와 같이 관찰빈도 f_o와 기대빈도 f_e를 구했으면, 다음에는 관찰빈도 f_o와 기대빈도 f_e 간의 차이를 비교하면 된다. 만약 관찰빈도 f_o가 기대빈도 f_e로부터 충분히 벗어나 차이가 있으면 음식에 대한 선호 비율이 같다는 영가설을 기각하게 된다. 이때 이런 불일치를 통계적으로 검증해 주는 수단이 χ^2이다. 즉, χ^2검증은 실제로 관찰된 빈도와 이론적으로 기대되는 빈도 간의 차이가 유의미한지 아닌지 검증하는 방법이며, χ^2은 [수식 1]과 같이 나타낼 수 있다. [수식 1]에서 k는 $k=1, 2, \cdots, k$로 칸을 나타내는 기호이다.

$$\chi^2 = \sum_{k=1}^{K}\left\{\frac{(f_o - f_e)^2}{f_e}\right\} \qquad \text{[수식 1]}$$

[수식 1]과 같이 정의된 χ^2은 자유도에 따라 분포의 모습이 달라지는 분포이다. 즉, 자유도의 개수만큼 χ^2분포가 있는 것인데(자유도는 통계검증 상황에서 독립적 정보의 숫자이다), 그러면 여기서 자유도는 얼마인가?

자유도를 말하기 전에 〈표 8-1〉과 〈표 8-2〉 경우, 정보의 단위는 무엇이 되어야 하는가? 여기에서는 피험자가 아니라 음식의 종류가 정보의 단위인데, 음식 종류는 모두 4이다. 그리고 음식 종류의 경우 표본크기는 40으로 정해진 숫자이다. 표본크기가 40으로 고정되어 있다는 점을 감안한 상태에서, 만약 첫 번째 음식인 떡볶이를 좋아한다는 사람이 5명, 두 번째 라면이 10명, 세 번째 순대가 5명이라고 하면, 네 번째 어묵을 좋아하는 사람은 20명이 될 수밖에 없다(왜냐하면 표본크기 40명은 고정되어 있다).

그러면 자유롭게 어떤 값이라도 취할 수 있는 정보의 개수는 3(4−1=3)이 된다. 따라서 유목변수가 선호하는 음식 종류처럼 유목변수가 1개인 경우, 자유도는 전체 칸(cell) 숫자에서 1을 뺀 값이다.

유목변수가 하나일 때 자유도

$$\text{자유도}(df, \nu) = \text{전체 칸(cell) 수} - 1$$

1) 계산을 이용한 χ^2 검증

χ^2은 자유도에 따라 분포의 모양이 달라지는데, 자유도가 1처럼 작으면 정적 편포를 보이고, 30 이상이 되면 봉우리가 중앙으로 이동하여 대칭처럼 보이게 된다. 〈표 8−1〉에 제시된 음식점 주인의 고민은 χ^2 검증을 통해 〈표 8−3〉과 같이 해결할 수 있다.

기각값을 표기할 때 χ^2을 중심으로 왼쪽 아래첨자에 유의수준, 오른쪽 아래첨자에 자유도를 나타낼 수 있지만, 종종 $\chi^2_{3,\ .05}$라고 쓰기도 한다. 〈표 8−3〉은 영가설이 기각되고 대안가설이 채택된 결과를 보여 주고 있다. 즉, '음식 선호도에 차이가 없다.'라는 영가설을 기각하고, '음식 선호도에 차이가 있다.'라는 대안가설이 수용되었다는 의미이며, 사람들이 좋아하는 음식은 순대라고 판명되었다.

[그림 8−1]에서 알 수 있는 것처럼, χ^2는 0보다 작은 값(음수)이 생길 수 없는데, χ^2은 제곱한 값이기 때문이다. 관찰빈도와 기대빈도가 정확히 일치하면 χ^2의 값은 0이다. 또한 χ^2은 유목(칸)의 숫자에 따라 달라진다.

또한 z분포를 제곱한 모습은 자유도가 1인 χ^2분포 모습과 일치한다([그림 8−1] 참조). z분포를 제곱하면 음수 값들이 모두 양수 값이 되므로 하한선이 0이 되고 0에서 1까지에 약 68%가 들어 있게 된다. [그림 8−1]에서 보는 것처럼, 자유도가 1이고 유의수준이 .05일 때 χ^2분포의 경계값은 3.84이다. 따라서 χ^2검증통계량의 값이 3.84보다 크면 영가설을 기각하고, 작으면 영가설을 수용하게 되는 것이다.

〈표 8-3〉 유목변수가 하나일 때 χ^2검증

1. 가설검증		
귀무가설(H_0)	$H_0 : p_1 = p_2 = p_3 = p_4 = .25$	
대안가설(H_a)	H_A: H_0은 사실이 아니다.	
2. 분석		
①	유의수준 결정	$\alpha = .05$
②	검정통계량 결정하기	$\chi^2 = \sum_{k=1}^{K} \left\{ \frac{(f_o - f_e)^2}{f_e} \right\}$
③	검정통계량 구하기 $\chi^2 = \sum_{k=1}^{K} \left\{ \frac{(f_o - f_e)^2}{f_e} \right\} = \frac{(7-10)^2}{10} + \frac{(7-10)^2}{10} + \frac{(19-10)^2}{10} + \frac{(7-10)^2}{10}$ $= 0.9 + 0.9 + 8.1 + 0.9 = 10.8$	
3. 결과		
⑤	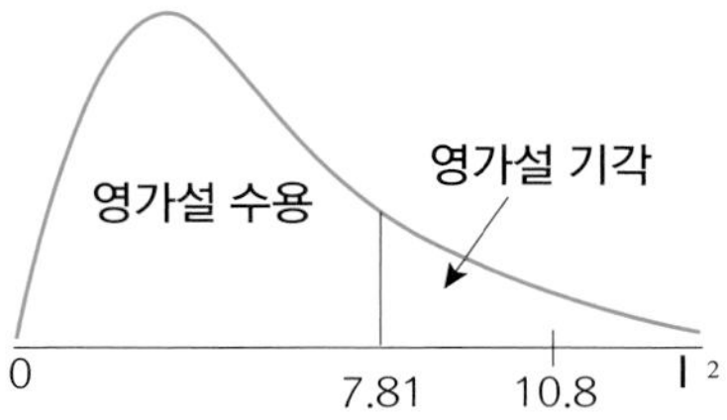 유의수준 .05, 자유도가 3인 χ^2 분포	계산된 χ^2검증통계량 값이 10.8이고, 유의수준(α)이 .05이고, 자유도가 3일 때, 기각값은 7.21이다. χ^2검증통계량 10.8이 $_{.05}\chi^2_3 = 7.21$보다 큰 값이므로 영가설을 기각한다.

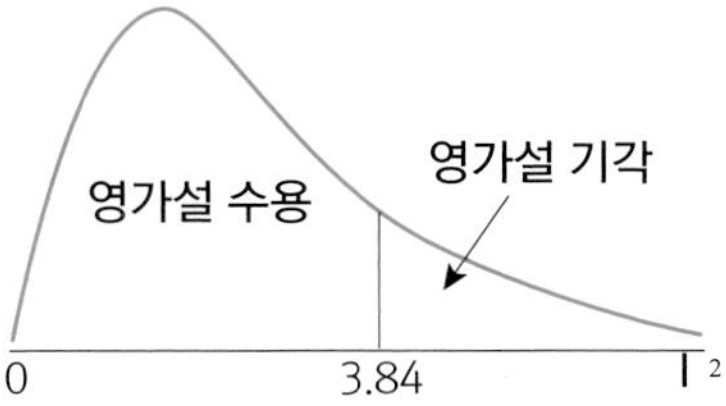

[그림 8-1] 자유도가 1인 χ^2 분포

2) SPSS를 이용한 χ^2 검증

하지만 현실적으로 인문 · 사회과학 영역에서 많은 연구자들이 독립표본 χ^2 검증을 계산적으로 접근하기보다는 SPSS 프로그램을 이용하고 있다. 〈표 8-4〉는 연구자가 SPSS 프로그램을 이용해 어떻게 독립표본 χ^2 검증을 시행할 수 있는지 그 시행 절

차를 보여 주고 있다. SPSS 프로그램에 자료를 입력할 때, 1은 떡볶이, 2는 라면, 3은 순대, 4는 어묵으로 명명하였다.

〈표 8-4〉 유목변수가 하나일 때 SPSS를 이용한 χ^2검증 절차

1. 가설설정

영가설(H_0) $H_0 : p_1 = p_2 = p_3 = p_4 = .25$

대안가설(H_a) H_A: H_0은 사실이 아니다.

2. 분석

①

분석 → 비모수 검정(N) → 레거시 대화 상자(L) → 카이제곱검정(C)

②

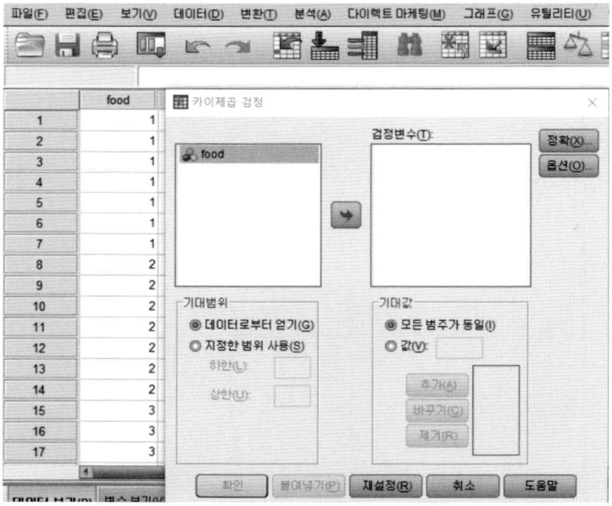

1. 검정변수(T) 선정 → 종속변수로 이동 (food)

③

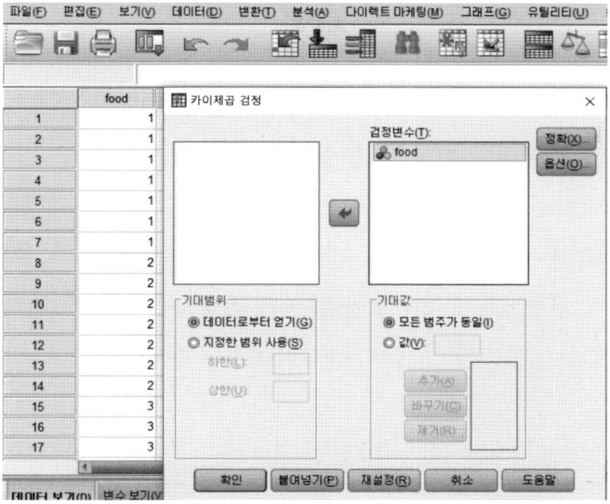

1. 확인 클릭

3. 결과

검정 통계량

	food
카이제곱	10.800[a]
자유도	3
근사 유의확률	.013

a. 0 셀 (.0%)은(는) 5보다 작은 기대빈도를 가집니다. 최소 셀 기대빈도는 10.0입니다.

계산된 χ^2 검증통계량 값이 10.8이고, 유의수준(α)이 .05이고, 자유도가 3일 때, 기각값은 7.21이다. χ^2 검증통계량 10.8이 ${}_{.05}\chi^2_3=7.21$ 보다 큰 값이므로 영가설을 기각한다.

〈표 8-4〉의 결과는 음식 종류에 선호도 차이가 있다는 것을 보여 주고 있다. 하지만 단순히 SPSS 결과를 보여 주고 있는 〈표 8-4〉의 방식은 학술지 · 연구보고서 · 논문에 기입하기 위해서는 부적절해 다소 정리가 필요하다. 〈표 8-5〉는 각 음식의 선호도와 χ^2 검증통계량을 같이 보여 주고 있다.

〈표 8-5〉 유목변수가 하나일 때 SPSS를 이용한 χ^2

선호 음식				χ^2
떡볶이(1)	라면(2)	순대(3)	어묵(4)	
7	7	19	7	10.80**

$^{**}p<.05$

2. 유목변수가 2개인 경우

음식 선호도에 대한 예시처럼 유목변수가 하나인 경우도 있지만 2개인 경우(two variable case)를 일반적으로 많이 이용된다. 예를 들어, 영화제작사가 성별에 따라 좋아하는 영화가 달라지는지 아닌지에 관심을 가지고 있다고 가정한다면, 성별과 영화 장르라는 두 변수를 잘 살펴봐야 한다. 물론 두 변수(성별과 영화장르) 모두 유목변수이다. 〈표 8-6〉는 로맨스, 액션, 코미디에 대한 남녀의 선호도를 조사한 결과이다. 이런 표를 유관표(contingency table, 또는 cross tabulation)라고 한다.

〈표 8-6〉 성별에 따른 영화장르 선호도에 대한 관찰빈도

(N=40)

성별	영화장르		
	로맨스	액션	코미디
남자	2	8	2
여자	5	16	7

영화제작사의 관심이 '성별에 따라 좋아하는 영화의 장르가 다를 것인가'에 있으므로, 영가설은 '영화 장르와 성별은 관계가 없다' 또는 '영화 장르와 성별은 독립적이다'가 될 수 있다. 대안가설은 '영화 장르와 성별이 관계가 있다' 또는 '영화 장르와 성별은 독립적이지 않다'가 될 것이다.

이번에는 각각의 칸에서 기대빈도를 알아야 하는데, 기대빈도는 각 칸의 비율에 표본크기를 곱해서 구할 수 있다. 기대빈도를 구하기 전에 각 변수(성별, 영화장르)를 살펴볼 필요가 있다. 성별을 살펴보면, 남자에서 영화 장르를 묶어 빈도를 구하면 12가 나오고, 여자에서는 28이 나온다. 이번에는 영화 장르의 관점에서 보면, 성별을 묶은 것이 로맨스는 7, 액션은 24, 코미디는 9가 된다. 이렇게 해서 나온 빈도를 주변빈도(marginal frequency)라고 하고, 주변빈도를 더하면 표본크기가 된다.

모든 통계검증은 진술된 영가설이 맞는다고 가정하는 데서 출발한다고 할 때, 영가설은 '영화 장르와 성별이 서로 독립적이다'이므로 영화 장르와 성별은 관련이 없다로 볼 수 있다. 그러면 영화 장르의 입장에서 보면 구태여 남자와 여자를 구분할 필요가 없기 때문에 남자와 여자를 묶어 하나로 만들어도 아무 지장이 없다. 반대로, 성별의 입장에서 보면 영화 장르를 구태여 구분할 필요 없이 그냥 묶어 하나로 만들어도 되는 것이다. 이렇게 묶어서 나온 것이 각각의 주변빈도이다.

그렇다면 남자와 여자 각각에서 영화 장르에 관한 비율을 합리적으로 추정하는 방법은 무엇인가? 성별을 따지지 않을 때, 영화 장르 주변빈도를 전체 표본크기로 나누는 것이다. 영화 장르의 입장에서 볼 때 성별을 따질 필요가 없는 것은 서로 독립적이라는 영가설이 맞는다고 가정하기 때문이다. 그러므로 성별을 따지지 않고 하나로 묶어도 아무 지장이 없는 것이다. 반대로 성별의 입장에서도 마찬가지이므로 이 비율을 기대비율(expected proportion, p_e)이라고 한다(〈표 8-7〉 참조).

〈표 8-7〉 성별에 대한 기대비율

($N=40$)

성별	영화 장르		
	로맨스	액션	코미디
남자	$\frac{7}{40}$	$\frac{24}{40}$	$\frac{9}{40}$
여자	$\frac{7}{40}$	$\frac{24}{40}$	$\frac{9}{40}$
합계	7	24	9

〈표 8-7〉과 같이 기대비율을 구했으면 기대빈도를 구하는 것은 아주 쉽다. 각각의 칸에 해당되는 기대비율에 성별 주변빈도를 곱하면 되기 때문이다. 예를 들면, 성별 남자와 영화장르 로맨스가 만나는 칸의 기대비율 $\frac{7}{40}$에 해당되는 성별 주변빈도 12를 곱하면 된다. 남자와 액션에는 기대비율 $\frac{24}{40}\times 12$, 남자와 코미디에는 기대비율 $\frac{9}{40}\times 12$, 여자와 로맨스에는 $\frac{7}{40}\times 28$, ⋯ 이렇게 구한다. 즉, 각각의 칸에서 서로 만나는 주변빈도를 곱한 다음, 표본크기로 나눈 것이다.

기대빈도는 〈표 8-8〉에 자세히 나타나 있는데, 기대빈도는 각각의 칸에서 서로 만나는 주변빈도를 곱한 다음, 표본크기로 나눈 것이다. 예를 들면, 남자와 로맨스 칸의 주변빈도는 12와 7인데, 서로 곱하고 표본크기 40으로 나눈 것이 기대빈도인 것이다. 성별 또는 영화 장르에서 행이나 열로 기대빈도를 더한 것은 해당되는 주변빈도와 같아야 하고, 모든 칸의 기대빈도 총합은 전체 표본크기와 같아야 한다. 만약 값이 일치하지 않으면 계산을 잘못한 것이다.

〈표 8-8〉 성별에 따른 영화 장르 기대빈도

($N=40$)

성별	영화 장르			합계
	로맨스	액션	코미디	
남자	$\frac{7}{40} \times 12 = 2.1$	$\frac{24}{40} \times 12 = 7.2$	$\frac{9}{40} \times 12 = 2.7$	12
여자	$\frac{7}{40} \times 28 = 4.9$	$\frac{24}{40} \times 28 = 16.8$	$\frac{9}{40} \times 28 = 6.3$	28
합계	7	24	9	40

관찰빈도와 기대빈도가 있으니 χ^2검증통계량을 구할 수 있다. 하지만 이때 자유도를 구해야 하는데, 유목변수가 2개인 경우에는 자유도를 구하는 방법이 변수가 하나 있을 때와는 달라진다. 물론, 독립적 정보의 숫자라는 기본 개념은 동일하다. 유목변수가 하나인 경우에는 전체 칸의 수에서 1을 뺀 값이 자유도가 되지만, 유목변수가 2개인 경우에는 (행의 칸 수−1)에 (열의 칸 수−1)을 곱한 값이 자유도가 된다.

유목변수가 2개일 때 자유도

$$\text{자유도}(df, \nu) = (\text{행의 칸 수} - 1) \times (\text{열의 칸 수} - 1)$$

1) 계산을 이용한 χ^2 검증

〈표 8-7〉에 제시된 영화제작사의 성별과 영화 장르에 대한 고민은 〈표 8-9〉에 제시된 χ^2검증 절차를 통해 해결할 수 있다. 먼저, 가설을 세우고, 유의수준을 설정한 다음, 관측값과 기댓값을 이용해 통계적 검증을 실시하는 것이다.

〈표 8-9〉에서 계산한 χ^2검증통계량이 0.393으로 5.99보다 작으므로 영가설이 수용되었다. 즉, 성별에 따라 영화 장르 선택이 달라지지 않으며, 성별과 영화장르 선택은 서로 관계가 없다는 결과가 나온 것이다. 그러므로 이러한 결과는 영화제작사는 따로 성별을 고려해 영화를 만들지 않아도 남자나 여자 모두 관객으로 올 수 있는 것을 의미한다고 볼 수 있다. 언뜻 보기에는 액션을 남녀 모두 좋아하는 것 같지만,

〈표 8-9〉 유목변수가 두개 일 때 χ^2검증

1. 가설설정

귀무가설(H_0)	성별과 영화 장르는 독립적이다(관계가 없다).
대안가설(H_a)	성별과 영화 장르는 독립적이지 않다(관계가 있다).

2. 분석

① 유의수준 결정 $\alpha = .05$

② 검정통계량 결정하기 $\chi^2 = \sum_{k=1}^{K}\left\{\frac{(f_o - f_e)^2}{f_e}\right\}$

③ 검정통계량 구하기

$$\chi^2 = \sum_{k=1}^{K}\left\{\frac{(f_o - f_e)^2}{f_e}\right\}$$
$$= \frac{(2-2.1)^2}{2.1} + \frac{(8-7.2)^2}{7.2} + \frac{(2-2.7)^2}{2.7} + \frac{(5-4.9)^2}{4.9} + \frac{(16-16.8)^2}{16.8} + \frac{(7-6.3)^2}{6.3}$$
$$= 0.005 + 0.089 + 0.181 + 0.002 + 0.038 + 0.078$$
$$= 0.393$$

3. 결과

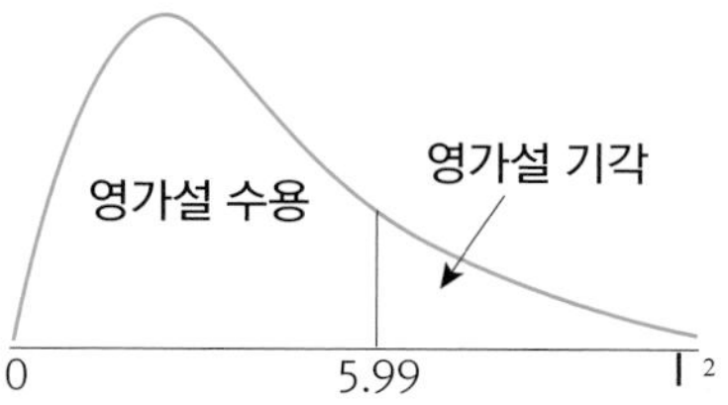

자유도가 2인 χ^2분포

계산된 χ^2검증통계량 값이 0.393일 때 유의수준(α)이 .05이고, 자유도가 2일 때 임계치는 5.99이다. χ^2검증통계량 0.393이 ${}_{.05}\chi^2_2 =$ 5.99보다 작은 값이므로 영가설을 수용한다.

이것은 영가설이 맞는다고 할 때 얼마든지 우연히 있을 수 있는 차이이지 실제로 성별에 따라 선호하는 영화 장르가 있다고 할 수는 없다.

2) SPSS를 통한 χ^2 검증

SPSS 프로그램을 이용해 유목변수가 2개일 때 χ^2 검증을 시행할 수 있는데 〈표 8-10〉는 그 시행 절차를 보여 주고 있다. gender는 성별, genre는 영화장르를 의미한다. 또한 성별에서 1은 남자, 2은 여자로, 그리고 영화 장르에서 1은 로맨틱, 2는 액션, 3은 코미디로 명명했다.

〈표 8-10〉 유목변수가 2개일 때 SPSS를 이용한 χ^2검증 절차

1. 가설설정

영가설(H_0)	성별과 영화 장르는 독립적이다(관계가 없다).
대안가설(H_a)	성별과 영화 장르는 독립적이지 않다(관계가 있다).

2. 분석

①

분석 → 기술통계량정(E) → 교차분석(C)

②

1. 행(W)으로 변수 이동
2. 열(C)로 변수 이동

③

1. 통계량(S) 클릭

④

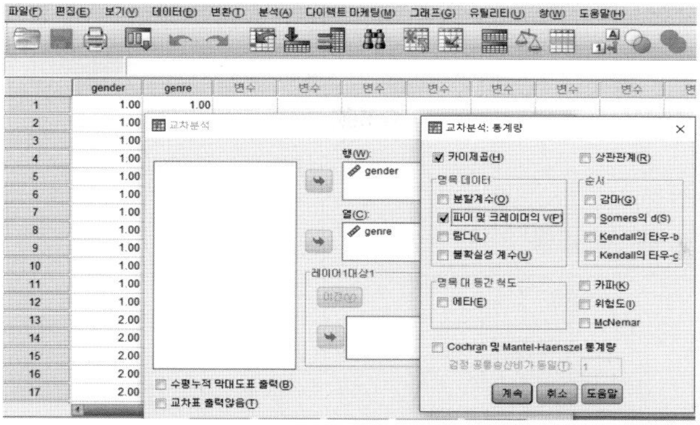

1. 카이제곱(H) 클릭
2. 파이 및 크레이머의 V(P) 클릭
3. 계속 클릭

⑤

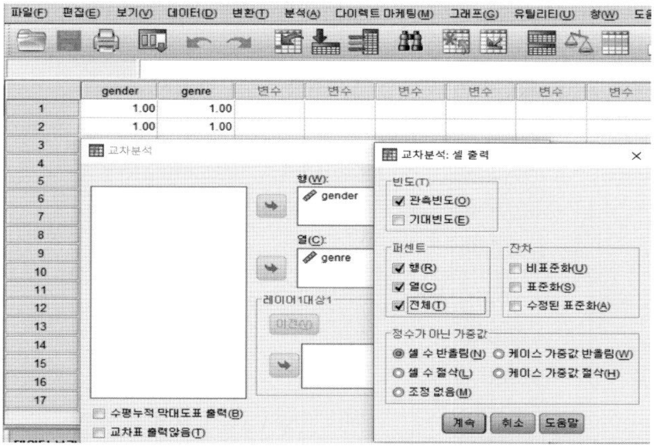

④에서 계속을 누르면 ③ 화면이 나온다. 그러면 셀(E) 클릭

1. 관측빈도(O) 클릭
2. 퍼센트(행(R), 열(C), 정체(T)) 클릭
3. 계속 클릭

3. 결과

⑤에서 계속을 누르면 ③의 화면이 나오고, 확인을 누르면 결과가 나온다.

카이제곱 검정

	값	자유도	점근 유의확률 (양측검정)
Pearson 카이제곱	.393[a]	2	.822
우도비	.406	2	.816
선형 대 선형결합	.105	1	.746
유효 케이스 수	40		

a. 3 셀 (50.0%)은(는) 5보다 작은 기대 빈도를 가지는 셀입니다. 최소 기대빈도는 2.10입니다.

계산된 χ^2검증통계량 값이 0.39이고 수준(α)이 .05이며 자유도가 3일 때, 기각값은 5.99(피어슨 카이제곱)이다. χ^2검증통계량 0.39는 ${}_{.05}\chi^2_2=5.99$보다 작은 값이므로 영가설을 수용한다.

〈표 8-10〉에서 보여 주는 결과는 성별과 선호하는 영화 장르가 통계적으로 유의미한 차이가 없다는 것을 보여 주고 있다. 하지만 단순히 SPSS 결과를 보여 주고 있는

〈표 8-10〉의 방식은 학술지, 연구보고서, 논문에 기입하기 위해서는 부적절해 다소 정리가 필요하다. 〈표 8-11〉은 각 성별에 따른 선호하는 영화 장르의 관측변수와 비율, χ^2 검증통계량을 같이 보여 주고 있다.

〈표 8-11〉 유목변수가 2개일 때 SPSS를 이용한 χ^2

성별	영화 장르			합계	χ^2
	로맨스	액션	코미디		
남자	2 (16.70%) (28.6%) (5.0%)	8 (66.70%) (33.30%) (20.0%)	2 (16.70%) (22.20%) (5.0%)	12 (100.0%) (30.0%) (30.0%)	
여자	5 (17.9%) (71.4%) (12.5%)	16 (57.1%) (66.70%) (40.0%)	7 (25.0%) (77.9%) (17.5%)	28 (100.0%) (70.0%) (70.0%)	0.39
합계	7 (17.5%) (100.0%) (17.5%)	24 (60.0%) (100.0%) (60.0%)	9 (22.5%) (100.0%) (22.5%)	40 (100.0%) (100.0%) (100.0%)	

χ^2검증은 유목변수가 3개인 경우 또는 그 이상으로 확장할 수는 있다. 그러나 수학적으로 계산을 할 수는 있으나 해석이 어렵기 때문에 3개 이상인 경우는 거의 쓰이지 않는다. 덧붙여, χ^2검증에서 유의해야 할 점은 다음과 같다. 첫째, 자유도이다. 자유도가 1인 경우, 각각 칸의 기대빈도가 적어도 5는 되어야 한다. 〈표 8-11〉에서 제시된 예처럼, 자유도가 2인 경우는 기대빈도가 5보다 작은 칸이 있어도 관계없다. 둘째, χ^2도 표본크기에 따라 결과가 달라진다. 〈표 8-11〉에서처럼, 성별에 따른 영화 장르 선호도 예에서 모든 조건이 동일하다고 할 때, 표본크기가 40에서 400으로 10배 증가하면 χ^2검증통계량도 0.393에서 39.3으로 10배 커지게 된다. 그렇게 되면 기각값 5.99보다 χ^2검증통계량의 값이 커지므로 영가설을 기각하게 된다. 그 결과, 성별에 따라 영화 장르 선호도가 다르다는 결론을 얻게 될 것이다. 자유도도 같고 각 칸에서의 비율도 같아도 χ^2검증통계량은 10배 커지는 결과를 초래한다.

연습문제 8-1

◆ 어느 연구자가 약물로 인한 지능 향상에 대한 실험을 하고자 3개의 실험 조건을 만들어 실험한 후 지능을 다음과 같이 측정하였다.

약물 정도가 지능 향상에 미치는 효과

0mg 투여	5mg 투여	10mg 투여
74	50	53
61	48	77
51	60	56
53	71	63
49	42	59

1 주어진 문제에 대한 연구가설을 기술하시오.

2 문항 1에 제시된 연구가설을 검증하기 위하 유의도(α)를 설정하시오.

3 자료에 대한 집단 내 제곱값과 집단 간 제곱값을 구하시오.

4 자료에 대한 검증통계량을 구하시오.

5 자료에 대한 통계적 의사결정과 결론을 내리시오.

연습문제 8-2

1 일원분산분석에서는 주로 _______ 와(과) 관련된 통계적 가설을 사용한다.

Ⓐ 분산
Ⓑ 평균
Ⓒ 표준편차
Ⓓ 평균제곱

2 집단 간 분산의 차이를 나타내기 위해서 사용되는 자유도는 _____와(과) 같다.

Ⓐ 연구에 사용된 집단의 수
Ⓑ 연구에 사용된 잡단의 수에서 1를 뺀 수
Ⓒ 1
Ⓓ 전체 사례 수에서 집단의 수를 뺀 수

3 집단 내 분산의 차이를 나타내기 위해서 사용되는 자유도는 _____와(과) 같다.

Ⓐ 연구에 사용된 전체 관측치들의 수
Ⓑ 연구에 사용된 전체 관측치들의 수에서 1을 뺀 수
Ⓒ 연구에 사용된 전체 관측치들의 수에서 집단의 수를 뺀 수
Ⓓ 연구에 사용된 전체 관측치들의 수에서 집단의 수를 더한 수

4 만약 세 집단(A = 3)이 있고 세 집단의 평균($\overline{Y}_1 = \overline{Y}_2 = \overline{Y}_3 = 11.0$)이 11.0로 서로 같다면, F 값을 구할 때 이용되는 집단 내 분자의 수는 ________이(가) 된다.

Ⓐ 0
Ⓑ 1보다 작은 수
Ⓒ 1
Ⓓ 1보다 큰 수

5 문제 4의 조건에서 전체평균(grand mean)의 값은 무엇인가?

6 문제 4의 조건에서 전체 제곱의 합[$\sum_{j=1}^{A}\sum_{i=1}^{N}(\overline{Y}_{ia} - \overline{Y}_{..})^2 = SS_T$]과 집단 간 제곱의 합[$\sum_{i=1}^{N}(\overline{Y}_{ia} - \overline{Y}_{.a})^2 = SS_W$]은 같은가?

7 일원분산분석을 이용하여 세 집단의 평균이 각각 3, 4, 5인 경우를 분석하려고 한다. 만약 3개의 집단에서 무작위로 각각 10명씩 추출하고, 분산분석의 가정(정규성, 등분산)의 가정을 충족한다면, 집단 간 평균제곱의 값은 무엇인가?

8 분산분석에서 만약 영가설($\overline{Y_1} = \overline{Y_2} = \overline{Y_3} = 11.0$)이 사실이라면, 집단 간 평균제곱($SS_A/A-1 = MS_A$)과 집단 내 평균제곱($SS_W/A-1 = MS_{S/A}$)은 모분산($\sigma^2$)과 같은가?

9 4개 집단의 평균차이를 알아보기 위해 다음 분산분석표를 완성하시오.

분산분산표

요인	제곱값	자유도	평균제곱	F
집단 간(A)	30			
집단 내(S/A)		60	2.0	
전체	150			

10 문제 9에서 유의수준이 .05일 때($\alpha = .05$) F 기각값은 무엇인가?

11 문제 9에서 추정된 유의확률(p-value)값은 무엇인가?

12 만약 F 값이 1.0 또는 0.1보다 작다면, 유의수준 .25($\alpha = .25$) 수준에서 영가설을 기각할 수 있는가?

13 다음 제시한 값에서 자유도, 집단 간 평균제곱(MS_A), 집단 내 평균제곱($MS_{S/A}$)을 구하고 F 기각값을 구하시오.

a. A(집단 수) = 2, $n_1 = 6$, $n_2 = 6$, $\alpha = .01$

b. A(집단 수) = 3, $n_1 = 4$, $n_2 = 6$, $n_3 = 6$, $\alpha = .05$

14 다음 분산분석표를 완성하고 유의수준 .10($\alpha = .10$)에서 영가설을 기각할 수 있는지 서술하시오.

분산분산표

요인	제곱값	자유도	평균제곱	F
집단 간(A)	80	4		
집단 내(S/A)				
전체	480	44		

15 A 연구자는 학생들이 학습을 하는 동안 학습내용을 처리하는 인지적 구성의 순서에 관심을 두고 30명의 학생을 무작위로 세 집단으로 나누었다. 첫 번째 집단에 있는 학생들은 수학수업을 하기 전에 체계적 교수-학습자료(instructional materials)에 대한 체계적 자료를 받았다. 두 번째 집단에 있는 학생들은 수학수업 후 체계적 교수-학습 자료를 받았다. 세 번째 집단의 학생들은 어떠한 체계적 교수-학습 자료를 받지 못하고 단순히 수학수업을 들었다. 실험 후 A 연구자는 각 집단의 학생들에게 10문항의 수학문제를 주었고, 그 결과는 다음과 같다. 분산분석표를 완성하고 세 집단의 평균이 같다는 영가설을 유의수준 .05($\alpha = .05$)에서 검사하시오.

	A1 프로그램	A2 프로그램	A3 프로그램
	수학점수	수학점수	수학점수
	5	4	5
	44	5	4
	7	3	6
	8	6	2
	7	6	2
	6	3	2
	4	4	6
	4	4	4
	7	2	3
평균	$\overline{Y}_1 = 5.6$	$\overline{Y}_2 = 4.0$	$\overline{Y}_3 = 3.90$
분산	$S_1^2 = 2.49$	$S_2^2 = 1.78$	$S_3^2 = 2.54$

연습문제 해설

연습문제 1-1 해설

1 • 연구주제: 대학생들은 다소 낮은 발표실력을 가지고 있다.
• 연구질문: 프로그램 A 또는 프로그램 B는 학생들의 발표실력을 향상시키는 데 효과적인가?
• 영가설: 대학생들의 발표실력을 측정했을 때 프로그램 A와 프로그램 B는 같은 효과를 가지고 있다.

2 • 연구주제: 학생들이 느끼는 학습불안은 시험성적에 부정적 영향을 미친다.
• 연구질문: 클래식 음악은 불안감을 낮추고 성적에 긍정적 영향을 미치는가?
• 영가설: 불안을 줄이는 프로그램에 참여한 학생들의 평균 시험성적과 프로그램에 참여하지 않은 학생들의 평균 시험성적은 차이가 없다.

3 • 연구주제: 학생들은 수업의 질에 만족하지 못한다.
• 연구질문: 의사소통의 기술을 향상시키기 위한 상담 프로그램은 수업 만족도를 증가시킬 수 있는가?
• 영가설: 수업 만족도 측정도구에 의해서 측정된 수업 만족도는 의사소통 기술을 향상시키기 위한 10주간의 프로그램 후에 변함이 없다.

4 • 연구주제: 대학교 신입생들의 영어읽기 능력이 낮다.
• 연구질문: 효과적인 영어읽기 능력 프로그램은 대학교 신입생들의 영어읽기 능력을 향상시킬 수 있는가?
• 연구의 가설: 영어읽기 향상 프로그램과 기존의 영어읽기 프로그램 사이에는 효과성에는 차이가 없다.

5 a. $\overline{X}_A = 2.97$ $\overline{X}_B = 2.67$
b. $s_A^2 = .114$ $s_A = .337$ $s_B^2 = .114$ $s_B = .379$

연습문제 3-1 해설

1

공부시간 제곱값(SSX) $= \sum_{i=1}^{N}(X_i - \overline{X})^2 = 20$

학업불안감 제곱값(SSY) $= \sum_{i=1}^{N}(Y_i - \overline{Y})^2 = 10$

2

- 공부시간: $S_X^2 = \dfrac{\sum_{i=1}^{N}(X_i - \overline{X})^2}{N-1} = \dfrac{20}{4} = 5$ $\quad S_X = \sqrt{S_X^2} = \sqrt{5} = 2.24$
- 학업불안감: $S_Y^2 = \dfrac{\sum_{i=1}^{N}(Y_i - \overline{Y})^2}{N-1} = \dfrac{10}{4} = 2.5$ $\quad S_Y = \sqrt{S_Y^2} = \sqrt{2.5} = 1.58$

3

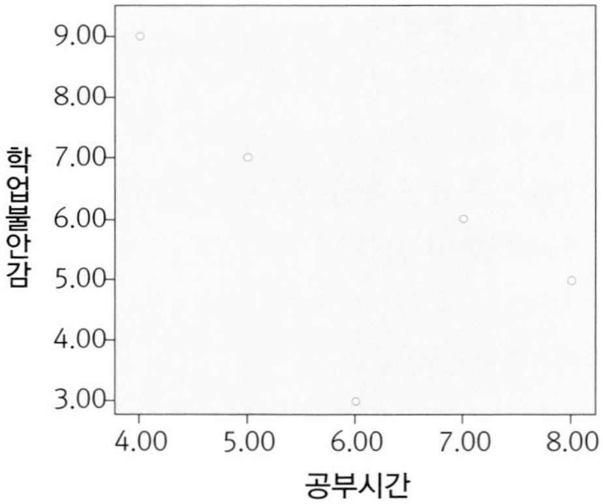

공부시간과 학업불안감은 부적관계를 보이고 있다.

4

$$r_{XY} = \frac{\sum_{i=1}^{N}(X-\overline{X})(Y-\overline{Y})}{\sqrt{\left[\sum_{i=1}^{N}(X-\overline{X})^2\right]\left[\sum_{i=1}^{N}(Y-\overline{Y})^2\right]}} \frac{-9}{14.14} = -.636$$

연습문제 3-2 해설

1

a. $$\beta_{X|Y} = \frac{\sum_{i=1}^{N}(X-\overline{X})(Y-\overline{Y})}{\sum_{i=1}^{N}(Y-\overline{Y})^2} = \frac{-9}{10} = -.90$$

$$\beta_{Y|X} = r_{XY}\frac{S_X}{S_Y} = -.636\frac{2.24}{1.58} = -.902$$

$$\beta_0 = \overline{X} - \beta_{X|Y}\overline{Y} = 6-(-.9)(6) = 11.4$$

$$\hat{X} = \beta_0 + \beta_{X|Y}Y = 11.4 - .9Y$$

b. $$\beta_{Y|X} = \frac{\sum_{i=1}^{N}(X-\overline{X})(Y-\overline{Y})}{\sum_{i=1}^{N}(X-\overline{X})^2} = \frac{-9}{20} = -.45$$

$$\beta_{Y|X} = r_{XY}\frac{S_Y}{S_X} = -.636\frac{1.58}{2.24} = -.45$$

$$\beta_0 = \overline{Y} - \beta_{Y|X}\overline{X} = 6-(-.45)(6) = 8.7$$

$$\hat{Y} = \beta_0 + \beta_{Y|X}X = 8.7 - .45X$$

2

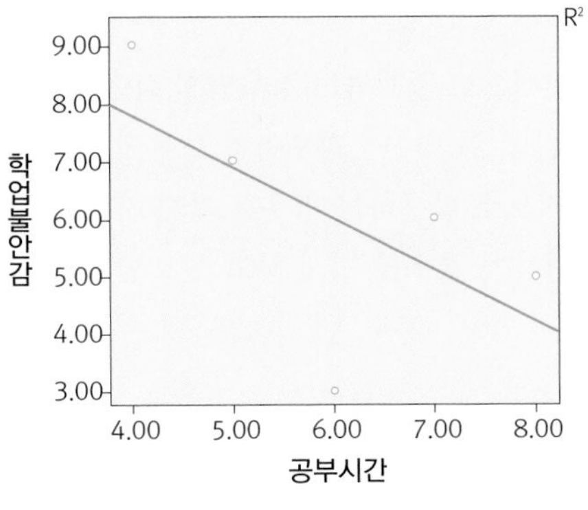

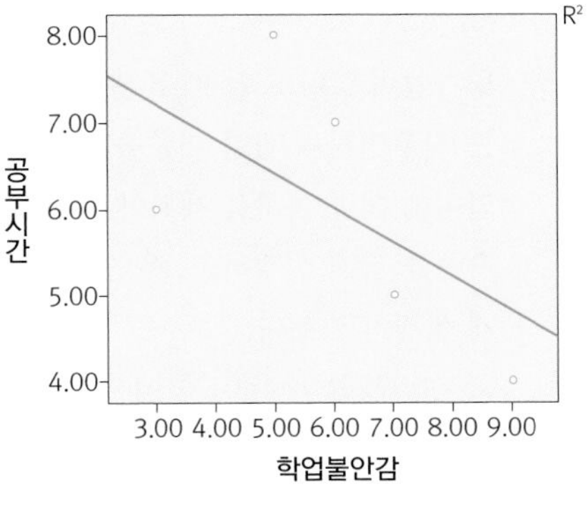

3

a. 공부시간=2 학업불안감=11.4−9(2) 학업불안감=9.6

b. 학업불안감=2 공부시간=8.7−.45(2) 공부시간=7.8

4 과대 · 과소추정

Y	$\hat{Y}$	$Y_i - \hat{Y}$
6	6	−3.0
8	4.2	0.8
4	7.8	1.2
5	6.9	0.1
7	5.1	0.9

공부시간이 8, 4, 5, 7일 때, 학업불안감이 과소 추정된다.
공부시간이 6일 때, 학업불안감을 과대 추정된다.

연습문제 4-1 해설

1 가설은 언제나 영가설과 대안가설을 짝으로 만들어야 한다.

$H_0 : \mu = 2.25$ $H_A : \mu \neq 2.25$

대안가설에서 $\mu \neq 2.25$는 μ가 2.25보다 크거나 작다는 뜻이다. 즉, 신생아의 몸무게가 2.25kg보다 크거나 작으면 되고, 어떤 경우라도 2.25와 같지만 않으면 된다는 뜻이다.

2 영가설이 맞다고 할 때 표본 결과가 우연적으로 발생하는 경우인지 필연적으로 발생하는 경우인지에 관한 기준을 설정한다. 많이 일어나는 경우인지 드물게 일어나는 경우인지에 대한 기준을 세워야 한다. 우연적으로 발생하는 경우를 작게 하고 싶으면 유의수준을 작게 설정하고, 우연적으로 발생하는 경우를 크게 하고 싶으면 유의수준을 크게 설정하면 된다.

$\alpha = .05$ 또는 $\alpha = .01$ 중에서 선택한다.

$\alpha = .05$: 이것은 영가설이 맞는다고 할 때 필연적으로(드물게) 일어나는 경우를 100번 중에 5번이라고 정한 것이다.

$\alpha = .01$: 이것은 영가설이 맞는다고 할 때 필연적으로(드물게) 일어나는 경우를 100번 중에 1번이라고 정한 것이다.

3 검증통계량으로 z를 사용한다.

$$z = \frac{\overline{X} - \mu_{영가설}}{\frac{\sigma}{\sqrt{N}}}$$

4 검증통계량에 필요한 통계치를 구하고 검증통계량 z을 구한다.

$\overline{X}=2.74$, $s=0.25$ $\quad$ $z = \frac{2.74-2.25}{\frac{0.25}{\sqrt{10}}}=6.2$

5 주어진 자료에 대한 통계적 의사결정을 하고 결론을 내리면 된다.

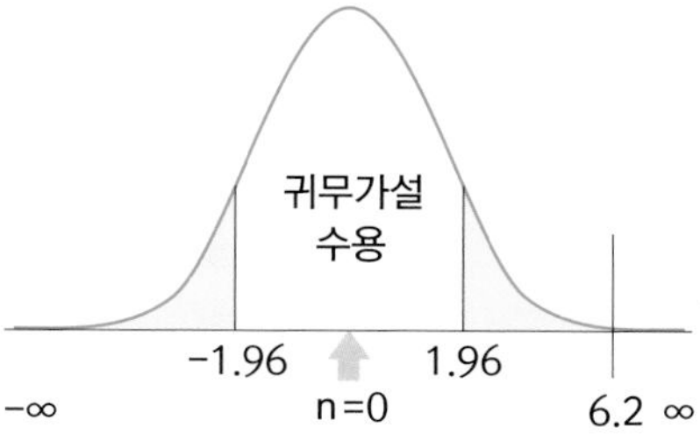

흰 부분은 영가설이 맞는다고 할 때 빈번하게 나타나는 부분으로, 검증통계량이 흰 부분에 속하면 영가설을 수용하고 음영 부분에 속하면 영가설을 기각하게 된다. 계산된 검증통계량 z가 6.2로 음영 부분에 속하므로 영가설을 기각하고 대안가설을 선택하면 된다. 즉, H_0을 기각하고 H_A을 수용한다는 뜻이다.

정리하면, 신생아 표본평균 몸무게가 2.74*kg*이고 영가설에서 가정된 평균은 2.25*kg*이다. 표본평균 몸무게와 가설에서의 몸무게는 약 0.5*kg* 정도 차이가 나는데, 이 차이는 영가설이 맞다고 할 때 우연히 일어난 경우라고 말하기는 매우 어렵다고 할 수 있다. 따라서 영가설에서 가정된 평균 2.25*kg*은 표본 결과 2.74*kg*에 비추어 보면 합리적이지 않으며, 2.74*kg*은 필연에 의해 발생한 값이라고 할 수 있다.

영가설이 기각됐다는 의미는 표본에서 나온 평균 2.74*kg*과 영가설이 맞다고 할 때 가정된 평균 2.25*kg*과의 차이가 우연성만으로는 설명하기 어렵다는 뜻이다. 즉, 2.25*kg*은 모집단 평균에 대한 합리적인 값이라고 말하기 어렵다는 뜻이기도 하다. 반대로 만약 영가설을 수용했다면, 표본에서 나온 증거(표본 결과)가 영가설을 기각하기에 불충분하다는 것을 뜻한다. 이 뜻은 영가설이 확실히 그렇다는 것이기보다는 'It COULD BE True.'라고 할 수 있다. 영가설을 수용했다는 것이 '영가설이 사실이다.'라는 것을 의미하지는 않는다.

이렇게 가설에 대해 완전히 확신할 수 없는 이유는 만약 다른 표본을 뽑았을 경우 다른 결과가 나올 가능성이 있기 때문이다. 따라서 통계 검증에서 영가설을 수용하더라도 진술된 영가설이 100% 사실이라고 보장할 수 없다. 단지 수집된 표본 자료의 관점에서 볼 때, 영가설을 기각하기에는 증거가 불충분한 것뿐이다.

이처럼 영가설을 기각했을 때 statistically significant, 즉 '통계적으로 유의미하다.'라고 하고, 영가설을 수용했다고 할 때는 그 반대라고 한다. 즉, 통계적으로 유의미하지 않은 것이다.

연습문제 4-2 해설

1 $H_0 : M = 126oz$ $H_A : M \neq 126oz$

2 $\alpha = .05$

3
$$z = \frac{\overline{X} - \mu_{영가설}}{\frac{\sigma}{\sqrt{N}}}$$

4 수집된 자료에 기초해 $\overline{X}=138.3$, $s=15.1066$를 구하고 z 검증통계량에 대입

$$z = \frac{138.3 - 126}{\frac{15.1066}{\sqrt{10}}} = \frac{12.3}{4.7771} = 2.5747$$

5

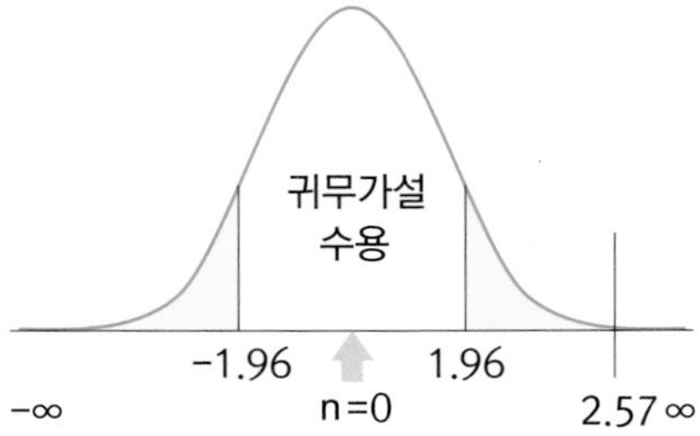

H_0(영가설)을 기각하고 H_A(대안가설)을 수용한다. 지금까지 본 것처럼, 통계적 가설 검증을 할 때에는 영가설(H_0)과 대안가설(H_A)이 필요하다. 이때 영가설은 일종의 더미(dummy)라고 할 수 있다. 그 이유는 표본에서 나온 증거로 영가설을 깨뜨리기 충분한가를 알아보는 것이기 때문이다. 이것을 깨뜨리면 영가설을 기각하는 것이고, 아니

면 영가설을 수용하는 것이다.

그렇다면 통계검증을 할 때에는 항상 영가설이 맞는다고 가정하고 더미를 깨뜨려 보아야만 하는가? 다시 말해서, 대안가설을 바로 통계검증에서 다룰 수는 없는 것인가? 현재 우리는 진술된 영가설을 맞는다고 가정하고, 영가설을 기각하면 대안가설을 수용하고, 영가설을 수용하면 대안가설을 기각하는 방식을 사용하고 있다. 여기서 질문은 '대안가설에 관심이 있으면서 왜 영가설을 먼저 두드려 봐야 하는가?'이다. 왜 진술된 대안가설을 바로 통계검증에 쓰지 못하는 것인가?

이 문제에서 진술된 대안가설을 보면 $H_a : M \neq 126$oz라고 되어 있다. 이것은 126온스가 아니라고 진술한 것이지, 128온스나 124온스처럼 특정한 값(숫자)을 이야기하는 것이 아니다. 이처럼 대안가설은 범위가 넓기 때문에 구체적으로 무엇을 지칭하는지를 알 수 없다. 대안가설은 단지 126온스가 아니라고만 말할 뿐이다. 영가설처럼 어떠한 하나의 숫자로 지정되어야 그것이 맞는다고 할 때, 영가설은 기대되는 표집분포를 나타낼 수 있는 반면 대안가설은 평균표집분포가 어떤 모습으로 분포하는지 알 수 없어 바로 통계검증에 사용할 수가 없다.

앞에서 보면, 양쪽에 음영 부분이 존재하는 이유는 대안가설이 가리키는 것 때문이다. 대안가설인 '$H_a : \mu \neq 126$oz'는 126온스보다 크거나 작다는 것을 의미하며, 이는 '크다' 또는 '작다' 중 어느 결과가 나와도 관계하지 않는다는 것을 의미한다. 그래서 126온스보다 큰 쪽에 표본 결과가 떨어져도, 작은 쪽에 떨어져도 관계하지 않는다. 그렇기 때문에 양쪽에 음영 부분이 생긴다. 이를 양방검증(two-tailed test, 양측검증)이라고 한다. 양방검증은 크거나 작아도 관계없으므로 비방향검증(non-directional test)이라고도 한다.

$\alpha = .05$를 유지하면서 대안가설을 '$H_A : \mu > 126$oz'라고 했을 때는 다음과 같이 큰 방향에만 음영 부분이 설정된다.

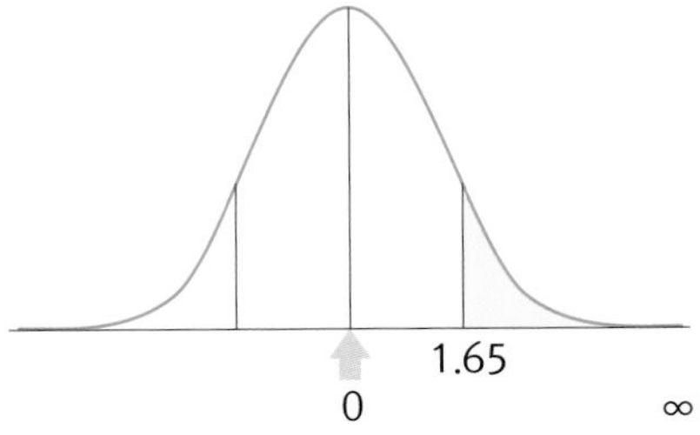

반대로 대안가설을 '$H_A : \mu < 126$oz'라고 했을 때는 작은 방향에만 음영 부분이 설정된다. 이런 경우를 일방검증(one-tailed test, 단측검증)이라고 한다. 일방검증은 물론 방향검증(directional test)이다. 만약 이 문제에서 대안가설이 '$H_A : \mu < 126$oz'이었다면, 분포가 다음처럼 그려지고 영가설을 수용하게 된다.

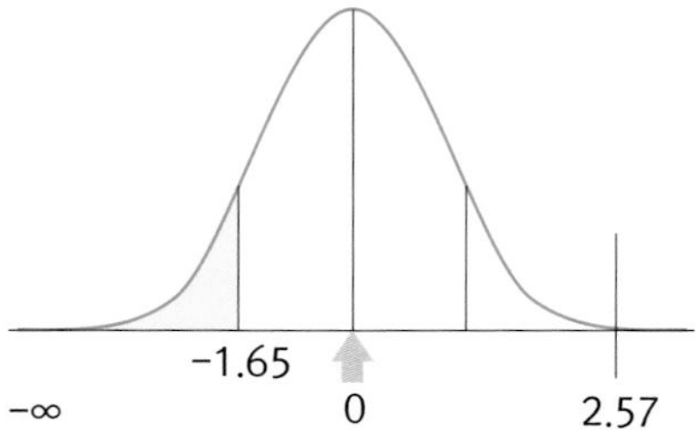

통계검증을 일방검증으로 한다거나 양방검증으로 하는 것은 대안가설에 따라 달라진다. 대안가설이 < 또는 > 처럼 부등호로 진술된다면 일방검증이 되고, 우리가 이전까지 했던 것처럼 $\neq$을 쓴다면 양방검증이 되는 것이다. 그렇다면 어떤 경우에 일방검증을 하는 것인가? 일방검증을 해야만 하는 경우는 어떤 것인가? 예를 들어, 머리털을 나게 하는 발모제가 효과가 있는지를 검증하려면 반드시 부등호를 사용하여 대안가설을 세워야 한다. 발모제의 효과를 검증할 때에 $\neq$를 사용해 대안가설을 세우면, 머리카락이 줄어든 경우도 포함되기 때문에 연구의 목적에 어긋난다. 이 경우에서 보듯이 대안가설은 연구의 목적에 따라 설정되는 것이다.

이와 같이 통계검증의 상황에 따라 양방검증을 사용해야만 하는 경우, 일방검증을 사용해야만 하는 경우가 생긴다. 통계검증의 상황, 가설검증의 내용에 따라 대안가설은 $\neq$로 진술될 수도 있고 부등호로 진술될 수도 있다.

연습문제 4-3 해설

1 $H_0 : \mu = 10{,}000$시간 $H_A : \mu > 10{,}000$시간

2 $\alpha = .01$

3 $z = \dfrac{\overline{X} - \mu_{영가설}}{\dfrac{\sigma}{\sqrt{N}}}$

4 $\overline{X} = 10530,\ s = 887.749$ $z = \dfrac{10530 - 10000}{\dfrac{887.749}{\sqrt{10}}} = 1.8879$

5

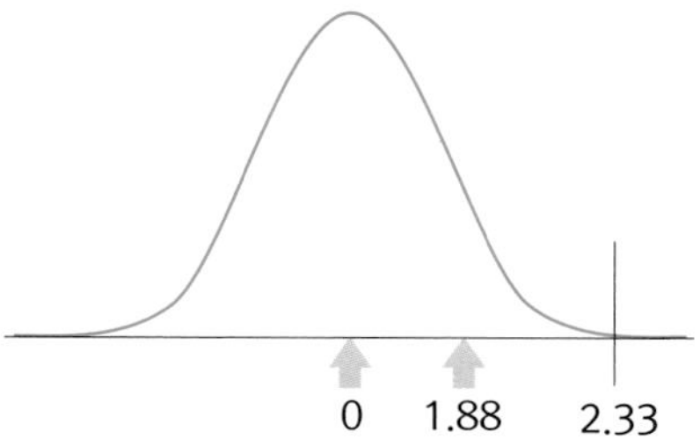

H_0(영가설)이 채택된다. 왜냐하면 z 검증통계량의 값이 1.8879인데 기각값이 2.33이기 때문이다. 표본평균값이 10,530시간으로 영가설에서 가정된 평균 10,000시간보다 길기는 하지만, 이 차이 530시간은 영가설이 맞는다고 할 때 얼마든지 우연하게 발생할 수 있는 차이이므로 10,000시간보다 오래 간다고 할 수는 없다. 따라서 새로운 형광등 공법이 더 효과적이지는 않다.

연습문제 4-4 해설

1 $H_0: \mu = 100$ $\qquad H_{A}: \mu < 100$

2 $\alpha = .05$

3

$$z = \frac{\overline{X} - \mu_{영가설}}{\frac{\sigma}{\sqrt{N}}}$$

4 $\overline{X} = 96,\ s = 15$

$$Z = \frac{96 - 100}{\frac{15}{\sqrt{25}}} = -\frac{4}{3} = -1.333$$

5

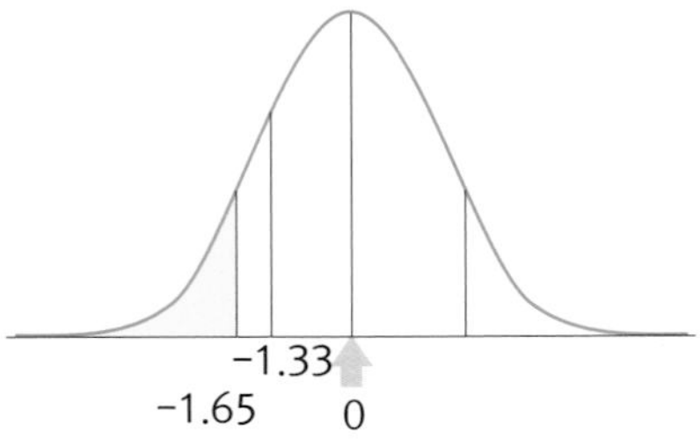

H_0(영가설)을 수용한다. 왜냐하면 z 검증통계량의 값이 -1.333인데 기각값는 -1.65이기 때문이다. 25명의 결손가정 아동들의 표본평균값이 96점으로 영가설에서 가정된 평균 100점보다 낮기는 하지만, 이 차이 4점(100−96)은 영가설이 맞는다고 할 때 얼마든지 우연하게 발생할 수 있는 차이이므로 결손가정 아동의 지능지수가 100점보다 낮다고 할 수는 없다. 즉, 결손가정 아동들과 보통 가정 아동들의 지능지수는 통계적으로 보면 유의미한 차이가 없는 것이다. 이 문제에서 모집단 표준편차가 15라고 제공되어 있으므로 따로 표본에서의 표준편차를 구할 필요는 없다. 아주 드물기는 하지만 모집단 표준편차를 알고 있는 경우, 표준오차는 $\frac{15}{\sqrt{25}}$로 구할 수 있으면, 그 값은 3이다.

지금까지 다루었던 것은 표본에서 얻은 통계치를 갖고 모집단의 모수치를 유추(추리)하는 작업이었으며, 이것을 추정이라고 한다. 즉, 지금까지의 모든 통계적 작업은 흔히 말하는 점추정이라고 할 수 있다. 예를 들면, 한국 성인 남자의 평균 키가 얼마인지가 궁금해 표본을 뽑아 키를 측정하고 평균을 구했더니 172cm라고 한다면, 이 172cm처럼 하나의 값 또는 하나의 점으로 값을 표현하는 것을 점추정이라고 한다. 그런데 표본에서 나온 평균 172cm가 '정확히 한국 성인 남자의 평균 키인가?'라는 질문을 던질 수 있다. 아쉽지만, 표본에는 언제나 우연성이 개재하므로 한국 성인 남자의 평균 키가 정확히 172cm일 개연성은 거의 없다고 볼 수 있다. 즉, 점추정은 언제나 이런 개연성의 문제가 따라 다닌다.

점추정이 가지고 있는 개연성의 문제를 해결하기 위해 고안된 것이 바로 구간추정이다. 구간추정은 모수치를 특정 값이 아닌 구간으로 나타내는 것으로, 예컨대 한국 성인 남자의 평균 키는 '171cm에서 173cm 사이'라고 하는 것이다. 구간추정은 점추정치를 기준으로 일정 구간을 설정하는데, 이때 중요한 것이 신뢰구간의 크기와 신뢰수준이다. 언론에서 가끔 신뢰구간 얼마, 신뢰수준 얼마라는 보도를 한 번쯤은 접한 적이 있을 것이다. 신뢰구간은 구간추정을 통해 얻어지는 구간을 말하며, 신뢰수준은 이 구간에 모집단 모수치가 있을 확률을 말하는 것이다. 따라서 구간추정에서는 신뢰구간의 크기가 작을수록 신뢰수준은 높을수록 정확한 추정이라고 할 수 있다. 그런데 구간추정이라고 완벽하게 믿을 수 있는 것은 아니다. 경우에 따라서는 구간추정치 안에 모수치가 들어 있지 않을 개연성도 항상 존재하기 때문이다.

앞서의 지능지수 예시를 이용해 95% 신뢰구간은 다음과 같이 구할 수 있다.

결손가정 아동들의 지능지수에 대한 95% 신뢰구간	
96±1.96×3	96: 25명 결손가정 아동들 평균 지능지수 1.96: 95%일 때 z값 3: 표준오차

여기서 96은 평균(즉, 점추정치), 1.96은 z 분포에서 중앙 95%를 포함하는 기각값, 3은 표준오차이다. 이 식을 이용하여 95% 신뢰구간을 구해 보면 $96-5.88<\mu=100<96+5.88$과 같이 나온다. 만약 99%의 신뢰구간을 구한다면 96±2.58×3으로 구할 수 있을 것이다.

z 값은 $\dfrac{\overline{X}-\mu_{영가설}}{\dfrac{\sigma}{\sqrt{N}}}$로 나타낼 수 있다. $\alpha=.05$로 했을 때, 주어진 자료로부터 계산해 낸 z 통계량의 값은 $p(-1.96<z<+1.96)=0.95$ 라고 표현할 수 있다. 이것은 $p(-1.96\cdot\dfrac{\sigma}{\sqrt{N}}<\overline{X}-\mu<+1.96\cdot\dfrac{\sigma}{\sqrt{N}})=.95$라고 바꿀 수 있고, 결국, $p(\overline{X}-1.96\cdot\dfrac{\sigma}{\sqrt{n}}<\mu<\overline{X}+1.96\cdot\dfrac{\sigma}{\sqrt{n}})=.95$라고 할 수 있다.

연습문제 4-5 해설

◆ $\mu=110$이라고 가정하고 가설검증을 해 보면, $z=\dfrac{96-110}{\dfrac{15}{\sqrt{25}}}=\dfrac{-14}{3}=-4.7$

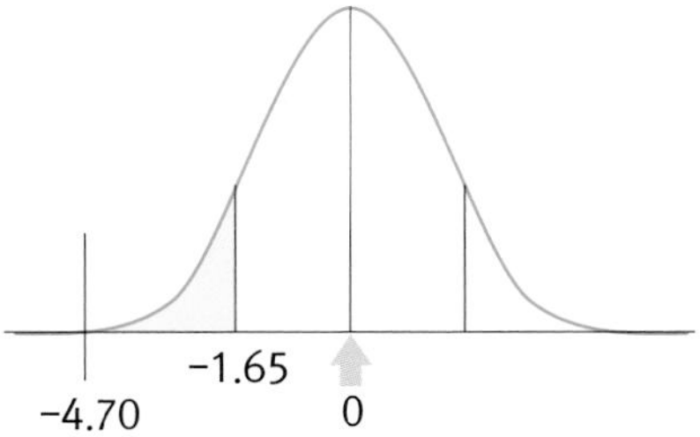

결국 $\mu=110$인 영가설을 기각하게 된다. 정리해 보면, $\mu=100$일 때는 영가설이 사실(T)이었고, $\mu=110$일 때는 영가설이 거짓(F)이 나왔다. 이렇게 되면 $\mu=100$인 영가설은 틀린 영가설이 되는 것이다. 틀린 영가설을 기각할 확률은 우리가 통계적 의사결정을 제대로 할 확률을 뜻하고, 이것은 곧 $1-\beta$(통계검증력)을 의미한다.

연습문제 6-1 해설

1 $H_0 : M = 70$ $H_A : M > 70$

2 $\alpha = .05$

4 $t = \dfrac{75-70}{\dfrac{3}{\sqrt{50}}} = \dfrac{5\sqrt{50}}{3} = 11.785$

5 통계결과에 대한 의사결정을 내릴 때 t 분포표에 자유도 49의 값이 나와 있지 않으므로 자유도 40의 값을 사용한 자유도, 단측검증이라는 것을 고려해야 한다. 자유도(df)가 49일 때, 자유도 60이 아닌 40의 값을 이용한 이유는 t 분포표를 통해 정확한 경곗값을 알 수 없을 때는 자유도가 더 작은 쪽, 보수적인 값을 사용해야 한다. 자유도(df)=49에서 t 검정값은 11.78로 나타났다.

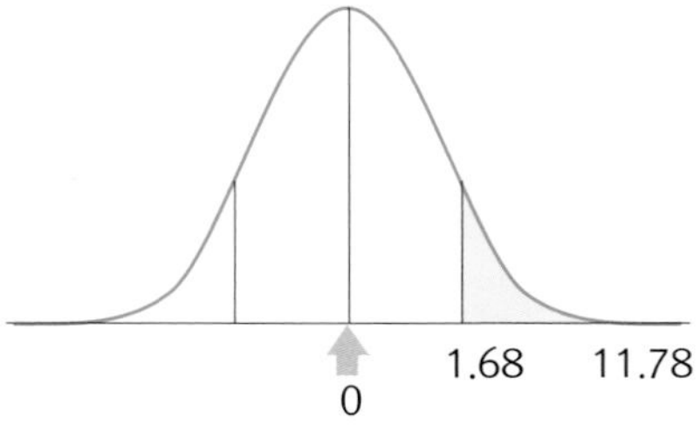

t 검정값과 경계값을 비교했을 때 $\mu = 70$이라는 영가설(H_0)은 기각되다. 즉, 이러한 결과는 오디오와 비디오를 이용한 교수방법이 효과가 있다라는 것을 의미한다고 볼 수 있다. z 분포와 t 분포의 차이를 다시 한 번 말해 보면, z 분포와 t 분포는 매우 유사하지만, z 분포는 σ의 값을 알고 있는 경우에 사용하고, t 분포는 σ의 값을 알 수 없을 때 사용한다. 거의 대부분의 경우 σ의 값을 알 수 없기 때문에 t 분포를 사용하게 된다. t 분포표에서 볼 수 있듯이, 자유도가 ∞일 경우에만 t 분포와 z 분포가 같아지게 된다. 하지만 자유도가 ∞가 아니라면 z 분포와는 달라진다. 다음은 $\alpha = .05$일 때 z 분포와 $t(30)$ 분포이다.

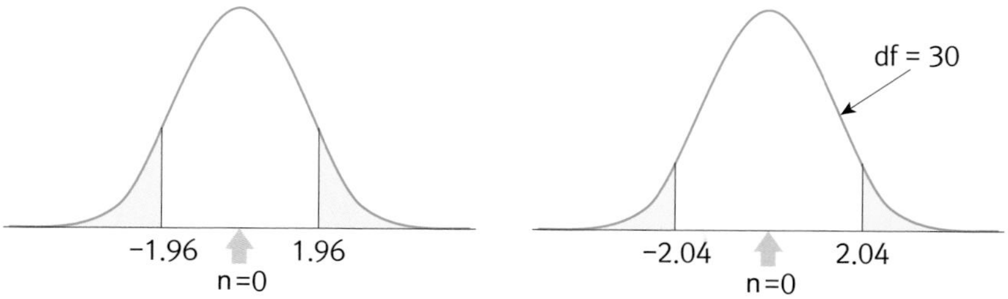

z분포 t분포

모든 조건이 동일하다고 하면, 연구자 입장에서는 영가설을 기각한 후 대안가설을 받아들여야 한다. 왜냐하면 대안가설이 바로 연구자가 검증하고자 하는 바이기 때문이다. 그렇다면 이 분포들 중 영가설을 기각하여 대안가설을 받아들이기 쉬운 분포는 어떤 것인가? 당연히 음영 부분의 영역이 더 넓은 z 분포를 사용하는 것이 더 좋을 것이다. 하지만 z 분포를 쓰려면 σ를 알아야하는데, σ를 아는 경우가 거의 없기 때문에 t 분포를 이용하는 것이 맞다.

연습문제 6-2 해설

1 $H_0 : M_1 - M_2 = 0$ $H_A : M_1 - M_2 > 0$

2 $\alpha = .01$

3

$\dfrac{\overline{X_1} - \overline{X_2}}{S_{(\overline{X_1} - \overline{X_2})}}$	$\overline{X_1} = 150.4$	$\overline{X_2} = 143.8$
	$s_1 = 18.7$	$s_2 = 15.9$

4 $$t = \frac{150.4 - 143.8}{\sqrt{\dfrac{3496.9 + 2528.1 - 2 \times 1364.8}{}}} = 1.09$$

5 H_0(영가설) 수용, 다이어트 약은 체중 감량에 효과가 없다.

종단자료: 시간의 흐름에 따라 변화의 추이를 알 수 있으며, 차이점수를 가지고 검증할

수 있다, $t_1 - t_2 = D$(차이점수). 따라서 종속표본일 경우 종단자료로서 차이점수를 가지고 검증할 수 있다. 독립표본의 표준오차보다 상관의 크기만큼 표준오차가 작아진다. 따라서 영가설을 기각할 확률이 높아지므로 연구자는 종속표본의 검증을 채택하는 것이 유리하다. 하지만 동일한 사람의 관측치라는 종속표본의 조건이 충족되었을 때만 종속표본의 검증방법을 사용해야 한다. 독립표본인데 종속표본의 검증법을 사용하면 안 된다.

〈종속표본의 표준오차〉

$$S_{(\overline{X_1} - \overline{X_2})} = ① \sqrt{\frac{s_1^2 + s_2^2 - 2r_{12}s_1s_2}{n}}$$

$$② \sqrt{\frac{\sum_{i=1}^{n} x_1^2 + \sum_{i=1}^{n} x_2^2 - 2\sum_{i=1}^{n} x_1x_2}{n(n-1)}}$$

연습문제 6-3 해설

1 학생들에게 단어의 목록과 그 뜻이 적힌 카드를 보여 주고 학생들에게 단어 목록에서 보여 준 단어를 배웠는지 그리고 그 뜻이 무엇인지 물어본 학습방법(A)과 학생들에게 어떠한 방법도 사용하지 않고 영어단어 습득의 중요성만 강조한 학습방법(B)에 대한 기술통계(평균, 표준편차, 왜도, 첨도)가 다음 표에 제시되어 있다.

A 학습방법에 대한 기술통계

(N=10)

프로그램	n	평균	표준편차	왜도	첨도
A_사전	10	21.20	2.69	−0.56	0.02
A_사후	10	27.80	4.39	0.55	−0.14

분석 결과, 학생들에게 단어의 목록과 그 뜻이 적힌 카드를 보여 주고 학생들에게 단어 목록에서 보여 준 단어를 학습했는지에 대한 학습방법을 학생들에 실시하기 전에 알아본 사전 평균은 21.20으로, 학습방법이 실시된 후 알아본 사후 평균 27.80 보다 낮은 것으로 나타났다. 또한 학생들에게 단어의 목록과 그 뜻이 적힌 카드를 보여 주고 학생들에게 단어 목록에서 보여 준 단어를 학습했는지에 대한 학습방법의 사전 표준편차(2.69)는 사후 표준편차(4.39)보다 작은 것으로 나타났다. 이러한 결과는 학생들에게

단어의 목록과 그 뜻이 적힌 카드를 보여 주고 학생들에게 단어 목록에서 보여 준 단어를 학습했는지에 대한 학습방법을 실시하기 전에는 학생들의 수준은 비슷한 정도였으나 학습이 끝난 후에는 학생들의 수준에 차이가 있다는 것을 보여 준다.

2 1) 정규성 검증-왜도 · 첨도 이용

학생들에게 단어의 목록과 그 뜻이 적힌 카드를 보여 주고 학생들에게 단어 목록에서 보여 준 단어를 배웠는지 그리고 그 뜻이 무엇인지 물어본 학습방법(A)의 사전 · 사후 점수에 대한 왜도값과 첨도값과 학생들에게는 어떠한 방법도 사용하지 않고 영어단어 습득의 중요성만 강조한 학습방법(B)의 사전 · 사후 점수에 대한 왜도값과 첨도값이 1번 문제에 제시되었다. 문제 1에 제시된 분석 결과, 모든 학습방법의 사전 · 사후 점수에 대한 왜도값, 첨도값이 Lei와 Lomax(2005)가 제시한 절댓값 3보다 작아 A와 B 프로그램의 사전 · 사후 점수 모두 정규성 가정을 충족한다고 볼 수 있다.

2) 정규성 검증-통계적 검증

통계적 접근을 이용한 정규성 검증 (N=10)

프로그램	Kolmogrove-Smirnov		Shapiro-Wilk	
	통계량	자유도	통계량	자유도
A_사전	3.58	10	0.95	10
A_사후	0.18*	10	0.95	10

*$p < .05$

Kolomgrove-Smirnov와 Shapiro-Wilk를 통해 A 프로그램의 정규성 검증을 한 결과가 2번 문제에 제시되어 있다. Kolomgrove-Smirnov를 통해 A 프로그램의 사전 점수의 정규성을 검증한 결과 통계적으로 유의미하지 않았다(Kolomgrove-Smirnov(10)= 0.21). 또한 Shapiro-Wilk를 통해 A 프로그램의 사전 점수의 정규성을 검증한 결과 역시 통계적으로 유의미하지 않았다(Shapiro-Wilk(10)=0.95). 이러한 결과는 A 프로그램의 사전 점수가 정규적으로 분포하고 있다는 것을 의미한다고 볼 수 있다.

분석하고자 하는 종속변수(A 프로그램의 성적)에 대한 정규성을 알아보기 위해 문제에서는 왜도 · 첨도를 이용하는 방법과 통계적 방법을 사용하는 방법을 보여 주고 있으나, 실제 학술지 · 논문에서는 둘 중 하나만 제시하는 것이 일반적이다.

3 학생들에게 단어의 목록과 그 뜻이 적힌 카드를 보여 주고 학생들에게 단어 목록에서 보여 준 단어를 배웠는지 그리고 그 뜻이 무엇인지 물어본 학습방법(A)의 대응표본 t-검증 결과는 다음 표에 제시되어 있다.

A 학습방법의 사전 · 사후 점수에 대한 대응표본 t-검증 ($N=10$)

사전	사후	사전사후 점수 평균차이	평균의 표준오차	자유도	t
21.20	27.80	−6.60	1.26	9	−5.21**

*$p<.001$

분석 결과, A 프로그램의 사후 점수평균은 사전 점수평균보다 6.60 높은 것으로 나타났으며 이러한 차이는 통계적으로 유의미한 것으로 나타났다($t(9)=-5.21$, $p<.001$). 즉, 학생들의 영어 학습능력을 향상시키기 위해 실시한 학생들에게 단어의 목록과 그 뜻이 적힌 카드를 보여 주고 학생들에게 단어 목록에서 보여 준 단어를 배웠는지 그리고 그 뜻이 무엇인지 물어본 학습방법이 효과성이 있다는 것을 의미한다고 볼 수 있다.

연습문제 6-4 해설

1 $H_0 : M_1 - M_2 = 0$ $H_A : M_1 - M_2 \neq 0$

2 $\alpha = .05$

3

$\overline{X}_1 - \overline{X}_2 = 25.2 - 19.4$	$S_{(\overline{X}_1 - \overline{X}_2)} = \sqrt{\frac{27.6}{9} + \frac{27.6}{9}} = \sqrt{6.13} = 2.47$ $S_{p^2} = \frac{216.1 + 225 = 441.1}{16} = 27.6$

4 $t = \frac{25.2 - 19.4 = 5.8}{2.47} = 2.35$

5 H_0(영가설) 기각, 첫인상(먼저 제공받은 정보)이 인물평가에 영향을 미친다.

연습문제 6-5 해설

1 $H_0 : M_1 - M_2 = 0$ $H_A : M_1 - M_2 \neq 0$

2 $\alpha = .01$

3

$\overline{X}_1 - \overline{X}_2 = 18.4 - 19.9$	$S_{(\overline{X}_1 - \overline{X}_2)} = \sqrt{\frac{10.1}{8} + \frac{10.1}{8}} = \sqrt{2.525} = 21.6$ $S_{p^2} = \frac{87.12 + 54.08}{14} = 10.1$

4 $t = \frac{18.4 - 19.9 = 5.8}{1.6} = -0.937$

5 H_0(영가설) 수용, 할머니와 할아버지의 청각차이가 존재하지 않는다.

〈생각해 볼 문제〉

만약 영가설 기각 시 첫 번째, 두 번째 집단의 평균차이는 실질적인 차이인가?

$$\frac{\overline{X}_1 - \overline{X}_2}{\sqrt{S_{p^2}}}$$

0.20: 차이가 작다.
0.50: 중간 정도의 차이가 난다.
0.80: 차이가 크다.

연습문제 6-6 해설

1 새로 개발된 커피의 맛에 대한 남 · 여 선호도의 기술통계(평균, 표준편차, 왜도, 첨도)를 보여주고 있다.

커피맛에 대한 전체적인 만족도는 100만점 중 77.10(SD=8.77)으로 나타났다. 이를 구체적으로 살펴보면 커피맛에 대해 여자의 평균($\overline{X}$=82.00)이 남자의 평균($\overline{X}$=

72.20)보다 높은 것으로 나타났다. 이러한 결과는 여자가 남자보다 새로 개발된 커피맛에 대해 만족도가 높다는 것을 의미한다고 볼 수 있다.

남 · 여에 따른 커피맛 선호도차이 ($N=20$)

성별	n	평균	표준편차	왜도	첨도
남자	10	72.20	8.44	0.20	−0.54
여자	10	82.00	6.14	0.07	−1.71

2 1) 정규성 검증−왜도 · 첨도 이용

새로 개발된 커피 맛에 대한 남 · 여 만족도에 대한 정규성은 왜도와 첨도값으로 살펴보았다. 1번 문제에 제시된 커피맛에 대한 남 · 여 선호도의 왜도와 첨도값은 Lei와 Lomax(2005)가 제시한 절댓값 3보다 작아 새로 개발된 커피 맛에 대한 남 · 여 선호도는 정규성 가정을 충족한다고 볼 수 있다.

2) 정규성 검증−통계적 검증

Kolomgrove-Smirnov와 Shapiro-Wilk를 통해 A 프로그램의 정규성 검증을 한 결과가 다음에 제시되어 있다.

통계적 접근을 이용한 정규성 검증 ($N=20$)

성별	Kolmogrove-Smirnov		Shapiro-Wilk	
	통계량	자유도	통계량	자유도
남자	0.131	10	0.975	10
여자	0.192	10	0.917	10

Kolomgrove-Smirnov를 통해 새로 개발된 커피맛에 대한 남 · 여자의 선호도는 통계적으로 유의미하지 않았다. 또한 Shapiro- Wilk를 통해 남 · 여자의 선호도 역시 통계적으로 유의미 하지 않았다. 이러한 결과는 새로 개발된 커피맛에 대한 남 · 여 선호도의 점수는 정규적으로 분포하고 있다는 것을 의미한다고 볼 수 있다.

3 새로 개발된 커피맛에 대한 남 · 여의 선호도 차이를 알아보기 위해 실시한 독립표본 t−검증 결과는 다음에 제시되어 있다.

A 학습방법의 사전 · 사후 점수에 대한 대응표본 t−검증 ($N=20$)

성별	평균	표준편차	t
남	72.20	8.44	-2.96^{**}
여	82.20	6.14	

$^{**}p<.01$

새로 개발된 커피맛에 대한 남·여 만족도 차이를 분석하기에 앞서 두 집단의 등분산 가정을 살펴보았다. 레빈 등분산 분석 결과, 새로 개발된 커피맛에 대한 남·여 만족도는 통계적으로 유의미하지 않은 것으로 나타났다($F(1, 18) = 0.509$, $p > .40$). 즉, 이러한 결과는 새로 개발된 커피맛에 대하여 남·여 만족도는 각 성별 내에서 비슷하게 분포하고 있다는 것을 의미한다고 볼 수 있다.

새로 개발된 커피맛에 대해 여자의 선호도의 평균($\overline{X} = 82.20$)이 남자의 선호도의 평균($\overline{X} = 72.20$)보다 9.80점 높은 것으로 나타났으며, 이러한 차이는 통계적으로 유의미한 것으로 나타났다($t(18) = -2.96$, $p < .001$). 즉, 이러한 결과는 새로 개발된 커피맛에 대해 여자가 남자보다 더 선호한다는 것을 의미한다고 볼 수 있다.

연습문제 7-1 해설

1 Ⓐ 크다

2 작다, 크다

3 전체비교를 한다면 터키 방법이나 헤이터의 수정된 최소유의차 검증

4

1 vs 2	$t = 2.38$	$t^*_{2,24,.05} = 2.58$
1 vs 3	$t = 2.526$	
2 vs 3	$t = 0.148$	

5 $.9 \pm 2.052\sqrt{2.27(1.5/10)}$

$.9 \pm 1.2$

$(-.3,\quad 2.1)$

6

1 vs 2	$q = 2.375$	$(q^*_{2,27,.05})/\sqrt{2} = 2.92/\sqrt{2} = 2.065$
1 vs 3	$q = 2.522$	
2 vs 3	$q = 0.148$	

7 a.

일원분산분석 결과표

요인	자유도	제곱값	평균제곱	*F*값
집단 간(A)	3	534.72	178.24	4.40
집단 내(S/A)	24	972	40.50	
전체	27			

$F^{*}_{3,24,.05} = 3.01$, 영가설을 기각한다.

b.

$$41.5 - 47.2 \pm 3.90/\sqrt{2}\,\sqrt{40.50(2/7)}$$
$$-5.7 \pm 2.76[3.40]$$
$$-5.7 \pm 9.39$$
$$(-15.09,\quad 3.69)$$

c.

$$41.5 - 47.2 \pm 2.58\sqrt{40.50(2/7)}$$
$$-5.7 \pm 8.772$$
$$(-14.47,\quad 3.07)$$

연습문제 7-2 해설

1

기술통계

	집단	평균	표준편차	왜도	첨도
영어 점수	A	21.20	2.69	−0.56	0.02
	B	29.70	3.16	0.05	−0.73
	C	25.10	3.63	−0.48	−0.63
	D	23.40	2.95	0.38	0.14

분석 결과, 영어점수는 B 프로그램(M=29.70, SD=3.16)의 평균이 가장 높게 나타났으며, 그 뒤로 C 프로그램(M=25.10, SD=3.63), D 프로그램(M=23.40, SD=2.95), A 프로그램(M=21.20, SD=2.69) 순으로 나타났다.

2 분석 결과, '영어점수'의 각 프로그램에 대한 Kolmogorov-Smirnov와 Shapiro-Wilk의

유의확률(p)이 유의수준(α) 크게 나타나 ($p > \alpha = .05$) '영어점수'는 정규성 가정을 충족한다고 볼 수 있다.

정규성 검증

	집단	Kolmogorov-Smirnov			Shapiro-Wilk		
		통계량	자유도	유의확률	통계량	자유도	유의확률
영어점수	A	.21	10	.20	.95	10	.71
	B	.15	10	.20	.96	10	.79
	C	.19	10	.20	.94	10	.58
	D	.15	10	.20	.97	10	.89

레빈 등분산 검증 결과, 각 프로그램의 '영어점수'에 대한 분산은 통계적으로 유의미한 차이가 없는 것으로 나타났다($F(3, 36) = .36, p = .79$).

		레빈 통계량	자유도1	자유도2	유의확률
영어점수	평균을 기준으로 한다.	.35	3	36	.79
	중위수를 기준으로 한다.	.22	3	36	.87
	자유도를 조정한 상태에서 중위수를 기준으로 한다.	.22	3	33.924	.87
	절삭평균을 기준으로 한다.	.34	3	36	.79

3 종속변수 '태도'에 대한 전체 비교에 필요한 영가설과 대안가설은 다음과 같다.

H_0: 프로그램에 따른 영어점수 차이가 없다.

H_A: 귀무가설이 사실이 아니다.

일원분산분석 결과표

		제곱값	*df*	평균제곱	*F*
태도	집단 간(프로그램)	390.10	3	130.03	13.26**
	집단 내(오차)	353.00	36	9.80	
	합계	743.10	39		

$^{**}p < .01$

유의수준을 .05로 설정하였을 때, 프로그램 간 자유도는 3이고 개인 오차의 자유도는 36이므로 F 기각값은 2.92($F_{3, 36, .05} = 2.92$)로 나타났다. 분석 결과, F 통계값(13.26)이 기각값보다 커 집단 간 영어성적은 통계적으로 유의미한 차이가 있는 것으로 나타났다($F(3, 36) = 13.26$, $p < .01$).

4 $w^2 = \frac{df_A(F-1)}{df_A(F-1)+N} = \frac{(3-1)(13.261-1)}{(3-1)(13.261-1)+40} = \frac{24.522}{64.522} = 0.38$

종속변수 '태도'에서 η^2은 .525로, 이는 태도 점수의 총편차제곱값(총변화량)의 52.5%가 프로그램에 기인한 것이며, 이는 프로그램 간 차이가 있음은 물론 프로그램이 미치는 영향이 태도 점수의 전체 총변화량의 많은 부분에서 기여하였음을 알 수 있다. ω^2의 효과 측정은 0.38이며, Cohen's d에 따르면 이는 0.15 이상으로 높은 효과크기를 가진다.

5

쉐페 분석방법

종속변수	프로그램	프로그램	평균차(I−J)	표준오차	유의확률	95% 신뢰구간	
						하한값	상한값
태도	A	B	−8.50*	1.40	.00	−12.60	−4.39
		C	−3.90	1.40	.06	−8.00	.20
		D	−2.20	1.40	.49	−6.30	1.90
	B	C	4.60*	1.40	.00	4.39	12.60
		D	6.30*	1.40	.02	.49	8.70
	C	D	1.70*	1.40	.00	2.19	10.40

**p < .05

쉐페를 통한 사후분석 결과, 통계적으로 유의미한 집단 간 차이는 A 프로그램과 B 프로그램, B프로그램과 C, D 프로그램 사이에 있는 것으로 나타났다.

연습문제 8-1 해설

1 $H_0 : \mu_1 = \mu_2 = \mu_3$ $H_A : \mu_1 \neq \mu_2 \neq \mu_3$

2 $\alpha = .05$

3

집단 내 제곱값	집단 간 제곱값
(419.2+520.8+351.2)/3(3−1)=107.6	5×[(57.6−57.8)2+(54.2−57.8)2+(61.6−57.8)2]/(3−1)=68.6

4 $F = \frac{68.6}{107.6} = 0.64$

분산원	제곱값(SS)	자유도(df)	평균제곱값(MS)	F	p
집단 간	137.2	2	68.6	0.64	$>.05$
집단 내	1291.2	12	107.6		

영가설 수용 시 F 값에 참고 별표를 하지 않아도 된다. 하지만 영가설을 기각할 경우 $^{*}p<.05$, $^{**}p<.01$로 표시해 준다. 가끔 $^{***}p<.001$을 사용하기도 하고, 또는 표에 p 값을 따로 표시해 두기도 한다. 영가설의 기각은 어떠한 평균값 하나는 나머지 2개 값으로부터 확연한 차이가 있다는 것이다. 어떤 평균값이 나머지로부터 유의미하게 차이가 있는지 확인하는 사후비교와 독립변수가 2개일 경우의 이원분산분석은 중급통계에서 배울 수 있다.

5

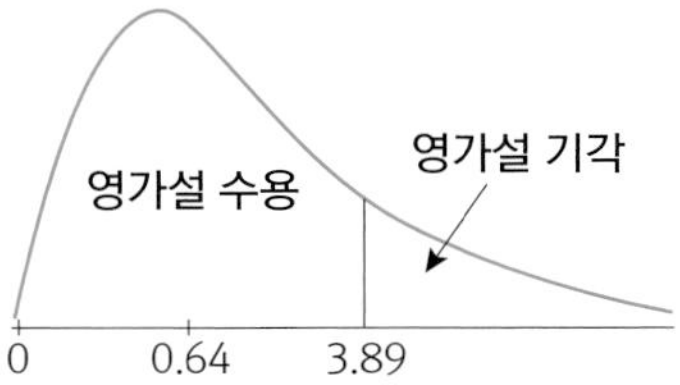

연습문제 8-2 해설

1 Ⓑ 평균

2 Ⓑ 연구에 사용된 집단의 수에서 1를 뺀 수

3 Ⓒ 연구에 사용된 전체 관측치들의 수에서 집단의 수를 뺀 수

4 Ⓐ 0

5 11

6 yes

7 10

8 yes

9

일원분산분산 결과표

요인	제곱값	자유도	평균제곱	F
집단 간(A)	30	3	10	5
집단 내(S/A)	120	60	2.0	
전체	150			

10 $F(3, 60) = 2.76$

11 $.001 < p < .01$

12 no

13 a. $F_{(1, 10, .01)} = 10.04$

b. $F_{(2, 13, .05)} = 3.81$

14

일원분산분석 결과표

요인	제곱값	자유도	평균제곱	F
집단 간(A)	80	4	20	2.0
집단 내(S/A)	400	40	10	
전체	480	44		

표본을 통해 얻은 F 값 2.0이 임계치 $F^*_{(4, 40, .10)} = 2.09$보다 작다는 것은 영가설 $(\mu_1 = \mu_2 = \mu_3 = \mu_4 = \mu_5)$을 기각하는 데 실패했다는 것을 의미한다. 즉, 집단 간 평균 차이는 통계적으로 유의미하지 않다는 것이다.

15

일원분산분석 결과표

요인	제곱	자유도	평균제곱	F
집단 간(A)	20.66	2	10.33	4.42
집단 내(S/A)	56.00	27	2.33	
전체	76.67	30		

표본을 통해 얻은 $F_{(2, 24, .05)} \simeq 4.42$가 임계치 $F^{*}{}_{(4, 40, .05)} = 3.37$보다 크다는 것은 영가설$(\mu_1 = \mu_2 = \mu_3)$을 기각했다는 것을 의미한다. 즉, 집단 간 평균차이는 통계적으로 유의미하다는 것을 의미한다.

z	$P(z)$	z	$P(z)$ $\alpha=1-P(z)$	z	$P(z)$ $\alpha=1-P(z)$	z	$P(z)$ $\alpha=1-P(z)$
1.88	.9699460	2.09	.9816911	2.30	.9892759	2.51	.9939634
1.89	.9706210	2.10	.9821356	2.31	.9895559	2.52	.9941323
1.90	.9712834	2.11	.9825708	2.32	.9898296	2.53	.9942969
1.91	.9719334	2.12	.9829970	2.33	.9900969	2.54	.9944574
1.92	.9725711	2.13	.9834142	2.34	.9903581	2.55	.9946139
1.93	.9731966	2.14	.9838226	2.35	.9906133	2.56	.9947664
1.94	.9738102	2.15	.9842224	2.36	.9908625	2.57	.9949151
1.95	.9744119	2.16	.9846137	2.37	.9911060	2.58	.9950600
1.96	.9750021	2.17	.9849966	2.38	.9913437	2.59	.9952012
1.97	.9755808	2.18	.9853713	2.39	.9915758	2.60	.9953388
1.98	.9761482	2.19	.9857379	2.40	.9918025	2.70	.9965330
1.99	.9767045	2.20	.9860966	2.41	.9920237	2.80	.9974449
2.00	.9772499	2.21	.9864474	2.42	.9922397	2.90	.9981342
2.01	.9777844	2.22	.9867906	2.43	.9924506	3.00	.9986501
2.02	.9783083	2.23	.9871263	2.44	.9926564	3.20	.9993129
2.03	.9788217	2.24	.9874545	2.45	.9928572	3.40	.9996631
2.04	.9793248	2.25	.9877755	2.46	.9930531	3.60	.9998409
2.05	.9798178	2.26	.9880894	2.47	.9932443	3.80	.9999277
2.06	.9803007	2.27	.9883962	2.48	.9934309	4.00	.9999683
2.07	.9807738	2.28	.9886962	2.49	.9936128	4.50	.9999966
2.08	.9812372	2.29	.9889893	2.50	.9937903	5.00	.9999997
						5.50	.9999999

[부록 3] Fisher Z수표

r	Zr	r	Zr
.01	0.010	.50	0.549
.02	0.020	.51	0.563
.03	0.030	.52	0.577
.04	0.040	.53	0.590
.05	0.050	.54	0.604
.06	0.060	.55	0.618
.07	0.070	.56	0.633
.08	0.080	.57	0.648
.09	0.090	.58	0.663
.10	0.100	.59	0.678
.11	0.110	.60	0.693
.12	0.121	.61	0.709
.13	0.131	.62	0.725
.14	0.141	.63	0.741
.15	0.151	.64	0.758
.16	0.161	.65	0.775
.17	0.172	.66	0.793
.18	0.182	.67	0.811
.19	0.192	.68	0.829
.20	0.203	.69	0.848
.21	0.213	.70	0.867
.22	0.224	.71	0.887
.23	0.234	.72	0.908
.24	0.245	.73	0.929
.25	0.255	.74	0.950
.26	0.266	.75	0.973
.27	0.277	.76	0.996
.28	0.288	.77	1.020
.29	0.299	.78	1.045
.30	0.310	.79	1.071
.31	0.321	.80	1.099
.32	0.332	.81	1.127
.33	0.343	.82	1.157
.34	0.354	.83	1.188
.35	0.365	.84	1.221
.36	0.377	.85	1.256
.37	0.389	.86	1.293
.38	0.400	.87	1.333
.39	0.412	.88	1.376
.40	0.424	.89	1.422
.41	0.436	.90	1.472
.42	0.448	.91	1.528
.43	0.460	.92	1.589
.44	0.472	.93	1.658
.45	0.485	.94	1.738
.46	0.497	.95	1.832
.47	0.510	.96	1.946
.48	0.523	.97	2.092
.49	0.536	.98	2.298
		.99	2.647

[부록 4] *t* 분포표

df	P	.005	.001	.025	.05	.10	.90	.95	.975	.99	.995
	α						.10	.05	.025	.01	.005
	1	−63.657	−31.821	−12.706	−6.314	−3.078	3.078	6.314	12.706	31.821	63.657
	2	−9.925	−6.965	−4.303	−2.920	−1.886	1.886	2.920	4.303	6.965	9.925
	3	−5.841	−4.541	−3.182	−2.353	−1.638	1.638	2.353	3.182	4.541	5.841
	4	−4.604	−3.747	−2.776	−2.132	−1.533	1.533	2.132	2.776	3.747	4.604
	5	−4.032	−3.365	−2.571	−2.015	−1.476	1.476	2.015	2.571	3.365	4.032
	6	−3.707	−3.343	−2.447	−1.943	−1.440	1.440	1.943	2.447	3.143	3.707
	7	−3.499	−2.998	−2.365	−1.895	−1.415	1.415	1.895	2.365	2.998	3.499
	8	−3.355	−2.896	−2.306	−1.860	−1.397	1.397	1.860	2.306	2.896	3.355
	9	−3.250	−2.821	−2.262	−1.833	−1.383	1.383	1.833	2.262	2.821	3.250
	10	−3.169	−2.764	−2.228	−1.812	−1.372	1.372	1.812	2.228	2.764	3.169
	11	−3.106	−2.718	−2.201	−1.796	−1.363	1.363	1.796	2.201	2.718	3.106
	12	−3.055	−2.681	−2.179	−1.782	−1.356	1.356	1.782	2.179	2.681	3.055
	13	−3.012	−2.650	−2.160	−1.771	−1.350	1.350	1.771	2.160	2.650	3.012
	14	−2.977	−2.624	−2.145	−1.761	−1.345	1.345	1.761	2.145	2.624	2.977
	15	−2.947	−2.602	−2.131	−1.753	−1.341	1.341	1.753	2.131	2.602	2.947
	16	−2.921	−2.583	−2.120	−1.746	−1.337	1.337	1.746	2.120	2.583	2.921
	17	−2.898	−2.567	−2.110	−1.740	−1.333	1.333	1.740	2.110	2.567	2.898
	18	−2.878	−2.552	−2.101	−1.734	−1.330	1.330	1.734	2.101	2.552	2.878
	19	−2.861	−2.539	−2.093	−1.729	−1.328	1.328	1.729	2.093	2.539	2.861
	20	−2.845	−2.528	−2.086	−1.725	−1.325	1.325	1.725	2.086	2.528	2.845
	21	−2.831	−2.518	−2.080	−1.721	−1.323	1.323	1.721	2.080	2.518	2.831
	22	−2.819	−2.508	−2.074	−1.717	−1.321	1.321	1.717	2.074	2.508	2.819
	23	−2.807	−2.500	−2.069	−1.714	−1.319	1.319	1.714	2.069	2.500	2.807
	24	−2.797	−2.492	−2.064	−1.711	−1.318	1.318	1.711	2.064	2.492	2.797
	25	−2.787	−2.485	−2.060	−1.708	−1.316	1.316	1.708	2.060	2.485	2.787
	26	−2.779	−2.479	−2.056	−1.706	−1.315	1.315	1.706	2.056	2.479	2.779
	27	−2.771	−2.473	−2.052	−1.703	−1.314	1.314	1.703	2.052	2.473	2.771
	28	−2.763	−2.467	−2.048	−1.701	−1.313	1.313	1.701	2.048	2.467	2.763
	29	−2.756	−2.462	−2.045	−1.699	−1.311	1.311	1.699	2.045	2.462	2.756
	30	−2.750	−2.457	−2.042	−1.697	−1.310	1.310	1.697	2.042	2.457	2.750
	40	−2.704	−2.423	−2.021	−1.684	−1.303	1.303	1.684	2.021	2.423	2.704
	60	−2.660	−2.390	−2.000	−1.671	−1.296	1.296	1.671	2.000	2.390	2.660
	120	−2.617	−2.358	−1.980	−1.658	−1.289	1.289	1.658	1.980	2.358	2.617
	∞	−2.576	−2.326	−1.960	−1.645	−1.282	1.282	1.645	1.960	2.326	2.576

[부록 5] F 분포표

	p	α	1	2	3	4	5	6	7	8	9	10	11	12	15	20	24	30	40	60	120	∞	Cum. prop.
			v_1, Degrees of freedom for numerator																				
1	.005		$.0^{4}62$	$.0^{2}51$	.018	.032	.044	.054	.062	.068	.073	.078	.082	.085	.093	.101	.105	.109	.113	.118	.122	.127	.005
	.010		$.0^{3}25$	.010	.029	.047	.062	.073	.082	.089	.095	.100	.104	.107	.115	.124	.128	.132	.137	.141	.146	.151	.01
	.025		$.0^{2}15$	.026	.057	.082	.100	.113	.124	.132	.139	.144	.149	.153	.161	.170	.175	.180	.184	.189	.194	.199	.025
	.050		$.0^{2}62$	.054	.099	.130	.151	.167	.179	.188	.195	.201	.207	.211	.220	.230	.235	.240	.215	.250	.255	.261	.05
	.950	.050	161	200	216	225	230	234	237	239	241	242	243	244	246	248	249	250	251	252	253	254	.95
	.975	.025	648	800	864	900	922	937	948	957	963	969	973	977	985	993	997	100^{1}	101^{1}	101^{1}	101^{1}	102^{1}	.975
	.990	.010	405^{1}	500^{1}	540^{1}	562^{1}	576^{1}	586^{1}	593^{1}	598^{1}	602^{1}	606^{1}	608^{1}	611^{1}	616^{1}	621^{1}	623^{1}	626^{1}	629^{1}	631^{1}	634^{1}	637^{1}	.99
	.995	.005	162^{2}	200^{2}	216^{2}	225^{2}	231^{2}	234^{2}	237^{2}	239^{2}	241^{2}	242^{2}	243^{2}	244^{2}	246^{2}	248^{2}	249^{2}	250^{2}	251^{2}	253^{2}	254^{2}	255^{2}	.995
2	.005		$.0^{4}50$	$.0^{2}50$	.020	.038	.055	.069	.081	.091	.099	.106	.112	.118	.130	.143	.150	.157	.165	.173	.181	.189	.005
	.010		$.0^{3}20$	.010	.032	.056	.075	.092	.105	.116	.125	.132	.139	.144	.157	.171	.178	.186	.193	.201	.209	.217	.01
	.025		$.0^{2}13$	.026	.062	.094	.119	.138	.153	.165	.175	.183	.190	.196	.210	.224	.232	.239	.247	.255	.263	.271	.025
	.050		$.0^{2}50$	.053	.105	.144	.173	.194	.211	.224	.235	.244	.251	.257	.272	.286	.294	.302	.309	.317	.326	.334	.05
	.950	.050	18.5	19.0	19.2	19.2	19.3	19.3	19.4	19.4	19.4	19.4	19.4	19.4	19.4	19.4	19.5	19.5	19.5	19.5	19.5	19.5	.95
	.975	.025	38.5	39.0	39.2	39.2	39.3	39.3	39.4	39.4	39.4	39.4	39.4	39.4	39.4	39.4	39.5	39.5	39.5	39.5	39.5	39.5	.975
	.990	.010	98.5	99.0	99.2	99.2	99.3	99.3	99.4	99.4	99.4	99.4	99.4	99.4	99.4	99.4	99.5	99.5	99.5	99.5	99.5	99.5	.99
	.995	.005	198	199	199	199	199	199	199	199	199	199	199	199	199	199	199	199	199	199	199	200	.995
3	.005		$.0^{4}46$	.0250	.021	.041	.060	.077	.092	.104	.115	.124	.132	.138	.154	.172	.181	.191	.201	.211	.222	.234	.005
	.010		$.0^{3}19$	.010	.034	.060	.083	.102	.118	.132	.143	.153	.161	.168	.185	.203	.212	.222	.232	.242	.253	.264	.01
	.025		$.0^{2}12$	.026	.065	.100	.129	.152	.170	.185	.197	.207	.216	.224	.241	.259	.269	.279	.289	.299	.310	.321	.025
	.050		$.0^{2}46$	.052	.108	.152	.185	.210	.230	.246	.259	.270	.279	.287	.304	.323	.332	.342	.352	.363	.373	.384	.05
	.950	.050	10.1	9.55	9.28	9.12	9.01	8.94	8.89	8.85	8.81	8.79	8.76	8.74	8.70	8.66	8.63	8.62	8.59	8.57	8.55	8.53	.95
	.975	.025	17.4	16.0	15.4	15.1	14.9	14.7	14.6	14.5	14.5	14.4	14.4	14.3	14.3	14.2	14.1	14.1	14.0	14.0	13.9	13.9	.975
	.990	.010	34.1	30.8	29.5	28.7	28.2	27.9	27.7	27.5	27.3	27.2	27.1	27.1	26.9	26.7	26.6	26.5	26.4	26.3	26.2	26.1	.99
	.995	.005	55.6	49.8	47.5	46.2	45.4	44.8	44.4	44.1	43.9	43.7	43.5	43.4	43.1	42.8	42.6	42.5	42.3	42.1	42.0	41.8	.995
4	.005		$.0^{4}44$	$.0^{2}50$	.022	.043	.064	.083	.100	.114	.126	.137	.145	.153	.172	.193	.204	.216	.229	.242	.255	.269	.005
	.010		$.0^{3}18$	.010	.035	.063	.088	.109	.127	.143	.156	.167	.176	.185	.204	.226	.237	.249	.261	.274	.287	.301	.01
	.025		$.0^{2}11$	.026	.066	.104	.135	.161	.181	.198	.212	.224	.234	.243	.263	.284	.296	.308	.320	.332	.346	.359	.025
	.050		$.0^{2}44$	.052	.110	.157	.193	.221	.243	.261	.275	.288	.298	.307	.327	.349	.360	.372	.384	.396	.409	.422	.05
	.950	.050	7.71	6.94	6.59	6.39	6.26	6.16	6.09	6.04	6.00	5.96	5.94	5.91	5.86	5.80	5.77	5.75	5.72	5.69	5.66	5.63	.95
	.975	.025	12.2	10.6	9.98	9.60	9.36	9.20	9.07	8.98	8.90	8.84	8.79	8.75	8.66	8.56	8.51	8.46	8.41	8.36	8.31	8.26	.975
	.990	.010	21.2	18.0	16.7	16.0	15.5	15.2	15.0	14.8	14.7	14.5	14.4	14.4	14.2	14.0	13.9	13.8	13.7	13.7	13.6	13.5	.99
	.995	.005	31.3	26.3	24.3	23.2	22.5	22.0	21.6	21.4	21.1	21.0	20.8	20.7	20.4	20.2	20.0	19.9	19.8	19.6	19.5	19.3	.995
5	.005		$.0^{4}43$	$.0^{2}50$	.022	.045	.067	.087	.105	.120	.134	.146	.156	.165	.186	.210	.223	.237	.251	.266	.282	.299	.005
	.010		$.0^{3}17$	.010	.035	.064	.091	.114	.134	.151	.165	.177	.188	.197	.219	.244	.257	.270	.285	.299	.315	.332	.01
	.025		$.0^{2}11$	.025	.067	.107	.140	.167	.189	.208	.223	.236	.248	.257	.280	.304	.317	.330	.344	.359	.374	.390	.025
	.050		$.0^{2}43$	.052	.111	.160	.198	.228	.252	.271	.287	.301	.313	.322	.345	.369	.382	.395	.408	.422	.437	.452	.05
	.950	.050	6.61	5.79	5.41	5.19	5.05	4.95	4.88	4.82	4.77	4.74	4.71	4.68	4.62	4.56	4.53	4.50	4.46	4.43	4.40	4.36	.95
	.975	.025	10.0	8.43	7.76	7.39	7.15	6.98	6.85	6.76	6.68	6.62	6.57	6.52	6.43	6.33	6.28	6.23	6.18	6.12	6.07	6.02	.975
	.990	.010	16.3	13.3	12.1	11.4	11.0	10.7	10.5	10.3	10.2	10.1	9.96	9.87	9.72	9.55	9.47	9.38	9.29	9.20	9.11	9.02	.99
	.995	.005	22.8	18.3	16.5	15.6	14.9	14.5	14.2	14.0	13.8	13.6	13.5	13.4	13.1	12.9	12.8	12.7	12.5	12.4	12.3	12.1	.995

$.0^{3}56 = .00056$, $200^{1} = 2{,}000$, $162^{4} = 1{,}620{,}000$

	p	α	1	2	3	4	5	6	7	8	9	10	11	12	15	20	24	30	40	60	120	∞	prop.
			v_1, Degrees of freedom for numerator																				
6	.005		$.0^4 43$	$.0^2 50$	.022	.045	.069	.090	.109	.126	.140	.153	.164	.174	.197	.224	.238	.253	.269	.286	.304	.324	.005
	.010		$.0^3 17$	.010	.036	.066	.094	.118	.139	.157	.172	.186	.197	.207	.232	.258	.273	.288	.304	.326	.338	.357	.01
	.025		$.0^2 11$	.025	.068	.109	.143	.172	.195	.215	.231	.246	.258	.268	.293	.320	.334	.349	.364	.381	.398	.415	.025
	.050		$.0^2 43$	.052	.112	.162	.202	.233	.259	.279	.296	.311	.324	.334	.358	.385	.399	.413	.428	.444	.460	.476	.05
	.950	.050	5.99	5.14	4.76	4.53	4.39	4.28	4.21	4.15	4.10	4.06	4.03	4.00	3.94	3.87	3.84	3.81	3.77	3.74	3.70	3.67	.95
	.975	.025	8.81	7.26	6.60	6.23	5.99	5.82	5.70	5.60	5.52	5.46	5.41	5.37	5.27	5.17	5.12	5.07	5.01	4.96	4.90	4.85	.975
	.990	.010	13.7	10.9	9.78	9.15	8.75	8.47	8.26	8.10	7.98	7.87	7.79	7.72	7.56	7.40	7.31	7.23	7.14	7.06	6.97	6.88	.99
	.995	.005	18.6	14.5	12.9	12.0	11.5	11.1	10.8	10.6	10.4	10.2	10.1	10.0	9.81	9.59	9.47	9.36	9.24	9.12	9.00	8.88	.995
7	.005		$.0^4 42$	.0250	.023	.046	.070	.093	.113	.130	.145	.159	.171	.181	.206	.235	.251	.267	.285	.304	.324	.345	.005
	.010		$.0^3 17$	.010	.036	.067	.096	.121	.143	.162	.178	.192	.205	.216	.241	.270	.286	.303	.320	.339	.458	.379	.01
	.025		$.0^2 10$	.025	.068	.110	.146	.176	.200	.221	.238	.253	.266	.277	.304	.333	.348	.364	.381	.399	.418	.437	.025
	.050		$.0^2 42$	.052	.113	.164	.205	.238	.264	.286	.304	.319	.332	.343	.369	.398	.413	.428	.445	.461	.479	.498	.05
	.950	.050	5.59	4.74	4.35	4.12	3.97	3.87	3.79	3.73	3.68	3.64	3.60	3.57	3.51	3.44	3.41	3.38	3.34	3.30	3.27	3.23	.95
	.975	.025	8.07	6.54	5.89	5.52	5.29	5.12	4.99	4.90	4.82	4.76	4.71	4.67	4.57	4.47	4.42	4.36	4.31	4.25	4.20	4.14	.975
	.990	.010	12.2	9.55	8.45	7.85	7.46	7.19	6.99	6.84	6.72	6.62	6.54	6.47	6.31	6.16	6.07	5.99	5.91	5.82	5.74	5.65	.99
	.995	.005	16.2	12.4	10.9	10.0	9.52	9.16	8.89	8.68	8.51	8.38	8.27	8.18	7.97	7.75	7.65	7.53	7.42	7.31	7.19	7.08	.995
8	.005		$.0^4 42$	.0250	.023	.047	.072	.095	.115	.133	.149	.164	.176	.187	.214	.224	.261	.279	.299	.319	.341	.364	.005
	.010		$.0^3 17$	.010	.036	.068	.097	.123	.146	.166	.183	.198	.211	.222	.250	.281	.297	.315	.334	.354	.376	.398	.01
	.025		$.0^2 10$	.025	.069	.111	.148	.179	.204	.226	.244	.259	.273	.285	.313	.343	.360	.377	.395	.415	.435	.456	.025
	.050		$.0^2 42$	.052	.113	.166	.208	.241	.268	.291	.310	.326	.339	.351	.379	.409	.425	.441	.459	.477	.496	.516	.05
	.950	.050	5.32	4.46	4.07	3.84	3.69	3.58	3.50	3.44	3.39	3.35	3.31	3.28	3.22	3.15	3.12	3.08	3.04	3.01	2.97	2.93	.95
	.975	.025	7.57	6.06	5.42	5.05	4.82	4.65	4.53	4.43	4.36	4.30	4.24	4.20	4.10	4.00	3.95	3.89	3.84	3.78	3.73	3.67	.975
	.990	.010	11.3	8.65	7.59	7.01	6.63	6.37	6.18	6.03	5.91	5.81	5.73	5.67	5.52	5.36	5.28	5.20	5.12	5.03	4.95	4.86	.99
	.995	.005	14.7	11.0	9.60	8.81	8.30	7.95	7.69	7.50	7.34	7.21	7.10	7.01	6.81	6.61	6.50	6.40	6.29	6.18	6.06	5.95	.995
9	.005		$.0^4 42$	$.0^2 50$	.023	.047	.073	.096	.117	.136	.153	.168	.181	.192	.220	.253	.271	.290	.310	.332	.356	.382	.005
	.010		$.0^3 17$	.010	.037	.068	.098	.125	.149	.169	.187	.202	.216	.228	.257	.289	.307	.326	.346	.368	.391	.415	.01
	.025		$.0^2 10$	.025	.069	.112	.150	.181	.207	.230	.248	.265	.279	.291	.320	.352	.370	.388	.408	.428	.450	.473	.025
	.050		$.0^2 42$	.052	.113	.167	.210	.244	.272	.296	.315	.331	.345	.358	.386	.418	.435	.452	.471	.490	.510	.532	.05
	.950	.050	5.12	4.26	3.86	3.63	3.48	3.37	3.29	3.23	3.18	3.14	3.10	3.07	3.01	2.94	2.90	2.86	2.83	2.79	2.75	2.71	.95
	.975	.025	7.21	5.71	5.08	4.72	4.48	4.32	4.20	4.10	4.03	3.96	3.91	3.87	3.77	3.67	3.61	3.56	3.51	3.45	3.39	3.33	.975
	.990	.010	10.6	8.02	6.99	6.42	6.06	5.80	5.61	5.47	5.35	5.26	5.18	5.11	4.96	4.81	4.73	4.65	4.57	4.48	4.40	4.31	.99
	.995	.005	13.6	10.1	8.72	7.96	7.47	7.13	6.88	6.69	6.54	6.42	6.31	6.23	6.03	5.83	5.73	5.62	5.52	5.41	5.30	5.19	.995
10	.005		$.0^4 41$	$.0^2 50$	.023	.048	.073	.098	.119	.139	.156	.171	.185	.197	.226	.260	.279	.299	.421	.344	.370	.397	.005
	.010		$.0^3 17$	.010	.037	.069	.100	.127	.151	.172	.190	.206	.220	.233	.263	.297	.316	.336	.357	.380	.405	.431	.01
	.025		$.0^2 10$	.025	.069	.113	.151	.183	.210	.233	.252	.269	.283	.296	.327	.360	.379	.398	.419	.441	.464	.488	.025
	.050		$.0^2 41$	.052	.114	.168	.211	.246	.275	.299	.319	.336	.351	.363	.393	.426	.444	.462	.481	.502	.523	.546	.05
	.950	.050	4.96	4.10	3.71	3.48	3.33	3.22	3.14	3.07	3.02	2.98	2.94	2.91	2.85	2.77	2.74	2.70	2.66	2.62	2.58	2.54	.95
	.975	.025	6.94	5.46	4.83	4.47	4.24	4.07	3.95	3.85	3.78	3.72	3.66	3.62	3.52	3.42	3.37	3.31	3.26	3.20	3.14	3.08	.975
	.990	.010	10.0	7.56	6.55	5.99	5.64	5.39	5.20	5.06	4.94	4.85	4.77	4.71	4.56	4.41	4.33	4.25	4.17	4.08	4.00	3.91	.99
	.995	.005	12.8	9.43	8.08	7.34	6.87	6.54	6.30	6.12	5.97	5.85	5.75	5.66	5.47	5.27	5.17	5.07	4.97	4.86	4.75	4.64	.995

$.0^3 56 = .00056$, $200^1 = 2{,}000$, $162^4 = 1{,}620{,}000$

v_2	p	α	1	2	3	4	5	6	7	8	9	10	11	12	15	20	24	30	40	60	120	∞	Cum. prop.
			v_1, Degrees of freedom for numerator																				
11	.005		$.0^{4}40$	$.0^{2}50$	.023	.048	.074	.099	.121	.141	.158	.174	.188	.200	.231	.266	.286	.308	.330	.355	.382	.412	.005
11	.010		$.0^{3}16$	.010	.037	.069	.100	.128	.153	.175	.193	.210	.224	.237	.268	.304	.324	.344	.366	.391	.417	.444	.01
11	.025		$.0^{2}10$	.025	.069	.114	.152	.185	.212	.236	.256	.273	.288	.301	.332	.368	.386	.407	.429	.450	.476	.503	.025
11	.050		$.0^{2}41$	.052	.114	.168	.212	.248	.278	.302	.323	.340	.355	.368	.398	.433	.452	.469	.490	.513	.535	.559	.05
11	.950	.050	4.84	3.98	3.59	3.36	3.20	3.09	3.01	2.95	2.90	2.85	2.82	2.79	2.72	2.65	2.61	2.57	2.53	2.49	2.45	2.40	.95
11	.975	.025	6.72	5.26	4.63	4.28	4.04	3.88	3.76	3.66	3.59	3.53	3.47	3.43	3.33	3.23	3.17	3.12	3.06	3.00	2.94	2.88	.975
11	.990	.010	9.65	7.21	6.22	5.67	5.32	5.07	4.89	4.74	4.63	4.54	4.46	4.40	4.25	4.10	4.02	3.94	3.86	3.78	3.69	3.60	.99
11	.995	.005	12.2	8.91	7.60	6.88	6.42	6.10	5.86	5.68	5.54	5.42	5.32	5.24	5.05	4.86	4.76	4.65	4.55	4.45	4.34	4.23	.995
12	.005		$.0^{4}41$	$.0^{2}50$	.023	.048	.075	.100	.122	.143	.161	.177	.191	.204	.235	.272	.292	.315	.339	.365	.393	.424	.005
12	.010		$.0^{3}16$	.010	.037	.070	.101	.130	.155	.176	.196	.212	.227	.241	.273	.310	.330	.352	.375	.401	.428	.458	.01
12	.025		$.0^{2}10$	.025	.070	.114	.153	.186	.214	.238	.259	.276	.292	.305	.337	.374	.394	.416	.437	.461	.487	.514	.025
12	.050		$.0^{2}41$	.052	.114	.169	.214	.250	.280	.305	.325	.343	.358	.372	.404	.439	.458	.478	.499	.522	.545	.571	.05
12	.950	.050	4.75	3.89	3.49	3.26	3.11	3.00	2.91	2.85	2.80	2.75	2.72	2.69	2.62	2.54	2.51	2.47	2.43	2.38	2.34	2.30	.95
12	.975	.025	6.55	5.10	4.47	4.12	3.89	3.73	3.61	3.51	3.44	3.37	3.32	3.28	3.18	3.07	3.02	2.96	2.91	2.85	2.79	2.72	.975
12	.990	.010	9.33	6.93	5.95	5.41	5.06	4.82	4.64	4.50	4.39	4.30	4.22	4.16	4.01	3.86	3.78	3.70	3.62	3.54	3.45	3.36	.99
12	.995	.005	11.8	8.51	7.23	6.52	6.07	5.76	5.52	5.35	5.20	5.09	4.99	4.91	4.72	4.53	4.43	4.33	4.23	4.12	4.01	3.90	.995
15	.005		$.0^{4}41$	$.0^{2}50$	.023	.049	.076	.102	.125	.147	.166	.183	.198	.212	.246	.286	.308	.333	.360	.389	.422	.457	.005
15	.010		$.0^{3}16$	.010	.037	.070	.103	.132	.158	.181	.202	.219	.235	.249	.284	.324	.346	.370	.397	.425	.456	.490	.01
15	.025		$.0^{2}10$	.025	.070	.116	.156	.190	.219	.244	.265	.284	.300	.315	.349	.389	.410	.433	.458	.485	.514	.546	.025
15	.050		$.0^{2}40$	.051	.115	.170	.216	.254	.285	.311	.333	.351	.368	.382	.416	.454	.474	.496	.519	.545	.571	.600	.05
15	.950	.050	4.54	3.68	3.29	3.06	2.90	2.79	2.71	2.64	2.59	2.54	2.51	2.48	2.40	2.33	2.29	2.25	2.20	2.16	2.11	2.07	.95
15	.975	.025	6.20	4.76	4.15	3.80	3.58	3.41	3.29	3.20	3.12	3.06	3.01	2.96	2.86	2.76	2.70	2.64	2.59	2.52	2.46	2.40	.975
15	.990	.010	8.68	6.36	5.42	4.89	4.56	4.32	4.14	4.00	3.89	3.80	3.73	3.67	3.52	3.37	3.29	3.21	3.13	3.05	2.96	2.87	.99
15	.995	.005	10.8	7.70	6.48	5.80	5.37	5.07	4.85	4.67	4.54	4.42	4.33	4.25	4.07	3.88	3.79	3.69	3.59	3.48	3.37	3.26	.995
20	.005		$.0^{4}39$	$.0^{2}50$	.023	.050	.077	.104	.129	.151	.171	.190	.206	.221	.258	.301	.327	.354	.385	.419	.457	.500	.005
20	.010		$.0^{3}16$	.010	.037	.071	.105	.135	.162	.187	.208	.227	.244	.259	.297	.340	.365	.392	.422	.455	.491	.532	.01
20	.025		$.0^{2}10$	.025	.071	.117	.158	.193	.224	.250	.273	.292	.310	.325	.363	.406	.430	.456	.484	.514	.548	.585	.025
20	.050		$.0^{2}40$	.051	.115	.172	.219	.258	.290	.318	.340	.360	.377	.393	.430	.471	.493	.518	.544	.572	.603	.637	.05
20	.950	.050	4.35	3.49	3.10	2.87	2.71	2.60	2.51	2.45	2.39	2.35	2.31	2.28	2.20	2.12	2.08	2.04	1.99	1.95	1.90	1.84	.95
20	.975	.025	5.87	4.46	3.86	3.51	3.29	3.13	3.01	2.91	2.84	2.77	2.72	2.68	2.57	2.46	2.41	2.35	2.29	2.22	2.16	2.09	.975
20	.990	.010	8.10	5.85	4.49	4.43	4.10	3.70	3.70	3.56	3.46	3.37	3.29	3.23	3.09	2.94	2.86	2.78	2.69	2.61	2.52	2.42	.99
20	.995	.005	9.94	6.99	5.82	5.17	4.76	4.26	4.26	4.09	3.96	3.85	3.76	3.68	3.50	3.32	3.22	3.12	3.02	2.92	2.81	2.69	.995
24	.005		$.0^{4}40$	$.0^{2}50$	.023	.050	.078	.106	.131	.154	.175	.193	.210	.226	.264	.310	.337	.337	.400	.437	.479	.527	.005
24	.010		$.0^{3}16$	.010	.038	.072	.106	.137	.165	.189	.211	.231	.249	.264	.304	.350	.350	.405	.437	.473	.513	.558	.01
24	.025		$.0^{2}10$	.025	.071	.117	.159	.195	.227	.253	.277	.297	.315	.331	.370	.415	.415	.468	.498	.498	.568	.610	.025
24	.050		$.0^{2}40$	.051	.116	.173	.221	.260	.293	.321	.345	.365	.383	.399	.437	.480	.480	.530	.558	.588	.622	.659	.05
24	.950	.050	4.26	3.40	3.01	2.78	2.62	2.51	2.42	2.36	2.30	2.25	2.21	2.18	2.11	2.03	1.98	1.94	1.89	1.84	1.79	1.73	.95
24	.975	.025	5.72	4.32	3.72	3.38	3.15	2.99	2.87	2.78	2.70	2.64	2.59	2.54	2.44	2.33	2.27	2.21	2.15	2.08	2.01	1.94	.975
24	.990	.010	7.82	5.61	4.72	4.22	3.90	3.67	3.50	3.36	3.26	3.17	3.09	3.03	2.89	2.74	2.66	2.58	2.49	2.40	2.31	2.21	.99
24	.995	.005	.955	6.66	5.52	4.89	4.49	4.20	3.99	3.83	3.69	3.59	3.50	3.42	3.25	3.06	2.97	2.87	2.77	2.66	2.55	2.43	.995

$.0^{3}56 = .00056$, $200^{1} = 2,000$, $162^{4} = 1,620,000$

v_1, Degrees of freedom for numerator

	p	α	1	2	3	4	5	6	7	8	9	10	11	12	15	20	24	30	40	60	120	∞	Cum. prop.
30	.005		$.0^{4}40$	$.0^{2}50$	.024	.050	.079	.107	.133	.156	.178	.197	.215	.231	.271	.320	.349	.381	.416	.457	.504	.559	.005
	.010		$.0^{3}16$	.010	.038	.072	.107	.138	.167	.192	.215	.235	.254	.270	.311	.360	.388	.419	.454	.493	.538	.590	.01
	.025		$.0^{2}10$	.025	.071	.118	.161	.197	.229	.257	.281	.302	.321	.337	.378	.426	.453	.482	.515	.551	.592	.639	.025
	.050		$.0^{2}40$	.051	.116	.174	.222	.263	.296	.325	.349	.370	.389	.406	.445	.490	.516	.543	.573	.606	.644	.685	.05
	.950	.050	4.17	3.32	2.92	2.69	2.53	2.42	2.33	2.27	2.21	2.16	2.13	2.09	2.01	1.93	1.89	1.84	1.79	1.74	1.68	1.62	.95
	.975	.025	5.57	4.18	3.59	3.25	3.03	2.87	2.75	2.65	2.57	2.51	2.46	2.41	2.31	2.20	2.14	2.07	2.01	1.94	1.87	1.79	.975
	.990	.010	7.56	5.39	4.51	4.02	3.70	3.47	3.30	3.17	3.07	2.98	2.91	2.84	2.70	2.55	2.47	2.39	2.30	2.21	2.11	2.01	.99
	.995	.005	9.18	3.65	5.24	4.62	4.23	3.95	3.74	3.58	3.45	3.34	3.25	3.18	3.01	2.82	2.73	2.63	2.52	2.42	2.30	2.18	.995
40	.005		$.0^{4}40$	$.0^{2}50$	.024	.051	.080	.108	.135	.159	.181	.201	.220	.237	.279	.331	.362	.396	.436	.481	.534	.599	.005
	.010		$.0^{3}16$	.010	.038	.073	.108	.140	.169	.195	.219	.240	.259	.276	.319	.371	.401	.435	.473	.516	.567	.628	.01
	.025		$.0^{3}99$	.025	.071	.119	.162	.199	.232	.260	.285	.307	.327	.344	.387	.437	.466	.498	.533	.573	.620	.674	.025
	.050		$.0^{2}40$	.051	.116	.175	.224	.265	.299	.329	.354	.376	.395	.412	.454	.502	.529	.558	.591	.627	.669	.717	.05
	.950	.050	4.08	3.23	2.84	2.61	2.45	2.34	2.25	2.18	2.12	2.08	2.04	2.00	1.92	1.84	1.79	1.74	1.69	1.64	1.58	1.51	.95
	.975	.025	5.42	4.05	3.46	3.13	2.90	2.74	2.62	2.53	2.45	2.39	2.33	2.29	2.18	2.07	2.01	1.94	1.88	1.80	1.72	1.64	.975
	.990	.010	7.31	5.18	4.31	3.83	3.51	3.29	3.12	2.99	2.89	2.80	2.73	2.66	2.52	2.37	2.29	2.20	2.11	2.02	1.92	1.80	.99
	.995	.005	8.83	6.07	4.98	4.37	3.99	3.71	3.51	3.35	3.22	3.12	3.03	2.95	2.78	2.60	2.50	2.40	2.30	2.18	2.06	1.93	.995
60	.005		$.0^{4}40$	$.0^{2}50$	.024	.051	.081	.110	.137	.162	.185	.206	.225	.243	.287	.343	.376	.414	.458	.510	.572	.652	.005
	.010		$.0^{3}16$	.010	.038	.073	.109	.142	.172	.199	.223	.245	.265	.283	.328	.383	.416	.453	.495	.545	.604	.679	.01
	.025		$.0^{2}99$	.025	.071	.120	.163	.202	.235	.264	.290	.313	.333	.351	.396	.450	.481	.515	.555	.600	.654	.720	.025
	.050		$.0^{2}40$	.051	.116	.176	.226	.267	.303	.333	.359	.382	.402	.419	.463	.514	.543	.575	.611	.652	.700	.759	.05
	.950	.050	4.00	3.15	2.76	2.53	2.37	2.25	2.17	2.10	2.04	1.99	1.95	1.92	1.84	1.75	1.70	1.65	1.59	1.53	1.47	1.39	.95
	.975	.025	5.29	3.93	3.34	3.01	2.79	2.63	2.51	2.41	2.33	2.27	2.22	2.17	2.06	1.94	1.88	1.82	1.74	1.67	1.58	1.48	.975
	.990	.010	7.08	4.98	4.13	3.65	3.34	3.12	2.95	2.82	2.72	2.63	2.56	2.50	2.35	2.20	2.12	2.03	1.94	1.84	1.73	1.60	.99
	.995	.005	8.49	5.80	4.73	4.14	3.76	3.49	3.29	3.13	3.01	2.90	2.82	2.74	2.57	2.39	2.29	2.19	2.08	1.96	1.83	1.69	.995
120	.005		$.0^{4}39$	$.0^{2}50$	.024	.051	.081	.111	.139	.165	.189	.211	.230	.249	.297	.356	.393	.434	.484	.545	.623	.733	.005
	.010		$.0^{3}16$	.010	.038	.074	.110	.143	.174	.202	.227	.250	.271	.290	.338	.397	.433	.474	.522	.579	.652	.755	.01
	.025		$.0^{3}99$	.025	.072	.120	.165	.204	.238	.268	.295	.318	.340	.359	.406	.464	.498	.536	.580	.633	.698	.789	.025
	.050		$.0^{2}39$	.051	.117	.177	.227	.270	.306	.337	.364	.388	.408	.427	.473	.527	.559	.594	.634	.682	.740	.819	.05
	.950	.050	3.92	3.07	2.68	2.45	2.29	2.18	2.09	2.02	1.96	1.91	1.87	1.83	1.75	1.66	1.61	1.55	1.50	1.43	1.35	1.25	.95
	.975	.025	5.15	3.80	3.23	2.89	2.67	2.52	2.39	2.30	2.22	2.16	2.10	2.05	1.95	1.82	1.76	1.69	1.61	1.53	1.43	1.31	.975
	.990	.010	6.85	4.79	3.95	3.48	3.17	2.96	2.79	2.66	2.56	2.47	2.40	2.34	2.19	2.03	1.95	1.86	1.76	1.66	1.53	1.38	.99
	.995	.005	8.18	5.54	4.50	3.92	3.55	3.28	3.09	2.93	2.81	2.71	2.62	2.54	2.37	2.19	2.09	1.98	1.87	1.75	1.61	1.43	.995
∞	.005		$.0^{4}39$	$.0^{2}50$	.024	.052	.082	.113	.141	.168	.193	.216	.236	.256	.307	.372	.412	.460	.518	.592	.699	1.00	.005
	.010		$.0^{3}16$	.010	.038	.074	.111	.145	.177	.206	.232	.256	.278	.298	.349	.413	.452	.499	.554	.625	.724	1.00	.01
	.025		$.0^{3}98$	.025	.072	.121	.166	.206	.241	.272	.300	.325	.347	.367	.418	.480	.517	.560	.611	.675	.763	1.00	.025
	.050		$.0^{2}39$	.051	.117	.178	.229	.273	.310	.342	.369	.394	.417	.436	.484	.543	.577	.617	.663	.720	.797	1.00	.05
	.950	.050	3.84	3.00	2.60	2.37	2.21	2.10	2.01	1.94	1.88	1.83	1.79	1.75	1.67	1.57	1.52	1.46	1.39	1.32	1.22	1.00	.95
	.975	.025	5.02	3.69	3.12	2.79	2.57	2.41	2.29	2.19	2.11	2.05	1.99	1.94	1.83	1.71	1.64	1.57	1.48	1.39	1.27	1.00	.975
	.990	.010	6.63	4.61	3.78	3.32	3.02	2.80	2.64	2.51	2.41	2.32	2.25	2.18	2.04	1.88	1.79	1.70	1.59	1.47	1.32	1.00	.99
	.995	.005	7.88	5.30	4.28	3.72	3.35	3.09	2.90	2.74	2.62	2.52	2.43	2.36	2.19	2.00	1.90	1.79	1.67	1.53	1.36	1.00	.995

$.0^{3}56 = .00056$, $200^{1} = 2{,}000$, $162^{4} = 1{,}620{,}000$

참고문헌

성태제, 시기자(2014). 연구방법론(2판). 서울: 학지사.

박광배(2004). 변량분석과 회귀분석. 서울: 학지사.

Abdi, H., & Williams, L. J. (2010). Fisher's least significant difference test. In N. J. Salkind, D. M. Dougherty, & B. Frey (Eds.), *Encyclopedia of research design* (pp. 491–494). Thousand Oaks, CA: Sage.

Benjamini, Y., & Hochberg, Y. (1995). Controlling the False Discovery Rate: A Practical and Powerful Approach to Multiple Testing. *Journal of the Royal Statistical Society, 57*(1), 289–300.

Bryson, M. (1974). Heavy-tailed distributions: Properties and tests. *Technometrics, 16*, 61–68.

Charter, R. A. (1982). Practical formulas of strength of associations measures. *Educational and Psychological Measurement, 42*, 969–974.

Cohen, J. (1969). *Statistical power analysis for the behavioral sciences*. New York: Academic Press.

Cohen, J. (1973). Eta-squared and aprtial eta-squared in fixed factor ANOVA designs. *Educational and Psychological Measurement, 33*, 107–112.

Cohen, J. (1988). *Statistical power analysis for the behavioral sciences* (2nd ed.). Hillsdale, NJ: Lawrence Earlbaum Associates.

Cohen, J. (1994). The earth is round ($p < .05$). *American Psychologist, 49*(12), 997–1003.

Curran, P. J., West, S. G., & Finch, J. F. (1996). The robustness of test statistics to nonnormality and specification error in confirmatory factor analysis. *Psychological Methods, 1*(1), 16–29.

Dodd, D. H., & Schultz, R. F. (1973). Computational procedures for estimating magnitude of effects for some analysis of variance designs. *Psychological Bulletin, 79*, 391–395.

Duffy, S. (2010). Random numbers demonstrate the frequency of type I errors: Three spreadsheets for class instruction. *Journal of Statistics Education, 18*(2), 1–16.

Dunnett, C. W. (1955). A multiple comparison procedure for comparing several treatments with a control. *Journal of the American Statistical Association, 50*, 1096–1121.

Dwyer, J. H. (1974). Analysis of variance and the magnitude of effects: A general approach. *Psychological Bulletin, 81*, 731–737.

Erceg-Hurn, D. M., & Mirosevich, V. M. (2008). Modern robust statistical methods: An easy way to maximize the accuracy and power of your research. *American Psychologist, 63*(7), 591–601.

Ferguson, C. J. (2009). An effect size primer: A guide for clinicians and researchers. *Professional Psychology: Research and Practice, 40*(5), 532–538.

Fleiss, J. L. (1969). Estimating the magnitude of experimental effects. *Psychological Bulletin, 72*, 273–276.

Glaser, R. (1990). Toward new models for assessment. *International Journal of Educational Research, 14*, 475–483.

Glass, G. V., McGaw, B., & Smith, M. L. (1981). *Meta-analysis in social research*. Beverly Hills, CA: Sage Publications.

Halderson, J. S., & Glasnapp, D. R. (1972). Generalized rules for calculating the magnitude of an effect in factorial and repeated measures ANOVA design. *American Educational Research Journal, 9*, 301–310.

Hayter, A. J. (1986). The maximum familywise error rate of Fisher's least significant difference test. *Journal of the American Statistical Association, 81*, 1000–1004.

Hedges, L. V. (1981). Distribution theory for Glass's estimator of effect size and related estimators. *Journal of Educational Statistics, 6*(2), 107–128.

Hedges, L. V., & Olkin, I. (1985). *Statistical methods for meta-analysis*. New York: Academic Press, Inc.

Hong, S., Malik, M. L., & Lee, M. K. (2003). Testing configural, metric, scalar and latent mean invariance across genders in sociotropy and autonomy using a non-western sample. *Educational and Psychological Measurement, 63*(4), 636–654.

Hunter, J. E., & Schmidt, F. L. (1994). Estimation of sampling error variance in the meta-analysis of correlation: Use of average correlation in the homogeneous case. *Journal of Applied Psychology, 79*, 171–177.

Kline, R. B. (2005). *Principles and practice of structural equation modeling* (2nd ed.). New York: Guilford Press.

Lei, M., & Lomax, R. G. (2005). The effect of varying degrees of non-normality in structural equation modeling. *Structural Equation Modeling, 12*(1), 1–27.

Lipsey, M. W. (1990). *Design sensitivity: Statistical power for experimental research.* Thousand Oaks, CA: Sage Publications, Inc.

McGrath, R. E., & Meyer, G. J. (2006). When effect sizes disagree: The case of *r* and *d.* *Psychological Methods, 11*, 386–401.

Olejnik, S., & Algina, J. (2003). Generalized eta and omega squared statistics: Measures of effect size for some common research designs. *Psychological Methods, 8*(4), 434–447.

Pedhazur, E. J. (1997). *Multiple regression in behavioral research.* New York: McGraw Hill.

Razali, N. M., & Wah, Y. B. (2011). Power comparisons of Shapiro-Wilk, Kolmogorov-Smirnov, Lilliefors and Anderson-Darling tests. *Journal of Statistical Modeling and Analytics, 2*(1), 21–33.

Rhiel, G. S., & Chaffin, W. W. (1996). An investigation of the large-sample/small-sample approach to the one-sample test for a mean (sigma unknown). *Journal of Statistics Education, 4*(3), 1–7.

Richardson, J. T. (1996). Measures of effect size. *Behavioral Research Methods, Instruments, & Computers, 28*, 12–22.

Rosenthal, R., & Rosnow, R. L. (2008). *Essentials of behavioral research: Methods and data analysis* (3rd ed.). Boston: McGraw Hill.

인명

내용

저자 소개

이기종(Rhee, Kijong)

University of Illinois, Urbana-Champaign, IL에서 계량 및 평가 연구방법론을 공부하였으며 「Alternative estimation methods in structural equation modeling with LISREL-7: Effects of noncontinuity and nonnormality of variables with varying sample sizes」로 박사학위를 취득하였다. 현재 국민대학교 사회과학대학 교육학과에서 통계, 평가, 심리측정을 가르치고 있으며, 이와 관련된 여러 저서와 논문이 있다. 구조방정식모형과 잠재성장모형, 그리고 빅데이터에도 관심이 많아 이와 관련된 여러 연구와 사회활동을 하고 있다.

E-mail: rhee0408@kookmin.ac.kr

나종민(Ra, Jongmin)

University of Georgia, Athens, GA에서 측정평가통계를 공부하였으며 「Sensitivity of Prior Specification within Testlet model」로 박사학위를 취득하였다. 현재 국민대학교 사회과학대학 교육학과에서 심리측정 및 통계를 담당하고 있으며, 문항반응이론, 베이지안 추정, Linking 및 Scaling, 그리고 전반적 통계 대해 관심을 가지고 있다. 이와 관련하여 「Detection of gender related DIF in the Foreign Language Classroom Anxiety Scale」 「청소년 연구에서 베이지안 SEM과 전통적 SEM의 모수추정 안정성과 적합도 비교」 등 다수의 논문을 집필하였다.

E-mail: rems2002@kookmin.ac.kr

첫걸음 기초통계

The First step to Basic Statistics

2019년 3월 20일 1판 1쇄 발행
2020년 2월 20일 1판 2쇄 발행

지은이 • 이기종 · 나종민
펴낸이 • 김진환
펴낸곳 • (주) 학지사
04031 서울특별시 마포구 양화로 15길 20 마인드월드빌딩
대표전화 • 02)330-5114 팩스 • 02)324-2345
등록번호 • 제313-2006-000265호

홈페이지 • http://www.hakjisa.co.kr
페이스북 • https://www.facebook.com/hakjisa

ISBN 978-89-997-1803-8 93370

정가 19,000원

이 도서의 국립중앙도서관 출판시도서목록(CIP)은 서지정보유통지원시스템 홈페이지(http://seoji.nl.go.kr)와 국가자료공동목록시스템(http://www.nl.go.kr/kolisnet)에서 이용하실 수 있습니다.
(CIP 제어번호: CIP2019008604)